法治实践前沿丛书

深圳市福田区法学会　主编

通往判例解析之路

黄种晓　著

厦门大学出版社
XIAMEN UNIVERSITY PRESS

国家一级出版社
全国百佳图书出版单位

图书在版编目(CIP)数据

通往判例解析之路/黄种晓著.—厦门:厦门大学出版社,2021.2
ISBN 978-7-5615-8069-1

Ⅰ.①通… Ⅱ.①黄… Ⅲ.①审判—案例—中国 Ⅳ.①D925.05

中国版本图书馆 CIP 数据核字(2021)第 038993 号

出 版 人	郑文礼
责任编辑	甘世恒 郑晓曦
文字校对	洪子坤
封面设计	夏 林
技术编辑	许克华

出版发行 厦门大学出版社

社 址	厦门市软件园二期望海路 39 号
邮政编码	361008
总 机	0592-2181111 0592-2181406(传真)
营销中心	0592-2184458 0592-2181365
网 址	http://www.xmupress.com
邮 箱	xmup@xmupress.com
印 刷	厦门市明亮彩印有限公司

开本	787 mm×1 092 mm 1/16
印张	20.5
字数	462 千字
版次	2021 年 2 月第 1 版
印次	2021 年 2 月第 1 次印刷
定价	66.00 元

厦门大学出版社
微信二维码

厦门大学出版社
微博二维码

总　序

　　法者，治之端也。法治作为治国理政的基本方式，是实现治理体系现代化和强国战略的重要手段之一。当代中国的法治现代化之路，既包括了中央"自上而下"的顶层规则体系设计，也包括了地方"自下而上"对治理制度体系的执行、参与和推动。改革开放以来，国家法治建设的推进和制度演变，很多是先从地方探索和实践开始的。在国家法治发展战略的指导下，地方法治对经济社会发展问题进行具体回应，部分地区根据区域经济发展和社会治理的法律需求，先行先试探索新制度、新规范和新路径，有些更是被总结推广成为国家制度或法治实践的通行做法。这些法治前沿领域的探索，蕴含着制度创新的蓬勃生机与活力，使法治从抽象延伸至具体，呈现出纷繁复杂和丰富多彩的实践智慧，推动着法治中国建设的大潮澎湃、奔涌前行。近年来，中央更是提出了全面推进依法治国的战略部署，开创了中国法治建设的新篇章，"法治中国"建设进入了"快车道"，特别是在当前全面深化改革的背景下，作为法治国家建设"试验田"的地方法治实践和探索，完全有可能成为最大限度激发制度活力和社会活力、大力推进"法治中国"建设的一股新的重要力量。

　　百舸争流，奋楫者先。深圳作为改革开放的前沿阵地，在国家战略的支持下，率先进行发展理念的革新和发展方式的变革，取得了举世瞩目的成就。从法治进程的角度来看，深圳特区的建设和发展，本身就是一场中央授权、地方先行的制度变革与法治实践，对国家经济制度及整个社会生产方式的变革产生了巨大而深远的影响。近年来，在新一轮深化改革和法治建设进程中，深圳先后提出了建设"一流法治城市""法治中国示范城市"，勇当法治建设的"排头兵""试验田"等法治追求，在制定法治政府建设指标体系、权责清单改革、司法体制改革、商事登记制度改革等领域，继续领跑全国并保持了亮眼的成绩单。其中，福田区作为深圳市辐射能力、综合环境、现代化水平最为突出的中心城区，基于辖区在总部经济和现代服务业、金融产业、公共服务、人才交流、国际交往等方面的先发、集聚和辐射优势，法治实践活动呈现出很强的前瞻性、创造性和引领性，展现出法治实践前沿领域的蓬勃生命力，审判权、检察权运行机制改革等做法开全国司法责任制改革之先河，政法工作实务、金融、知识产权等领域的创新和纠纷解决，也都走在了全国法治实践的前沿，为法治中国建设提供了许多有价值的探索和经验。

"自古圣贤之言学也，咸以躬行实践为先。"国家法治进程的推进，既需要法学理论的蓬勃发展，更离不开法治实践的检验、磨砺与融合。鉴于此，深圳市福田区法学会策划和出版"法治实践前沿丛书"，希望从地方法治实践前沿的视角，对相关问题进行梳理与研究，进一步丰富法治中国实践和理论研究的素材和领域，以期为国家法治和制度现代化的整体发展提供有益的经验和研究样本。

"大鹏一日同风起，扶摇直上九万里。"愿在法治中国建设这一宏伟目标的统领下，各地法治实践的创新之泉和智慧成果持续喷涌，支撑国家法治建设的航船昂首致远！愿福田区新时期的法治事业取得更加辉煌的成绩！

吴汉东[*]

2018 年 1 月 10 日

---

　　* 吴汉东，中南财经政法大学资深教授、博士研究生导师、知识产权研究中心名誉主任，国家知识产权战略咨询专家。

司法的科学性和艺术性的辩证统一
——读黄春晓先生《通往判例解析之路》

西塞罗曾言：法律是追求公平的艺术。法律究竟是科学还是艺术？这一命题一直是法学知识界力图回答的问题。究其根本，在于法律学本身的复杂之处，无论是立法还是司法，实在是一个充满辩证法的事物。

就立法而言，立法的内容有其内在的规律性和严谨性，要充分回应人类一般理性对社会生活的规制，具有普遍的规律性，这就必然反映出其作为社会科学的科学性一面。与此同时，立法的内容必然也受到各国政治、经济、文化、历史甚至地理因素的影响，要回应不同时代的事实和价值判断，要回应不同社群和民族的特殊法情感，这就会体现出不同国家立法的不同特质，在内容上也必然存在着各自不同的价值取舍，这也是立法科学性的另一面。同时，任何国家的立法文本也同样存在着形式的科学性，包括章节结构的合理性、协调性和立法文字的简洁、优美甚至文字的音律性等因素，这就体现出立法技术的形式美感，更多反映出法律文本的艺术性。

相对立法而言，司法的科学性和艺术性的辩证统一以及实现的路径的差异性则显得更为突出。徒法不足以自行，司法的过程是司法者具体运用法律认定事实和适用法律最终裁定案件的高度思维之辨，因不同的法律体系的影响，因不同的司法者的司法适用技术及价值判断的不同而会有所不同。对于大陆法系和普通法系，司法的科学性和艺术性均是要考虑的因素，只是其实现的路径和方式有所不同。

一般来说，在大陆法系国家，司法者的法律适用过程是一个三段论的演绎式过程，要确定大前提、小前提，然后得出裁判的结论。而普通法系国家，司法者的法律适用过程则是在区分事实的基础上，通过遵循先例，以归纳的方式得出裁判的结论。无论是哪种模式，这一充满逻辑性的司法运作当然是一种科学性的体现。这一过程中的法律解释方法会有基本的共性，当然也会有司法裁断者的司法裁量权宽严之分，司法者戴着法律的镣铐在跳舞，这是共同的，不同的只是舞步的差异而已。除了司法技术之外，司法者当然还有不同的司法环境、司法观念和司法境界等因素。所有的这些因素，均体现了司法的科学性和艺术性的统一。每一个具体案例的司法裁判过程，理想的模式均是追求公平的艺术展现。

黄春晓先生的新作《通往判例解析之路》，是一个具有法律信仰的司法官在长期的司法经验基础上的认真学术思索之作。如作者所言，这是他自己司法术业之路上知行合一的感悟。关于司法要素的一般性阐释，前人之述备矣。而我窃以为，作者自有其创新和所得之处，统其纲要者在于提出司法中的若干对应命题，充满辩证思维，同时针对信息化时代的到来，提出了司法算法的新命题。从某种意义上来说，作者也在书中回答了司法的科学性和艺术性的辩证统一的命题。下文兹举其要。

一、司法的常数和司法的变数的统一

作者在书中提出了司法的常数和司法的变数的函数公式。作者将司法的基础、司法的方法和司法的生命归类统称为司法的常数，将司法的立场、司法的观念和司法的境界归类统称为司法的变数。这种分类当然是一种隐喻，代表了对影响司法运作实践中不同因素的归类。在所有案件审理过程中，司法者均存在着一套固有的法律思维，这也是法律作为一门专业的共通之处，是其区别于非专业法律人的关键所在。因此，法律人掌握熟练的司法方法和法律思维，是获得正确的法律见解的基础和必由之路，这是司法者的基本功。然而一个案件的审理，当然不仅仅只是逻辑的推演结果，而是对案件背后当事人利益的综合权衡，有对当事人的人文关怀，有对社会道德价值的引领和维护，由此司法者的司法立场、司法观念及司法境界在具体案例的裁判中则往往有着引领性的作用。然而由于这些概念往往具有相当的抽象性，且常常出现仁者见仁、智者见智的不确定性，因此，其变数则更大。这样一种区分及对其分门别类地分析和探究对达成法律共同体的基本共识仍然是有重要意义的。不管如何，司法者在实际的司法裁断中总是受到这两种因素的共同影响，因此，这两者之间又必然具有相对的统一性。而事实上，即使是被列为司法常数的因素，例如司法的解释方法，其不同的解释方法的运用过程仍然充满着变数。

二、司法的精英性和司法的民主性的统一

司法作为守护公平的最后手段，其裁决关涉具体人的生命、健康、自由、财产，关乎社会的公共秩序和基本价值的维护，这对司法者的个人智识和素质提出了高度的要求。因此，司法者的精英化是司法者实现居中裁断、定分止争解纷这一职能的必然要求。由于社会生活的复杂性、法律的专业化，司法者必须由专业人士来担任，这是现代司法文明的共同要求。同时，司法者必须保持必要的独立性，这种独立性不是说司法者是生活在真空中的理性主义者，而是说司法者要和民众及可能存在的利益群体保持相对的独立性。司法的民主性在中国的语境中首先是司法者应当由人大任命，向人大汇报，向人大负责。这种民主性的存在当然是必要的，也是司法获得现代政治正当性的更好路

径。但是必须强调的是，这种整体上的民主性并不阻却司法必要的独立性。其次，正如西方陪审团机制的构建一样，中国的陪审员机制也在一定程度上体现了司法的民主性。

三、司法的双重思维中的双重思维

本书从司法判例的角度入手，借鉴英美法系陪审团的机制，提出司法上的双重思维。即当司法者审查案件时，不仅要对案件进行感性的和常识性的思考以作出建立在有充分信赖基础的直觉上的判断（陪审员思维），还要从专业的角度进行理性的和规范性的分析以作出合乎法律规范和逻辑推理的决断（法官思维），最终在双重路径的汇合集结处形成司法的最佳裁决。并同时指出，无论是陪审员还是法官，其实都处于这种感性和理性的双重思维模式中，从而形成司法双重思维中的双重思维。这一见解其实和前文所述的司法的精英主义和民主主义有相通之处。事实上，我们发现，在现代社会中，专业的壁垒往往容易让专业者不自觉地存在着专业的傲慢，而这也是在许多引发社会民众关注和争议的案件中出现专业者和民众一般法情感相抵牾的原因。这种诉诸基本直觉和法感觉的判断的介入是必要而有益的，关键在于司法者在具体裁断过程中度的把握。

四、司法算法化及司法革新

毫无疑问，这个标题涉及当下司法中两个最为引人关注的问题，前者是科技与司法的新嫁接，充满了科技时代的新气息；后者则一直是法律人普遍关注的常说常新的命题。事实上，我们现在看到的包括智慧司法建设的一系列司法创新举措在某种程度上正是这一命题下的实践。

算法，按照相对共识的解释，是指为了解决问题而进行权衡、计算的一套有条理的步骤，包括通过机械、电路等非意识性的运作和通过感觉、情感和思想等意识性的运作两大类。司法的过程当然也是一套有条理的逻辑推演过程，即使涵盖了司法者的情感和意识等变数，也仍然在算法的概念范畴中。从这个意义上来说，算法是司法的基本路径和基本方法，司法是算法的目标结果。不过，如作者所言，这里的算法是广义的概念，绝不仅仅等同于演算、法律信息学或人工智能等算法下的二级概念。

如果我们仅仅停留在哲学形而上意义上的司法算法化，那么基本上我们只是在做一种宣示性的空中楼阁的概念游戏。本书的作者显然充分地意识到算法对司法的切实意义，他明确提出：司法算法化就是要导向一个功用上的价值付诸，即不仅在算法概念的命题上为司法找到一个方法论上的理论基础，还要充分利用算法概念派生下的诸多方法，诸如数据与信息、人工智能、检校与防控等司法智能系统，为司法的实践目标结果找到最佳的裁断评判。

司法革新从来就是一个巨大的系统工程，司法算法之于司法革新的意义何在？作者提出司法算法化对司法革新的三个功能，即为司法革新提供方向，推演出司法方法的多元化以及作为追索司法目标结果的（相对）统一的辅助和检校。在此理论探索的前提下，作者又以司法员额制改革作为一个考察对象，为我们展示了司法算法化下的司法革新的具体运作模式。

能够如此系统而深入地思考算法与司法理论上的相互关联及具体的实际运作，在我看来，正充分反映出本书作者抽象思辨能力和具体实操能力的相得益彰，而且也确实为未来的司法革新提供了一种颇具见地的新视角和新思路。

前述无非是我在阅读本书时的个人观感，而且也主要是从司法科学性和艺术性的辩证结合这一角度下所作的评述，对书中许多具体的命题和见解均未能涉猎，甚至对本书的另一重要特色，即司法判例的解析和开示，均付之阙如。不论及并非不重要，相信本书的读者尤其是同为司法官的读者对此会更心生共鸣。

最后，说几句题外话。作为春晓的大学同窗，对本书有幸得以先睹为快。于我而言，这一次阅读的过程是独特的，因为这不仅是一种智识上的习得和共鸣，更像是一个多年的老友向我展示他人生之路的起合转承、峰回路转，其间颇有读卢梭《忏悔录》时的震撼。他的知行合一是我素来敬佩的，借用木心的话吧，他是冷冷清清的风风火火。

是为序。

吴用

2020 年 4 月 26 日于北京

自序（并导言）：我所信仰的法律

所谓"智者，知也。独见前闻，不惑于事，见微知著者也"。作为司法者之跋涉，之所以"惟日孜孜，无敢逸豫"，大抵旨在探寻司法上的此种举重若轻、入木三分之道，亦指在醍醐灌顶之司法顿悟前，于潜移默化之司法渐悟上的奋力求索，乃必经之身业。为此在总体上而言，本书蕴藉记述笔者一旅奔波之司法历程，一番求索之司法遭逢，一缕深沉之司法冥思，一套系统之司法建构，并以司法顿悟作为目标指向之问道，以法律天地作为人格操守之信仰，也以司法忏悔作为身肩职业之警醒。

因此，与其说本书历时一载有余独立撰写而就，不如说此乃笔者二十七载习法、事法之路的浓缩观照；与其说本书陈述了有关司法的思维和存在之些许见地，不如说此乃笔者司法从业之忏悔录及开诚、开示录；与其说本书试图阐释作为司法要素的诸方面，不如说此乃笔者司法术业力求知行合一的由衷之感；与其说本书创构了一个类似函数公式的司法理论表述，不如说此乃笔者将算法时代下之司法革新作为命题的导入；与其说本书借鉴移植陪审团制度并嵌合开辟了一个司法上的双重思维之路径与方法，不如说此乃笔者承继吸附了普通法精神后在司法上的灵魂附体；与其说本书是司法履程上阶段性小有所得的回顾总结，不如说此乃笔者作为司法者承前启后、再接再厉的宣告昭示。

诚然，基于"取法于上，仅得为中；取法于中，故为其下"之缘故，缺失理论建树的论著大多存在剽窃抄袭之嫌，大概无异于呻吟之语。尤其是在此纷纷著书立说的自我存在表达抑或标榜之当下，可视同为劣品、废品之论著目不暇接（本书亦在此类之嫌），为此之虞，本书致力于发掘一个自以为然的司法理论见解的独创性，并试图以此建构一个司法理论体系的所谓建树，以期本书不被归类为劣品、废品之列。这个期待性，仍然建立在取法他人、取法他述的不二法门，为此必须探求至少添附所谓的建树，否则，本书形同虚设或甚枉费笔墨。

本书的灵感或者说是启迪，缘起于多年前笔者精读的一本书作——《大法官的智慧——美国经典司法判例精选50例》。(邓冰、苏益群编译，法律出版社2012年9月第3版)。该书以个案之司法判例作为著述基础，透过判例辐射美国法律的灵魂与精华，透过判例映照普通法体例上经验的或者实证的精神，并在个案的判例解析中，将法哲学、法理论、法逻辑、法解释、法援引以及正当程序、先例遵循、文本格式等法要素融会贯通，对人权、政治、伦理、人性、宗教、科学、社会制度、社会情势等问题深入探究，大法官的智慧和功业一览无遗。因此，即便该书并非系统的学术性著作，但是学术分量在判决解析中亦可见一斑。所谓见贤思齐，在该书的感召和启发下，作为肩负司法职业的同道者，笔者从此便致力取法大法官的智慧，不仅在司法上有所区别地借鉴效仿，而且着手收集作为必要素材的判例解析，甚至大言不惭地琢磨酝酿所谓司法理论上的建树。但无论如何，这终归是一个向好的求知欲和思考力。

既然谓之大言不惭，理当斗胆粉墨亮相。下文就本书之整体构造及篇章纲要，概而述之作为导言。

函数是形式科学范畴上的概念，司法是人文社会学上的一个经验领域，两者的交叉，在通识上几乎被习以为常地忽略。但是，作为函数的引申，如果司法能够嵌入或者隐喻函数的先验意义，那么是否至少在形式上将司法表达为一个可理喻的公式，即便这只是个不具真正先验意义的公式，如此可然，司法在演算及步骤上，是不是就具备了广义理解上的算法可能？而算法概念，可能是现时以及将来的一个恒远而热门的时代话题。事实上也可以这样去理解，物质世界本来就是一个普遍联系着的整体，不同事物之间的区别只是在于一个"连续的函数"，而不是截然断裂开来的，这兴许就是哲学家所谓之"大自然本身没有栅栏"。如果这样的解释不至于荒谬至极抑或风马牛不相及，那么是不是可以这么说，司法之于函数式的隐喻，就是在设定一定的常数和变数。即便如此，如果说关于司法的常数和司法的变数之函数表达过于抽象化因而有名不副实之嫌，那么，也可以仅仅只是作为一个司法上的概念替代，即在某些司法理论的归类上赋予概念范畴上的统称命名意义，其余则不作深究也罢，譬如将司法的基础、司法的方法和司法的生命归类统称为司法的常数，将司法的立场、司法的观念和司法的境界归类统称为司法的变数。

算法与司法的关联涉及，可能也是本书所谓的新颖性的一个方面。在相对的共识上，算法指的是为了解决问题而进行权衡、计算的一套有条理的步骤，包括通过机械、电路等非意识的运作和通过感觉、情感和思想等意识的运作两大类。算法并不是单指某次计算和运作，而是计算和运作时采用的方法及步骤的总和。按照这种理解，世间一切意识体的存在与变迁，以及意识体所控制和付诸的一切活动，几乎都是算法的结果。据此而言，司法是对事例的裁断评判，是司法机关和司法者为了解决法律问题而通过感觉、情感和思想等意识对事例进行权衡、计算和运作的一套有条理的步骤，其间所关乎之司法常数的运用、司法变数的理喻以及司法人性和主观体验等内心意识的表达，通通涵摄于算法之中。因而，在算法意义的理解上，司法就是司法者意识支配下的一系列算法的支持和付诸，那么在这个程式和经程的界面上（至少是在形式上），司法就是算法的一种目标结果。

作为以目标结果为导向的司法，之于算法而言，司法便是赋予了解决问题的意义追求，是将算法在经计算、运作、推演之后的应有之义撷取来作为对事例进行裁断评判的目标结果。在此意义上，算法可以说是司法所要解决问题的一个前置——基本路径和基本方法的总称。然而，如果算法只是一个总称上的概念，那么，算法之于司法是没有实践（应用）意义的，犹如数学这个概念本身是没有实用意义的，只有数学的原理、公式、定律及演算才具有实用性。但是，由于算法为司法问题的解决提供了一个基本的概念上和理论上的思路导向——司法算法化，那么，司法由此而关联和所涉的诸多问题甚至是全部问题，都可以通过算法来管窥一斑，亦即算法为司法的存在、发展以及革新至少提供了总体上的理论支持。这种所谓的理论支持，是作为（法）哲学方法论上的根据，即抽象的和形而上的。算法的方法论意义的形而下，作用于司法革新的方向性构想与研究，司法方法的多元性开发与比较，以及司法结果的相对统一性对照与检视等，也都在算法之功用意义的涵摄范围之内。司法的未来，很可能就是要参照算法的未来甚至是依附于算法的未来，这可能才是司法与算法之间最为紧要和迫切的关联与利害。

无论司法的常数和司法的变数之函数式隐喻表达是否被读者所接纳，也无论司法与算法之间存在相互意义的论证是否被读者所认同，司法的常数和变数所涉之内容，算法意义的司法功用尤其是电子数据（计算机）和信息上的人工智能应用，都是确定和实证的。而这些确定、实证的司法构件和司法方法所指向的，旨在实现或辅助实现对事例的司法，否则形同虚设。司法的实现，在法律表现形式的范畴上，通过判例的法律解析作为陈述。由此而言，法律解析便成为司法实现的最为关键和核心的部分，其目的，归根结底，就是要通过对司法构件和司法方法的运用呈现法律对事例的裁断评判并作出陈述表达，即实现司法。对事例的司法，形成判例；对判例的陈述，通过法律解析。因此，本书将对事例上的纷争呈请司法上的裁断评判，司法通过法律解析陈述事例的法律含义并作出裁断评判，最终以判例的方式呈现的这个经程及结果统称为"判例解析"。在判例解析的字面上，判例是司法实现的记述载体，解析是司法实现的中枢系统。基于此，判例解析之于司法的意义，事实上集合司法几乎所有的基本要义，并且，透过判例解析，还可以引申到成文法上的某些固有缺陷的矫正和弥补，可以表达和付诸某些司法上的人文关怀和人性彰显。这可能也就是判例法体例精髓汲取和普通法精神植入在预备阶段的必由之路。

笔者所理解的社会人文领域之于现代文明其中的三大价值——法治、公开和民主

——在司法上的投射，似乎也可以从判例解析开示中找到意义证成的空间。不妨这样来理解，于法治而言，判例的解析蕴含了司法的水准和见地，而司法的水准和见地无疑是法治的一种重要的表现方式；于公开而言，判例解析的开示喻示着司法及其裁决在光明之下进行，而司法的光明磊落指称的无疑是公开的一个应有之意；于民主而言，司法官通过判例解析开示的披露与展示，其司法水准、见地和光明磊落，被理所当然地攫取来作为司法官民主遴选的重要根据。基于此，笔者所精心描绘并极力倡导的渐进式判例解析开示之路，似乎又找到了一个冠冕堂皇的理由——契合时代文明的指征。

或许，本书还有一个可以稍稍称之为价值的砝码，那就是在司法的解析方法上提出了"双重思维"的论断，即借鉴英美法系司法体例上的陪审团审理制度的精义所在，将陪审员的思维和法官的思维糅合成为判例解析的思维方式，作为司法者断案之双重思维。如此一来，司法者在同一个判例上便既充当了陪审员的角色又充当了法官的角色，既运用了陪审员的思维（侧重感性认识）又运用了法官的思维（侧重理性认识），以此便似可对司法的裁断评判加上了双保险。司法上的双重思维在具体的路径、方法上可以概述为：当司法者审查案件时，不仅要对案件进行感性的和常识性的思考以作出建立在有充分信赖基础的直觉上的判断（陪审员思维），还要从专业的角度进行理性的和规范性的分析以作出合乎法律规范和逻辑推理的决断（法官思维），最终在双重路径的汇合集结处形成司法的最佳裁决。

作为感性和理性对应的引申，本书在司法思维方式上还引入道德评价和法律评价这对组合，类同于陪审员思维和法官思维，即道德评价偏向感性化，法律评价则偏向理性化。如果说司法应该兼具感性和理性，那么，是否还可以以道德评价和法律评价作为另外的一种司法思维方式，添附于司法？也就是在司法进程中，司法者还可以对判例介入道德评价和法律评价，道德评价侧重感性方面的审查，法律评价侧重理性方面的审查。甚至，这种道德评价和法律评价的司法思维模式，还可以施加于陪审员思维及法官思维的运用上，即在运行陪审员思维方式时，可以介入道德评价和法律评价；在运用法官思维方式时，也可以介入道德评价和法律评价。如此一来，司法的思维方式就丰富起来，陪审员思维与法官思维结合道德评价与法律评价，组合成双重思维中的双重思维。于司法而言，这种丰富思维方式体系的建构及其普遍运用，在克服司法者的局限性上，在保障司法的客观性上，无疑可能都具有一定的影响力和作用力。

司法双重思维以致叠加的双重思维，系笔者多年来在对司法倾注了绵绵情怀及对法律持之以恒地信仰之下，并在如此之倾注与信仰上付诸司法实践后所感所得，纯属一家之言，纯属个人意会。即便如此，这种思维方式历经长时间的推敲与论证，总觉得很有必要整理并陈述出来，示众也好，献丑也罢，毕竟可以悉听指正、受教他人。于是，本书对此司法思维方式予以大致概要地整理归纳并叙述表达，试图作为浅薄的经验输出，并厚颜地推介作为一种司法思维方式之参考。同时，为了使这种司法思维方式更具实践意义上的证明力，作为实验检验或者说是实践应用的例证，本书所有的示例，正是在这种双重思维方式的牵引和应用下，或者说至少是将这种双重思维方式蕴含在司法的评判裁断中，最终以判例解析方式呈现出来，并诚挚地接受读者的审阅、检视和赐教。

上述概述的是本书之所谓建树，由于笔者的法学理论根基甚是浅薄，司法经验集成也不甚让人满意，为此，难免有被法学大师及司法精英贻笑大方之虞。然而，作为一名以司法为职业者、以法律为信仰者，凭借着在立场信念上对正当和合理的奋力追寻，凭借着在求知问道上对真理和公义的不懈求索，凭借着在执业操守上对德行和公明的敬畏恪守，即便天分所限、造化有别、履历坎坷，依然对司法抱有满腔的感怀、感悟和感验。为此，笔者一直坚定而执着地行走在这条通往判例解析开示之路上。那么，这些感怀、感悟和感验所形成的文字表达，如果有幸得以付梓，并祈请诸君更为匡正、赐教，其幸甚亦！

本书以判例解析为名，那么著述中判例的援引、示证，只须略带说明一二，以释读者之虑。本书所举示例凡四十个，均源于真实案例的提炼或改编，这些真实案例，或系笔者在司法执业中承办案件之编录，或系中国裁判文书网刊登案例之摘选，或系其他法律执业者接手案件之收纳。当然，经过提炼和改编，案例的写生性和实存性已然消褪，但仍然保留了真实案例的基本法律元素和基本情节构造，至少在作为同类案件的分析上，其与真实案例具备直观的比拟性和类同性。因此，凡援引之判例，均被本书认为是具有典型性，并能对本书所述之司法理论或见解予以有所适配性地示证。

由于笔者职业以刑事司法为主，因此，在判例的遴选和收集上，本书以刑事判例作主导。但是，司法的范畴涵盖了刑事、民事、行政甚至国际法领域，那么，这是否为本书的一个明显的局限？在本书的理解上，作为法的基本表现形式，在探本寻源上，可归宗于法理和法哲学，因此，即便判例的呈递在分门别类上有所局限，但对司法的理论见解以及实务践履，在法理上、原理上和哲理上，是同源的。譬如，我们所指称的公法，它的基础其实在某种意义上基于私法，也就是说，个体之间的私法基础，是作为个体与社会（国家）之间的公法的根据，因为所谓的社会（国家），事实上是个体的集合。譬如，对犯罪而言，对罪犯科处刑罚的原理系因罪犯对社会（国家）有一种"应偿付之债"，社会（国家）则因犯罪的恶行而向其"回索"，这里的偿付之债和回索都是源于私法上的概念。所以，在这种理解上，于司法范畴而言，窃以为这种局限性是可以忽略的。

鉴于本书的结构与内容，需要声明的是，本书并非司法理论或者司法实务的教义学著作，充其量而言，本书只是笔者作为个体司法者在经司法实践经验集成后的理论性归纳提炼与综合陈述，或者说是笔者作为个体司法者以判例解析的方式阐释了对司法的存在及其认识，属于笔者司法实践上的经验表述以及司法经验上的理论归纳。

本书视角聚焦个案的层面，回归最纯粹和最朴素的司法。然而作为司法的基础性前提，司法者唯有备份充裕的法学科、法规范、法原理、法理论以及法哲学学识，并基于这些备份的演绎，以及司法实践经验归纳后的反哺，才可能回归司法的纯粹和朴素。无法想象一个法学问苍白的司法，胆敢称之为纯粹和朴素？因此，司法的理论之作用是无可替代的。是不是可以这么说，司法的理论源于司法的实践但高于司法的实践？

最后，感谢我的大学同窗吴用教授在百忙之中欣然为本书作序，他所撰述之序言作为本书的开篇，显而易见地提高了本书的水准。吴用教授治学的态度和成就，我一直以模范视之，套用当前的一句网络语来形容就是：一直被我模仿，从未被我超越。感谢厦门大学出版社法律编辑室甘世恒先生和郑晓曦女士的大力支持，他们的工作付出对本书得以顺利出版，做出了弥足珍贵和不可或缺的奉献。还要感谢在司法历程中对我协力、帮助、关爱过的同仁和友人们，作为我人生中的遇见，你们都在有形或无形中默化与助力本书的成版。在因果法则的世界里，因着他人的善、义，笔者便得了受宠的待遇之果。

是为序！

这是世界上绝无仅有，也许永远再不会有的一幅完全依照原本面目和全部事实描绘出来的人物肖像。不管你是谁，只要我的天命或信任使你成为这本书的裁判者，那么我将为了我的苦难，依仗着你的恻隐之心，并以全人类的名义恳求你，不要抹杀这部有价值的独特的著作，它可以作为关于人的研究——这门学问无疑尚有待创建——供给第一份参考资料；也不必要为了照顾我身后的名声，埋没这关于我的尚未被敌意歪曲的性格的唯一可靠记载。最后，即使你曾经是我的一个不共戴天的仇人，也请你对我的遗骸不要有任何恶意，不要把你的残酷无情和不公正行为坚持到你我都已不复生存的年代。这样，你至少能够做一次高贵的表现，即当你本来可以凶狠地进行报复时，你却表现得宽宏大量，如果说，加害于一个从来不曾或不愿伤害他人的人，也可以称之为报复的话。

（摘自《忏悔录》—— ［法］让-雅克·卢梭）

目　录

第一编 司法的常数

所谓司法，不仅在作为法理概念上或实定法、普通法体例的含义观照上，还是在作为社会现象、平行认知以及寻常事理的用语表达上，都可以概括地指国家司法机关及其司法人员依照法定程序和职权，具体运用法律处理争讼案件的专门活动。根据宪法的体例定位以及实践的构造模式，我国的司法机关主要由侦查机关、检察机关和审判机关三个部分组成，这是一种历史的和特色的国情因素使然。然而，西方国家的法律机构组织的主流构架中，除了审判机关之外，侦查机关和检察机关一般被排除在司法机关之外。这种将审判裁决作为司法机关的唯一身份指征的结构模式源于西方奉行的所谓"三权分立"的思想基础，甚至亦有将违宪审查纳入司法范畴的宪政体例，因而出现了诸如司法立宪主义的政体模式，这实际上是将司法超越纯粹的法律适用和法律解释而提升至兼具政治功能的国家体例属性。因为在这种政体模式之下，宪法在本质上已然凌驾于其他法律或者说是超法律的大宪章，宪法的政治属性和社会属性远远超过了其本身的法律属性，那么如此政体引申之宪法司法化形态，未免将司法赋予更加强烈的政治意义和社会意义，使得司法看似使命艰巨而无法纯粹（法律属性）。即便在广义上，所有的立法、行政、司法、军事、外交、国际关系等都在一定的政治结构和政治视野之中，但就司法而言，其应然的或者说侧重的还是在于对实定法（或普通法）的法律适用和法律解释，尤其在个案上，一般要去政治化，或者说即便涉及政治性因素，也要将政治问题司法化。下文所论及的司法，便是在这个认知导向之下，将司法限定于审判裁决职权的覆盖和延展，至于侦查权与检察权以及辩护与代理等法律职业的法律属性和职权属性问题，原则上排除于司法的概念所涉之外。当然，限于当前对司法一词的规范与用语之现状，比如在谈及侦查权和检察权时，在某些场景之下亦难以将其与司法完全隔离。

与法有关的任何规范、教义、解释、争鸣甚至理论、哲学，归根结底旨在指向司法并为司法服务。甚至可以这样理解，在法学统摄的领域之内，司法几乎就是应用（实践）法学的身份代言。当然，司法对任何法规范、法教义、法解释、法争鸣、法理论和法哲学都具有反作用力，司法具有对理论法学的启发、指引、调校甚至于检视等之机能。如果没有作为应用和实践的司法的存在，理论法学便成为夸夸其谈和空中楼阁式的纯粹意识或假设臆念而失去其本身存在的意义。从实践与认识的关系——实践到认识再

1

到实践（实践是认识的来源、动力和检验标准）——的哲学范式中，我们也可以将司法实践和法学理论适配到这个哲学范式中，即司法的角色相当于实践这一具体化（存在）的定位，而诸如法的规范、教义、解释、争鸣、法理和法哲学的角色则更彰显这个哲学范式中的另一个抽象化（思维）的定位——认识。因此，在法的存在与法的思维的基本哲学命题之内，司法实践和法学理论便可按名责实、各司其位了。

但是，即便司法实践与法学理论在法哲学领域中的固有地位和辩证关系不可动摇，我们也不能认为作为司法实践中的司法者应当按照这一哲学范式来形而下地遵循与适用。因为司法实践和法学理论的法哲学关系是立足于浩渺广阔的哲学视野和宏大命题，而司法者的微观司法则以先前的个人对法的认知（包括法的实例、规范、释义、法理等）作为基础和出发点。这些认知，是法的发展史上的漫长而艰辛的沉淀和收获，司法者完全不是一个司法实践的拓荒者，也不是一个整体法学理论的创始人（不排除创立某个或某几个法律理论）。目前的法的发展及现状不允许也不可能让司法者基于法的领域的零基础而从法哲学范式中去开天辟地，否则，在一种常识的理解中，这便是不可理喻和天方夜谭，毕竟，法的发展总是站在法的已有积累和集成的肩膀之上。或者说，对这个哲学范式的理解不能基于狭隘和呆板的思维方式，实践和认识（司法实践与法学理论）是循环的、联动的和相辅相成的两个方面，范式并不是在说明两者的先后顺序的问题而是在阐述两者的关联互动的问题。由此看来，脱离历史观和辩证观孤立地找寻司法与法学的定位注定是毫无意义可言的，而这也正是司法者在司法实践中所应汲取历史的和辩证的法哲学思维。当意识到这一点时，我们便知道应如何从历史的和发展的眼界去看待法学科、法领域和法实践，并将法学、法律、法理、法哲学作为司法的基础，而不是不知天高地厚地叫嚣理论让位实践或者夜郎自大地短视法的传承、继受与理论法学的重要地位。

司法的本质，在某种意义上就是在解读法与事例，是在法与事例中寻求逻辑关联并最终依据法对事例作出决断。在对事例作出决断的过程中，解读者对法本身存在的认知，解读方法与解读者本身，可以看作是司法决断的最为重要的三个关键而恒定的要素，是与司法这一概念定位相对应及相适配的，相当于科学上的常数的概念，我们姑且将此三恒定要素称为司法的基础、司法的方法与司法的生命（司法官）。事例作为司法的对象，引发司法并受制于司法，从根本上而言，事例作为存在被司法评价，但事例不是司法本身。事例在司法过程中需要被法、被方法、被司法官反复说明、论证，可以说，司法是积极的，事例是消极的；司法是主动评价，事例是被评价对象；事例是基础存在，司法是思维过程。因此，在本质上，事例与司法不在同一个维度上或者说不在同一个功用构造上，不具有认识上的同质性。故而，即便事例在司法中不可或缺甚至是司法的引擎，亦不可作为司法要素的身份或地位。

按照事例、司法与法三者之间如此之理念定位和结构关联，不妨以其派生的刑事司法领域中关于危害行为（事例）与定罪量刑（司法）及刑事法律（法），作为一个演绎的例证，并主要以犯罪构成理论及刑事司法的关联作为切入并引申简述。

在刑事司法中，危害行为（事例）作为一个聚焦，是刑事司法的对象。为了发现或者确定危害行为，国家机器启动了立案、侦查、检察和审判程序，而作为对危害行为终局的裁断评判和定罪量刑（司法），也当然聚焦在危害行为上。甚至，刑事法律（法）的制定也是先假想或设定一个危害行为的存在，再通过规范上的预先设计后，颁布施行，实现国家法治上的罪刑法定主义和法律至上（正当程序）主义。刑事司法就是对危害行为进行证明和审断，然后作出裁断评判。当然，危害行为中必然涵盖了行为人，而行为人才是承担刑事责任的被非难的主体，所以，刑事司法最终指向的是危害行为的行为人。司法在解读事例和解读法的两个方面上，可以看作一个是侧重程序上的，一个是侧重实体上的，即解读事例侧重的是程序法的适用，而解读法侧重的是对实体法的适用。解读是一个全面的论题，当然包括法律理论的支持。程序上的解读下文（正当程序论）将作为一种司法观念予以阐论，这里先以刑事实体中的犯罪构成理论作为引申的例证，在此先行论述。

论及刑事实体法律尤其在犯罪论问题上，核心是犯罪构成要件（要素）问题。在刑事司法实践领域中，由于犯罪构成要件被刑事司法一再地演绎，甚至有凡涉犯罪论时言必称犯罪构成要件之趋。但目前主流的犯罪构成理论所建构的四要件体系将危害行为（事例）本身作为其中的一个要件，似乎也存在前述所言——事例作为存在被司法评价但事例不是司法本身——之困惑，因此，也存在对犯罪构成要件体系进行推敲、反思或重构的空间。我们传统的刑法理论将犯罪的成立归纳为四要件，即将危害行为本身（客观要件）、危害行为实施主体（主体要件）、主体实施危害行为时的主观心理态度（主观要件）以及危害行为对社会关系（法益）的危害性（客体要件）一起构造组成了犯罪构成要件体系。但是，所谓的客观要件、客体要件、主体要件和主观要件，其出发的根本均源于构成要件所要指向的（危害）行为，并且描述的分别是分则具体罪名指向的具体实行行为（客观要件）、行为人对行为的辨识能力（主体要件，事实上辨识能力状态的客观属性更加强烈，可以归类为客观要件）以及行为人作出行为时的心理态度即罪过（主观要件）。除了客体要件（法益或者社会关系）即危害性外，其余三个要件均没有概括或归纳构成犯罪的某一特征并共同组建一个类似逻辑的范式。因此，从这个角度而言，所谓的犯罪构成四要件理论并非犯罪构成要件理论，充其量只是一个刑法诸条文（总则与分则）的集中对照或者说是从数个方面来表述具体罪名的成立条件（而不是犯罪的成立）。

域外的犯罪构成理论以及国内一些学者所创导推崇的三要件（阶层）说或二要件（阶层）说，则在某种程度上弥补了传统的四要件理论的弊端和缺陷。譬如作为犯罪论中的危害行为（相当于司法的对象——事例的地位），传统的四要件说不仅将其作为犯罪构成的一个方面，甚至在其他方面的论述中，也一再地关联、统摄并主导，而且还将这种关联、统摄和主导称为主客观统一，称之为犯罪构成各方面的一体化认识。犯罪构成要件系统建构本身没有问题，问题是传统的四要件体系的各个组成（各个要件）之间还需要相互交汇、相互关联和相互统一，那么这就不是犯罪构成要件而是一个犯罪构成叙述了。我们所说的要件指的是必要条件，在犯罪的范畴内指的是构成犯罪的必要条件。从逻辑学的角度，作为其中之一的必要条件显然无法推导出结论的成立，只有体系（诸多）的必要条件的集合与结论之间才会形成充分必要条件关系。将逻辑学原理放在犯罪学理论中，即体系的犯罪构成要件与作为结论的犯罪之间成立充分必要条件关系，亦即犯罪是诸要件的充分条件，诸要件是犯罪的必要条件。必要条件在逻辑学范畴上可以有关联，但在地位上却一定是独立的。譬如某公司行政经理职位的条件是：A. 女性；B. 研究生；C. 工龄十年以上；D. 董事会选聘。这四个必要条件显然是可以分立存在的，这四个要件又系统地推导构成结论并与结论形成充分必要条件关系。所以，在犯罪构成要件理论中，传统的犯罪构成四要件体系过于标榜危害行为（客观要件）的主导地位，过于强调四个要件之间的关联性和统一性，过于淡化诸要件各自的特征性归纳，特别是其将评价对象——危害行为本身（而不是概括、归纳一个特征）——作为一个条件似乎存在偷换概念嫌疑并显得逻辑错乱。总体而言，在本书的理解上，所谓的犯罪构成四要件并非犯罪成立的四个必要条件，而是论述组成具体罪名的四个方面；不是判断构成犯罪的四个标准，而是一个四合一的循环解释。因此，在犯罪构成要件理论上，本书并不赞成传统的犯罪构成四要件说，而更加倾向于犯罪构成三要件（阶层）说［二要件（阶层）说实际上只是对犯罪构成要件符合性这一形式要件从其他两个实质要件中剥离］，即这个道理。

事实上，不管是四要件还是三要件（阶层）抑或是二要件（阶层）理论，大抵是在特征归纳上与表达方向或者说标准设立及区别上的有所不同，本质上可以进行类同的理解。然而，要件应该是归纳特征而非叙述状态。譬如《民法通则》对民事法律行为要件表述为实质上的三要件和形式上的一要件之组合，就是对民事法律行为的一种特征归纳。在此种意义上，实质要件——"行为人具有相应的民事行为能力"（不妨称之为主体方面的要件）、"意思表示真实"（不妨称之为主观方面的要件）及"不违反法律或社会公共利益"（不妨称之为客体方面的要件）与形式要件——"采取书面形式、口头形式或者其他形式"就是一种高度的特征概括与归纳，是作为一种判断标准的存在。因此，事实上，民事法律行为的构成要件在学界和司法界就没有太大的争议。而为什么刑法中关于犯罪构成要件的理论却暗流涌动、颇具争议呢？原因可能就在这里——犯罪构成要件并没有归纳出构成犯罪的基本特征，或者说只是归纳了其中的一个特征——（法益或社会关系）侵犯性。按照民事法律行为的构成要件理论体系的思路，犯罪构成要件似乎为三要件（阶层）理论找到了范例式的对照指向。三要件（阶层）理论将违法性和有责性作为犯罪构成的实质要件，将构成要件符合性作为犯罪构成的形式要件，组成了一个特征显明、用语精辟的犯罪论体系。事实上，在法的本质理解上，四要件中的客观要件和客体要件，被归纳在三要件（阶层）体系中的违法性（不法性）内，类同于民事法律行为的客观方面的要件；四要件中的主观要件和主体要件，被归纳到三要件（阶层）体系中的有责性内，类同于民事法律行为的主观方面和主体方面的要件；而三要件（阶层）体系中的构成要件符合性，是具体罪名的构成要件要素集合的概述，具有民事法律行为形式要件的形式特征。但构成要件符合性并非犯罪构成的形式要件，因为它实质上是具体罪名的特殊要件要素的集合而并非违法性（不法性）和有责性的表现形式或具体记述，它是对犯罪行为（尤其是罪名）的一种系统性特征归纳而并非对犯罪概念作表现形式上的描述。如果非要给犯罪构成要件体系安排一个形式要件的话，那么只能说分则的具体法条或罪名本身才是犯罪构成要件中的形式要件。

但是，三要件（阶层）理论本身也有不尽完美的方面，违法性（不法性）本身不仅过于笼统且有直接援引结论之嫌，甚至在某种意义上可以说违法性就是评价结果而不是评价标准，所以本书所认同的修正的三要件（阶层）理论，概述为侵害性、责任性和构成要素符合性。为什么说是构成要素符合性而不是通用的构成要件符合性？这里有两层含义。一是所谓要素是必要因素的意思，所谓要件是必要条件的意思。我们在谈论犯罪构成要件时，将某一要件的特征用要件的文字来形容，不仅文义结构不够严谨，而且与侵害性、责任性并不匹配。二是分则罪名一般阐述罪状，而罪状并不是论述构成要件的问题，而主要是在说明罪的概念以及组成概念的要素问题。当然，这里的侵害性、责任性和构成要素符合性是一个高度提炼和浓缩的概念，在刑事司法中，对侵害性、责任性和构成要素符合性的理解应当建立在刑法基础理论和刑法基本语义之上，并且引申出诸如法益、社会关系、主体、对象、因果关系、侵害阻却事由以及故意与过失、目的与动机、认识错误、责任阻却事由等一系列关联的刑法理论和刑法规范。如果非要像民事法律行为的构成要件一样作出一个规范化的句式表达，本书只能粗浅而且冒昧地将其概述为：行为具有对刑法所保护的法益的侵害性；行为人具有非难可能的责任性；在罪刑法定下的罪名构成要素的符合性。

由于本书专注讨论司法及判例解析的问题，所以对构成要件体系的解构与建构问题，只是顺带、简略地提及，并不深入展开论述。

某一部门法学理论或者整体法学理论体系，通常作为一种认识基础，在司法中，尤其是个案的决断中，很少完全运用法学理论进行系统的解析。一般来看，司法中尤其是司法裁决文书中，往往忽略对事例的法学理论基础的概述和分析进而揭示事例的法属性与法本质，而通常只是论述事例与法律条文所规范的诸要素的符合性。司法中对个案的解析，一般注重法律解释与法律适用，所以，判例解析一般回避系统理论问题而回归应用法学方法或者说是实践法学的方法论问题。但这并不是说系统理论法学不具实践意义，因为应用法学的基础无可置疑的是理论法学，应用根植于理论认知，理论基础和理论问题具有思维导向的机能。因此，虽然在事例的裁判中并不一定要阐述理论，但其实在对事例的裁判的解析中都真真切切地蕴含和流露出法学理论基础的烙印和功力，一种解读法与事例的功力。

| 第一章　司法的基础 |

在广义的法的层面上，法涵盖了与法有关的任何学问、学科、认知和实践，因此，我们很难对法的广义外延或渊源作出详尽的列举。对司法而言，尤其是司法主体——司法机关及司法者，其以为司法的专业前提至少应当包括对法的一定的基础认知。当然，这里所谓的基础认知并没有固定的标准，但有人会说先前的初任法官考试、初任检察官考试、律师资格考试以及现行的国家统一法律职业资格考试（简称国家司法考试）的合格，就是一个相对而言较为成型而现成的标准。不可否认，国家司法考试合格证是法律职业的执业资格证书，是从事法律职业、衡量法律学识认知的入门条件之一，但是，从事法律职业并不仅仅只需要满足这个条件，比如律师职业要有实习期，还要通过执业审查、审核；检察官、法官职业也要有从业期限限制，也要有遴选和任命。否则，当前科技上的人工智能便已然超越自然人的司法执业资格，因为，只要将国家司法考试题库的试题编辑到人工智能的设备当中，或许只要一秒钟的时间，这个人工智能设备就能在每次的国家司法考试中以满分夺魁。但是，即便成为考试状元，这个人工智能设备在没有其他程序、人工装备辅助的情况下，始终无法办理哪怕是一宗最简单的最无争议的案件。而且，从事法律职业和司法职业本身存在差别，法律职业的范围更加广泛，司法职业则更为后端和权威，也就是说，并不是所有的法律从业者都具备司法者的资格、条件或者就是当然的司法者。在域外的许多国家现行的司法体制中，只有资深的执业律师才具备升任司法官的资格。愈为反证的是，现时的司法官体制并不以通过国家司法考试作为任职司法官的必要条件，因为在现时的司法官队伍中，有部分的人员并没有通过任何形式的司法考试就担任司法官。例如立法机构的任命可以逾越法律职业资格的考试合格条件；又如刑事侦查也是司法的一部分，但刑事警察也不将取得法律职业资格证书作为任命的条件。许多法学大师、教授虽学富五车但没有通过任何法律职业资格方面的考试，但也不能说他还比不上一个初任司法官。再比如亲友代理，事实上也是一种从事法律上的事务，但这种被称为诉讼代理人的人员可能法律学识是贫乏的，甚至是几乎空白的。因此，通过国家司法考试获取法律职业资格证书根本不是司法的一个必要条件（至少在现在是这样的），既然连必要条件都不是，也就与作为司法的基础没有必然的条件关系。在这里，本著并非排斥国家司法考试，而是欲说明司法的基础，并不是一本合格证书，而是一个系统的、专业的组合结构。因此，本著将司法的基础归纳为法教义学、法律规范与法律原理。当然，作为司法的基础，这是个较为理想化的构想或者标杆，本著只是作为学术性问题予以涉及，并没有指责或者排斥不具有如此基础的司法者的身份之用意。

一、法教义学、法律规范与法律原理

为什么是法教义学而不是法学？因为法学的概念过于庞大、兼容和高深，作为司法的基础之一而言，如果将法学确定为一个基础，确实会令司法者背负太多的压力，甚而有力不从心之感。因为一般来讲，谈到法学的概念，首先联系、联想到的是法学家素养与修为和法学理论的构造与层次等大命题，而这些大命题别说是普罗大众，就算是法律职业者，也大多只是在仰望的位置上，鲜有企及之辈。本著之所以将司法的基础之一确定为法教义学，是在于法学院的教学大纲和课程安排已经确定了法学基本的构架及体系，只要接受了系统的教育，即使某些法学课程并没有修学，也不妨碍法教义学的完结或者通过。这样一来，将司法基础的标准就做了降低的处理，学习者以及司法者也就不需要背负过大的学业规格与学问成就上的压力。

为什么是法律规范而不是法律法规？法律法规的概念一般理解为法位阶上的法律和法规两个层级，这样便会有一种排除规章、条例、国际条约与协议和立法、司法解释等法渊源之虞。我们在论及司法或者进行司法上的法律解释和法律适用时，往往也要参照、参考先前沉淀的司法惯例或者经典性、影响性的权威司法判例［个案的权威判决，在某种意义上可以理解为司法的具体（而非抽象）规范性文件］，甚至可以说上级或最高司法机关发布的指导性案例也在各自司法机构管辖范围内当然地作为一种（司）法的表现形式。法律规范的名称较之于法律法规更为准确和统摄，可以将上述所有的法律渊源尽收囊中。司法是解读并关联事例与法律，并以法律适用作为司法的根据，司法显然不能任意造法，所以，作为被司法援引的根据，法律规范的习得掌握与融汇贯通，便是一个当然的司法基础。

为什么是法律原理而不是法律理论？法律理论仍然是个高深的命题，在当前的司法者队伍中，很多人对法律理论问题都望而却步，毕竟深奥难懂且稍有不慎便会因为理论谬误而掉入泥潭不能自拔，因此，总体而言很少人熟识或精通法律理论。但既然作为司法专业者，终究又不同于普罗大众或其他专业人士，至少要站在一个超出公众认识的平行层面上，至少对法律规范应当有更深层次的理解，至少应当知悉法律条文、法律规范制定或者施行的原理，比如合同约定的法律原理是意志自治，比如十四周岁以下的杀人行为不构成犯罪的法律原理是责任阻却。只有了解和认识法律原理，才具有超越普通民众的法律认知水平，否则，单纯对法律条文的理解可能文学专业者会更有优势。

法教义学、法律规范与法律原理都归宗于法，但各有注重和偏向。法教义学注重法知识的体系性和法思维的养成性，其意旨在于塑造一种类似出身的涵养与规格。法律规范注重法的实定性和实用性，其意旨在于权衡一个司法者的视域范围和运筹能力。法律原理注重回归法的本质理解或者说是对法的认识的格局提升，其意旨在于对法律本质的追本溯源和寻根究底。以此三者作为司法的基础，作为司法这个求解"方程"的一个常数项，可以说是恰如其分、恰到好处吧！

示例一：某甲无罪案

☞【案情摘要】

2017 年某市某国有企业某有限公司因资不抵债进入破产清算程序。该公司所有的位于某市某区的一栋楼房，原本作为该公司的员工福利分配给职工居住。公司破产倒闭之后，该栋楼房作为清算资产，被法院裁决确定为清偿债务的资产而进入商品房的流通领域。由于该公司部分职工在破产清算后没有搬离，依然在该楼房居住，导致该栋楼房的部分房产所有者（通过市场流通购买而得）与仍在居住的原职工之间因房屋居住权问题引发诸多纠缠与纷争，也有一些房产所有者当事人诉诸法院，请求排除妨碍和确认完全所有权。但某市、区两级法院均以"系基于历史原因和有关住房政策取得对涉案房屋的占有使用，根据最高人民法院《关于房地产案件受理问题的通知》的有关规定，应当首先在民事诉讼途径之外处理应否腾退国有企业房改房的问题。因此，在未经政府部门及有关单位处理应否腾退房改房前，对涉案房产不得强制执行"，以及"涉案房产属于国有企业房改房，因有关房改房及集资建房分配等纠纷，不是平等主体之间的纠纷，是国家机关或者企事业单位与其有隶属关系的干部职工的内部纠纷，福利的享受涉及国家政策以及单位内部的规定，因此，不属于人民法院民事诉讼受案的范围，人民法院不予受理，应由政府部门及有关单位进行处理"为由，驳回当事人排除妨碍或确认所有权的诉讼请求。

2019 年 5 月，某甲以 258 万元人民币的价格买下了该栋楼房的房产 A 单元 1203 房，并在某市房产登记中心办理了房产转移登记手续，拿到了房产证。同年 7 月初，某甲去该楼房收房时发现里面还住着某乙，便要求某乙腾房。某乙坚持说这个房子是原公司分配给他居住的福利，坚持不腾退。为此，双方多次到派出所、街道办、司法所进行调解。由于某乙不接受某甲提出的补偿条件（向某乙支付 25 万元人民币），最终没有达成协议。7 月 13 日上午，某甲带着六个亲友到了该房屋门外，趁某乙不在屋内之机，把房门拆下来，重新换上新的门锁，将某乙的房内物品搬至房外，并安排两个亲友居住在该房屋。某乙当晚回来发现该情况后，即向警方报案称住宅被他人非法侵入。警方到达现场后，将某甲带至警局接受调查。

☞【诉讼经过】

某市某区警方以涉嫌非法侵入住宅罪，对某甲立案，经侦查终结后，移送某市某区检察院审查起诉。

某市某区检察院经审查，以某甲犯非法侵入住宅罪，向某市某区法院提起公诉。

某市某区法院经开庭审理后认为，非法侵入住宅罪中侵犯的法益是他人的居住权而并不要求是所有权，即便某乙并没有对涉案房产具有所有权，但其居住权并没有被剥夺，事实上某乙也居住在该涉案房产内，因此，对某乙居住安全的侵犯行为，构成非法侵入住宅罪。据此，一审判决如下：某甲犯非法侵入住宅罪，判处有期徒刑六个月，缓刑一年。

某甲不服一审判决，在法定上诉期间内，向某市中级人民法院提出上诉。

☞【判例解析】

破产清算属于司法行为，破产的裁定具有当然的法律约束力。法院将涉案房产裁定为清算资产并以司法裁决的方式许可涉案房产作为自由流通的商品房在市场上自由交易，那么，任何买方合法购买该房产之后即拥有该不动产的所有权。私有财产受法律保护而不可侵犯，这是公民的宪法权利，司法当然有义务将此宪法权利作为保护对象。由于涉案房产的居住权赋予乃建立在行政法规以及国有单位内部的福利制度上，在法律效力的位阶问题上，基于物权法的所有权显然具有无可辩驳的凌驾地位（上位法），若未有法定的事由并经法定的程序，任何机构和个人均不得对所有人的所有权进行非法干涉与侵犯。而且，在没有推翻破产裁定的情况下，后续的裁定驳回起诉显然是对生效裁判的漠视甚至是推翻，这在法律程序上也是一种悖反。除非先行对破产裁定确认的房产所有权归属及流通许可，以审判监督的方式作出否定性裁判，否则，这在事实上和法律上都是矛盾的和非逻辑的。因为，先前的破产裁定确认了涉案楼房属于公司财产并且准许进入市场流通，所有权的市场流通当然需要完整意义上的，也就是排他的。房屋的居住权属于使用权的一种，隶属于所有权的权能。在排他的所有权的涵摄之下，也就理所当然地排除了他人的居住权。因此，原职工对涉案房产的居住权是对新的所有权的一种侵犯，理应被排除。

所谓的房改房又称为已购公有住房，是指城镇职工根据国家和县级以上地方政府有关城镇住房制度改革的政策规定，按照成本价或者标准价购买的已建公有住房。按照成本价购买的，房屋所有权归职工个人所有；按照标准价购买的，职工拥有部分房屋所有权，一般在5年后归职工个人所有。房改房是1994年国务院发文实行的城镇住房制度改革的产物，是城镇住房由从前的单位分配转化为市场经济的一项过渡政策。房改房的基础是，职工出资购买单位的福利房，而不是职工无偿取得单位的福利房。

本案中的情形，在破产之前，职工对涉案房产只有居住权而没有任何形式的所有权。破产之后，职工所在的单位已不复存在，而且不仅单位不复存在，甚至单位的房产作为清算资产已被清算偿债，因此，单位也就失去了分配居住权的基础。由于单位属于国有企业，设若这种居住权是一种单位福利的话，那么应当由单位的主管部门予以先行解决处置。不能因为主管部门怠于履行处置职工的福利问题而损害破产案件中债权人以及后续因市场流转而取得房产所有权人的利益。并且，在破产程序中，对破产单位的职工薪酬和保障，也已在破产清算中涉及并处置，因此，对涉案房产的所有权的流通，理应受到法律和司法上的保护。如果说本案对最高人民法院的通知有所违反（事实上是没有违反，因为该房产不属于房改房），也是因法院在破产裁定中没有遵照该通知的规定进行前置处理——福利的享受涉及国家政策以及单位内部的规定，应由政府部门及有关单位进行处理——导致的纠纷，这种司法上的过错不能转嫁给依法取得不动产所有权的当事人。

所谓非法侵入住宅，是指非法强行闯入他人住宅，或者经要求退出仍拒绝退出，影响他人正常生活和居住安宁的行为。在本案中，矛盾的重心在于谁是涉案房产的真正所有权人？谁是罪名中被侵害的"他人"？而谁才真正实施（或者存在）非法侵宅行为？由于历史的、行政的、法律的原因，导致系列的民事纷争与讼争，甚至导致了本案的刑事法律追究。而要解决上述三个问题，必须将案情的来龙去脉厘清，方能对症下药，准确适用法律。

本案的先决问题在于，该公司在破产倒闭后，对其所涉及的与本案（及类同系列案）关联的房产，也被作为清算资产，纳入破产清算的范围。因此，在破产程序完结之后，该房产即作为商品房进入商品自由流通领域，受法律保护。但在涉案房产的流通过程中，作为原某有限责任公司的原职工因为原单位福利的分配而一直占有该房屋，并未履行退出的义务。当然，这个义务中，包含着原单位与原职工的福利的解决因素，也包含着作为原单位的主管机关对国有企业职工的安置因素，正是这些因素没有事先解决，才导致了后续一系列的诉讼与纷争。但无论如何，也不能因为不可归责于新的房产所有人的这些义务和职分的未履行，而无端地限制新的房产所有权人对房产所有权的正当、合法地行使。

本案的核心问题在于，在房屋所有权问题上，取得所有权后的居住权的实现是否会涉及非法侵入他人住宅的可能。在这里，有一个条件必须明确——非法侵入他人住宅罪中应当具备的要件要素是"他人"住宅，如果是"本人"住宅，侵入是否具有非法性的可能？"法律不强人所难"，这种在现实中被人们奉为公理的"我的房屋我做主"的认知，在本案中又要遭受严峻的考验。在民事法律（房产法）上，对自由流通领域的商品房，在办理了变更登记之后，就取得了当然的所有权，这个住宅就是"本人"的住宅，而不是"他人"的住宅。除房屋所有权人，其他人对房屋的占有、使用、收益，都应当被排除。这些权利都应当归属房屋所有权人。而在这些权利的行使中采取的私力救济行为，都是维护自身合法权利的应有之意，"法律不外乎人情"。当然，如果私力救济行为超过了合理的限度，触犯了刑律，那就另当别论。本案中，房屋所有权人实施的卸掉房屋的门、打掉房屋的窗以及入住该房屋，针对的是自己的房产，维护的是自己的权益，当是无可厚非的。若有争议，就在于是否侵犯了原居住人的居住权和安宁权问题。这个问题，由于如前所述的义务前提，是可以认定原居住人的居住是没有合法事由的，因此，权利人对没有合法根据的占有、居住的排除是不能赋予非法色彩的。而且，所有权人的一系列排除行为，没有针对人身、他人自由或其他超出容忍的范围和限度，不应被认定为刑事非法的性质。在常识上，一种被称之为相当的对抗理论在此是可以适用的，就是说对侵犯行为的对抗力度，以相当的程度作为限度。在本案中，对非法居住权的对抗，采用的上述的"侵入"方式，刚好能达到相当的对抗的程度，因此，可以认为是在私力救济的合理限度之内。此外，当事双方对居住权的拥有问题的冲突已经持续了一定时间，在僵持的过程中，双方都采取了一些民事行为作为维权手段，甚至有关行政机关及公安机关也已经介入了调停与和解。这种僵持和调和的因素，决定了这种冲突具有一种民事权益的纷争的性质，虽有激化，但亦在常情之内，并没有升格为侵害刑事法律所保护的法益的程度。

本案还有一个关联的问题是：国有企业员工在单位破产后，租住原单位房屋的原职工是否还保有居住权？所谓"皮之不存，毛将焉附"，在原单位破产清算倒闭后，原单位已经失去房产所有权，原职工自然也就不具有拥有、行使该权利的任何一项权能的基础。至于原职工的安置问题，应当由原单位的上级主管部门按照有关规定安置、处理。正是原单位的上级主管部门怠于履职或者说原职工并未寻找到恰当而合法的诉求表达途径，方才埋下了这些纷争的隐患和激起了系列冲突的事实。因此，造成诸多问题的责任在于原单位的上级主管部门及原职工本身，而并非破产程序中的债权人或者新的房产所有权人。

刑事案件之外，当事人可以通过民事诉讼的方式行使排除妨碍和确认完全所有权的权利，诉请法院支持其诉讼请求并得以强制执行，保障其对合法拥有的房屋不动产的完整物权。

据此，二审判决如下：（1）撤销一审判决书；（2）某甲无罪。

二、法教义学的意义：法思维模式养成

这里所称的法教义学，指的是学院式的（高等院校法学专业）或者较为系统性的非学院式（高校外的其他教育机构的自考、函授等）的法学课程的教育学习，以及纯粹自主地系统性地接受法学教义大纲的主体课程的教育学习。当然在严格意义上，后面的这种自主教育学习很难称之为法教义学的一种方式，因为它毕竟缺失了教义氛围、教义熏陶和教义思维等规整塑造与环境影响。但是，既然作为司法的主体——司法官——仍然存在非学院式的出身，或者有一些是学院式出身但非法学专业出身，因此，这些人对法教义学的摄入分量虽不足以达成充分条件的满足却也一定程度地、体系地涉入其间，故而姑且也将这种类型包含在内。还要说明的是，这里的系统性法学教育是一种相对狭义的称谓，即法的教义学的含义，仅仅包括法理论教义学和法实践教义学，并不包括法的其他广义外延。

法理论教义以刑事法学、民商法学和行政法学作为最核心的学科，兼有法理学、国际法学、法律史学和比较法学等学科，在系统上形成了一个领域覆盖、刑民为主，古今纵横、现行为主，中外比较、国内法为主的体系结构。法实践教义以各个部门法的案

例、判例解析作为法学理论的目标指向和范例证成，穿插、镶嵌在各个部门法学科的理论教义之中，与法理论教义相辅相成，共同造就了法教义学的组成部分。需要指出的是，法实践教义中的案例、判例解析并不是一种司法实践，而是一种基于司法实践的理论萃取和提升，是将司法实践中的案例、判例解析经过人工的、专业的组织之后概述、编辑和归纳出的法律学识。司法实践是一种事例的身临其境，是现在进行时，而法实践教义都是过去完成时。因为，做案例分析题和实践性司法之间，毕竟隔着一段遥远的路程。法实践教义只是让法理论教义更加贴近司法实践，或者说是在搭建一座通往司法实践的桥梁。

如果只是熟识法律规范并且参考判例指导，是不是就可以忽略法教义学而取得通往司法的捷径呢？毕竟司法官在司法审判时几乎可以忽略引用法教义学。但是，毋庸置疑的是，司法审判的过程不仅仅是法律适用和参照先例，法的精神的领悟、法的解释的方法、法的逻辑的演绎、法的思维的模式等系统性的法学问是融会贯通的。而法的精神的领悟、法的解释的方法、法的逻辑的演绎、法的思维的模式等系统性的法学问主要来源或启蒙于法教义学。犹如域外之陪审团和司法官的关系一般，陪审团可以对事例作出是非判断，可以按照普通的常识认知的平行评价对事例进行道德审断，但是，陪审团无法堪当司法官之大任，其原因就在于是非与道德之外，常识和公知之外，固然存在诸如法理论、法逻辑、法解释、法裁量以及法实践等之法学问，而司法官便是这个法学问的阐释者和决断者。学问的成就，自然大多起源于教义，司法官对法教义学的汲取，便理所当然地作为其司法的基础之一。

法教义学归根结底的意义在于对法思维模式养成的系统性启蒙。大多数的法科学生或者一部分的法律职业初涉者，是基于对法学或者是法律职业的感性志趣，其投身其间的原始动力不是深造法也不是应用法，甚至可以说，其目的就是首先要学习法、了解法。如此而言，法教义学就是一条必经之路，即便自学也是包含其中的，因为自学的基础或素材也是法教义的纲要、课程或者教材。当法的学习者拿起法学教材或者接受法学课程时，不管是教材或者课程，都会整理出一个法的体系和构造，都会将学习者引入一个法的天地和氛围之中，在这种散发着法的浓郁气氛的环境的熏陶和引领下，法的学习者自然而然地被带入一种法思维的全景模式之中，从模糊到清晰，从感性到理性，从存在到认识，这便是法思维的启蒙。这种法思维的迷漫和熏陶，在法学院尤其浓烈。你和同窗比赛投篮，热身活动便说是"预备"，投篮不进便说是"未遂"，你比赛输了便说是"显失公平"（可能因为同窗球龄较长）；你叫学友帮忙打饭便说是"无偿代理"，班委会同意你的提议便说是"行政许可"，甚至连约会都要说是"要约邀请""要约、承诺"之类的说法；班委会的决议你说是"一审判决"，班主任的话语你说是"终审判决"，甚至连上个厕所你都能解释成"紧急避险"来戏谑……诸如此类，不胜枚举。总之，当学习者身处此情此景，法学词语脱口而出，法律经典信手拈来，法律逻辑举一反三，法律思维充斥其间。即便学习者可能对某些课程不感兴趣甚至排斥，诸如法理学、法制史等相对枯燥的学科，但由于始终是要考试，学习者也要硬着头皮咀嚼一番。即便学习者对所学的课程知识有所忘记，但学习事实上不一定要记忆什么固定的内容，更重要的是在学习中学会思考以及解决问题的方法。在某种意义上，塑造一种法的思维习惯的氛围更甚于法的知识的单纯记忆和理解。在这种法学思维模式的包裹和启迪下，随着法学知识的不断积累和法学方法的娴熟应用，学习者便能在感性和理性之间、认识和判断之间、规范和事实之间，不断往返、不断思量、不断领悟，最终在通往法律职业的道路上越走越快、越走越近。

法教义学建构的是一个系统的法学教育，组成这个系统的各部门法是贯通的而非可单一独立、可割裂分立的存在，在刑民之间、刑行之间、民行之间，在实体法与程序法之间，在本国法与域外法之间，都存在着必不可少的关联、交接甚至交融、共生。因此，当某个法学家、司法官作为法学研究方向的专家或者某个司法部门的行家时，我们就不能说他只是在那个研究领域或职业部门具有权威性，其他的法学领域或职业部门不具备话语分量。站在一个法学专家或者法律职业行家的角度，他首先已经经过了法教义学的系统教育，并且法的思维方式也已养成，在其所研究的法学领域或者精通的职业部门，是从基础法学到个别领域的深造并意在从个别领域中提炼精深原理的程式表达，其法学高度已然决定了法学视野，因而其对法理解的深度，对司法话语的分量，即便超出其研究方向或职业部门，也当然在其视野范围之内。另外，在某种意义上，法律的各个部门和各个方向是相通的，事实上，当我们把各部门法、各法学方向提升到法理学或法哲学的高度时，它们都具备相当的共性。

三、司法考试是不是司法执业的门槛

国家司法考试本身具有法教义学的含义，因为考试大纲以法学的核心课程为主要架构，并且几乎涵盖了法体系的全部精要。可以这么说，通过了国家司法考试就等于对法教义学的修学已经合格了。与法学专业学生的考试合格和毕业准许略有不同的是，在法学院校的课程和学业中，理论教义更显侧重一些而实践教义会稍显次要些。国家司法考试与法律职业的衔接则更加紧密一些，但通过国家司法考试一定不是取得法律职业的执业资格而只是取得法律职业的资格证书。因为大多数通过国家司法考试的人无法独立办理法律事务，一般而言还要通过实习、见习和助理阶段的学习，在法律职业的事务实践中不断地磨合和历练，才能达到法律职业的执业水准，进而达到司法的执业水准。所以说，法律是理性的，考试是抽象的；案例是感性的，执业是具体的。从理性到感性与理性相结合，从抽象到抽象与具体相关联，总是应当存在一个并非只是间隔着一个门槛的过程，这个过程的历时、历程因人而异，取决于天赋、勤奋、投入、陶醉感甚至机遇、造化。现实中存在一种虽然并非普遍但也颇具蕴意的情状是，在目前的司法机关内，有些人员即便通过国家司法考试却不知道、不懂得如何办理案件。这可能因为这些人员不在办案岗位，也可能有其他原因。而有些人员即便没有通过司法考试，却也能独任办案重担甚至水准卓越。这也从一个方面说明了国家司法考试与法律执业两者并非充要条件关系。如果我们认为司法是一个严肃的、谨慎的而且是专业性很强的职业，那么就不能

按照一个相对纯粹理性和抽象的考试结果作为评判这个职业的准入条件。因此，国家司法考试合格一定不是法律执业的门槛，更不是司法执业的门槛，充其量，这本法律职业资格证书只是法律职业的从业条件之一。

法律职业执业者的初任、委任、晋升、遴选，目前的体制几乎是相对固定的出身论，也就是说你选择哪一种法律职业，那么几乎注定了你将与这个职业长相厮守，当然，见异思迁的个别现象也是存在的，但终究较为个别、比例少之又少。例如，选择了律师的职业，那么往后任职侦查员、检察官、法官的机会就很小；选择了检察院的职业，那么任职警官和法官的机会也不大；选择了法官的职业，很难想象法官会频繁跳槽到检察院或者警察局。但是，目前有一定数量的警官、检察官和法官辞去公职，迈入律师职业的大军之中，这种现象的原因是五花八门的，只能以国情特色作为一个共识的理由。但在域外，我们时常听闻的是某个大律师经过不懈地奋斗与追索终被遴选为法官，而且这是非常荣耀与威望的。可见，法官是一种高尚的、尊荣的职业，尤其是大法官级别的，更是凤毛麟角。因此，对司法官的选任，应建立在一个择优遴选的机制上，毕竟律师犯错、警官犯错或者检察官犯错，在一定的程度上被容忍的空间要大一些，因为他们各自代表当事一方的利益和立场，但是作为中立的裁判者——司法官，大众对其犯错的容忍度是很低的，司法官代表了最后和最高的专业性和终局性。所以，司法官的选任在条件许可的情况下，应当从律师执业者、侦查执业者、检察执业者中择优遴选，而不是在出身论的框架内一意孤行。

一个具有如上所述的司法官选任图景的大致脉络是：首先对参与国家司法考试的人员作出某些资格限制，诸如必须经过系统的法教义学教育（修学法体系、养成法思维）并获得毕业，诸如必须经过实习、见习、助理阶段的法实践磨合与经历；然后对国家司法考试合格者授予法律职业资格证书，准许从事除司法官之外的其他法律职业；再者是司法官的选任，只能在从事法律职业若干时长（最好是 10 年以上）的优秀者中遴选。通过这种遴选机制，不仅可以将司法执业高标化和高尚化，而且还能避免诸多枉法、舞弊动机的滋生。毕竟当一个法律工作者从事法律职业许久之后，仍然对清水衙门式的但地位显赫、声名显赫的司法官身份情有独钟，那么还会有去污蔑、亵渎它的神圣的冲动吗？换句通俗的话说就是，在这种选任机制下的司法官职位，不为五斗米，不为人上人，只为法之情怀，只为法之尊荣。或者说，只有当法律人奉法律为信仰的时候，对司法官身份的追逐和竞任，才是在功名利禄之外的，才具苍松翠柏的精神格局。

四、法律规范是司法者的工具还是本质上的裁判者

这里的法律规范指的是所有被认可的法律渊源，也就是在司法中被适用、被援引、被参照的一切规范和判例解释的统称。那么为什么认为法律规范是司法的基础呢？法律规范是司法裁判的根据，这是源于法律规范应当具备可预知性的理论，不可预知便不溯及既往。如果说法教义学具有鲜明的理论抽象性，那么，法律规范则将这种理论抽象性更加地具体化甚至感性化——或表达为条文或表达为释义或表达为判例解释，但我们不

能说法律规范是感性的具体，只能说它是抽象的具体或具体的抽象。司法是对事例的裁判，事例是纯感性和具体的，在法学理论和事例呈现之间充当衔接和缓冲的嫁接，就只能是法律规范了。因此，司法就是运用专门的方法（法律适用和法律解释），根据法律规范对事例作出评判和裁断，而所有的法律规范，都蕴含着深深的法律理论根基。这样，法律理论、法律规范和司法判例之间的关系就明晰可见了。

法律规范作为司法的基础和根据，并不意味着法律规范就是本质上的裁判者，因为作为一种抽象的存在，法律规范并不会主动去适配事例，事实上事例也不会一旦产生便主动去适配法律规范，法律规范和事例在司法的过程中都是被动的。司法的过程是人或者组织将事例呈递到司法的程序中，司法者再运用专门的方法在事例与法律规范建立关联、对照和适配。因此，司法过程中作为司法的因素存在的主动者便只有司法者了。主动了解事例的特征，主动找寻适配事例的法律规范作为根据，主动运用专门的方法在事例与法律规范之间建立关联和对照，主动适用法律规范作出评判和裁断。这一系列的主动性，将司法者的主导和操纵特征展示得淋漓尽致。因此，即便作为司法的基础和根据，法律规范也是处于一个被动的地位——被解读、被引用、被适配。司法者甚至可以利用解读技巧（甚至是无须技巧的蛮不讲理或生搬硬套）将法律规范视为掌中玩物，翻手为云覆手为雨，作为裁判的根据。所以，法律规范本身并不是裁判者，司法者才是裁判者，法律规范只是作为裁判者的一个工具。

法规竞合看似法律规范对事例的主动竞相符合，具备主动性，但实际上这种竞合只是一种存在两个或两个以上的选项的情况，最终还是要作出单项的选择。例如，销售假烟的行为属于非法经营行为，同时也属于销售假冒注册商标的商品行为，但这一单一的行为不可能被确定为数罪，应当根据该行为对应的法定刑，择一重罪作为裁判的根据，或者是认定非法经营罪，或者是认定销售假冒注册商标的商品罪（"销售金额数额巨大"但未达到非法经营"情节特别严重"的情形）。而作出选择的决定者，当然不是法律规范本身，而是司法者、裁判者。如果是法律规范本身作出选择，那么哪一个法律规范会胜出？哪一个法律规范又会退出竞争呢？而我们在论及法规竞合时所提供的前提是数个法律规范都要竞相符合，既然数个法律规范主动竞相符合，又只能有唯一的法律规范胜出而其他法律规范则主动退出竞争，这显然是自相矛盾和不可理喻的。因此，这是一个不会有答案也完全没有存在可能的问题。

司法中常见的同一事例或同类事例被作了截然相反的评判和裁断，或者即便不是截然相反但是有所区别，这也说明司法的主导者是作出裁判的人而不是作出裁判的根据。如果法律规范是本质上的裁判者，那么每一个事例都只会有一个结论、一个裁判，因为法律规范本身是确定性的，是一种近乎纯粹的理性，而且法律规范本身又不具有解读、解释的技能。同一事例或类同事例，只有在不同司法者主导的情况下，才会有作出不同的裁判的可能；或者类同事例相同的司法者，根据不同的法律规范作出不同的裁判；在某些特殊的情况下，相同或者不同的司法者根据相同的法律规范，对类同事例作出不同的裁判，但至少在解读、解释上也是有所不同的。如此情形，都是在证成司法的主导者、裁判者是司法者而不是法律规范这一命题。

五、追寻法律原理的法律原理

就法律规范本身的技术性和构造性而言，语义、文义更显得重要一些，因为法律规范不仅要呈现给法律职业人士看，也要呈现给普罗大众看，这是法律的可预知、可预见性所当然引申的含义。如果法律规范不是通俗易懂而是深奥晦涩的，那么普罗大众如何去预知、预见法律所规制的内容呢？如何去辨识、区别为与不为、可与不可、合法与非法呢？但是对法律职业人士尤其是司法者而言，其对法律规范的理解不能停留在一个与普罗大众相同或接近的高度上，否则，便会令人产生一个关乎何德何能的质问，毕竟在司法终局裁决的意义上必然要求司法官要比被司法者（及其代理者）高出一筹甚至是高出几筹。那么，接下来的问题是，司法官要站在或者达到什么高度才能配其位、筹其谋、担其任？首先，我们要知道法到底有多高，法设有几个高度层级以及每个高度称之为何，这样才会有似标尺刻度般的标准要求。在本著的理解上，对法的认知理解层次由低到高的层级预设是：法实践感知—法律意识—法律规范—法律学科—法律原理—法律理论—法哲学。一般而言，公众对法的理解的上限是法律规范；法律职业的执业者对法的理解的下限是法律学科；司法官对法的理解的下限是法律原理；法学家、大司法官和法教育者对法的理解的下限是法律理论；对法的理解达到哲学高度的，便可称为大师级别了。当然，我们这里所谈的理解和认知，不是一知半解、似懂非懂或滥竽充数，而是要达到游刃有余、有所建树和信手拈来的程度。

任何事物对其寻根究底总能找到一种原理（或道理）来作为存在和认识的根基，而当对这种蕴含着、透射着的原理（或道理）具有深刻的理解和感悟时，那么对其派生、衍生的下阶学识自然就洞悉无疑。我们常常讲的"就是这个道理""这是它的原理"，就是在表达当你看到了原理（或道理），你就会心知肚明、一清二楚了，或者说你已经找到了认知的钥匙了。法律学识亦复如是。站在法律原理的高度上，自然对法律学科、法律规范具有超出寻常的识别领悟能力，因为法律原理是法律规范的原理（或道理）；站在法理学（法律理论学）的高度上，自然对法律原理、法律学科和法律规范具有统摄的效力，因为法律理论是法律规范、法律学科和法律原理的原理（或道理）；法律理论学、法律社会学、法律心理学、法律伦理学、法律史学和司法等又归宗于法哲学。换句话说，当你站在法哲学的层面上，你所理解的有关法的一切便可尽收眼底、了如指掌；当你站在法律理论学的高度，有关法律原理、法律学科和法律规范的认识便轻而易举、水到渠成。那么按照前述的层级，站在法律原理的高度，对法实践感知、法律意识、法律规范、法律学科的掌控和把握便能够得心应手。司法的最低要求就是要达到这个高度，即超过其他的法律职业人士的平均水平，否则，无法任职司法官。

法律原理折射在司法官的认知和思维上实际是一个格局和层次的印记，司法者的所思所虑所述所著，其表达的法律原理以及法律原理递进的法律理论甚至达到法哲学的高度和深度，也就是司法官的司法水准的高度和深度的一个侧面。司法的目标与使命，必然要求司法官能够俯视关于事例的争执、争讼情态，将事例与法律规范的关联与适配看得透彻。因此，在设定的下限（法律原理）的基础上，又必然要求司法官不断追寻法律原理之后的原理，即法律理论高度和法哲学高度，这就是所谓的站得越高看得越远的原理。由此，追寻法律原理的法律原理便被赋予哲学意义。事实上，在司法官队伍中，当然存在司法层次、司法格局的高低有别（无法苛求所有的司法官都站在同一水准线上），排除一票否决的道德品格因素，司法官的晋升和等级，主要考察的应当是对法的理解的高度（法学识）以及法实践的解读、适用和表达水平（法经验）。但是，还有一个问题是，如果代表当事者利益一方的法律职业执业者站在了比司法官更高的高度，比如法学家代理人，而其又与司法官对事例有不同的看法和观点，那么是不是说司法官就是错的呢？这当然不能这么理解。一般而言，代理人具有明显的利益方（委托方）倾向性因而并不中立，而且，在司法经验上，司法官也更具优势。因此，只要司法官保持立场中立，保持操守敬畏，保持专业至上，保持执业谨慎，其所作出的评判和决断都是公正的，都是问心无愧的。

一个案例，不同司法境界、不同司法涵养的解读者便会有不同的解读水准，即便作出的结论是一样的（可能由于一错再错的解读得到相同的结论），但解读方法、解读功力和解读分量可见一斑，区别明显。

示例二：某甲非法经营案

☞【案情摘要】

某甲在某市某区个体经营某音像店，并向烟草专卖局申请附带销售香烟，取得烟草零售许可证。2018 年 8 月份开始，某甲租用某市某区某住宅小区地下停车场仓库，多次将从中国大陆边境口岸的"水客"（从境外以"蚂蚁搬家"方式携带境外商品入境以逃避海关监管为职业的人员）以及其他专门收购"水客"携带的商品的人员（"水客"的上家）处购得的大量非法入境的免税香烟储存于上述地点，随后加价在中国大陆境内的市场上销售，从中牟取非法利益。

2018 年 12 月 25 日，某市某区警方联合烟草专卖局人员在该停车场仓库内抓获某甲，当场缴获"Marlboro""红双喜""CAMEL"等各类品牌非法入境的免税香烟共计 12127 条（经鉴定均为真品，总价值为人民币 1729362 元）。警方还当场抓获了正前来售卖免税香烟的某乙（未取得烟草零售许可证，另案处理），并从某乙驾驶的小轿车的后尾箱内缴获准备出售的"Marlboro""红双喜""CAMEL"等各类品牌的免税香烟共计 527 条（经鉴定均为真品，总价值为人民币 94962 元）。

☞【诉讼经过】

某市某区警方以涉嫌非法经营罪对某甲立案，经侦查终结后，向某市某区检察院移送审查起诉。

某市某区检察院经审查后，以某甲犯非法经营罪，向某市某区法院提起公诉。

某市某区法院经开庭审理后认为，本案的事实清楚，但在法律适用方面，存在以下两个方面的阻却犯罪事由。一是特种烟草专卖经营企业许可证现已经取消，普通烟草零售店铺能否销售关税未付的免税烟的问题，没有具体的规定。由于法律没有禁止的就视同许可，为此可以认定普通的烟草零售店可以销售免税烟。二是本案应当参照 2011 年最高人民法院《关于被告人李明华非法经营案请示的批复》："被告人李明华持有烟草零售许可证，多次实施批发业务，而且从非指定烟草专卖部门进货的行为，属于超范围和地域经营的情况，不宜按照非法经营罪处理，应由相关主管部门进行处理。"本案某甲持有烟草零售许可证，其经营行为也应当认定是超出指定范围经营烟草制品，即从非正规渠道进货的超范围和超地域经营行为，故适用最高法关于李明华非法经营案相关意见的司法解释。据此，一审判决如下：某甲无罪。

某市某区检察院认为一审判决确有错误，在法定抗诉期限内，向某市中级人民法院提出抗诉。

☞【判例解析】

特种烟草专卖经营企业许可证的取消，并不意味着任何烟草专卖店或者零售店可以销售无论何种渠道取得的烟草。由于烟草专卖受管制，烟草的经营都在一个严密的专卖网格之中，特种烟草当然也在专营专卖的管制之中，包括来源、批发和零售的指定。亦即，所有的烟草经营都在一个统一而清晰的管控网格之内，是否准许烟草零售店销售特种烟草或者经营烟草批发业务等经营事项，都在烟草专卖局（公司）的管控之内，都在烟草制品的配额之内。零售的烟草店就只配给零售香烟，而不会配给特种烟或大量的可批发经营的香烟，并以此类推，特种烟草专卖经营在这个烟草专营的网格管制中已然没有再行特许的意义，故而才会取消这种多此一举的许可。理解了这个含义，那么对本案的特种烟草的销售而言，显然是否取消特种烟草的专卖经营许可是没有任何影响的，即特种烟草的专卖经营许可的取消不会对本案的案件性质产生影响。

本案的情形是否适用最高法的个案批复，在着手分析前首先要解决两个问题：一是免税烟能否在中国大陆销售；二是免税烟是否视同为同品牌的香烟。第一个问题就是特种烟的管制问题，前文已经论述，因而答案是显而易见的——肯定不行。既然不行，那么第二个问题也就迎刃而解——不被许可经营的商品当然不能视同为同类但不同种的商品，因为免税烟（特种烟）就是免税烟（特种烟），它只能在指定的区域零售经营。这不仅涉及烟草的质量标准问题，还涉及关税减免的问题，当然是不能与普通烟草等同视之的，所以，超出这个指定的区域销售就是被禁止的，是非法的。而最高法批复的个案所谓的超范围和超地域经营，针对的是非特种烟草的销售，其在经营范围上和经营地域上并不被禁止，也就是说不管在此地区还是在彼地区，都有批发烟草的经营方式。并且，答复中的案件指向的超地域经营是从指定的供货商以外的供货商进货，这些供货商都是经烟草专卖行政许可的供货商，就是说烟草的提供方具有合法的资格。而本案的供货渠道，本质上是走私行为，显然是非法的。

某甲申请的烟草零售许可，销售零售烟草指定的地点在小店（某音像店）之内。而本案涉案的现场在隐蔽的地下停车场仓库，与小店根本不具备许可地点和许可商店的关联性，甚至可以理解为一种为了掩人耳目在非法目的驱使下的变相行为。也就是为了掩护非法贩卖免税烟，并给这种非法行为披上一件伪装的外衣，便去申请一个烟草零售许可，企图蒙混过关。

为了销售走私入境的特种香烟而申请的烟草零售许可，纯粹就是为了犯罪而做的掩护或者根本与合法经营零售烟草无关，类似为了犯罪而设立单位或者单位设立后主要从事犯罪活动的情形。因此，即便最高法有貌似类似的答复，但该答复的司法精神、主旨与本案的情形是不相符合、不相容纳的，不具备同类、同质性。现场缴获的走私香烟的数量特别巨大，而且还不包括已经经营的部分，所以，认定某甲超范围、超地域经营专营专卖商品，在本案中不应当被认同。

本案中，关于货源（数量特别巨大的免税烟）的法律性质问题，由于取证上的局限而难以得到直接的证据指向走私行为，但并不因此就以证据存疑或证据不足而作出有利于被告的认定——该货源不能认定为走私物品。存疑时有利于被告规则的前提是穷尽法律分析的方法，因此，应当是有限度的。本案中，涉案物品本是作为零售商品在免税店销售，如此大量的集结和贩卖，除了走私的目的，没有其他合理解释的可能。因此，在法律上将该货源推定为走私物品是合理而有据的，这是常识、逻辑上的法律推定方法的运用结果使然。本案的涉案物品（免税烟）不属于禁止进口物品，故只能以走私普通物品认定。又由于涉案物品属于专卖专营物品，故走私之后的经营行为涉嫌非法经营罪。因此，在罪数问题上，涉案的行为系走私普通物品罪与非法经营罪的牵连，择一重罪论处。根据立案追诉标准的规定，本案的情形，非法经营罪属于重罪。

据此，二审判决如下：（1）撤销一审判决书；（2）某甲犯非法经营罪，判处有期徒刑七年，并处罚金人民币50万元；（3）追缴全部涉案赃物，经变价处理后收归国库。

六、司法基础的逻辑演进

前文所述对法的认知理解从法实践感知，到法律潜意识、法律规范、法律学科、法律原理、法律理论，再到法哲学的层级递进，是认识高度和深度的演进使然。那么，一个人对法的认识高度的提升和深度的精研如何实现的问题，实际上转化为提升和精研的方法路径如何选择确立的问题。譬如当一个市民碰到生活事务上的纷争，便可能会产生一种通过法律手段维护利益、实现诉求的意识，这就是法律潜意识。接着，如果他确定了一个通过阅读理解法律规范以便了解法律对这种纷争是如何规范的目标，并通过自己的习得或者法律咨询的途径获取了相关法律规范的知识，由此对涉及纷争的法律规范也就具备了一定的认知，至此，他对法的认知层级便达到了法律规范的阶层。如果他还觉得不够，为了在应对纷争时更加心中有数、胸有成竹，他可能会去研究涉及纷争事务的关联法律学科的整体法知识，以便对纷争所涉及的法律问题全面掌握并且运用时游刃有余。如果这种对学科的掌握达到一定的水准，那么，他此时对法的认知就可能达到了法律学科的层级。这就是一个从法律潜意识到法律规范再到法律学科的认识演进过程。以此类推，各个层级依次递进。从进化的角度讲，高度的提升和深度的精研是在目标设定后并为之不懈奋斗最终达成所愿，进而再确立更高的新目标并不断求索追寻的过程。虽然说各个层级没有明显的刻度标记或者确认标准界限，也没有权威的机构或者评价系统对各个层级的达成作出一个共识性的界定，但是，对一个市民尤其是一个法律执业者的法认知层级的判断，从他的言行上或者从他的文书论著上，都能得到大致的评价。于此而言，本著认为，这种认知的层级演进是一种不言自明的功到自然成的呈现。殊不知，现时的司法官队伍中，对于等量的司法业务，确实有人焦头烂额、疲于应付，而有人却游刃有余、闲庭信步。说白了，这就是司法的境界问题（下文将有章节专论），而境界的区别本质上是对法的理解的高度和深度问题。笔者对此亦深有感触。关于司法工作，笔者虽从未有过焦头烂额、疲于应付的状态（即便笔者曾常年办理 300 宗以上甚至 400 宗有余的案件），但对司法处断上的是非曲直、定夺取舍也曾有过挣扎、不安和惶恐。直到历练到某一个阶段，便不再挣扎、不再不安、不再惶恐了。而在蜕变的过程，自己并没有感觉出来，直到过了一些时日，再回头看往昔历程的时候，方才突然有了深深的领悟。领悟之时，甚至觉得如果每年办理 500 宗甚至更多的案件，好像也不会有什么困难，一切都顺理成章，一切都能化繁为简。再后来，笔者也就明白了这是一个对法的理解和认识的高度问题，是一个司法的格局和境界问题。

那么问题是，这是一个什么样的过程？这个过程是怎么实现的？这个过程的上一个过程是怎么样的？下一个过程又会是什么样的？上一个过程和下一个过程是否具有雷同性、是否有章可循？笔者根据体会和感思，发觉到这是一个演进的过程，但其间充满各种因素甚至包括变数的影响与制约。从对法的认识出发，在法感知启蒙之后，笔者在法教义学的灌输和启迪下，法思维的模式逐渐养成。在法律学科的课业基础上，法的基本学科认识也就形成了。自己在意识中的法律理论沉淀，加上对法实践教义的汲取，对法律执业的感性与理性开始磨合。在通过法律职业资格考试之后，这种磨合更加紧密和实际了。随后的实习、见习和初步执业，不仅是磨合的加剧，更是一种实践本质上的求索。这个时候会发现，教义理论的应用有时会捉襟见肘，因为适用技巧、解释方法没有成熟和全面，所以无法融会贯通，所以无法气定神闲，便会出现挣扎、不安和惶恐——这好像是法实践的必经阶段。随着法实践诸问题的出现，倒逼法理论的再次潜心钻研，法理论与法实践相辅相成、相得益彰。这个时期就是一个突飞猛进、境界提升的关键阶段，如果意志坚定、锲而不舍，如果陶醉于司法、敬业奉献，如果悟性异禀、天意契合，那么司法的高度、深度、格局、境界也就会有质的提升和飞跃。当然，前提是司法官的职业操守、道德品格是在正道上的。

上述司法基础的演进从司法职业的视角上具有功利的特性，也就是执业者的出发动机限于"为我""为利"的心理态度，但这也无可厚非，毕竟绝大部分人在执业的初始阶段都无法摆脱"功利境界，生物之理"的本性。何况，这种逻辑演进模式在哲学的视野里也能够找到原理（或道理），那就是实践和认识的哲学范式在循环作用过程中实现了司法基础的逻辑演进。从功利视角和哲学视野的两相对照中，我们就不难发现其中的微妙关系。法感知可归结为法实践；法学科教义、法思维养成可归结为法理论；法律职业的实习、见习与执业可归结为法理论的实践应用；法实践倒逼法理论的再专研可归结为法理论的深造和提升；法理论深造和提升后的法实践应用可归结为飞跃的法实践。这还不是终点，只要司法者保持勤奋、专注、坚韧和求索、陶醉的心态，演进一直会持续，没有尽头地不懈提升。即使达到了法哲学的认知高度，达到了道义层面的司法境界，在这个高度和境界中，仍然存在演进的空间。因此，在本质上，司法和做学问是一致的。

| 第二章　司法的方法 |

　　司法就是对事例的评判与裁断，其间需经确立事例的事实问题的阶段和论证事实与法律之间的关联和适配问题的阶段，在事实确立及关联、适配论证之后，最终作出评判与裁断。因此，评判与裁断是最为核心或者说是最为要旨的，评判与裁断的过程是解决问题的方法应用的过程。但同样地，事实确立与关联、适配论证也事关方法应用，也要依赖于法律并受制于法律，不能超出法律的范围而随心所欲地应用自以为是的方法解决问题。所以，司法的核心问题是司法的方法问题。司法的方法，表现为法律适用，但在适用法律时需要对事例与法律的关联、适配进行解释、阐明和论证。因此，法律解释也是一种司法的方法。普通的案件或者简易的案件，即便是法律的外行人也知悉、理解案件的性质和属性。因此，此类案件并非司法的重心。只有疑难、复杂的案件，因为外行人根本无法企及认知、无法言明利害、无法界定是非，甚至一般的法律职业人士也难以直击要害地解析透彻，故而此类案件的审理才是评判司法水平的标准。由于司法官无权挑选难易案件的审理，因此，只有达到对任何案件都有审理的水平，换句话说就是只有在对任何事例与法律之间的关联、适配都能够解析透彻而不会不知如何解析时，方才胜任司法官的身份。

一、法律解释与法律适用

　　有关法律解释与法律适用的经典著作可谓汗牛充栋，尤其是法律解释研究更是纷争熙攘、一石千浪。作为司法的方法，表现在司法判例中，事实上无不是在演绎法律解释与法律适用。即使因常识、常理或者公理而作出的认定以及推定，也可以归结为当然解释的法律原理的实践应用，而且一般而言，法律对因常识、常理或者公理而得出的认定及推定，也会有明文的规定。因此，从这个角度而言，因常识、常理或者公理而作出的认定及推定就当然是一个法律适用的情形。例如，《人民检察院刑事诉讼规则（试行）》（2013 年 1 月 1 日最高人民检察院）第 437 条规定："在法庭审理中，下列事实不必提出证据进行证明：（一）为一般人共同知晓的常识性问题；……（五）法律规定的推定事实；（六）自然规律或者定律。"那么，如果司法中援引该司法解释的条款进行事实确立或者作为关联、适配论证的依据，那援引作为依据本身便是一种法律适用，而司法解释本身以及关联、适配论证本身又是一种法律解释。甚至可以说，法律解释与法律适用之间是息息相关、相辅相成的。法律解释为单调的、抽象的法律条款适用提供了论证的生动性和针对性。法律适用为任意的、宽泛的法律解释提供了确定的权威性和有效性。从这个角度而言，法律解释与法律适用之于司法的方法，是一种互为补充、互相成就的关系。可以这么说，没有法律解释的法律适用是空洞的，没有法律适用的法律解释是盲目的。但与此同时，法律解释无法涵盖法律适用，法律适用也无法替代法律解释。因此，法律解释与法律适用作为司法的核心方法，并不可合二为一，只是因两者的相辅相成而体现出交叉关系。所以，如果非要在法律解释与法律适用之间厘清关系，那么可以说它们既不是一种方法上的包含关系，也并非各自截然分立的两种方法。它们是各自独立但又互有交叉的关系。

法律解释的焦点一般表现为解释方法以及如何运用解释方法解释法律（解释技巧）的方面。在解释方法中，当前法学界较为盛行的有文本（文义）主义、立法意图（原旨）主义、共识主义、立法初衷（原意）主义等，其他的解释方法诸如原则论、结构论、实用主义、最低限度主义等也占据一席之地。解释方法的提出是为了在如何解释法律的问题上设定一个理性的、可控的标准，并在法律解释时按照这个既定标准解释法律，属于方法论的本色。法律解释方法虽然没有立法机关的成文或者隐含地确认一个唯一标准或者区别情形的区别标准，在法学界也没有形成一个相对普遍认同的标准，在司法界更是少有企及甚至避而不谈，但这并非一个可以忽略或者遗忘的问题。解释方法的重要性犹如我们在犯罪论中谈论犯罪构成要件或者在民事行为中谈论民事法律行为要件一样分量十足。即便你从未提及犯罪构成要件但是犯罪论中业已涵摄，即便你未有切入民事法律行为要件但是在民事行为的性质判断中早已潜伏，即便你平素不涉及解释方法但是在解释法律时也都无法回避，因为法律解释本身就是一个方法论的问题，即便你总结不出或者意识不到方法问题，但是方法本身是存在的。问题是，这个方法是单一的还是多元的或者是区别的。在立法界，法律解释方法一般不被提及，因为立法界认为这是一个司法问题；在法学界，法律解释方法多有论及甚至在法教义上归结为法律解释学的教义，但这种理论繁荣对司法的影响较为有限；在司法界，鲜有司法官宣明自持的解释方法，或者说在司法时没有所谓的法律解释方法的意识而只是抄袭、沿袭、依附于司法解释、法学教义解释（法学教材和法学论著）等。而这就是当前司法在法律解释方法上的核心问题所在。解释方法要确立的是一个标准问题，这也是司法的统一以及司法上的同一标准的应有之义。所以，司法官没有解释方法等同于没有司法标准，这是不可思议和不可理喻的。这可能也就是对单一司法官个体而言的"同案同判"的标准的一个反讽。没有一个法律解释方法的标准，等于采取一个无所谓的解释立场或者放任任何解释方法的可能性，也就是司法官的解释是随意的、随性的或者是功利的，这对司法追求"同案同判"的目标而言，根本找不到一个可以自圆其说或者令人信服的理由。这可能也就是当前司法权威性问题上的一个可溯及的因素。

在解释方法的问题上，我们很难去裁定哪一种方法在客观上是最佳的，但是我们可以在主观上认识到我们心目中的最佳方法。事实上，法学界提出的最佳解释方法，寓意可能就在于此。最佳解释主义认为，"在诸多解释方法中，必然存在着一种最佳的、最合理的方法或者综合性方法的可能性"。① 由于最佳解释主义没有确定一个或数个解释目标，也没有建构标准性或综合性方法，这样导致最佳解释方法太主观、太抽象以及具体目标的缺失，最佳解释主义存在较大的争议。文本主义者会认为文本主义是最佳解释，意图（原旨）主义者则会认为意图（原旨）主义是最佳解释。这样一来，所有的解释方法都在最佳的、最合理的方法选项中。那么，最佳解释方法算不算是一个解释方法？在这个意义上，最佳解释方法实际上是一个模糊的概念，在方法论的定义上，最佳解释主义并不具备法律解释的一种方法。也就是说，最佳解释本身只是一个目标而不是朝着确定目标的路径。由于达成目标的路径才能称为方法，因此，最佳解释主义并不是一个法律解释方法。或者说，最佳解释主义是一道问题而不是一个答案。但无论如何，最佳解释为我们指明了一个前进的方向，并为法律解释者在解释方法上赋予了想象的动力，这或许就是这种解释方法存在的另一层重大的意义。

那么，本书是否在法律解释上持有解释方法？若有，本书所持有的自认为是最佳法律解释方法是什么呢？解释方法的形成和根植是一个渐进的过程，即便在法教义学中我们便获取法律解释方法的知识，即便我们对法律解释方法也进行了专门研究，但是法律解释方法在实践应用中会受价值观、法律理念以及司法磨合、碰撞等因素的影响而摇摆、变化。解释方法的定型，对司法官而言，需要在法律认识和司法实践中的持续共融以及否定和再否定，需要磨合、沉淀、思考和归纳，才能生成根植于内心的解释方法。大多数的司法官，在执业的初期难以形成恒定的法律解释方法，对法律解释，他们大多依赖立法解释、司法解释、法学教义解释和同行的任意解释，这样的法律解释就其方法而言，是飘忽、杂乱和不定的，根本不具备法律解释方法定型的雏形。司法官在经过一段时间（通常的时间少则三五年，多则一二十年甚至更长）的司法历程之后，部分司法官对法律解释方法的理解便会逐渐摆脱依赖性并形成较为稳定的解释习惯。这一阶段的显著标志就是司法官在对事例进行法律解释的时候，翻阅、参考司法解释、法学教义解释越来越少，主观性解释越来越多。然后，其中的部分司法官会进一步意识并提升自己的解释习惯进而蜕变为解释方法。当法律解释方法根植内心，这个时候的司法水准就如虎添翼，不会再有如履薄冰之感了。

法律解释的另一个核心问题是如何运用解释方法解释法律。这个问题实际上是解释方法的运行过程，可以归结为解释技术（技巧）、技能。法学界、司法界多有以解释技巧一词代替解释技术的称谓，但由于技巧在语义的延伸上具有投机和取巧的蕴含，似乎不便与严谨而中立的司法做搭配。再者，运用方法解决问题不仅需要运用技术，更为重要的是解决问题主体本身的能力以及运用技术的能力。于司法而言，这种运用技术的能力比单纯的方法本身更为关切和受用，而运用技术的能力一般被归结为技能。因此，本

---

① [美] 索蒂里奥斯·巴伯、詹姆斯·弗莱明：《宪法解释的基本问题》，徐爽、宦盛奎译，北京大学出版社 2016 年版，第 83 页。

文取用解释技能称谓之。在解释技能上，业已被归纳的解释技能包括语义解释、扩大解释、类推解释、限缩解释、当然解释、比较解释、历史解释、补正解释等。这些解释技能的运用，是在以解释方法的标向设定后围绕解释方法所作的法律解释，而不是漫无目标的予取予求（关于为什么要有解释方法的标向，下文将会详解）。此外，既然称之为技能而不是标准，那么就应当允许在对同一个事例进行法律解释时，可以同时运用多种解释技能来解释法律与事例，甚至可以对一种或者多种解释技能进行重复、循环地运用。例如，组织卖淫罪中的卖淫，在先前的社会共识中一般指女性出卖肉体为卖淫（与男性嫖娼相对应），但在严格的概念上，卖淫是指为获取物质报酬（金钱、礼物等），以交换的方式有代价地或有接受代价之约地与不固定的对象发生的性行为。如此一来，对刑法规定组织卖淫罪中组织他人卖淫的他人，是否包括出卖肉体性行为的男性，就需要进行必要的解释技能运用，这里的法律解释就是语义解释、扩大解释的技能的作用发挥。

示例三：某甲、某乙、某丙、某丁组织卖淫，某戊协助组织卖淫案

☞【案情摘要】

　　某甲、某乙二人自2017年10月开始，在某市某区某大厦二楼合伙经营足浴店（个体户），二人内部协议是等额出资，工商等行政性登记的经营者是某甲。该店打着足浴的招牌，招募清一色的男性青年"技师"，实际上则通过熟人介绍、互联网推介以及口口相传等方式传播提供男性同性性服务的信息，引诱男性同性恋者前来消费性服务。当男性顾客来到该店后，前台经理某丙、某丁便用平板电脑向客人介绍提供男性性服务的"技师"，并询问顾客所需要的服务以及告知该种服务的价格。顾客选定"技师"后便进入包间等候。随后，被选定的"技师"就到顾客所在的包间，针对顾客所选定的服务提供性服务。性服务结束后，顾客直接支付给提供性服务的"技师"人民币300～500元不等的小费，并到前台向收银员某戊等人支付包间的费用人民币150元。2018年3月15日凌晨1时许，某市某区警方根据举报，搜查并查封了该场所，当场抓获2名正在进行性消费的顾客以及2名提供性服务的"技师"，还抓获了其他"技师"6人以及某甲、某乙、某丙、某丁、某戊，总计15人。同时，警方还扣押了涉案的平板电脑2部以及账单1册等物品。

☞【诉讼经过】

　　某市某区警方以涉嫌组织卖淫罪，对某甲等5人立案，经侦查终结后，移送某市某区检察院审查起诉。

　　某市某区检察院经审查后，以某甲、某乙、某丙、某丁犯组织卖淫罪，某戊犯协助组织卖淫罪，向某市某区法院提起公诉。

　　某市某区法院经开庭审理后，一审作出如下判决：（1）某甲犯组织卖淫罪，判处有期徒刑6年，并处罚金人民币10000元。（2）某乙犯组织卖淫罪，判处有

期徒刑 6 年，并处罚金人民币 10000 元。（3）某丙犯协助组织卖淫罪，判处有期徒刑二年，并处罚金人民币 5000 元。（4）某丁犯协助组织卖淫罪，判处有期徒刑2 年，并处罚金人民币 5000 元。（5）某戊犯协助组织卖淫罪，判处有期徒刑 1 年，并处罚金人民币 2000 元。（6）扣押的作案工具平板电脑予以销毁；涉案场所内的其他查封扣押的物品，有价值部分经变价处理后收归国库，无价值部分予以销毁。

某市某区检察院认为某丙和某丁的行为应当认定为组织卖淫罪，一审判决书适用法律错误，在法定抗诉期间内，向某市中级人民法院提出抗诉。

某甲、某乙、某丙、某丁、某戊认为本案不存在男女之间的性交关系，不能认定为卖淫嫖娼行为，因此，不构成组织卖淫罪和协助组织卖淫罪，在法定上诉期间内，5 人均向某市中级人民法院提出上诉。

☞【判例解析】

组织他人卖淫中的他人，并未对性别进行特定化，既包括组织女性卖淫，也包括组织男性卖淫。而卖淫，是指以营利为目的，满足不特定对象（不限于异性）的性欲的行为，可能涉及的情形有如下四种：一是最为普遍的女性向男性卖淫；二是女性向女性卖淫；三是男性向女性卖淫；四是男性向男性卖淫。满足性欲的行为，一般指发生性交关系的行为，即男性生殖器与女性生殖器之间的接触和插入，也包括实施类似性交关系的行为，例如口交、肛交等行为。类似性交关系的行为之所以认为是满足性欲的行为，是因为类似性交关系的行为至少包含着一方的生殖器的刺激，同时由于对生殖器的刺激引发性兴奋，进而实现了性满足。因此，对生殖器以外的器官的刺激所引起的性兴奋，比如乳房、耳朵、大腿根部、嘴唇、肛门等敏感器官，除非是以生殖器作为刺激他人的工具（例如为他人肛交），否则不宜评价为性交关系或者类似性交关系。目前的争议，焦点在于为他人手淫的行为是否属于满足性欲的行为。其他的性刺激是否属于满足性欲的行为，大致上具有普遍的认同。为他人手淫，是用手等人体器官或者其他的器物接触、摩擦对方的生殖器，使对方实现性满足，一般以达到性高潮为目的，例如男性的射精。由于为他人手淫指向的是对方的生殖器和性高潮，与发生性交关系具有相当的相似性，应当评价为类似性交关系。那么，这种以手淫为方式的类似性交关系，对应包含着下列四种情形：一是女性为男性手淫；二是女性为女性手淫；三是男性为女性手淫；四是男性为男性手淫。本案中的卖淫行为，即包括了男性为男性手淫，男性为男性口交，男性为男性肛交，都属于类似性交关系的行为。因此，以营利为目的，组织或者协助组织他人实施前列类似性交关系的行为，应当分别认定为组织卖淫罪和协助组织卖淫罪。

另一个问题是如何区分组织卖淫行为和协助组织卖淫行为。组织的意思在此为：安排分散的人或事物使具有一定的系统性或整体性。最高人民检察院的司法解释将组织他人卖淫的手段行为归纳为招募、雇佣、强迫、引诱、容留等，意思就是以上述手段将他人进行系统性和整体性的安排为卖淫活动的，就是组织他人卖淫行为。这些手段行为，大多是组织他人卖淫行为的实行行为。但招募和雇佣行为则有所争议，有观点认为，招募和雇佣他人（卖淫人员）具有先期组织的特征，但不具卖淫的直接干涉，对组织他人卖淫的整体行为而言，其实行性有所缺失，于是便将招募和雇佣行为界定为协助行为。但是，为组织卖淫而招募和雇佣他人（卖淫人员）进行卖淫活动，是组织他人卖淫行为中的关键一环，与强迫、引诱、容留一样，都是实现组织卖淫的具体手段。因此，不具备辅助或者帮助行为的性质，所以，为组织他人卖淫而实施前期的招募、雇佣他人（卖淫人员）的行为不能认定为协助组织卖淫行为。可是，在实定法的法条规范内容上，《刑法》规定的协助组织卖淫罪将该罪定义为"为组织卖淫的人招募、运送人员或者有其他协助组织他人卖淫行为"。乍一看来，招募人员行为是被刑法界定为协助行为的，而招募与雇佣之间性质近似、程度相当，按照这种关系的推理，雇佣行为也应当认定为协助行为。由于刑法之于司法解释而言具有上位法的位阶关系，如此而言最高检的司法解释就与上位法冲突，理应作出无效的认定。但这种理解显然有误，因为在《刑法》条文规定的"招募、运送人员"之前，具有一个条件状语"为组织卖淫的人"，那就是说，"招募、运送人员"的行为人并非实行"组织卖淫的人"，即便在犯意上具有共同的联络，但这种"招募、运送人员"只是一种帮助行为人和辅助行为人，并且"人员"与"他人"在此亦有所别。"他人"特指卖淫人员，而"人员"则包括卖淫的人员和消费性服务的人员。从立法意旨上理解，《刑法》规定的"招募人员"应当解释为"为组织卖淫的人做推介和宣传以便拉拢、介绍消费者接受卖淫活动的人"，相当于居间介绍或者所谓的"拉皮条"的身份。至于"其他协助组织他人卖淫行为"，最高检的司法解释主旨在于将该行为限定为帮助作用的行为，并列举了保镖、打手、管账人等身份。该解释除了强调帮助作用之外，还说明了该身份的非实行行为者的特征。在行为关涉度和社会危害性上，为组织卖淫的人"招募、运送人员"与在组织他人卖淫活动中充当"保镖、打手、管账人等"，具有相当性。这是这两类人员被认定为帮助作用而确定为协助组织卖淫行为的关键因素。因此，区分组织卖淫行为和协助组织卖淫行为的关键，就是要判断该行为是否为帮助作用或辅助作用。

在本案中，某甲和某乙具有预谋者、策划者和组织者的身份，其行为系组织他人卖淫行为是没有争议的。某戊是收银人员，相当于管账人，由于管账者在组织他人卖淫中，非实行行为，亦非不可代替，角色之于其他实行行为人而言，是较为低微的，并且，收银这种行为，事实上只是对组织卖淫行为的收益的一种暂时经手和保管，不具备对赃款进行处分的权利，所以将其行为认定为帮助作用是恰如其分的。因此，某戊的行为认定为协助组织卖淫也是适当的。某丙和某丁的行为，不仅对整体组织卖淫行为而言不可或缺，而且在具体的行为指向上，其行为起着介绍、撮合、协调、容留卖淫等行为的作用，具备显明的实行行为特征，在组织卖淫中起主要作用和关键作用，不能认定为帮助性和辅助性。因此，某丙和某丁的行为应当认定为组织他人卖淫行为而非协助组织他人卖淫行为。

据此，二审判决如下：（1）撤销一审判决书中第三、四项判决；维持其他项判决。（2）某丙犯组织卖淫罪，判处有期徒刑五年，并处罚金人民币7000元。（3）某丁犯组织卖淫罪，判处有期徒刑七年，并处罚金人民币7000元。

前述解释方法与解释技能的论述，旨在为司法者所持有的法律解释方法和解释技能奠定理念上的和理论上的认识基础，无论在法律理论和司法观念上出于何种认识，在实践的导向上，都需要对该认识与法实践不断地磨合，并在法实践的不断检阅中，定型为以法实践为目标的法律解释方法，并将解释技能作为法实践之解释方法的通道与路径。在多年司法工作中，历经迷茫、求索、问道、思考与积累，笔者在司法中，从未有法律解释方法而只有碎片化的解释技能；到意识到解释方法的实存但观念上飘忽不定，并生搬硬套地运用解释技能实现功利解释；到以意图（原旨）解释主义作为相对固定的解释方法，以实质解释作为相对确定的解释立场；再到最近大概5年间业已定型的并执意作为主义式的解释方法，并在内心上和外化上、在认识上和实践上付诸统一的司法，可谓辛苦遭逢，可谓循序渐进，亦可谓破茧成蝶。本著在法律解释上所持有的可谓之为进路主义的解释方法，即在不超越常识、不超出文本语义的基础上，以最符合立法意旨、最接近朴素共识为目标，充分且适当地运用解释技能进行法律解释的解释方法。看到这个进路主义，读者马上就会提出若干疑问甚至反对，有人会揶揄说这不就是你所评判的最佳解释主义吗？有人会奚笑说这不就是数个解释方法的合成吗？还有人会提出这根本不是一个解释方法，这只是一个法律解释理想。诚然，本著尊重这些不认同的疑问，本著持有之解释主义的解释理由，下文将会阐述。也诚然，即便本著再多的解释，质疑的存在也是理所当然的。

为什么进路主义不是最佳解释主义的雷同或者替身？最佳解释主义是一种纯主观的、宽泛的法律解释，它没有确定具体的解释目标和解释标准，甚至也没有将最佳本身确定为解释目标并提出解释标准，因而很难称之为解释方法，这可能是一种共识。进路主义则有目标、有路径，即便目标并非唯一，即便路径有脚踩两只船甚至多只船的嫌疑，但在理论上这并没有被禁止，因为所有通往目标的路径皆可称之为方法。事实上，进路主义的所谓非单一目标，可以说是一个大的集成目标的分化，即两个分支目标集合成为一个合并的确定目标，这样的解释应该是言之凿凿的，譬如刑法的目的是一般预防与特殊预防的集合一般。在通往目标的路径上，进路主义设定一个基础——不超越常识、不超出文本语义——是为了限定解释的范围，它不是常识主义、不是文本主义也不是常识主义和文本主义的合成，它只是将常识和文本语义作为解释的一个基础，也可以这么认为，进路主义将常识和文本语义作为必要的解释技能而不是将常识和文本作为解释方法。而如前所述，最佳解释主义并没有如此之含义。

为什么进路主义的解释方法不是数个解释方法的合成？在前述的解释方法中，各种解释主义之间事实上都有排斥的关系，都有或多或少的唯我独尊的意思流露。即便在某种解释方法所奉行的解释主义当中，也难免吸收、参考或者掺杂了其他解释主义的内容、要义，但这种吸收、参考或者掺杂只是作为解释技能的存在，并不是解释标准问题。进路主义的解释方法在这一点上和其他的解释方法是一致的，进路是一个标准问题，但它含括了常识、文本、意旨和共识的解释方法，可以说是几个标准经过理性搭配并赋予新的意义的有机合成。毋庸置疑，进路主义在先前存在的解释方法的基础上生成，借鉴和考究其他解释方法是不可避免的，但更多的是对其他解释方法的质疑和评判。假设进路主义的解释方法在其他方法形成之前就业已生成，那便是该不会有这种疑问的了。既然我们不可否认所有的理论都是以先前理论作为前提的，那么进路主义的解释方法只要不是一种拼凑或者抄袭，就应当有其独立存在的位置，即便它需要面对诸多的质疑，即便它仍然无法实现共识。进路主义的解释方法与其他解释方法之间是相互排斥的，因为存在解释标准问题上的不可调和的显明冲突；但进路主义并没有唯我独尊，因为进路的本质含义实际上就是一种对进无止境的追求。

接下来我们就进入进路主义的核心主题中，去探寻进路主义的精义以及笔者为什么持有进路主义的法律解释方法。在其他解释方法中，某个解释方法对另一个或者其他解释方法的评价抑或批判，某个解释方法对其存在的价值和意义所作的标榜、宣示甚至唯我独尊，都是人文社会学科的认识理论的一种常态发展模式，譬如文本主义批评意图主义的意图太主观、太飘忽，而意图主义则批评文本主义当文本的语义出现歧义或变迁时如何抉择本身就是个主观问题；原则主义评判共识主义所谓的共识实际上只是解释者假社会之名行个人之实，共识主义则评判原则主义对原则的理解和解读本身具有不确定的宽泛性及主观性。诸如此类的论辩你来我往、刀光剑影、火花四溅，但辩论是寻觅法学真理的必由之路，这也便是人文社会学科百家争鸣、百花齐放的个中真意。进路主义作为笔者个人的一种自己把持并遵循的法律解释方法，在解释方法的大框架、大格局中本无足轻重，故无权亦不宜在此对各解释方法作评判性论断。只不过，进路主义的演绎几乎涵摄本文涉及的判例，于是乎将自己建构的解释方法予以理论树立并实践表达以便接受各种评价、批判与检阅，便成为一种必要。

进路是一个哲学用语。在严格意义上，它并没有一个固定标准或者具体模式，它所要说明的哲学方法是在正义目标之下，"将文本描述为如表面呈现的那样：目标取向的制度规则方案、授权规则、权力与权利、常常通过提及一般的善及原则来表达"[1]。并"愿意在真相或者最佳解释的自省式探索中自主思考"[2]，而这种自主思考必须由一种自省的态度作为指引。当然，没有固定标准并不是说没有标准，进路主义在不超越常识、不超出文本语义的基础上，在最符合立法意旨、最接近朴素共识的目标下，将进路本身

---

① ［美］索蒂里奥斯·巴伯、詹姆斯·弗莱明：《宪法解释的基本问题》，徐爽、宦盛奎译，北京大学出版社 2016 年版，第 225 页。

② ［美］索蒂里奥斯·巴伯、詹姆斯·弗莱明：《宪法解释的基本问题》，徐爽、宦盛奎译，北京大学出版社 2016 年版，第 220 页。

作为一个活的标准。由于进路本身难以琢磨、灵活善变，似乎会令人产生捉摸不定的空中楼阁之感，但由于进路主义在常识上和语义上作了基础限定，例如不能将戴避孕套的生殖器动作解释为不是发生性关系（常识性问题），不能将压缩气瓶解释为枪支（的构件）（语义性问题）；进路主义还在目标（标准）上作了指引，可以说进路主义是理性的、可控制的，这就是笔者的本义。事实上，所谓的解释方法是法学家、司法官、法律职业执业者甚至是普罗大众的解释方法。解释方法既然无法以制定法的方式实定或恒定，那么解释方法为什么不可能是活的呢？为什么不能是可演进的呢？而且，进路主义有自身限定的基础和目标，有下文（第二编）将论述的法律（司法）立场、观念的统摄，有多个解释技能的配套选择运用，或许这就已经足够称之为法律解释方法了。

进路主义的解释方法实际上将法和社会的发展和变动性质考虑在内，意在塑造一个更具安定性和可预知性的法学（司法）方法。甚至于某些原本以为根深蒂固的法理念、法律价值判断以及法感受，都在社会的发展中蠢蠢欲动，譬如对安乐死、堕胎、同性恋、公权限制、舆论影响力、沉默权等问题的法律认识和法律评判，都有意识上或取向上的根本性变动。也就是基于当今时代不可阻挡的发展和变动性质，进路主义的解释方法似乎才找到其自以为然的存在价值和生存空间。下述的几个现实情状是进路主义的解释方法在基础条件上率先予以考量的。一方面是当前时代发展的主题以及因发展所伴生的社会现象及社会元素的必然善变性。因法与社会、法与生活息息相关的定律无须多言，在关联因素变动的情况下，法（司法）所统摄和规范的社会关系也无时无刻不面临因关联因素的变动而联动的或然或必然，故法（司法）方法在解释学的范畴上的牵连引发效应也是不可避免的。另一方面是法学理论、法律法规的相对滞后性，需要司法进行即时而适度的控制、续造及补充。从存在和认识的哲学范式所演绎推导出的法存在和法理论（认识）的相互关系上，法学理论、法律规范之于法现象、法实践的存在具有相对的后生性，而这种滞后性所带来的法的缺陷或者荒芜之克服，在司法上可以通过解释方法和解释技能的运用得到一定程度的弥补。当然，我们也一再强调这种弥补应该是有限度的，例如不能突破罪刑法定原则进行类推解释，不能超越法律意旨和语义空间进行司法造法等。还有一方面是价值取向、普遍观念及法感受对法（司法）的冲击。因思想禁锢的解放导致价值取向的多元性和观念意识上的多样性，价值和观念的普遍认同需要一定时期的甄别和沉淀，在普遍认同之前或者在以制定法的方式实定之前，因价值取向和观念意识上的迥异带来的表现在法（司法）上的冲击，是确定无疑的。在司法上，纸笔喉舌、舆论观察等法感受的影响力也具备一定的牵制作用。先前的价值取向和观念意识，先前的法原则与法规范，先前的法判例与法习惯，都在接受新生事物的新挑战。进路主义的解释方法，无疑为这种挑战和应战，找到了一个看起来不错的路径，因为进路主义从不固步自封，而是在解释方法探索的道路上一往无前地自省前行。总而言之，在社会发展剧变的根本条件下，解决法认识和法律规范制定的相对滞后性问题，似乎只有通过司法上的法律解释来寻求缝合割裂的最低限度，而进路主义的法律解释方法由于具备与时俱进的相对应变性似乎便是在为这种割裂缝合的最低限度做一个在所不辞的背书。进路主义的法律解释方法似可在社会发展的善变性与法的安定性之间寻找到一个链接和对话的通道。

法律解释的立场问题也是法律解释要面对的一个重要问题，法律解释方法或游离或依附于法律解释立场，法律解释方法在理解上可高于解释立场也可低于解释立场，主要取决于理解的视角，因此，很难说解释方法和解释立场是不是从属关系，是不是并列关系。在本著看来，解释方法和解释立场在法律解释的体系上，是一种近似位阶上的交叉关系，类似体系分支结构上的平行交错伴生状态。例如，站在解释方法的角度，解释立场在区分上可分为文本的形式解释论和文本的实质解释论，结构的形式解释论和结构的实质解释论；站在解释立场的角度上，解释方法在区分上可分为形式的文本主义和实质的文本主义，形式的结构主义和实质的结构主义。因此，法律解释的立场区分之于解释方法而言，具有交叉性和伴生性，即解释立场是解释方法上的解释立场，解释方法同时也是解释立场上的解释方法。在法律解释的立场上，存在着形式解释论和实质解释论两个基本阵营，虽然两个阵营并非你死我活的对立，但在基本理论上，两者还是有明显的区别。形式解释论侧重规范的符合性，即针对实定法规定之要素进行符合性判断的法律解释；实质解释论强调法益的本质性，即针对法律所调整的社会关系进行本质性判断的法律解释。事实上，法律规范本身的成文表现形式中业已蕴含了法益的本质内涵，即在制定法的过程中，立法者已然将法要保护、调整、衡平什么样的法益和社会关系，通过法律条文进行了规范的整合和规制。也就是说，法的实质通过法的形式表达出来，在归根结底上，法的实质才是法的应有之义。在这种理解的基础上，对法律解释的立场问题，自然而然地要进行实质解释，或者说是要通过形式上的表达来进行实质解释。当然，形式解释论者往往以要素的符合性是形式问题而非实质问题，并以罪刑法定主义为例引申到形式解释观，以禁止类推和溯及既往的反证作为形式解释观的论据等理由来说明实定法的精神就是以形式上的规范作为根本立场的。的确，形式解释在许多场合确有其存在的效能和用义，但如前所述，法的规范本身从属于法的本质内涵，因此，作为实质解释论的补充，形式解释论是进行实质解释的一个形式上的表达方式。基于上述解释立场的原则性理解，本著在法律解释的立场上，把持的是实质解释论，但不排除形式解释对实质解释的补充和调校功能。

示例四：某甲无罪案

☞【案情摘要】

某甲系失业人员，2015 年 7 月从乡村来到某市某区寻找工作机会，但因年纪较大且没有专长，一直未找到工作。由于经济困难又没有收入，生活只能勉强维持在充饥的地步。2015 年 11 月 18 日至 12 月 12 日间，某甲三次进入某市某区的某超市，分别将各两罐鲅鱼罐头放入口袋内，在未购买该商品的情况下，将鲅鱼罐头带出超市拿回家中，作为吃饭时的下饭菜。2015 年 12 月 22 日，某甲再次来到该超市，同样将两罐鲅鱼罐头放入口袋中，准备窃取后带回家中食用时，被超市的工作人员发现。随后，超市的工作人员报警并将某甲交给警方。该鲅鱼罐头的超市零售价为人民币 13.8 元。

☞【诉讼经过】

某市某区警方以涉嫌盗窃罪，对某甲立案，经侦查终结后，移送某市某区检察院审查起诉。

某市某区检察院经审查，认为某甲的行为符合多次盗窃的法定情形，构成盗窃罪，遂向某市某区法院提起公诉。

某市某区法院经开庭审理后认为，某甲的行为属于多次盗窃，符合盗窃罪的犯罪构成，一审判决如下：（1）某甲犯盗窃罪，判处拘役三个月，并处罚金人民币1000 元；（2）追缴某甲人民币 82.8 元（涉案赃物的价值）退赔某超市。

某甲不服一审判决，在法定上诉期间内，向某市中级人民法院提出上诉。

☞【判例解析】

评价一个作为负面行为的性质，一般在不道德、一般违法和犯罪三个类别上作区分。首先，道德层面上的评价，是最为轻微的，作为不道德的行为所承担的后果，并不被规范性文件所评判和制裁，实际上也没有规范性的成文规定作为评价的根据，诸多的不道德行为一般也只能根据社会普遍的道德观念加以谴责和批判。其次是一般违法行为，作为一般违法行为所承担的后果，在规范性的文件中都能有根有据地找到对号入座的条文，除非是法无明文规定的情形，但根据罪刑（违法处罚）法定的原则，法无明文规定就不能认定行为的违法性。一般违法行为对应的法律责任形式，表现为治安处罚、其他行政处罚或者经济处罚，这与刑罚的严厉性也是大不相同的。最后，最严重的行为就是犯罪，实施犯罪行为所应承担的法律后果就是应受刑罚的惩罚，刑罚的严厉性自然无须赘言，刑罚甚至可以剥夺犯罪人的生命权。

某甲的行为应当被评价为负面是毋庸置疑的，问题是该行为到底要归属哪一类别。首先，在道德观念的具体感知上，将某甲的行为评价为不道德，这可以达成一种共识，但在不道德行为的原因及程度上，某甲显然又与大逆不道之道德败坏类去甚远，应该就是一种情有可原的微小失德之举。同时，因为在禁止性的规范性文件中，对某甲的行为显然是能找到适配的条文界定其违法性的。那么，该行为是一般违法行为（违反治安处罚法）还是犯罪行为（触犯刑法）呢？事实上，一般违法行为与犯罪行为在客观形式特征上具有一定的雷同性，许多一般违法行为在特征上与犯罪行为只存在一个量的区别，即社会危害程度的大小。刑法的谦抑性就是要适度地把握好这个量的标准，不至于将打击面无限扩大，防止造成一种报应论上的截然对立，亦即只有当其他的法律责任无法对应行为的危害程度，不得不启动刑事责任追究时，才不得已启用刑罚作为惩戒。某甲的行为，在表象的形式上是符合多次盗窃的特征，即两年内实施 3 次以上的盗窃行为。但是，该行为在犯罪的本质上

——社会危害性（法益侵害）——是否具备，亦需考量。所谓举重以明轻，举轻以明重，不妨将该行为的危害性（侵害性）与类似的行为作比较，便可直观或当然地得出结论。例一是公职人员司空见惯地顺手将单位的笔记本或者笔等小物件取走作为私用，假设也以满足两年内实施了 3 次以上的条件。一般而言，我们很难将该行为认定为偷窃，最多就是做不检点、不端正的评价。但是事实上，这种行为不仅符合盗窃的定义甚至还有侵害职务廉洁性的额外危害，在危害性（侵害性）的程度上，是较之于某甲严重的。例二是每天需要买菜的家务人员，在买菜的时候都会顺手拿走菜店的几根葱，假设每次拿走的葱的价值是 3 毛钱，那么 2 年下来价值累计也有 100 多元。在表面上看，这也是一种贪小便宜的举止，但在本质上，这种行为与某甲的行为是同类和同质的，都是在以非法占有为目的的主观心态下实施的将他人财物非法占为己有的行为。然而，这种行为也很难引入刑法进行评价。例三是某人以非法占有为目的，两年内两次窃得两部自行车，价值合计人民币 2999 元（假设普通盗窃罪的立案追诉标准为人民币 3000 元），该行为不能追究刑事责任，不得科以刑罚，只能作一般违法行为认定。但是，较之于某甲的行为，在常理和常识上的推论，该行为的危害性显然是更大的。据此三个例子，无论是危害性比某甲的行为更大的，或者是相当的，都不被评价为犯罪行为。那么，如果司法官仅仅因为某甲的行为在表面上符合了多次盗窃的形式特征，就罔顾实质上的危害性是否达到刑法的内在要求，将某甲的行为认定为盗窃犯罪，那么，作为一名司法官可以说是丢掉了一种谦抑的、公义的灵魂——轻易地给一个负面行为扣上犯罪的帽子。

此外，司法官亦应抱有一颗悲悯之心去看待案件的事实。某甲如果不是生计所迫、实属无奈，如果不是囊中羞涩、捉襟见肘，他一定不会出此下策，因为他每次窃得的只是数量极少的罐头，而不是尽量地多。如果司法官不去理解案中人的苦衷，那么司法审判时就会显得麻木和冷酷，这也有陷司法于不义境地之虞。

综上所述，对某甲的行为，不能机械地看待其具备刑法规定的多次盗窃的形式上的符合性，而应该对该行为性质进行实质上的解释和评价。某甲的行为，从社会危害性和社会危险性的综合上看，情节显著轻微，危害不大，不具备犯罪性，没有达到作为犯罪而应当追究刑事责任的程度，属于一般的违法行为。

据此，二审判决如下：（1）撤销一审法院的判决书；（2）某甲无罪。

法律适用的焦点一般表现为程序法或实体法的选择适用，部门法的选择适用，法律事由的确定以及法律条文、有权法律解释（立法解释与司法解释）的适合应用，是法律三段论逻辑的大前提与小前提的关联适配问题（下文将作专门的阐论）。诸如，事例是因程序性问题而引发，或者因实体性问题而引发，或者既有程序性问题又有实体性问题；事例表现为部门法之间的刑民之争，或者是行民之争，或者是刑行之争；事例归结为部门法内部的法律问题，是侵权责任还是违约责任，是侵犯市场经济犯罪还是侵犯财产犯罪，是具体行政行为还是抽象行政行为；事例触犯或符合哪条、哪款、哪项的具体规定。法律制定的目的就是让人预知、戒备、遵循并在出现纷争、讼争时作为评判和裁断的根据。从这个角度而言，如果制定法没有被适用的可能，那么这部制定法的意义充其量只在于文献的作用或者负面的示范。现实中几乎没有一部法律在制定后没有被适用过，即使存在某部法律中的僵尸条款，而僵尸条款要么是因为过时但暂未修改或废止，要么是因为立法技术失误而暂未修正，要么是因为该条款具有超前的内容暂未被适用，但这种超前也在可预见的将来的范围。即便存在僵尸条款但也是极为少见的，所以我们大可不必因此而诟病为法律的缺陷或者瑕疵。法律不是凭空想象的，法律来源于实践并最终是为（司法）实践服务的，这是法哲学上业已证成的理论。司法者的职责本分是对事例如何选择适用法律，而不是过分地僭越本职多虑法律本身的妥当性、技术性以及法律适用的可行性、必要性问题。当然，司法者在法律适用中发现的上述问题，作为理论上的研究或者立法上的建议，则并无不妥。

当前司法上的法律适用之渊源，根据不超越本国基本法律体系架构的原则，法律适用的根据限于制定法（成文法）与有权法律解释（立法解释与司法解释），排除惯例、判例、判例指导作为法律适用的根据。根据立法法的规定，制定法的位阶按照层级的区分由高到低依次为宪法、基本法律、法律、行政法规、地方性法规、自治条例或单行条例、部门规章、地方政府规章。立法解释的效力层级在法律之下行政法规之上几乎没有异议，而司法解释的效力层级，笔者认为应当在立法解释之下行政法规之上，或者也可以认为与行政法规平级，两者冲突时，报由最高立法机关作出决议。当然，作为根本大法的宪法几乎从来没有被引用、适用过，因为宪法太过于高度概括性和原则性，而这种概括性和原则性条款业已被其下位法所具体化和规则化，可以说宪法之于司法是可望而不可及的存在，除非有宪法法院的配置来解决宪法司法化的问题。当前司法上的这种制定法和有权法律解释的适用范围限制，决定了惯例、判例和判例指导作为正式的法律适用难有可能。但是，即便现行的司法体例如此定位，也不是说惯例、判例和判例指导对司法方法而言就没有任何意义；即便不能通过法律适用的方法为惯例、判例和判例指导找到被适用的空间，也不是说惯例、判例和判例指导就不能被表达在司法中。因为，司法方法中的另一个重要武器——法律解释可以让惯例、判例和判例指导展示其机能和实用。法律解释可以允许援引司法惯例的说明，允许援引经典判例的解析，允许援引判例指导的要旨，因为，司法中的法律解释问题是论证事例与法律之间的关联与适配，论证中参考司法惯例或者引用先前判例，既是一种观点认同的问题，也是一个司法统一的问题。除非，司法者已有足够自信的理由去否定司法惯例和先前判例。其实，对司法惯例和先前判例的否定也说明了对司法惯例和先前判例的援引，只是这种援引不是为了作为现时司法的理由而是作为否定的对照。

在法律适用和法律解释的司法方法运用中，尤其是在庞杂的法律体系中经常会出现适用和解释法律上的交叉（竞合）问题，就是说在针对一个事例的司法中，不仅存在单一的部门法律或者单一的法律性质的解释和适用可能（姑且称之为部门法外的交叉，譬如一个行为既是犯罪行为又是一般侵权行为），也可能存在同一个部门法律中有两个以上的不同规范内容的法律文本（法条）的竞相符合（部门法内的交叉，譬如一个行为既是违约行为又是侵权行为）。对此问题，司法上的处断一般需要遵循的原则和规则是：公法私法交叉，公法优先适用；公法之间交叉，重法优先适用；私法之间交叉，当事人可自由选择，司法根据当事人的选择意志而对照适用。这里所说的交叉指向的是实体法交叉，那么，是否存在实体法与程序法的优先问题？由于实体法与程序法之于事例的司法而言是一个问题的两个方面，是左膀右臂的平行关系。并且，程序法是实体法的保障性法律，一定要自始至终与实体法相生相伴，不得有任何先来后到或者若即若离的情状，否则，实体法便会因为正当程序问题而产生偏颇，故而实体法与程序法之于事例是当然的并行关系，可以说它们之间是一视同仁、并驾齐驱的，并不存在优先选择的问题。这样，法律体系中的部门法外的交叉问题便主要回到实体法上的公法、私法的交叉问题上。而实体法上的公法、私法的交叉的具体表现主要包括以下的情形：刑法与行政法的交叉，例如犯罪与治安违法、刑罚与行政处罚的交叉；刑法与民商法的交叉，例如犯罪与侵权、刑事责任与民事责任的交叉；行政法与民商法的交叉，例如行政违法与民事侵权、行政责任与民事责任的交叉。

二、法律解释为什么一定要有解释方法

据笔者所知，目前司法界对法律解释的解释方法的理念性根植绝大多数是缺失的或是虚无的。司法者或者没有意识到解释方法的问题，解释法律全凭即时的理会；或者偶尔有意识性的解释方法运用，偶尔又丧失这种意识，本质上等同于没有解释方法；或者抱有解释方法的意念但解释法律时方法不一，此一时运用这种解释方法，彼一时又运用那种解释方法，按需运用且方法飘忽，这可能比没有解释方法的结果更差。法律"短小精悍"而事例"纷繁复杂"，在法律与事例之间要建立关联适配，一定要通过法律解释的方式，如果解释法律的时候没有解释方法或者随意使用解释方法，前者便会有"师出无门"的空洞，后者则会有"走火入魔"的险境。解释方法的问题实际上可以看作是司法上的同一标准问题的引申，有没有解释方法与有没有司法标准的问题，解释方法是否同一与司法标准是否同一，在道理上都是如出一辙的，因为这都关系到司法价值、司法理念的立场性问题，而司法价值与司法理念对司法裁决的正确性具有当然而相当的影响性，这是不言自明的。但是，有的人会为在法律解释时综合运用多种解释方法的所谓解释技巧作辩护，声称这是一个类似数学上的解题方法。实则不然。首先，数学的解题方法是由条件导向结论的路径，是个运算问题；法律的解释方法则是大前提与小前提的关联适配，是个逻辑问题。其次，数学的解题方法都能导向一个唯一的正解，但是不同的解释方法导向的法律适用和得出的法律结论则可能是不同的。因而，两者是没有可比性和类同性的。

法律解释的解释方法的理念根植，源于对解释方法的习得与审度，最后形成内心上的追崇和固守。事实上，几乎没有一种解释方法是完美无瑕的或者无可争议的，但为什么还要司法者以及法学者秉持一个内心尊崇的解释方法呢？这就是问题的所在。没有解

释方法的法律解释，就像是一个没有游戏规则的游戏，司法上的权衡与判断无章可循，是非对错也就瞬息易变。因此，即便在解释方法上目前难以形成具有共识性或者通说上的权威，各个学派各种方法还有争鸣、有辩论，但各执一种解释标准的表现就是一个同一标准的自然引申，这是法律与司法发展中的必经之路，用通俗的话来说就是好过没有标准。但是，如果解释方法是善变、投机和随心所欲的，那就更麻烦了，问题也就更大了，道理是谁都懂的。好比如一位极其聪明的司法官如果起了渎职之心，其之恶必然甚于一位庸常的司法官，因为他的心机更加险恶、方法更加隐秘、危害更加巨大。从这个层面上看，没有解释方法的法律解释大抵出于造诣不深而对法律只能基于一种原始的单纯理解，就如国外的陪审团都由非法律专业人士组成一样，而动机不纯的解释方法的投机运用则必然出于叵测的功利之心，这或许是最坏的司法局面——解释方法善变导致司法标准的任意操纵，这样的司法必然多是谬误的，即使恰好结果正确但也只是巧合的，因为源头已被污染。

解释方法的习得，在法教义学中一般只会形成一个模糊的认识，因为教义理论与司法实践会有一定的脱离感，单凭习得较难形成理念性的根植。而且，由于解释方法的不统一和纷争的缘故，部门法教义学较少涉及甚至回避解释方法问题，但由于法教义学在很大的成分上是在解释法律，而解释法律也难以一贯地保持一种解释方法，所以，法教义学一般只做解释而不论方法，也就是回避解释标准的问题。在法学方法论上，解释方法是一直被作为核心问题的，但它的问题是它一般只归纳问题而不解决问题，即无法达成一个在解释方法上的共识。特别是在作为解释标准的解释方法和作为解释理由（根据）的解释技能的区别上，法学方法论上一般混而谈之不加区别或者将解释技能纳入解释方法中或者将解释方法纳入解释技能中，这样的方法论终究也是有所缺陷的，因为标准问题和理由（根据）问题无法兼容并包，也不能鱼目混珠。解释标准（解释方法）是一个坐标式的方向，也是一个判断、权衡的尺度，围绕标准所涉及的其他论题、论证及论题、论证的关联或者延伸，大抵是在为方向上的趋向与尺度上的把握寻找适当的理由和根据，这些被寻找到的理由和根据，就是此处所谓的解释技能。例如，在进路主义的解释方法中，是以限定的范围——不超越常识、不超出文本语义——作为解释的基础，以设定的标向——最符合立法意旨、最接近朴素共识——作为标准，充分且适当地运用解释技能（语义解释、扩大解释、类推解释、限缩解释、当然解释、比较解释、历史解释、补正解释等）进行法律解释的解释方法。

由于现实的司法官在司法裁判中少有解释方法的严格秉持者，那么对司法的现状而言，是不是就意味着绝大多数的司法结论是错误的。这个问题可以从两个方面来阐释。一方面，司法上一大部分的案例是简明清晰而通俗易懂的，属于是非分明的性质，即使非法律专业人士也能作出明确审断，更不必说是法律专业的司法官了。因此，这一大部分的案件容易审判，甚至不需要通过法律解释就能在事例与法律规范之间建立关联适配，也就是如前所述的通过三段论的倒置思维和推理便可导出法律后果。在这个层面上的案例，犯错是很难的。另一方面，即使司法官没有成型的法律解释方法理念，但其基于专业的基础和朴素的品格操守，通过运用法律思维和法律逻辑作出的推理并对照现行法律规范进行适用，除非渎职，其作出的裁判结论一般也不会有离谱的错误。因为他所作出的结论，要么是这个法学家的结论，要么是那个法学家的结论，或者是司法中的通论。而问题只是在于，这个法学家的结论依据的是这种解释方法得出的，那个法学家的结论依据的是那种解释方法得出的，虽然结论不同（也可能相同），但是法学家各自运用的解释标准是一贯而相对固定的。如果司法官只是生搬硬套而无法运用解释方法，那么他的司法经程显然是迷茫的，即便结论符合某种解释方法但也只是碰巧而并非积极主动的方法运用，这种迷茫的司法所产生的最主要问题，仍然属于司法上的同一标准问题，因为没有解释标准（解释方法）就无法解释是不是基于同一标准的问题。

所以，在习得与实践上的条件满足之后，司法官必当有一个成型的、确定的和执守的解释方法，不管是哪种解释方法和解释标准。否则，在本著看来，这便是犯了司法之大忌，甚至会陷入遭人指责和诟病之境地。也因此，本著斗胆将解释方法的秉持与否，作为司法官是否称职的一个标准。

示例五：某甲、某乙无罪案

☞ **【案情摘要】**

2017 年 1 月 10 日 22 时许，某甲、某乙酒后醉醺醺地来到某市某区某公司的食堂。该食堂因员工上晚班故仍在用餐服务中。某甲、某乙进入该食堂内，无事生非，任意拿起食堂内的厨房用具随手扔、砸在地。该食堂工作人员见此情况便上前劝告、阻挠，某甲、某乙便随手拿起食堂厨房内的铁锅、锅铲、锅盖、铁盆等厨具（没有拿菜刀等锐器）任意殴打、追逐食堂工作人员，致使该食堂的四名工作人员受伤。某甲、某乙在滋事过程中，由于自己摔倒、磕碰等原因造成了自身的伤害。经鉴定，被损坏部分工具价值人民币 173 元，该食堂的其中一名工作人员（某丙）受伤程度为轻微伤，其余三名工作人员的损伤未达到轻微伤的程度，某甲、某乙受伤程度均为轻微伤。某丙受伤后，治疗费用合计人民币 230 元。

☞ **【诉讼经过】**

某市某区警方以涉嫌寻衅滋事罪，对某甲、某乙立案，经侦查终结后，向某市某区检察院移送审查起诉。

某市某区检察院经审查，认为某甲、某乙的行为系持凶器行为，亦属于造成二人以上（三人）轻微伤害的行为，构成寻衅滋事罪，向某市某区法院提起公诉。

某市某区法院经开庭审理后认为，某甲、某乙在寻衅滋事过程中造成的自身伤害不能认定为因犯罪行为所造成的危害后果，这种伤害属于自伤行为，违法阻却。但厨房的厨具具有相当的打击力度，其可能造成的损害不亚于棍棒等凶器，因此，应当视同为凶器。根据司法解释的规定，持凶器随意殴打他人的情形，符合寻衅滋事罪的立案标准，因此指控某甲、某乙犯寻衅滋事罪的罪名成立。据此，一审判决如下：（1）某甲犯寻衅滋事罪，判处有期徒刑七个月；（2）某乙犯寻衅滋事罪，判处有期徒刑七个月；（3）某甲、某乙共同连带赔偿该食堂173元人民币，共同连带赔偿某丙人民币230元。

某甲、某乙不服一审判决，在法定上诉期间内，向某市中级人民法院提出上诉。

☞【判例解析】

语义由于多义字（词）和个人见解的因素，必然存在理解上的分歧。但是一部成文法，同一用语的内涵和外延，在理解上应当是统一的至少应当是相对统一的，除非在文句结构上的歧义使然或者适用统一的语义显然对法律规范的意旨造成根本性或悖反性的破坏。这种法律（尤其是在同一部成文法内）用语的相对统一性可以认为是司法官在解释法律时应当遵循的原则或者是一个基本的前提。

本案中的某甲、某乙系酒后滋事，随意殴打他人，从侵害性的角度而言该行为归属寻衅滋事行为的范畴。根据司法解释的规定，本案中某甲、某乙是否达到追诉标准，主要参考的情形为"致使1人以上轻伤或者2人以上轻微伤"和"持凶器随意殴打他人"这两项。从本案鉴定结论看，虽然被打的有四人受伤，但只有一个人达到轻微伤的程度。某甲、某乙也在滋事中受伤且达到轻微伤，但是某甲、某乙的自身伤害在寻衅滋事行为中不宜作为其侵害行为的危害后果。自害行为不作违法性评价的法律原理，在于个人对自己合法所有具有的自由处分权（除非如损毁人民币等特别规定），自己的身体也在自己合法所有的范畴之内。如果自己对自身不具自由处分权，那么，诸如酒后自己摔伤（重伤）是否认定为过失致人重伤罪，自杀未遂是否认定为故意杀人罪（未遂），一气之下摔坏自己的贵重物品是否认定为故意毁坏财物罪。如果此类情形亦须入罪，那么这首先在情理上是难以接受的，并且，司法上似乎也从未有如此之裁断判例。人之所以是自由的，在不侵犯他人的前提下，在不触及禁止性规定的情况下，其行为亦应当是自由的。危害行为的侵犯性是一个特征。一般而言，侵犯指向的是社会秩序与他人，虽然行为人也包含在社会秩序之中，但个人的行为如果法律没有明令的禁止即为许可，也就是说个人行为只要不对他人的权利进行侵犯，该个人行为就不被评价为非法。为此，在现前的法律规范以及由此行为溯及的法律原理上，都没有对自害行为予以非法评价的根据（特殊规定除外，但本案显然不属特例）。因此，本案不符合2人以上轻微伤的追诉标准。

关于所持厨房的厨具是否属于"凶器"的问题，目前寻衅滋事的司法解释没有进行外延界定。在刑法的相关立法、司法规范中，可供参考的是关于转化型抢劫罪中的司法解释之规定："行为人携带枪支、爆炸物、管制刀具等国家禁止个人携带的器械进行抢夺或者为了实施犯罪而携带其他器械进行抢夺的行为，认定为携带凶器进行抢夺"。根据刑法用语的相对统一性原则，寻衅滋事罪中的凶器的概念可以参照上述的规定的理解。但是，该规定也不近详解甚至略显模糊，譬如携带杀伤力强大的锋利家用菜刀显然较之于一般管制刀具要更具危险性，如果按照上述解释的严格理解显然不能界定为凶器。因此，厨具中尤其是锋锐厨具是否可以认定为凶器仍应当具体分析。一般而言，如果使用的厨具具有显著的杀伤力，或者杀伤力超过一般的管制刀具，那么是可以理解为凶器的。由于本案的作案工具为厨具，从案件查明的事实和扣押的涉案厨具看，是塑料桶、不锈钢桶、不锈钢菜盆、不锈钢汤瓢、不锈钢汤勺、锅铲，没有发现使用菜刀、砍骨刀等强力杀伤性的用具。在司法解释不够详尽无法解决统一认识问题的情况下，结合社会常识及通俗观念，不宜将上述厨具认定为"凶器"，本案的危害程度未符合追诉标准的规定。基于刑法用语解释上的相对统一性之理念，对某甲、某乙的行为由于违法性阻却的事由而不能评价为犯罪。

据此，二审判决如下：（1）撤销一审判决书；（2）某甲无罪；（3）某乙无罪。

三、法律适用的终极目标是统一的司法

类同的事例，适用同一条款的法律，甚至可能出自同一个司法官之手，但法律后果的裁决却可能千差万别，比如公平原则条款的适用，五五开、三七开、四六开都可谓之公平；比如刑罚上的自由裁量导致量刑上的刑期有别、比例有异，都可谓之适当；比如行政处罚是罚款还是剥夺自由，剥夺自由是最低期还是顶格期，都可谓之合理。这种司法（及行政裁决、仲裁裁决）上表现出来的对同类案件的不同等对待的差异，尤其是同一个司法者、裁决者对同类案件的差别对待，正是目前司法上的一个不胜枚举的弊端。追根溯源，剔除人情的和渎职的因素，乃在于同一标准原则在内心确立上的缺失。自由裁量权的赋予，并不是要给司法者提供一个随心所欲或者有机可乘的空间，而是因为法律规范无法事无巨细，无法量体裁衣，况且事例也是各有不同。我们无法苛求法律关注每一个细节并针对各个情形作出确定性的法律后果的规范性实定，例如刑法无法规定盗窃价值2000元的财物判处6个月的有期徒刑，并处罚金2000元；盗窃价值3000元的财物判处七个月的有期徒刑，并处3000元的罚金；……盗窃价值2000元的财物且属于犯罪未遂的判处5个月拘役，并处罚金1500元；盗窃价值2000元的财物且属于犯罪未遂且属于从犯的判处4个月的拘役，并处罚金1000元；盗窃价值2000元的财物且属于犯罪未遂且属于从犯且属于自首的判处3个月拘役，并处罚金500元；等等。如此一来，刑法便将尽可能地将事例情形和影响性条件具体化，事实上就已经将司法大包大揽。司法官甚至只要在一个应用程序中填入对应的数字和条件就可以输出确切的结果，无须解释说明，无须法理分析，无须关联论证，就像个机器人。当然，这部刑法可能需要五千万字，而且，每当出现一种新的情形，又要对应地修正、增订，这是难以想象的。并且，如果这种新的情形或者新的条件不在刑法条文当中，但在法理上或者通过法律解释可以确定为盗窃犯罪时，又该如何适用刑法？所以，这种事无巨细的条文规范是绝对不可能的任务，法律必须赋予司法以自由裁量的空间，但是，这种裁量空间、弹性

空间是用来运用而不是利用的。

法律适用上的同一标准是为了达到同案同判的法律后果而设定的一个准则性的内心信念，是同等对待、同等评价的一般法律原则的司法表达，最终要达成的终极目标便是统一的司法。当然，统一的司法具有相对性，即在某个时段的统一性和同一性，因为时代的变迁、观念的转变以及情势的变更，都可能对某个法律问题产生统一的新的看法，作出新的评判，例如嫖宿幼女罪的取缔，例如死刑罪名的剧减，例如住宅小区物业所有权的确定，例如农村宅基地的转让等。司法者的同一标准，蕴含于内心，呈现于判例，并以开示的方式供人评判与权衡。这里的同一标准，无法具体地量化，只能说是一种内心上的执念和道义上的情操使然。毕竟，在自由裁量的范畴上，司法无法苛求每个司法者的内心都有一把统一的"秤"，但每个司法者内心的"秤"的同一却应当是情理之中的。假设每个司法者内心的"秤"是同一的，由于司法中其他司法者的个案司法具有对照和平衡功能，也就是每个司法者在司法中会参照和考量本区域的司法步调、其他区域的司法均衡、全国范围内的司法统一，这样的影响施加于司法者的内心，以致不敢造次、不敢出格，或不至于随心所欲作出司法裁决，并不断促使司法者自己内心的同一归于稳定和统一，久而久之，司法上的法律适用的统一便可趋于成就。

那么，首要的问题是司法官如何确立同一标准。只有个体的同一才有整体的统一的条件，如果个体都是分裂的和随机的，那么整体的统一便如虚无缥缈般无从谈起，因为组成整体的个体的不确定性必然给整体带来不确定性，而不确定性则是统一性的反面。事实上，司法亦无法苛求司法官在司法上的绝对同一，如上所述的司法的统一的相对性，当然适用于司法官的个体司法。司法官对时代的理解，对观念的转型，对情势的审度，以及对法的理解，对价值的判断，对解释方法的把持和解释技能的运用，都具有发展性，观念守旧、固步自封、一成不变的司法者，一定不是一个合格的司法者。但不能因为司法官个体的发展性而为司法的不确定性找到貌似合乎的理由，因为司法对整体上的法价值和法认知，表现在制定法上具有安定性和稳定性，一定时期或者一个阶段上，司法应当是统一的而不是飘摇不定的，毕竟司法官裁判的依据是法律而不是自我的造法。换而言之，如果基于司法的发展性而作为同一标准的反驳，那么制定法的规范意义便荡然无存。

统一的司法源于立法上的统一和司法上的统一。立法层面上的统一，就是要排斥法律之间的冲突，排斥区域上的不被认可的（某些民族上的、传统惯例上的差异是被认可的）地方立法。司法层面的统一，就是要剔除司法者个体的非同一标准，剔除地方性司法差异。例如甲市的司法惯例是将假冒注册商标犯罪的工人认定为从犯，因为工人薪酬低廉、地位卑微且期待可能性较小；但乙市的司法惯例则认为是主犯，因为是实行行为的直接和主要的参与者。如果这种地方性司法差异没有解决，那么可能造成一种难堪的局面是，工人们都愿意去甲市实施假冒注册商标犯罪，这对司法而言也是一个莫大的嘲讽。由此而言，统一的司法之于法治的意义，不仅在一般法律原则（诸如法律面前人人平等原则等）、一般法律观念（诸如公平正义等）的贯彻及导向，还在于通过地区差异的观照实现司法本身的自我矫正和调节，使得司法看起来是在作为一部统一的法的执行者。

统一的司法既然作为法律适用的终极目标，那么通往统一的司法之目标路在何方？众所周知，司法通过判例的方式让法可观见、可感知，因此，判例的呈现以及判例的内涵便是评判司法的根本所在。呈现是一种程序，在判决公开的制度之下，判例的呈现只是程序上的一个执行力问题，是全部判例公开呈现还是有选择地公开呈现，这只是一个机器上的按键选择，程序选择超乎简易，关键只在操作程序的设定或操作员的心机上。判例的内涵则事关重大，判例中对事例的分析与归纳，对法律的解释和适用，对大前提和小前提的关联适配的逻辑论证，对自由裁量的拿捏与控制，无不一览无遗地展示出司法官以及司法文书的水准和造诣，但是，这种展示的前提是判例是有解析的而不是要流氓式的不讲道理的单纯宣告裁决结果。判例的解析会让人对事例的理解和对法的理解有一个链接桥梁和关联通道的释然，并且提供一个引发对判例解析的认可、反驳或评析的空间和可能，而这种认可、反驳或评析也是推动统一的司法的一个极佳方式。因为在认可、反驳或评析的压力之下，司法官对事例的法律解读和评判裁断，必然会考虑尽可能多的因素（包括统一的司法的因素），将判例解析做成自己的最佳版本，奉献于大庭广众之下。从这个层面上来讲，统一的司法亦有赖于司法官对判例的解析和解析的深度。

示例六：某甲抢劫案

☞【案情摘要】

2017年8月，某甲（男，25岁）在某市某区通过某婚恋网认识了某乙（女，45岁）。此后两人开始通过微信聊天，在双方聊天过程中，某甲在微信上多次表示可以去某乙的住处与某乙发生性关系。

2017年10月19日下午，某甲在与某乙微信聊天中再次表达了可以在晚上去某乙的住处与某乙发生性关系的意思表示，某乙表示同意。当日22时许，某甲按照某乙微信上的指引来到了某乙的住处（某市某区某公寓某栋某房），两人在该房内发生了性关系。次日上午8时许，某甲醒来后要求某乙发一个1000元人民币的红包给他。某乙当即表示不给，并声明双方之间只是一夜情关系而并非卖淫嫖娼关系。某甲多次索要红包无果后，就用手拽住某乙的头发，用拳头打了某乙的头顶一拳，然后用手掐住某乙的脖子将某乙按在床上，要求某乙发红包。某乙害怕继续被打，就同意发红包给某甲，某甲方才松手。某乙随即通过手机微信转账了1000元人民币给某甲。某甲接收1000元的转账后，又让某乙给他300元人民币作为请吃饭的钱。某乙又通过微信转账了300元给某甲。收到该转账款后，某甲就离开了某乙的住处。某甲离开后，某乙试图通过微信联系某甲协调退回两次转账的款项，但因某甲不予理会而未果。2017年10月21日，某乙即向警方报案。

☞【诉讼经过】

　　某市某区警方以涉嫌抢劫罪对某甲立案，经侦查终结后，向某市某区检察院移送审查起诉。

　　某市某区检察院经审查认为，某甲的行为构成抢劫罪，向某市某区法院提起公诉。

　　某市某区法院经开庭审理后认为，某甲的行为属于敲诈勒索行为，但情节显著轻微，危害不大，不构成犯罪。理由是：某甲与某乙之间虽然不属于熟人的关系，但已经有所了解并且双方在被害人某乙的家中发生了性关系。此后，某甲索要"性服务费"的行为，事实上不仅有提供性行为应得对应的服务费用的用意，更重要的还是利用"一夜情"的这种隐私作为要挟，索取一定数额的钱款，达到非法占有的目的。因为，在"一夜情"之前的聊天以及发生性关系之前，双方都没有提到性服务费用的问题。由于被害人某乙开始拒绝了某甲的要求，引起此后某甲对其施加了轻微的暴力行为，而这一轻微暴力行为，必须与此前的"一夜情"行为进行关联，属于事出有因而非无缘无故的情形。介入了这个前因行为，这种轻微暴力行为就应当与抢劫罪的暴力行为区别开来，也就是要从本质上的角度去理解，即某甲利用了双方之间不正当性关系的要挟，并在实现索取非分对价（提供性服务）时采用了轻微暴力行为，以此来加速目的得逞，从整体上看，这种手段行为是建立在双方发生性关系的基础之上，是以发生服务性性关系的对价作为获取钱财的事由，是索取而不是劫取。被害人在"一夜情"隐私以及轻微暴力施加的压力下，产生心理和精神上的恐惧，被迫给付财物，因此，该行为并非抢劫罪中所指向的暴力行为和劫取行为。所以，本案的行为应当认定为敲诈勒索行为。由于本案涉及的数额没有达到敲诈勒索罪的立案追诉标准，因此，某甲的行为属于情节显著轻微，危害不大，不构成犯罪。据此，一审判决如下：某甲无罪。

　　某市某区检察院认为一审判决确有错误，在法定抗诉期间内，向某市中级人民法院提出抗诉。

☞【判例解析】

　　某甲以提供性服务交易的前因作为抢劫犯罪之抗辩。首先，交易行为应当是双方认同的。本案查明的事实是，从被害人某乙的角度而言其并不予认同双方之间的性关系是一种交易性质的性服务，即便某甲在某乙表明否认性交易性质之前，其自身可能会认为这是一种不言自明地提供性服务的交易行为，但是，在某乙明确地告知某甲并非购买性服务时，对此前双方的性关系而言，由于欠缺双方当事主体认可的要素，显然也就不具备交易的性质了。其次，双方发生性关系的前因，并不能否定此后的暴力行为和劫财行为的违法性。暴力行为和劫财行为并非性关系行为的关联延伸或者合理延伸，暴力行为和劫财行为根本无法从先前的不正当性关系中找到哪怕是一丝情有可原的理由。因此，某甲以此作为抗辩提出的事由并不能成立。

本案中作为实行行为的先前行为之一夜情，属于你情我愿的类型，这可能会造成一种本案属于情人间的琐碎之事的假象，并以法律不理会琐碎之事作为犯罪的抗辩事由。但是，一夜情与情人关系毕竟有别，一夜情是基于满足本能上的性欲之需的草率性关系，两性关系是疏离而即合即散的；而情人关系是基于情感上的交融、爱慕和倾心而发展起来在某一时段内较为稳定的两性关系，是亲密而长情的。因此，一夜情的男女双方，不能简单地认为有性关系而认定是熟人关系或者亲密关系。一夜情中的性关系，当然也就不足以作为嗣后强行索取财物或者劫取财物的抗辩事由。否则，"色诱抢劫"中的性关系，是否也因为双方之间的性关系而阻却抢劫犯罪的成立。

抢劫罪与敲诈勒索罪的区别主要表现在客观方面，即抢劫罪中的暴力、胁迫或者其他强制方法必须达到足以压制他人反抗的程度；敲诈勒索罪的暴力、胁迫手段只要足以使被害人产生恐惧心理即可。从暴力、胁迫施加于侵害对象造成的效果上看，足以压制他人反抗一般都足以使他人产生恐惧心理，而足以使他人产生恐惧心理则不必然足以压制他人的反抗。从这个层面而言，符合抢劫罪的犯罪构成的行为，一般同时也是敲诈勒索行为；但符合敲诈勒索罪的犯罪构成的行为，则不符合抢劫罪的犯罪构成。在某种意义上可以这么理解，抢劫行为是敲诈勒索行为超过级别的行为。那么，本案中某甲的行为是否具备这个超过级别呢？这就要看其实施的暴力行为是否超过了心理恐惧的层面并达到被压制反抗的程度。如前所述，某甲身强体健而且面对的是一名妇女，使用了"拽头发""拳头打""掐脖子""按床上"的组合暴力行为，即便这其中的任何一种，都足以造成心理的恐惧，应当认定是一种足以压制他人反抗的行为。敲诈勒索犯罪与抢劫犯罪还有一个区别在于，敲诈勒索行为人对被害人是否会给予财物，存在一定的不确定性，也就是说，行为人无法保证一定能从被害人处取得财物；而抢劫行为人对从被害人处取得财物，是一种势在必得的心理架势，是用足以压制的手段来作为保障的。本案中，将某甲的行为性质认定为敲诈勒索已经不能涵盖暴力的内容和效果，也不能体现某甲对取得财物势在必得的心理态度，因此，该行为不是敲诈勒索行为。

抢劫罪中的暴力、胁迫或者其他强制方法（手段行为），要求达到足以压制他人反抗的程度。在本案中，强制方法指的是暴力方法。某甲"用手拽住李某的头发，用拳头打了李某的头顶一拳，然后用手掐住李某的脖子按在床上"的行为，显然达到了压制被害人某乙反抗的程度。抢劫罪中的强行劫取财物（目的行为），要求违反被害人的意志将财物转移给自己或者第三者占有。强行劫取财物意味着行为人以暴力、胁迫或者其他强制手段压制被害人的反抗，与劫取财物之间存在着因果关系。在本案中，被害人某乙通过手机微信转账了1000元人民币给某甲。某甲接收1000元的转账后，又让某乙给他300元人民币作为请吃饭的钱。某乙又通过微信转账了300元给某甲，某甲再次接收该转账款。即某乙的财物已经转移给某甲占有了。而且，某甲的暴力行为与劫取财物之间存在着明显的因果关系。基于抢劫罪犯罪构成的这两个客观要件，以及主观上的非法占有为目的的故意犯罪心理态度的构成要件，应当认定某甲的行为构成抢劫罪。

据此，二审判决如下：（1）撤销一审判决书；（2）某甲犯抢劫罪，判处有期徒刑三年六个月，并处罚金人民币5000元；（3）追缴某甲抢劫所得赃物人民币1300元，退还给某乙。

四、三段论倒置征表的司法意义

法律适用和法律解释的意义是发现法律并根据发现的法律评判裁断事例，因而并非只是评判裁断事例才是司法的方法，发现法律本身也是司法的方法之重要组成。在司法的视野中，发现法律是个三段论的演绎过程，但是这种法律理论上的逻辑演绎，在实践中一般会被感知性地颠覆。原本，按照逻辑的理论，大前提的预设、小前提的符合和结论推导的呈现是一个法律三段论的程式演绎。具体而言，大前提就是法律规范或者引以为适用的法的其他渊源所预设的法定构成要素与法律后果，事实上可以理解为法律规范的存在基础；小前提就是事例中所精准化提取的要素与大前提预设的要素的符合性发现，事实上可以理解为法律解释的过程；结论呈现则是将小前提的要素与大前提的法律后果同等评价，即从事例的角度赋予法律规范的意义范围的衡量和精确化，事实上可以理解为法律适用的过程。如果司法是按部就班地先找出大前提，再分析小前提，最后通过法律推理导出法律后果的结论，那可谓法律三段论之正规演绎。但是在现实的司法上，司法官在裁判事例时，往往率先对小前提进行法律性质上的评价，即事例所引申的感知是合法的还是非法的，是有罪的还是无罪的，是原告胜诉还是被告胜诉，也就是先给事例定个性（结论），然后再去寻找、发现与事例提炼、归纳的元素（小前提）相符合的法律规范（大前提），再运用法律三段论进行说理、论证和裁判。而最终的这个说理、论证和裁判的过程实际上就是一个正规的三段论法律推理过程，等于是对一个假定结论的检阅与证成。当然，如果经论证小前提与大前提不能等同看待，即事例所提炼的要素与规范的构成要素不具备符合性，那么，司法官便会推翻这个假定的结论并重新设定一个结论，再进行如上程序的反复论证，直到假定的结论被证成，司法的结论方才落定。"这是因为，三段论的大前提和小前提往往不表现为既定的因素，而是需要人们去认真探索、发现的。在探索的过程中，解释者习惯于从他直觉地认为公平的解决方案出发，寻找恰当的规范，然后又回到案件的具体情况中来检验是否一致。"[1] 司法者之所以展现这种倒置三段论的法律思维，是因为发现法律是一个思维过程，司法者基于司法基础和司法经验，在对司法之前提——事例的感知、认识时便直觉或预判地生成了一种结论，但是由于司法裁决需要从法律规范中进行推理演绎，故而还需要通过法律解释与

---

[1]　张明楷：《罪刑法定与刑法解释》，北京大学出版社2009年版，第3页。

法律适用的司法方法去发现适配的法律。当然，这并不意味着法律三段论是一个悖论命题，事实上可以这么理解，这是一个循环的双重思维和双重演绎的结果。因为，司法裁决的作出需要不断地证成和证伪，直到最终导向法律三段论的逻辑推理命题。

法律三段论的推理在程序上的表现犹如陪审团定性（胜负决定）法官解释和适用法律一般，即最终裁判的先决基础是一个预设结果的假定而不是先行法律解释、法律适用后再行结果裁决。陪审团裁决的司法意义可能在于法律不能超越普遍的预测这一根本性原则，这也是法律共同体中多数公认或者普遍共识的民主原则的一个自然衍生。法律是民主的产物，法律也是民众共识的产物，而民主和民众共识同样具有直觉的、可触摸的和可感知的感性因素。正是基于这两个论据，对民主裁决的期待性可以认为不会被排除在对事例的直觉感知之外，否则，司法裁判一旦偏离或悖反普遍预测与普遍共识，可想而知，需要用多少理由来诠释这种偏离和悖反。因为，观念的问题不是一朝一夕的认同便可树立成型。本书在此并非要排斥普遍预测与普遍共识的偏离或悖反的合法性或可能性问题。事实上，许多伟大的司法裁决往往反证了这种偏离、悖反的正确性，譬如同性恋问题、堕胎问题。对这种倒置的法律三段论演绎，在此欲声明和表达的是，这是一种普遍的思维和推理模式，其司法意义在于解释发现法律的路径和程式，而并不在于否定法律三段论或者否定某些偏离、悖反的合法性和可能性。这与本书后文部分在司法官的双重法律思维中所提及的陪审团思维和法官思维有异曲同工之妙，这也是司法从感性到理性再与感性相结合的一种思维过程表达。

但是，事例的存在并不一定只是表象为可直觉的、可触摸的和可感知的情态，事例性质上的模棱两可或者新生性事例，往往不易直观获取价值判断或者是非定夺。个别的疑难案例、复杂案例或者新生案例在感性的直观上根本无法作出判断和定夺。因此，也就难以用法律三段论的倒置程式进行法律思维和法律推导，比如在刑事法领域的罪与非罪、此罪与彼罪等问题上，在行政法领域的抽象行政行为和具体行政行为混同等问题上，在民事法领域的善意取得与所有物返还请求权的冲突等问题上，以及部门法体系外的法律交叉与竞合等问题上，都有较大的争议和纠结，无法形成普遍的共识，甚至存在各执一词、各有千秋、各具道理的局面。在这种情况下，因为无法得出肯定性和直观性的结论以便去找寻和发现法律规范的符合，所以三段论的倒置思维和推导受阻。此时，司法者或者思考者对事例的裁判思维方式一般便得另辟蹊径，要先对事例的表征提炼和解释法律意义的元素（小前提），然后根据学识和经验去发现和解释法律（大前提），最后再是法律逻辑符合的结论推导。事实上，一般而言，大多数法律上的是非对错问题具有一定的共识性，即大部分的法律判断是浅显而简易的，是三段论的倒置的显明外化，甚至只需常识上、道德上的感知便可作出预判、决断。只有少部分的案件需要推敲、斟酌、引申和论证，此类司法裁决就无法用三段论的倒置进行法律思维和推导，此类司法裁决必经法律解释、发现法律并将小前提和大前提进行关联适配论证，最终才能推导法律结论和进行法律适用。另外，作为司法实践的理论支持的法学理论，也存在类似的情状，即只有具备颠覆性或者超出一般见解的见地性、卓著性法学理论，才具有学问的价值，诸如每年上千万篇的法学论文，绝大部分只是一种表现为文字差异的重复，学问、学术意义荡然无存，也只有少数的文章和著作，具备了问道、解惑和传世的价值，赋予学问、学术的意义。因此，司法者和法律职业者（包括法学领域的研究者）之所以应当是专业的和精深的，主要就是为了解决此类疑难、复杂的法律问题，为了探寻法学领域的真知灼见，并将此类问题的解决方法和结论作为一种认知导向和价值取向供人参考、参照和引用，诸如经典的司法裁决或者伟大的法学著作就具备这种示范和效力。

五、司法解释的局限性

司法解释一方面属于法律规范的范畴，一方面也属于法律解释的范畴。由于法律规范上的制定法属性，司法解释作为被适用的法律，具备权威性、执行性和效力性；由于法律解释上的阐释论证属性，司法解释（立法解释系由立法机关作出，因而阐释论证性被立法权威性超越）摆脱不了一家之言的地位（甚至可能会出现最高检和最高法在同一问题上的解释差异），具备争议性、任意性和非排他性。如此而言，司法解释在法律结构体例上的地位是尴尬的，到底是立法权还是司法权，立法权本应由立法机关依职权行使，司法权则是依照法律行使裁判权；到底是法律规范还是法律解释，法律规范是一种立法机关的立法权的行使结果，法律解释是法学者、司法者的解释权的方法运用；更加矛盾的是，如果司法机关在判例中援引司法解释，那是不是就表明司法解释属于司法权与立法权的合体，这在现代法治中是不可想象的体例。如果说立法解释在法律结构体例上尚有名分上的根据——立法解释可以认为是立法机关对立法意旨、文本语义上的一种解释说明，可以认为是立法活动的一个未尽周全的延伸，然而司法解释无论如何也没有名正言顺的结构体例地位之根据。即便在组织法上规定的上下级司法机关的指导（或领导）关系，对请示性的司法问题赋予作出答复、批复的权限，但根据上述的原理，该答复、批复如果当且仅当只作为个案上的法律解释，则可以因为该个案的法律解释或解读而作为其他个案审理之参照、参考，而不应赋予该答复、批复具有普遍适用的法律规范性质，这便可解决上述所论之尴尬与矛盾。然而，大多的司法解释非依个案之申请而答复、批复，而是最高司法机关在其职权工作中，为解决具体适用法律问题而主动作出的具有法律效力的规范性释明，这种法律效力上的普遍约束力正是上述症结之所在。所以，司法机关通过判例的方式实现对法律的解释而形成范例遵照而不是僭越职权行使本应当分权或者分工的（立法）职分，才是当代司法遵循分权、分工原则的一条正当而适当的道路。

司法解释的局限在于其具备规范意义上的法律效力性，使得司法者只能援引和适用，这就限制了法律的解释空间和辩论可能，而这种限制往往是不合时宜的。因为，法律规范作为普遍的价值取向、观念意识以及社会共识的代言人，具备相对的安定性和滞后性。由于社会思潮变迁、社会情势更迭持续加剧和迅猛，不管是价值取向或观念意识还是普遍的社会共识都可能在越来越短的时段内发生根本性的变异。如果法律规范没有适度的弹性，那么法律规范的安定性便无从谈起。这个时候，法律解释则可以运用解释方法和解释技能，接纳法律的辩论可能，释放法律的解释空间，将法律的弹性通过辩论和解释挥发出来，不至于刚硬地扭曲法律而造成法律对价值取向、观念意识或者社会共识的割裂与背反，毕竟在弹性的幅度内，法律规范的本性和本质并没有发生根本性的变异。譬如对引起社会广泛关注的正当防卫案件，在一种情理所向与舆情导向的情势下，（最高）司法机关通过发布此类案件的指导性案例，以个案的法律解释对正当防卫的价值取向、观念意识和社会共识作司法上的评判裁断，释放这种被积压的情理和舆情，这就是将法律解释的功能充分挥发的一种表达。除此之外，司法解释的局限还在于事例的呈现纷繁芜杂、幻化万千，司法解释对可能情形当然是未尽其详，无法一一对应地适配解释。因此，司法中往往还需要在个案中进一步具体解释，即便司法解释在某些条款上留有概括性（兜底性）空间，然而司法者在司法解释的"权威下"，不敢逾越雷池对司法解释进行法律解释或者在司法解释之外寻求其他可能之解释。这就形成了一种法律解释上的真空地带，甚至导致有法不依的状态出现，即原本按照一般的解释方法和解释技能可以作出法律适用上的关联适配，但由于权威司法解释作出了规范性的解释范围，将法律解释限制在司法解释的文本空间内，司法者便误以为这是立法空白而没有适用本应、本可适用的法律规范。

　　现行的司法解释具有的这种规范意义上的法律效力性以及应当作为司法裁判中被援引和适用的法律渊源，表明了现时司法解释蕴含着造法的性质，这是司法解释背离法律解释本质的一个方面。普通法系的判例法制度将司法机关的判例解释作为裁判上的援引和适用乃基于其法系上的属性，判例并不作为成文法根据而只是遵循先例的根据，并且，在社情、情势变更之时，判例可以超越先例实现判例解析的造法功能，因而无可非议。但我们作为成文法法系国家，尤其在司法体例上，一般排斥判例解释作为法律渊源，故而在判例解释之外设置了司法解释的权力以便灵活运用和适当指导实定法的法律适用。虽然域外的大陆法系国家（如德国、日本等）也有将司法判例赋予事实上的被援引和被遵循的既定拘束力（但也允许例外的"背离相告制度"），其意旨在于吸收判例法的法律解释精髓和机能，但并没有赋予司法机关作出类似我们的司法解释所具备的成文的规范性的造法权力，其寓意就在于司法与立法要严格分离，法律解释和司法造法要严格区分。如此不妨就以我们最高司法机关对司法解释效力的规定为样本，对司法解释在立法与司法、法律解释与司法造法上的尴尬和矛盾作必要的考证。"两高"在关于适用刑事司法解释时间效力问题的规定中，对适用刑事司法解释实践效力问题提出了如下意见（即便称之为意见，但俨然是一种普遍约束力的成文规范）：（1）司法解释是两高所作的具有法律效力的解释，自发布或者规定之日起施行，效力适用于法律的施行期间。对司法解释实施前发生的行为，行为时没有相关司法解释，司法解释施行后尚未处理或者正在处理的案件，依照司法解释的规定办理。（2）对新的司法解释实施前发生的行为，行为时已有相关司法解释，依照行为时的司法解释办理，但适用新的司法解释对犯罪嫌疑人、被告人有利的，适用新的司法解释。这个规定的内容的引申有以下两个方面的含义：一是前文（1）可看出"两高"允许具有法律效力的成文法性质的司法解释具有类推的效力，这是明显违反现代法治禁止类推的基本原则的。二是从全文可看出"两高"并没有否定司法解释的规范性成文法属性，确认了司法解释属于一种具有法定拘束力的法律渊源，这是明显违反现代法治立法与司法分离的基本原则的。

基于上述之因由，本书反对以司法解释的方式进行本质上属于最高司法机关造法的法律解释。但是，在司法国情之下，如何变通法律解释的功能方式以消除司法解释的现实困境就是一个迫在眉睫的问题。"两高"近年来推行的案例指导制度，或多或少地将司法判例制度引入司法和公众的视野，业界对案例指导制度的法律原理、意旨取向、价值目标、规范效力、司法机能及选编技术等诸方面进行广泛而深入的探讨和研究，但由于官方的规范性文件仅将案例指导制度作为司法工作的"审判类似案例时应当参照"和"统一法律适用"的价值功能，而这种价值功能显然不具有应当被遵循的先例和应当被援引的判例法（或判例解释）效力，所以，案例指导制度仍然停留在探索、试验和考察的阶段。即便如此，"两高"所发布的典型性、示范性案例在司法上的威慑效力还是显而易见的，即便没有"背离相告制度"的附加，下级司法机关审判同类案件亦不会有根本性的背离。这种案例指导制度，实际上对克服司法解释的上述局限具有革新性的意义，它通过司法效力上的态度声明超越个案的法律释明而作用于类型化的案例，将同等对待原则与法律安定性原则蕴含于所涉同类型案例中。这种制度的公示性和示范性也对某些主观上欲偏离的司法展示了无形而强大的拘束力。因为即便背离相告制度并未确认但裁判的公开和舆论的可能将必然使其作为一种风险考虑而不至于肆无忌惮或恣意妄为。只是，由于我们一贯的成文法体例束缚的缘故，因而没有也暂时无法赋予该制度以判例解释或判例法的地位。至于如何演进案例指导制度，下文第四编——通往判例解析之路——将对判例解析图景建构作全面性地阐论，并旨在描绘一个以判例式解析为蓝本的司法性法律解释，将司法解释回归其原本属性作为法律的解释，而不是僭越为以成文规范性命名的法律渊源，并以此宣告所谓的司法解释其实不是司法机关的法律创设而是司法机关的法律解释。

示例七：某甲无罪案

☞【案情摘要】

某甲租住在某市某区某住宅小区的一个由三室一厅一卫一厨结构改造的房屋内。该房屋的厅堂用木板围建成两个独立房间，房东分别租给 5 个单独的承租人。各承租人公用卫生间和厨房，阳台由其中一承租人单独使用。某甲是其中的一个房屋承租人。2016 年 9 月 11 日晚上，某甲观察到另一房屋承租人某乙外出，便翻窗进入某乙租住的房间，在该房间内翻找值钱财物，但是并未有所获。某甲正欲离开某乙的房间时，另一房屋承租人某丙刚好从外面回来，发现异常，遂盘问某甲并报警将某甲交给警方处理。

☞【诉讼经过】

某市某区警方以涉嫌盗窃罪，对某甲立案，经侦查终结后，向某市某区检察院移送审查起诉。

某市某区检察院经审查认为，某甲的盗窃行为属于入户盗窃的情形，因为五个租户都系独立的与外界相对隔离的住所，并且只要各租户并非集体租住或者房屋整体被租为集体宿舍、办公用房即可符合婚姻家庭学意义上的供家庭生活的情形。本案中，各承租人均为独立承租一个房间作为生活家居之用，承租的房间是单人居住还是有其他（家庭）人员共同居住，不在行为人的认识范围之内，法律亦无法苛求行为人对该状况需要有认识。所以，某甲的行为符合入户盗窃的成立条件。某市某区检察院遂以某甲犯盗窃罪（未遂），向某市某区法院提起公诉。

某市某区法院经开庭审理后认为，公诉机关指控的事实和罪名成立，某甲的行为构成盗窃罪（未遂）。据此，一审判决如下：某甲犯盗窃罪（未遂），判处拘役三个月，并处罚金人民币1000元。

某甲不服一审判决，在法定上诉期间内，向某市中级人民法院提出上诉。

☞【判例解析】

在《说文解字》中，户作为象形文字，释为"半门曰户"，"古文户从木"即指独扇门，重在于门的表达。在《康熙字典》中，户的基本含义与《说文解字》类同，释为"凡室之口曰户，堂之口曰门。内曰户，外曰门。一扉曰户，二扉曰门"，也重在表达门、户的类别与场所适用。当然，《康熙字典》也概括了户的其他含义，如"民居曰编户""户，犹穴也"等近十种。《现代汉语词典》中，对户的基本含义解释为五种，即"一扇门""人家""会计部门称账册上有业务关系的团体或个人""门第""姓"，并在基本含义之上进行了引申解释，不下十种。相关的解释如"全户人口""住户、人家""屋室""户籍""从事某种职业的人或家庭"等。由此可得，单从字面意思上看，户的基本含义是指特定场所的门，由基本含义又有不同的引申，在现代汉语的解释语境下，一般引申为住户、人家、户籍、会计单位等含义。

认定、确认刑法用语的语义，应当结合刑法条文和立法（司法）解释的意旨以及刑法解释的方法，否则，由于汉语语义的强大、繁杂和关联而可能导致被混淆或者陷入随意解释的境地。此外，刑法用语的统一性原则也必须囊括在内，也就是说在法律解释时要注意对刑法（及立法、司法解释）中其他出现相关词语语义的分析和确定，避免无端显明的矛盾和释义标准的泛滥。法律规范上的用词用语是必须有明确的意思表达，不同的措辞具有不同的含义，具有严格的区别。在此，对照"非法侵入住宅罪"的法律规定和有权解释可以确定，"户"与"住宅"是具有不同法律特征和性质的不同概念。正因为"户"与"住宅"的不同含义，最高人民法院才会先后发布两个司法解释对"户"作出规定。其意欲在于侧重保护家庭生活的住宅安全，并同时限制对"户"的任意扩大解释，避免打击范围过宽打击力度过猛。由于这种有效的正式司法解释的效力适用范围覆盖全国，准确适用便可保证司法上的统一性而避免出现司法处断上的明显差别。为此，在目前的语义认知以及司法情状之下，"户""入户"以及"入户盗窃"的法律解释应当在司法实践中进行统一的理解和适用。

关于入户盗窃现今有效的正式解释为：非法进入供他人家庭生活，与外界相对隔离的住所实行盗窃的行为。这里面有两个条件，一是"他人家庭生活"，一是"与外界相对隔离"，缺一不可。该解释是一种将功能与场所合二为一的含义，属于户的必要条件的范畴。这与刑法对入户抢劫中户的司法解释是一致的。在讨论入户盗窃的含义时，是可以参考甚至援引入户抢劫的解释内容的。刑法关于入户抢劫的有效的正式解释为：指为实施抢劫行为而进入他人生活的与外界相对隔离的住所，包括封闭的院落、牧民的帐篷、渔民作为家庭生活场所的渔船、为生活租用的房屋等进行抢劫的行为。司法解释关于入户抢劫中的"户"的范围解释为：指住所，其特征表现为供他人家庭生活和与外界相对隔离两个方面，前者为功能特征，后者为场所特征。一般情况下，集体宿舍、旅店宾馆、临时搭建公棚等不应认定为"户"，但在特定情况下，如果具有上述两个特征，也可以认定为"户"。关于入户抢劫中的"入户"的解释为：进入他人住所须以抢劫等犯罪为目的进入他人住所，即"入户"目的的非法性。从上述相关性解释的时间顺序来看，对户的认识理解有一个范围渐趋缩小的变化过程，即从一开始的强调住所特征缩小为强调家庭生活和住所两个特征，其实就是增加了条件，缩小了"户"的范围。据此可以推定出刑法（司法解释）对此的立法目的是限定词义的扩大解释，缩小（减轻）对此类行为的打击范围。在司法案例中，特别是"家庭生活"的条件，应当更加关注和理喻。家庭在现代汉语中解释为："以婚姻和血缘为纽带的基本社会单位，包括父母、子女及生活在一起的其他亲属。"对家庭含义的本质上的认识，有数种观点："每日都在重新生产自己生命的人们开始生产另外一些人，即繁殖。就是夫妻之间的关系，父母和子女之间的关系，也就是家庭。"（《马克思恩格斯全集》第三卷第32页）"家庭是被婚姻、血缘或收养的纽带联合起来的人的群体，各人以其作为父母、夫妻或兄弟姐妹的社会身份相互作用和交往，创造一个共同的文化。"（美国社会学家 洛克《家庭》）家庭表示的是一个血亲性（自然和拟制）的群体性的概念，单个的人，若非特别、特定情况（如鳏寡孤独等情状），难以认定为家庭。由此，刑法意义上的家庭生活，应该是指上述定义下的家人的群体性的共同生活特征。综合上述的论证认为：在刑法意义上，入户盗窃指的是对家庭成员共同居住的独户或者联户的居所的侵害行为，不宜作宽泛的扩大解释。

现行司法解释认为"户"是指住所，而所谓住所，即是人居住的场所。解释同时又对"住所"作出限制性规定，限定为仅供家庭生活之住所才能够称为刑法学意义上的"住所"，也即"户"。由于社会经济文化的不断发展，可供人们居住的形式也发生了很大的变化，而该解释将各种五花八门的住所限定为"家庭生活之住所"，显然无法满足社会情态的需要了。现行司法解释关于"户"为"家庭生活"的功能特征，已经涵盖了家庭成员日常起居的绝大部分内容，囊括了洗脸刷牙、生火做饭、学习娱乐、休息睡觉等等内容，过分地强调了"户"的居家性特征，由此不可避免地将很多带有典型"户"的特征的场所排斥其外，如单位、仓库、商店、小区的家居式值班室等场所，尽管这些场所在通俗意义上不被认为是值班人员的住所、住户，但却是他们家庭生活居住的地方，较长时间内相对固定的场所且与其个人、家庭财产紧密相连。此类场所发生盗窃而致人身、财物损害的案件也屡见不鲜，危险性系数是较高的。若按普通盗窃予以处罚而不适用入户盗窃的法律保护，显然与将入户盗窃定罪旨在加大对公民住宅财产和人身安全的保护，尤其以保护公民的生命健康权，防止遭受潜在的生命和健康威胁的立法意旨是不相一致的。按照罪刑相适应的基本原则，危险性和法益侵害程度相当或者相同的罪行，其量刑处罚也应该相当地等同。此外，法律也无法要求行为人"入户"之前对"户"的功能特征有所了解，只要具备预知、预见可能性即可。"入户"行为可以按照客观的状况来实定，除非行为人在"入户"之前，已然对该"户"的客观状况（包括功能特征）有了明确的认识，即如果行为人明知该"户"为与外界隔离的家庭生活场所，就可以认定为"入户盗窃"；如果行为人不能明知，则在预见可能的基础上按照实际的客观状况来认定。总之，现行司法解释对"户"所作的某些限定，在语法学、社会学上存在探讨、辩论的空间，毕竟该解释排除了诸多应该囊括而未囊括其中的情形，将其限定在较小的范围之内，与立法意旨有背道之虞。在个案的法律解释上，应站在局限性克服的角度，尽量从实现立法意旨但有在文本语义范围的限定中，并以如前所述之"侧重强调'户'的场所特征，弱化其功能特征"导向为指引，寻找出最佳的法律解释。

本案中行为人某甲所侵犯的场所，是由三室一厅一卫一厨的房产内部改造而成，虽由五人分别独立租住，除卫生间、厨房公用，其居室是各自相对独立的，可以称之为"与外界相对隔离"的住所。某甲系五个租客之一，其对盗窃的对象是某乙单人独自居住的一个房间，并未有其他家庭成员共同居住生活的客观状况是有所了解的。这一点，某甲在主观认识上具有相对的确定性，这也是本案判定是否属于"入户盗窃"的关键问题。并且，在实施盗窃行为时，某乙并不在房间内，实际上是一个暂时无人在内的房间，这是某甲观察后得到的内心确信的客观状况，这也就极大地降低了该盗窃行为的危险性系数和法益侵害程度。由此，该进入房间盗窃行为与入户盗窃的立法意旨不相契合。因此，本案行为人某甲的行为特征符合刑法关于入户盗窃的有权解释中的场所特征，但不符合功能特征，不应当判定为入户盗窃。

据此，二审判决如下：（1）撤销一审法院的判决书；（2）某甲无罪。

六、法律续造与法官造法

从某种意义而言，司法就是一个法律续造的过程，是司法官通过法律适用和法律解释的司法方法，将事例与法律合而加工续造为裁判的案例。司法者只有意识到这一点，才不至于曲解法律续造的真实含义并刻意避讳法律续造有造法之嫌这个敏感话语。当然，法律续造应当是在理性的和可控制的范围之内，法律续造不是打着续造之名，罔顾法律规范的解释方法和解释技能，无限制、无准则地超越或凌驾法律规范进行所谓的法律续造。司法上的法律续造，依然存在着一个界限和限度的问题。这个界限和限度应当把握的焦点，依然是一个法律解释和法律适用的问题。法律续造通过司法的方法将事例与法律进行人为地加工制造，形成判例。法律解释方法、解释技能应用和法律适用上的认知、理念、立场和意识，都在法律续造中呈现。也由此，每一个司法官在法律续造上都会有一定的倾向，会各执己见，由于法律适用的终极目标被设定为统一的司法，所以这种倾向和各执己见，就要有个界限和限度，就要严格限制超越或凌驾法律规范的法律续造。所谓超越或凌驾法律规范的法律续造，一般指的是不在法律规范的意旨之内或者法无明文规定时的造法行为，在司法上一般通过类推、溯及既往以及创设来实现造法。限制超越的或凌驾的法律续造的根本就是要求司法者在进行法律解释和法律适用时，将司法上的法律续造控制在一个不超越常识和文本语义基础上的以实现法律意旨和社会朴素共识为目标的理性空间之内，遵循和表达同等对待原则和法律安定性原则。这实际上也就是前文所述之进路主义的法律解释方法的基本含义。

超越界限和限度的法律续造可能落入法官造法的境地，但并不是说所有超越的法律续造都是法官造法的表现。域外法系所谓的法官造法，依然亦要遵循先例，要考量和权衡法律的基本原则，而并非随心所欲或粗次滥造。在普通法系中，法官的每一个司法裁判在广义的层面上就是一个造法的判例，是判例解释也是个判例法表现方式，因为它在遵循先例原则的同时自己也在塑造一个作为先例的示范。当然，在我们法律体系的框架上，法官造法是不被许可的或者说是要排斥的，法官对个案的裁判只是一种适用法律的结果，甚至其间法律解释的含量要么是少得可怜么就根本没有，法官或者裁判文书的释法行为也几乎格式化为法条（包括司法解释）的援引或者加上简略的引申，所以，法官造法几乎没有现实的存在可能。

在法官造法因法系和体例上的原因而不具备现实性的条件之下，如果法官造法作为域外法系之法律渊源具有可借鉴和可汲取的一面，那么是否可以有变通的渠道实现这种虽然不合时宜但又亦有精华借鉴的可能，或者说是否能将法官造法的优越的一面吸纳到已有的或者将来可以有的法律制度中。这也是我们研究和探索法官造法的可见意义，因为如果法官造法根本没有任何有价值的发现，那么根本无须对其作假设性的观照。

法官造法的意义之一是通过法律解释实现一种被参照、被借鉴的价值。法官造法可以通过法律解释来实现对案例的理解和释明，而当这种法律解释如果是对案例展示的新情形或新类型的释义和阐论，那便赋予造法的意义。英美法系的法官造法可以升格为一种被遵循、被援引的法律渊源的地位，而我们的法律体例排斥这种可能性，如果将此种造法方式作为法律解释的一个判例存在，则无法否定其具有一席之地的司法价值。如果这种判例的法律解释再通过某种方式（刊载、告示等）形成范例，那么至少被评价、被参照或被借鉴的价值就呈现出来。从这个价值的呈现的角度而言，此种法官造法意义不菲。例如，将删除电脑中没有备份也无法恢复的数据，解释为故意毁坏财物行为，就涉及删除电子数据是否属于毁坏行为，还涉及电子数据是否属于财物的范畴。如果法官在判例中进行了必要和适当的释明且无可辩驳或者普遍认同，那么这个判例的法律解释便形成一种司法上的共识并作为参照或借鉴的典范呈现。

法官造法的意义之二是对法律延伸或者引申的补充。法律规范无法一应俱全、包罗万象地覆盖社会的全部关系和行为。新生事物、新生现象和新生举止层出不穷、日新月异。由于前瞻性不足以及不可预测性使然，法律规范总是会有缺陷或者纰漏，新生事物、新生现象和新生举止可能会出现适用上的迷茫或者空泛。在此情景下，司法者对因新生事物、新生现象和新生举止而产生的新生事例的司法审断，便要动用法律补充的方法进行具有造法意义的司法活动。就如法律规范蕴含一定的法律原理一样，新生事例一般而言也具有可归纳的本质属性，如果该本质属性与法律规范所规制的内容或者法律规范所蕴含的法律原理具有本质上的类同性，那么，该法律规范可以进行必要的延伸或引申而适用于该新生事例。当然，不是所有的新生事例都具有被造法的可能，此种造法的前提是在本质属性或法律原理上具有某法律规范的延伸或引申关系，否则，就属于法无明文规定的情形。

在前述两个意义下，可以认为法官造法具备可汲取、可借鉴之价值，那么应该对该价值如何汲取精华、借鉴功用或通过技术合成使该价值嵌入、植入适合本国法律体例的制度或者创制出一种孕育该价值的新法律制度呢？总体而言，一项制度的创制并非探囊取物，不仅要考虑制度原理、价值功能、可行性以及体系符合性，还要考虑是否会与其他法律制度有排斥或冲突反应以及是否违反上位法等问题。考虑到当前我们的成文法体例，考虑到司法机关组织的非单一化，考虑到司法上的惯例，考虑到司法者的水准差异等问题，就现有的基础和条件而言，目前并不具备单行创制法律制度的可能，法官造法的汲取和借鉴还是只能通过案例指导制度来投射该价值的实证意义。也就是说，由于最高司法机关具有相当的权威性，其发布的指导性案例具有相当的被遵循、被参照可能，这种案例的裁判实际上相当于最高司法机关以法律解释的方式发布的具有一定约束力的判例解释，原则上应当遵照、参照适用，特别是对那些具有造法意义的判例而言，这种指导性便更显得必要和切实。当然，如果能借鉴诸如背离相告制度来辅以推行案例指导制度，那执行力上的效力自然便愈加的明显和有分量。

示例八：某甲逃税案

☞【案情摘要】

2013年1月1日至2016年12月31日，某市某区某公司利用内、外两套账册隐瞒收入，以少申报缴纳税款的方式偷逃国家税款合计 8747388.52 元人民币。具体为，2013 年偷税 2646121.87 元人民币，偷税比例为 93.3%；2014 年偷税 2455427.27 元人民币，偷税比例为 90.7%；2015 年偷税 1751656048 元人民币，偷税比例为 87%；2016 年偷税 1894179.4 元人民币，偷税比例为 88.8%。经某市地方税务局稽查局催告及采取强制执行措施扣缴某公司银行账户的存款 107128.64 元人民币抵缴部分税款、滞纳金，其余款项至今未缴清。至案发前该公司享有的依法提起复议和诉讼的期限已过。该市地方税务局稽查局认为该公司的行为涉嫌逃税罪，并将有关线索和材料移交某市某区警方审查处理。

某甲自某公司设立以来一直担任财物总监兼出纳一职，在上述逃税期间，某甲接受公司老板（已另案处理）的指令为该公司建立了两套账册进行逃税，导致该公司偷逃国家税款 8747388.52 元人民币，是该公司涉嫌逃税犯罪的直接责任人员。某市某区警方立案侦查后，电话通知某甲到案接受讯问。某甲接到电话传讯后，自己来到侦查机关接受讯问。但直至一审宣判前，某甲一直没有如实供述其实施了上述逃税行为。

☞【诉讼经过】

某市某区警方以涉嫌逃税罪，对某甲立案，经侦查终结后，向某市某区检察院移送审查起诉。

某市某区检察院经审查后，认为某甲的行为构成逃税罪，由于某甲虽然主动投案，但没有如实供述罪行，不能认定为自首。遂以某甲犯逃税罪，向某市某区法院提起公诉。

某市某区法院对该案开庭审理后认为，某甲在某市某区法院审理期间，依然没有作如实的供述，因而即使主动投案，但根据刑法的规定并不符合自首的条件，不能认定为自首。据此，一审判决如下（单位犯罪已另案处理）：某甲犯逃税罪，判处有期徒刑四年，并处罚金人民币 200000 元。

某甲不服一审判决，在法定上诉期间内，向某市中级人民法院提出上诉。

某市中级人民法院经审理后认为，本案案件事实不清、证据不足，遂裁定将该案发回某市某区法院重审。

某市某区法院在重审期间，某甲认罪并做了如实的供述。某市某区法院认为，虽然某甲在发回重审期间如实供述罪行，但是该情形不符合司法解释关于自首条件（一审判决前）的规定，不能认定为自首。由于某甲如实供述罪行，有认罪表现，在量刑上可以适度酌情从轻判处刑罚。据此，重审判决如下：某甲犯逃税罪，判处有期徒刑三年三个月，并处罚金人民币 180000 元。

某甲仍然不服重审判决，在法定上诉期间内，向某市中级人民法院提出上诉。

某市中级人民法院审理后认为某甲的行为符合自首的条件：自动投案；如实供述罪行；在一审判决前如实供述罪行。因此，应当认定某甲具有自首情节，并综合考量案件情况，在刑罚裁量时依法决定对某甲予以减轻处罚。据此，二审判决如下：某甲犯逃税罪，判处有期徒刑一年八个月（刑期刚好与某甲在终审判决前羁押时长相等，因此当庭释放），并处罚金人民币 100000 元。

某市人民检察院认为二审法院认定某甲自首并对其减轻处罚有误，符合适用法律错误、量刑畸轻的法定抗诉情形，遂向该省人民检察院提出提请抗诉的报告。在该省人民检察院审查是否提出审判监督程序抗诉期间，某市中级人民法院自行决定对该案再审。

☞【判例解析】

原二审判决书认定某甲系自首的理由是："对被告人是否构成自首之争议，究其原因，系因本案为重审案件，对如何理解上述司法解释中所规定的'一审判决前'产生争议。首先，对此法条原审依文义作出了相对严格解释，即本案已经过一审、二审，现在是发回重审，依程序之先后，并非原一审，当然就不再属于'一审判决前'。但从《中华人民共和国刑事诉讼法》（以下简称《刑事诉讼法》）所规定的篇、章、节之分类来看，'第三编 审判'之下分为：'第一章 审判组织，第二章 第一审程序，第三章 第二审程序，第四章 死刑复核程序，第五章 审判监督程序'，由此观之，所谓一审、二审等主要是指审判程序而言。本案虽为发回重审案件，但依《刑事诉讼法》第 288 条之规定：原审人民法院对发回重新审判的案件，应当另行组成合议庭，依照第一审程序进行审判。对重新审判后的判决，依照本法第 216 条、第 217 条、第 218 条的规定可以上诉、抗诉。据此，本案仍为依第一审程序所审理。那么，对'一审判决前'当作何解？是依第一审程序判决前？还是作进一步的限缩解释为依第一次第一审程序判决前？本院认为，在对相关法条适用理解时发生争议而又无其他据以释明之凭断时，可依有利于被告人之原则予以判定。……第三，如不作上述限缩解释是否会违背自首制度之立法本意？因自首制度设立的本意，系基于鼓励犯罪分子主动归案使犯罪调查容易进行的政策性理由，以及由于改悔而减轻其人身危险性的缘故。由此观之，从根本上说依有利于被告人之原则所作判定，并不违背自首制度的本意。最后，此种判定是否会形成错误司法导向进行浪费司法资源或造成另类不公。因对被告人定罪追责，举证责任应在公诉机关。同时，证据也不能仅仅依赖于被告人的供述，法律既然赋予被告人可以行使辩护权，就不能要求被告人自证其罪。此乃刑法之基本原则，不应以任何理由或者借口予以剥夺。至于公平问题，完全可以在量刑时予以区分对待便可得以体现，即对从始至终都能如实供述者，在从轻或者减轻的幅度上可以从宽把握；而对其间有翻供反复者则可相应从严掌握。"

原二审判决书的上述理由之核心即是援引了刑事诉讼法关于存疑时有利于被告的审查规则，将发回重审的原审为一审的案件，在审理时以一审论。若不经推敲，这个论断貌似不需要理由便可直接取其司法解释之字面含义而自然得之，甚至无须原二审判决书看起来面面俱到而又用心深入地分析论证。事实上稍事思考，但凡能将公正、公平原则贯穿于刑事司法，将案件事实认定与法律适用，将实体法与程序法区别开来者，均不难发现原二审判决书在认定被告人自首的理由上存在似是而非的错谬及微妙。为寻根索源、甄别是非，不仅须对这宗案件的被告人某甲的自首认定理由作出评析，还要兼顾论证存疑时有利于被告的审查规则在司法适用中的限制问题。为便于行文及甄别，下文将一审程序称之为"纯粹的一审"，将发回重审原为一审的程序称之为"重审的一审"。

原二审判决书将两程序等同有违公正、公平原则。公正、公平等法律价值，向来是法治社会所追求的基本目标。虽然我们很难给公正下一个定义以囊括其全部内涵，但就目前法学研究成果而言，比较赞同将公正的基本内容界定为："因权利或利益的合理分配形成的人与人之间的理想关系。"按此理解，权利或利益是否合理分配就是考量其是否公正、公平的基本标准。倘若某司法处断行为存在对被处断人利益分配的主观性施加因素，将产生不合理的附加利益或者消灭应赋予的利益，亦提供了机会不均等的条件，则为不公正、不公平。在本案中，显而易见的是，原二审判决给予了被告人在自首情节认定上的与一般的被告人不均等的机会。在一般的诉讼程序中，任何一被告人在符合主动投案的条件后，对自首的另一个如实供述罪行的条件之期限限制，都只有一次机会，即在"纯粹的一审"期间如实供述罪行。如若被告人虚假供述或者翻供，则不被认定为自首。此后即使程序进入二审程序甚至再审程序，亦再无认定自首之可能。否则，即便判决生效后的服刑期间启动再审程序再如实供述是否也应当认定为自首，这显然是不可能的。然而本案由于原二审判决书的解读，事实上造成了案件的被告人有两次甚至更多次的机会达成自首的条件。更令人不解的是，这种机会的不均等并非源于法律的设置而是法官的解读，因而这种造成机会不均等的事实的解读明显违背了公正、公平原则。从立法及司法解释的意旨上，我们也不可能推导出立法者、解释者意欲达成机会不均等的可能状态的初衷或者应有之义。从本案看，被告人某甲在"纯粹的一审"期间选择了否认犯罪事实以求被一审法院作无罪认定。倘若一审法院判定被告人某甲无罪，被告人某甲的无罪供述即被法院认可，而对自首而言就没有任何意义，亦无须赘述。然而一审判决判定被告人某甲有罪，因而被告人的无罪供述即被法院否定，自首认定也理所当然地被判决否定。"纯粹的一审"之判决对无罪的否定和自首的否定是基于被告人在"纯粹的一审"期间没有如实供述罪行的一种审断，也是对被告人因供述的真伪而作为刑罚裁量上的一种报复性评价。被告人对此审断和评价的反应，要么服判要么上诉。服判的情形将不产生对自首认定问题的影响。被告人上诉后，二审法院对该案件要么发回重审要么自行审理，然而在发回重审之前，被告人已经在法律规定的"纯粹的一审"终结时作出了决断，供认或者不供认罪行，此时，是否认定自首也有了一个结论。但是本案原二审判决书裁定的发回重审，竟能为被告人在供认与不供认罪行的抉择上又提供了一个新的机遇，又比一般的被告人多出了一段决断的期间。从另一个角度而言，按照原二审判决书的这种解读，是否重新享有一次认定自首的机会是可以由法院或者法官来决定的。众所周知的是，法官只能适用法律、解释法律而不能摊派机会，否则，允许人为地创设机会将预存操控法律的空间，这显然并非法理、法律、司法所能容，这亦非法律解释、解读的权力。故原二审判决书这种解读将在适用法律上留有不公正、不公平的现实可能，因而是不成立的。

原二审判决书曲解刑法司法解释的意旨，并且在援引刑事程序法规则与实体法规范时犯了偷换概念的错误。原二审判决书先入为主，在无法对司法解释中"一审宣判前"作出精准的认知和理解时，遂执意运用存疑时有利于被告的证据审查规则套入其中。其并未考量证据审查规则与实体法律解释之间存在实质性的区别这一因素，而是根据判决理由的需要援引、套用该规则，这是一种偷梁换柱的方式，这是对存疑时有利于被告规则的扭曲滥用的一种夸张表现。存疑时有利于被告规则在刑事诉讼程序中的两个主要表现形式，无论是存疑不起诉形式或者（证据不足）宣告无罪形式，都是基于证据学的证明标准问题作出的运用。也就是说，存疑时有利于被告是个刑事诉讼法学的问题。而自首则是一个犯罪情节的问题，属于实体刑法学的范畴。自首的司法解释当然也就是刑法问题的解释，即使在解释的文本中出现了"一审宣判前"的内容，但该内容只是在为该刑法解释作出一个期间上的限定，并且此期间当且仅当是一个确定的期间而非待定（由法律确定而非由法院决定）的期间，否则解释便失去其宗义。此外，该司法解释除规定了一个期间外，并未实质性地涉及程序流转、证据运用、事实认定等诉讼法学的研究方法，这亦表明对该自首问题并未引入诉讼法或者证据学的概念及运用规则。如此而言，在认知或者解读该自首问题时，当然不可援引、套用程序法方面的审查原则、规则作为依据。

原二审判决书的解读势必将审判程序导入逻辑上的矛盾之中。在刑事诉讼中，审判程序遵循着法定的不可逆的进程，从一审程序→二审程序→审判监督，从二审程序（发回重审）→依照一审程序→二审程序（第二次二审）→审判监督程序，从审判监督程序（原为一审生效判决）→依照一审程序→二审程序→审判监督程序。这些进程中的"依照"规定，并无法使案件倒流到最初的"纯粹的一审"的程序，否则，诸如审理期限、羁押期限、强制措施期限以及是否可以再次发回重审等有关期间性和程序性问题便无从解释。本判决认为，二审裁定发回重审，是一种以二审裁定为前提以重审为根本的有别于"纯粹的一审"的"重审的一审"，并且法律规定"重审的一审"仅仅是依照"纯粹的一审"审判而不是退回到或者等同于"纯粹的一审"。否则，根本无法解释两次一审程序的笑柄以及可能产生的一审判决发生法律效力（发回重审判决后未上诉、未抗诉）但案件确实曾经经历过二审程序的逻辑谬论。此外，在审判程序中还有一种情形：对经一审且已经发生法律效力后再审的案件，是否仍然可以将重审视为"一审判决前"。已经发生法律效力的一审判决经再审后被告人如实供述罪行的，若按照原二审判决书的解读，投案行为与如实供述行为之间即使相隔了漫长的诉讼程序，相隔了数个审判程序，居然还能在存疑时有利于被告的规则的牵线下实现跨越性的结合，使自首情节得以认定，该被告仍然应当被认定为自首。也就是说，即使生效判决已经作出，或者"纯粹的一审"已经终结久远，但案中的自首情节是否确定仍然处于待定状态，这对自首的认定无疑是一个滑稽性的冲击。故而，发回重审中"依照第一审程序进行审判"的规定，其寓意在于为避免重复性的规定而依照第一审程序的规定进行。"依照"并非"等同"，并非退回重新进行第一审程序，并不是说该审理程序就是一审程序，而是重审（再审）程序依照一审的程序进行重审（再审）程序。关于"依照"的法律用语上的理解，我们还可以比照刑事诉讼法关于询问被害人的规定来求得辅助答案。刑事诉讼法规定：询问被害人，适用询问证人的规定进行。但毋庸置疑，证人与被害人的身份不同，即使适用证人的规定进行询问，得到的证据也是被害人的陈述而并非证人证言。可是，如果按照原二审判决书的解读，就不存在被害人陈述的相关规定，因为询问被害人适用了询问证人的规定后已经转变为证人证言，被害人的陈述作为一类证据也已被剥夺了存在的空间。认识和理解了诸如"依照""适用"等法律用语的核心所在及其间的逻辑关系，"纯粹的一审"与"重审的一审"是否能够简单地等同的问题也就迎刃而解了。

原二审判决书对刑事司法中的法律适用问题，在无法确定其适用对象、范围时，自行越权解释、解读法律。在司法上，虽说任何人都有解读、解释法律的权利，但解读、解释必须遵循一定的规则和底线，不能动辄高举保障权益等招牌或标签，任意进行解读。司法人员对自身无法理解或者规定不明确的规范性文件，在司法实践中解读、解释法律更应慎之又慎，避免因失误而遭人贻笑。在本案中，原二审判决书以"立法原意""辩护权保障""举证责任"作为解读的理由及根据，但没有考虑到"公平公正""程序逻辑矛盾""何为依照""解释限度"等核心问题，即对法律规范作任意扩大解释，明显是一种突破边界的造法活动。

至于存疑有利于被告规则，是指在刑事诉讼中，因认定事实存有不确定性致难以正确适用法律认定事实时，应作出无罪、罪轻等有利于被告人之审断。从证据学的角度而言，亦即司法人员在对案件的证据运用过程中，无法形成排除合理怀疑并达到内心确信的案件事实时，只能作出有利于被告人的解释或认定。由此，关于存疑时有利于被告规则的普遍共识是，该规则是刑事诉讼法范畴上的一个概念，涉及的是案件证据与事实认定上的关系问题，未能亦不当套用于实体法领域。凡是超越刑事诉讼法范畴运用该规则，则将可致张冠李戴或者无所制约的错谬局面出现，这是一种对法律适用的任意或甚盲目。

在刑事诉讼中，存疑时有利于被告规则主要适用在以下几个方面：（1）当认定被告人是否有罪的事实存在不确定性时，应当以无罪论处。（2）当认定被告人某一重罪的事实存在不确定性时，但认定被告人某轻罪的事实能够成立，则应当以轻罪论处。（3）当认定被告人从重处罚情节的事实存在不确定性时，不应当认定该从重处罚情节。（4）当认定被告人从轻、减轻或者免除处罚情节的事实存在不确定性时，除非有举证倒置的规定，否则应当认定该从轻、减轻或者免除处罚情节。（5）当认定被告人的行为是否超过追诉时效的事实存在不确定性时，应当作出超过时效的认定，不再追诉被告人。

本案中，关于是否认定自首的问题，从刑法的规定以及一般法律原则的理解，通过上述的解析完全可以得到正确的解释——发回重审的一审才供认罪行的行为不得认定为自首从而从轻或减轻处罚，只能根据案件的情况作出酌情从宽的处理。事实上在这种情形下，行为人对罪行的供认，存在针对审判而施展的一种投机式的博弈，即不以事实为根据而以自我功利为目标的算计，如果司法将此认定为自首，那么法律是不是就认同这种投机的博弈。按照法律的规定，被告人有如实供述的义务，即便根据被告人没有自证其罪义务的原则可以引申出沉默权（现行刑事法律并未认可），但没有自证其罪义务并不能派生出伪供的权利，这是一个法律上的通识，伪供与自我辩护、辩解权是不同的概念，任何法律都不会赋予被告人伪供权。在对被告人的投机的博弈的否定性评价之后，自然不能再给这个以伪供作为基础的行为，再作一次肯定性的评价（自首）。何况，原"纯粹的一审"中被告人某甲的投机性伪供，在审查时亦需加以否定性评价并在量刑时予以考量。当然，重审一审以及重审二审中某甲的供认罪行（而非自首）的行为，亦可以在肯定性评价中予以酌情考量量刑。

据此，再审判决如下：（1）撤销原二审判决书；（2）某甲犯逃税罪，判处有期徒刑三年十个月，并处罚金人民币 200000 元。

七、法律原则司法化

一部法律在条文的构造上，从系统性的角度看，一般按照总则、分则与附则并配对以基本规范、具体规范与附加规范的结构体系。基本规范中一般除了规定立法根据、立法目的与任务之外，大多都对该部门法律的基本原则和基本制度予以确立和表述。在基本原则与基本制度两者之间的位阶比对上，基本原则依然有着对基本制度的统摄力，基本制度不能与基本原则相背离，亦即基本原则的位阶要高于基本制度。我们通常所说的"这是个原则问题""一定要守住原则"就是在说明原则的统摄性，是不可违背和必须遵从的；而我们所说的"这是个制度问题"则表明只是因为制度上是这么规定的所以要遵守，如果制度不这么规定则另当别论。甚至可以这么说，原则是一部法律的总结提炼，而制度则是一部法律的部分章节创设。原则是不可辩驳、不容置疑的规定，制度是因时制宜、切合现行的规定。基本制度在分则条款中多有章节规范或者条文细化，甚至某些基本制度还有专门配套的细则、条例等规范性文件进行全面解读或规定，例如回避制度、陪审员制度、两审终审制度等。但是，基本原则则没有这种表现形式，并且在法律的适用上也是罕有援引，究其缘由可能在于基本原则是站在一个统摄的高度上俯视整部法律，因而难以具体化到事例的个别情形，或者是所有事例的情形都可以笼统适配，因而也就无须赘述、无须援引。由于法律规范的目的就是被遵从和适用，如果只有规范没有适用，那么规范的存在又有何意义呢？因此，法律原则的司法应用也就是法律原则司法化问题就是个问题了。

现时的司法者，大多将法律原则与具体法条的适用实然地割裂开来，法律原则无法达成其既有的对具体条文的统率之应然。换句话说就是，对法律原则的具体应用问题，大多的司法者未及思暇甚至未予理睬，只是将其作为一种法律条文结构上的摆设，或只在应试之时才会想起并照本宣科地依照某种教义的理解去作答，答题之后又将其束之高阁。这种现状显然甚是堪忧，一方面，法律原则形同虚设，不仅割裂了法律原则与具体条文的联系，而且还背离了法律原则设立的初衷；另一方面，法律原则无用武之地，法律原则本该统率法律全文，本该填补具体条文未尽事宜之缺漏，但将法律原则习惯性地搁置一旁将使法律原则的功用丧失殆尽。这些问题的原因归集而言，仍然是法律解释和法律适用上的问题，是司法方法运用能力的问题。当然，更为主要的是，司法官没有足够的勇气在具体法律条文缺漏或者条文之间相互冲突时，发挥法律原则的统率能力和填补能力，通过法律原则司法化的解释技能适宜地解决未尽事宜（漏洞填补）和规范冲突问题。

未尽事宜与规范冲突，是成文法局限性的主要表现。未尽事宜而径行司法，极有可能落入法无明文规定的陷阱；未尽事宜但属于法律应有之义的范畴而退避司法，则又可能遭受有法不依的诟病。规范冲突时的选择困难也是一个棘手的问题，因为竞相符合的法律规范实在令司法者左右为难、难以取舍。例如在刑法上是选择重罪还是选择特别罪名，在民法上是选择违约责任还是选择侵权责任。成文法的这两个局限性并非无解之题，因为其一，在具体法条之外，存在着法律原则这个统摄性规范，只要具体法条在法律原则的统摄之内可以作当然的、应有之义的延伸或引申，法律原则作为上位性的规范当然具有规范性的效力，当然可以作为司法的根据。其二，规范冲突之时，由于各规范当然在基本原则的统摄之下，冲突的规范在选择适用时，便要考量各规范与基本原则的契合度，只有更加契合的规范才当然具备被优先选择的地位，而这种契合度的审查判断，终究也是个司法上的法律原则的解释问题。只是无论如何要切记的是，法律原则司法化并非万能，它的功力和能力只能被限制在未尽事宜和规范冲突上，诸如法律的荒芜之地便确是法律原则司法化所应也本应无能为力的。这是因为，禁止类推等法无明文规定不为法的法律原则也应当被遵循，这不仅本身就是个法律原则司法化的逻辑命题，也是法律原则司法化的一个基础性前提。所以，法律原则司法化的意义在于克服成文法之局限性，在未尽事宜和规范冲突时，将法律原则作司法方法上的解释和适用。

在法律理论上，法律原则司法化的证立是一个具有普遍共识的命题，而实践上的应用，即在对事例的司法上如何将法律原则司法化命题却是困难重重。由于司法上的问题解决归根结底还是司法方法问题，也就是法律解释和法律适用问题。因此，法律原则司法化也就是要寻找到法律原则解释的技术、诀窍，要发现一个通往法律原则适用的途径、门路，当然，法律原则司法化还要寻求一个惯常化的态势而不只是停留在理论上的纸上谈兵。不管是理论层面还是实践层面，法律原则司法化在解释的技能上主要的表现形式是当然解释、比较解释以及补正解释。司法者对这些解释技能的应用在司法实践中甚是重要，而应用上的问题，不仅在于法律原则司法化的理论和解释技能的掌握和理解，还在于司法经验上的集成和沉淀。例如，基于公平原则，适用违约责任无法弥补被侵害方的损失，那么就应当选择适用侵权责任作为司法根据，在这里，公平原则的司法化就是运用了比较解释的技能。再例如，对从犯降低一个法定刑幅度根本无法体现罪刑相适应原则，由于从犯甚至可以（应当）免除处罚，所以理论上当然可以降低两个或者三个法定刑幅度去裁量刑罚，在这里，罪刑相适应原则司法化就是运用了当然解释的技能。再例如，两个行政执法机关对同一个行政违法行为分别根据各自的规范性文件作出了行政处罚，根据一事不再罚原则，只能执行一个行政处罚，但到底是执行前一个行政处罚还是后一个行政处罚，法律没有作出明确的选择规定。这种情况下，根据从旧兼从轻的原则，只能执行较轻的行政处罚。在这里，一事不再罚原则和从旧兼从轻原则的司法化就是运用了补充解释的技能。然而，现时的司法情状却往往是，在面对上述所举事例之时，司法者一般只在具体法条有明确规定的情况下才会作出适用，而未能依据解释技能作出对法律原则的司法化适用，从而要么令法律失去正当、合理的价值取向，要么视法律原则若无物之有法不依。

┃第三章 司法的生命┃

所谓生命，在通俗的自然生理属性意义上可以理解为，生命是活的生物体周期。如果赋予生命以社会人文意义上的属性，那么对生命的理解将呈现广博、复杂、多元和不确定性。司法的生命，在自然属性的语义理解上是不存在的，因为司法并非生物体，所以只能引入介质并作社会人文属性上的理解和引申。因为要作为引申，便终究得找到一个介质来承载这种生命特征的显现，由于司法的全景上几乎都离不开司法者的介入与涉及，此乃所谓之"徒法不足以自行"的其中之部分含义，并且加之于司法者本身具有活的生物体的自然特性，司法的生命以司法者来作为承载的介质似乎便水到渠成而名正言顺了，那么姑且这样去概括和表达：司法的生命——司法者。

我们之所以要将司法以生命的名义表达出来，是因为司法作为历史长河中社会存在尤其是社会人文存在的一个角色，长久地、长远地存续着，并且，司法借助文化和智力一直在展示着其意义属性上的生命力和创造力，在这个视野上，司法是有生命的。司法生命的存续，离不开司法者的耕耘与创作，可以这么说，没有一个司法记述或司法活动离得开司法者的主体性付诸，甚至是腐败的司法。既然任何之司法都无法脱离与司法者的关联，甚至可以说，司法者付诸的耕耘和创作造就了司法的存续，或者说，司法者赋予司法以生命，那么，如此一来，将司法的生命——司法者作为司法的一个常数项，恐怕也就是持之有故了。

一、司法者的品格、经验与学识

司法者在司法范畴内的外在与内涵上、在自然属性与社会属性上充满了各种元素、特征和意义，比如品格、经验、学识、偏好、潜质、能力等，限于篇幅和必要，在此只是借助司法者的某些特质、某些方面来表达司法的生命。而这些对司法具有影响性的特质和方面由于众所周知的原因很难去作一个全方位的考究并一一列举，因此只能就最主要的和最重要的特质和方面作归纳、筛选和摘要。在此所罗列和所论证的最具影响性和关键性的特质（方面）斗胆归纳为三个：品格、经验与学识。之所以将品格、经验与学识作为司法的生命之影响性与关键性的因素，是因为这三个因素不仅与司法者本身——作为司法的主体被生命所依附——息息相关，而且在司法的能动性上，这三个因素也都具有相当的影响性甚至制约性的能力。可想而知且毋庸置疑，品格优劣、经验富乏或者学识高低在司法的表现上都必然会有一目了然的差距，其他诸如司法者的偏好、能力或天分等因素，当然也或多或少地影响司法但一定并非关键且制约的因素，姑且不一一论及。并且，从影响性、关键性和制约性的程度和力度的分量上的考究，三个因素的位次排列也只能如此——品格居首、经验次之、再次是学识。当然，这种排次顺序免不了是要遭人非议，毕竟见仁见智，那么对此自然便要作些许的必要阐释。

为何品格因素是司法的生命之首要因素？这可以先从伦理学上找到论据。古人有云："德不配位，必有灾殃。德薄而位尊，智小而谋大，力少而任重，鲜不及矣。"这种观点笔者是持认同态度的。这里所谓的德，就是品德、品格的意思。由于司法本是一个站在高位界面上的俯视，并非普罗大众、老弱妇孺都可企及的身份位置因而具有一定的格局意味，司法者在此意义上的引申，必然关联到司法之品德、道德、操守等德行概念，本文姑且以品格一词作为德行上的称谓。作为站在高位上的司法者，如果品格浅薄败坏那么其祸害必定是怙恶不悛的。品格浅薄败坏者即便学富五车、满腹经纶，即便足智多谋、颖悟绝伦，这些都可以因其品格的浅薄败坏而作为其叵测使坏的心机和手腕，也就是说，这类人可以坏得比一般人更高明、更厉害、更恐怖，所以，品格浅薄败坏的司法者所行之司法便定然"必有灾殃"，或者说，当司法者持有品格浅薄败坏的通行证为所欲为时，司法的所有症结包括腐败等问题将如洪水猛兽般横行世道。我们所期许的"问渠那得清如许？为有源头活水来"的美好愿景将被无情地击溃。因此品格问题就是司法腐败的源头问题，司法者的品格决定了司法的纯净度。

再从品格浅薄败坏的司法者对法治社会的破坏力的角度看，也是触目惊心的。在法治的层面上，至少在法律制度的制定和执行上是规范的，在司法裁断的尺度和透明上是纯洁的，在法律意识的提高和促进上是积极的，但所有这些美好的愿景，只要品格浅薄败坏者涉及或者介入其间便可能灰飞烟灭、前功尽弃。一个区域只要掌握要权的人品格浅薄败坏，这个区域的文明进度就要从倒退的刻度上去丈量。这种人为满足个人私欲，可以破坏法律制度的执行将法治代之以人治，可以操纵司法的裁判将公正代之以独裁，可以洗脑式教育将文明代之以愚民。令人费解的是，坊间居然有所谓的"腐败式发展"的论断，这事实上是在粉饰一个畸形的怪胎或者是作阿 Q 式的自慰，是一种无下限的荒谬嘴脸的无耻开脱，因为，发展需要文明的支撑，单纯的物质上的丰富根本不是发展的标准。如果这种品格败坏者出现在司法领域，或者说司法者是一个品格浅薄败坏者，那么这种危害更大，因为司法是在一个更高位上的职务。哲学家培根在论法官的职责中指出，"一桩误判比多桩犯罪还更有害，因为犯罪只是搅浑河水，可误判却是搅浑水源"[①]。这句话蕴含的哲学道理与上文所述的法律伦理在本质上是一致的。

经验问题于司法而言不能作狭隘的理解，也就是不能将经验仅仅限制在司法经验上，而应当是以司法经验为核心的各种经验的集成。法律不可能脱离社会生活而孤立存

---

① ［英］培根：《培根随笔集》，曹明伦译，人民文学出版社 2006 年版，第 181 页。

在，这是一个硬道理。法律上的原理与其他社会生活的原理归宗于同一，以及法律不能超越常识的道理等等，构成了司法与社会生活的各种关系的紧密联系，仅仅停留在法律规范层面上的司法无疑就像是个机器的流水作业，不具生命性。现实中，有一部分的司法者没有受过法教义学的熏陶和教育，不知道何为法律原理，例如不知道非纯正不作为犯的实行过限问题的理解，但是，在对事例的裁判上，只要对照法律规范，要作出一个是非分解依然也可以言之有理，这主要就是基于经验的判断而非法学的领悟。

只有足够的经历和经验才能足够地理解事例（社会生活的呈现），而理解在一般意义上而言是解释的前提，尤其解释还要在事例与法律之间建立关联，因此，理解事例和理解法律是解释法律的基础和前提。社会生活经验和经历是一个积累过程，"三十而立，四十不惑"在大多数人的人生定义上是成立的——当然不排除先知先觉和天赋异禀之类，如果没有不惑之境界怎么去作事例的解释者和裁判者，这是难以想象的。比如没有婚姻上的经历或者曾经倾听过婚姻虐待的控诉，怎么去理解家暴，或者只能说这种理解是片面和局限的。没有受骗过或者倾听过受骗者的控诉怎么去理解诈骗的险恶心机，没有经历过民告官的磨难或者没有切身地接触过这种案件，怎么去体会行政诉讼的举证责任倒置的必要。诸如此类，不胜枚举。有些司法者，二十出头就名气响当当，各种比赛游刃有余，各种考试闲庭信步，但是，司法真的不能是比出来的，也不能是考出来的，尤其是证据认定的问题，根本没有一种标准答案甚至参考答案，在证据的采信上几乎全凭经验的集成、反刍和消化。

笔者甚是反对以任何司法类竞赛的名义去评价或者标榜一个司法者的水准和成就，不仅仅是因为司法者往往要站在一个中立立场的因素，而是担心这种竞赛的评价方式完全有令司法者陷入雄辩而不计后果的狂热或者思维定式当中，并营造一个非理性的、不可控的司法氛围，令人感觉所谓的法理、道理是辩论出来的而不是理性地阐释和归纳出来的。笔者并非指责或者否定辩论的意义，至少在兼听则明偏听则暗的道理上，辩论提供了一个对话的机会通道，只是对那种为达目的不择手段的辩论方式深感不适。一个辩题或者一个案例，正反观点的角色是随机抽签的结果而不是自主思考的结果（还美其名曰为了公正），这便丧失了作为司法者的准则，即便这只是个模拟的司法，实际上这也是一种潜移默化的司法思维习惯养成。以笔者为例，本人在法学本科毕业后五年的时间内就取得了市级和省级的双料十佳业务标兵，看起来绝对属于被定义的后生可畏及业务精英类。但是说实在的，现在回过头来看看那时本人对法和司法的认知，简直就是一个愚钝的愣头青，一个十足的大傻冒。从现在看来，彼时的自己是根本没有意识更不用说确立法律上的解释方法和解释技能，也根本没有形成稳定的司法观念与司法立场当然亦谈不上司法境界问题，对社会、对生活、对事态的理解层面只停留在一种表象的直观感觉而没有去追问基础和原理之类的深层。至于司法经验，揶揄而言，其实就差不多是一种乳臭未干的青涩，甚至就是一个经验的反面，除了因洁身自爱的本性表现在司法品格上的坚守一如现今，其他的，说句不客气的，几乎可以说是幼稚的。当然，这个时段其实就是在积累和沉淀实践意义上的司法经验的黄金时期，加上一种天然的沉迷司法和小有收获的陶醉感的发酵，经验的所得可以说是突飞猛进的。时至今日，笔者一直都没有停止对过往的司法历程是否有过失错漏的检视和反省，没有停止对是否有聊以慰藉的小有所成的归纳与沉淀，而这一切几乎都源于一种作为基础的司法经历和作为提炼的司法经验。也就是，如果没有社会、生活、事态以及司法上的经历、磨炼，更重要的是对过往的反思与总结，而只是立足于法律条文、司法规则与事例的单纯对照与适配上，司法者便会迷失在呆板僵化以及冷酷麻木的法律条文和司法规则的字面空洞当中，有肉无血、有形无魂。这显然不是司法的应有之义。

从历史法学透射的某种本质上看，法律也来源于经验（传统或者惯例）。法律制度的规范性并非与生俱来，在法的发展的历史长河中，法律制度起源于对固有模式的传统或者惯例的沿袭，并在对这些历史因素十足的传统或者惯例的有意识的加工和雕琢后，在司法经验主义以及其他关联学科的多重检视和矫正下，法律制度不断地发展和变迁，直至现今之状态。显而易见，无论是传统、惯例、律法还是法学理论、司法实践，经验主义始终贯穿其间。美国法学家德肖维茨更是鞭辟入里地指出，"我们的权利既不来自上帝或自然法则，也不仅仅来自法律的规定，权利来源于人类经历的恶行"①。这里所言之"人类经历的恶行"，言下之意就是对恶行的拷问后的经验提炼与集成。现今几乎所有律法上的废立、修正甚至解释，也是在经验之上的一种检视和矫正。我们难以理解有一部律法或者一个条文，不是站在对历史的、经验的或者习惯的法存在的审视下，而仅单凭一种想象和假设便构造出来，即便是几乎达到放之四海而皆准的宪法原则或者现代法治准则，也都是在基于法的发展史上无数的经验教训积累和沉淀而成的。

前文已经谈过的司法上的决断，大多在是非对错上是浅显而明晰的，只有少部分的事例需要斟酌推敲，根据法律理论、司法经验和其他学识，进行法律解释和法律适用。所以，即便根据生活常识、人情世故和基本道德准则，对大多数的事例，大多数人能大致明辨是非、裁决对错。但是，如果品格出了问题，那就是司法的最坏可能，因为品格问题可以颠倒是非，可以指鹿为马，可以沦丧司法，因此，唯品格问题是一个一票否决的问题。也因此，经验次之。经验不足者，有待进一步的积累，司法者的成长，于司法经验上总不能一口吃成胖子，需要时间和精力的投入，这是可以等待的，当然最好是等到经验足够了才去司法，否则，就当个学徒、助理好了。

学识问题是无边无际的，所谓生有涯而知无涯，便是在说明一种学问探索的境界。在司法上，司法者在不能放弃前文所述之司法的基础上所要求的法律学识的标准——至少是掌握到法律原理的认知层级的同时，也要注重对法律学识的深层领域和其他学识的学无止境的追寻。当司法者沉浸在一个无边无际、浩浩荡荡的学识海洋中时，司法上的造诣也就会有如虎添翼的效果。法律实际上可以看作是一个社会事务的大管家，各个领域、各行各业以及生活琐碎、闲杂事等，都关乎法律，司法也事实上在充当着几乎是一

---

① ［美］艾伦·德肖维茨：《你的权利从哪里来？》，黄煜文译，北京大学出版社2014年版，第8页。

切事务和问题的最后裁决者的角色。通常看来，最棘手的司法问题似乎便是关乎政治问题的司法，因为法律诞生于政治需求，如若反过来要权衡和裁断政治，这似乎便陷入一个本源与次生上的纠结——到底是谁才是决定性的。但是，即便是政治化或者具备政治色彩的事例，用法律的方法来解决也是最为妥善的，在两者的本次关系问题上可以用青出于蓝而胜于蓝的理由来作为解释根据，这就是所谓的政治性事例司法化。如果一旦走入反向——司法问题政治化，那就是一个法治深渊，因为，司法信仰的是法律至上，法律具有人民性和规范性，强调可预见性和同等对待；而政治信仰的是正确至上，正确不仅过于主观还只注重权威和站位问题。除此之外，司法者在政治之外的其他领域、行业和社会各方面，如果都能具备渊博的学识那是最好不过的，因为，在司法的法律解释上，这些学识就能够被运用作为解释的技能，并在与法律的关联适配上寻找到法律适用的言之凿凿之理由。在司法命题内的学识获取方法上，有人会提出一条捷径或者打开一个窍门，即是否可用哲学学科的学识取代司法追寻博学的苛求，因为在哲学的理解上，万物在一定的层面上总是相通的，即便是法律也在哲学的涵摄之内。这看起来似乎妙不可言，但只要真正理解哲学的意义便可理会的是，哲学是研究存在和认识的问题，所有的存在和认识仍然摆脱不了从基础的生态、基础的行业、基础的学科的涉及和理喻，遍观过往与当下，所有的哲学家无一例外的都是博学家。因此，如果这可以称之为捷径或者诀窍的话，博学仍然是一条必由之路。

学识不仅来源于书本，来源于传授，更来源于社会生活与社会实践感知，所谓的师父领进门修行在个人的寓意就在于此。司法者对社会的感知、对实践的领悟，是具有决定性的，它可能会塑造也可能会改造司法者的立场、观念和境界，而司法者的立场、观念和境界问题，显然足以影响甚至是制约司法。在这个视角的理解上，学识、学问本身也是一种经验汲取。但学识和经验并不可等同，他们如同双胞胎一样源于一个子宫但分为两个个体。作为子宫体而言，经验与学识互相关联互相契合；作为个体而言，经验偏向感性，学识偏向理性。存在（经验）感知的理性化形成认识（学识），认识（学识）理喻的感性化表达存在（经验），在此意义而言，经验与学识是一个相互作用的统一体，统一于哲学的范畴。司法在哲学的统摄之下，司法上的经验与学识也就是如出一辙的关系。当然，司法上的影响和制约因素，并不只限于司法经验和司法学识。我们所说的司法经验一般狭义地理解为判例上的经验，司法学识一般狭义地理解为法学上的学识。但这里所说的司法上的经验作广义上的理解，即为涵盖司法经验和社会关系领域上的其他一切与司法关联的经验的总和；司法上的学识作广义上的理解，即为涵盖司法学识和社会关系领域上的其他一切与司法关联的学识的总和。

司法上有一个中立原则的立场问题，言下之意似乎是要求司法者不要受制于偏好、舆论以及他人意见倾向，因而有些司法者为了保持中立而刻意将自己封闭在一个两耳不闻窗外事一心只读法学书的环境中，这看起来是很有见地、很有境界的举止。稍事寻思也不无道理，在法律至上原则的统领之下，将这种举止理解为万般皆下品唯有法律高似乎也在蕴意之内。然而，法律至上的原则并不是指唯法律为独尊的信仰，法律关乎社会生活、关乎人文情怀、关乎眼界格局。司法也并不只在法律条文的字面上做流水作业和自动售货。社会生活、人文情怀和眼界格局等各个方面，根本不可能用规范法学上的法律大全知识来全覆盖地统摄和表达，司法也要表达人性与情感，表达态度与观念，甚至要表达出引领力和创造力，这就要求司法者不仅仅只是个法律的信仰者，还应当同时是个博学广识的多面手。故而，不闻窗外事终究不是最佳的办法，那些诸多的窗外事，无时无刻地在关联、影响和制约着司法与司法者，也无时无刻地在日新月异的变迁中塑造着一个新的法律王国。本书所主张的司法者在法律解释方法上的进路主义也恰恰是在诠释着这样一个道理——司法终究是一个与时俱进的命题。

博学广识是一个美好理想，甚至有点苛求极致。在一条循序渐进的道路上，在一个纵横交错的网络上，如何对学识的领域方面和结构分支作出妥当的取舍，是必须面临的。因为在领域精细化的司法时态下，甚至在法学界都很难有集刑法、民法、行政法专家于一身的导师，但博学的刑法导师或者博学的民商法导师则确有其人。即便在哲学的高度上哲学家能俯视社会生态和律法伦常，即便如美国联邦最高法院的大法官们对各部门法律、各专业领域的通晓都是博大精深，但这些作为导师级的现象存在着实是凤毛麟角的。因此，当学识的汲取和抉择作为司法上的一个关注点时，如何对学识的结构分支和领域方面作出取舍便也成了一个甚为关键的问题。在通常的理解和认识上，司法者作为一个专业者，法学学识的汲取当然是最重要的。在法学领域的分支对应的司法类别上，可以依据司法者自己的兴趣和关注进行选择，这种选择最好只是作为重心的侧向而不是全部精力的投入，毕竟前文所述的学识的贯通性和覆盖性也是不可或缺的。譬如选择刑事司法作为职业的重心，不仅对刑事法律学识要有高度的专业性，由于刑民交叉、刑行交叉等可能性，也当然要求对民事法律学识和行政法律学识要有一定的贯通和覆盖。其次，是对与法学学识在普遍上关联紧密的学识以及在专业化联系上骨肉相连的学识的汲取，前者譬如心理学、逻辑学、社会学、文学等，后者譬如法医学、金融学、商学、审计学等。普遍关联的学识具备对司法整体上的促进力，专业相连的学识具备对司法精细化的影响。司法的整体性和精细化作为一个统一体，也在一定程度上决定着司法的水准。再次，是对关乎司法境界提升相关的学识涉及，譬如哲学、政治学、伦理学等。认识的高度也决定着司法的水准，而学问上的高度的集成，莫过于政治、伦理、道义和哲学这些几近于高深莫测的学问。所谓形而上谓之道，如若司法者站在最高的道之视界上观察事例，那么这种司法的掌控力和驾驭力是可想而知的。这与前文所述之追寻法律原理的法律原理在本质上的道理也是一致的。所以，追求一种学问上的高度于司法而言，就是在追寻一种司法的高度、司法的境界。

二、坚守底线还是追逐顶线

通常而言，守住底线是一个作为道德公民或善意市民的宽泛的基本界限意识。似乎可以这样去理解，底线以上就是人间，底线以下就是地狱。由于普通市民无非饮食男女，其言行举止自然就只以人间凡俗作为界限标准。但是，守住底线的呼吁或者宣告竟频频出自公职人员（包括司法人员）各种言辞、各种公文，乍一听来好像底线是多么的高格或者不易企及。然而事实上，底线几乎就是个最低要求和最低标准，甚至这种最低要求和最低标准因为概念笼统也是含糊其辞的。对被赋予公共管理、治理权力的公职人员来说，对把守最后一道关隘的司法者而言，如果仅仅按照普通市民的标准来划定职业操守上的界限，未免过于羞涩和不堪。毕竟，无论学历和学识，无论职业和本分，无论地位和使命，司法者都与普通市民的平均线不在同一个水平线上。如果在一个更高水平或更高层面上的治理者、管理者、司法者仍然以普罗大众的标准来区划和界限操守，那么公权者、司法者何以立心？何以请命？何以继绝学？何以开太平？所以，司法者把持的底线就不应当与普通市民把持的底线等同或者略同，或者，站在一个更高的使命立场上可以这么认为，司法者在操守上应当把持或者追逐的界限标准是顶线。当然，顶线的标准只能限制在职业（司法）的范围，从道义和情理上讲，司法者并非圣人或者神人，并非道德楷模或者礼仪先锋，在职业之外的领域和方面，因其与普罗大众具有基本的共性和需求，比如兴趣偏好，比如习性嗜好，比如气质风格，并不能额外苛求顶线的标准，但即便无须苛求，也并不妨碍司法者追逐职业之外的领域和方面的顶线标准。

那么何谓顶线？简而言之就是最高标准和最严要求，于司法职业而言，司法者的顶线就是要绝对无偏无私、客观公正地司法，对所有的私情私利避而远之，对所有的蝇营狗苟横眉冷对，抗命司法干涉，守护司法净土。顶线并非仅仅是拒绝同流合污，而且要勇于对抗威权干涉，要无惧报复和陷害，因为最终被清算的终将是那些淫威和亵渎。从利害及得失的可能上看，这些所谓的报复和算计，于恪守顶线的司法者而言无非就是付出某些诸如职位升迁、待遇提高以及离群脱俗、社交惨淡的牺牲或代价，也就是顶多仕途渺茫、晋升无望甚至革除职位，至于辞退、开除之类的处分，在现代法治、舆论媒介的监护之下，几乎是可以免却的，毕竟如果将恪守顶线解释为作出处分的法定条件，那么几乎就是一个赤裸裸的笑话。因此，站在智慧而理性的博弈上，于司法生命而言，这些所谓的牺牲和代价都是值得的。诚然，几乎所有的顶线恪守者都是司法情怀丰富、司法理想饱满的斗士和猛士，敢于直面惨淡，敢于正视淋漓，他们面对这些牺牲和代价是无所畏惧的，对彰显一种邪恶的对立面存在的信念则会令他们更加地执着和勇猛。是的，倘若大多数的司法者绝不妥协，绝不骑墙，绝不袖手旁观，那么目前的司法生态应该会更加的洁净。然而现实是，诸多的司法者仍然在底线的恪守上踯躅徘徊，甚至只是把守自己理解的实际上已经足够低级的底线，例如对威权的干涉，仅以不受贿赂为底线，或甚以不受金钱（而接受请吃礼尚）为底线，而且大言不惭地称目前生态大多如此。在本质上而言，这是一种从恶与比恶、从坏与比坏的心理和标准，言下之意就是潜规则如此风靡，我能奈何！因此，这种底线是令人鄙夷和不齿的。

底线实际上还有一种特殊的功能以致经常被引用，那就是底线本身是一个含混模糊的概念划分和语焉不详的代名词，因此在诸多场合可以被引用作为声明和搪塞而不会受人权柄或者遭人非议。打个比方，譬如一名嫖客，其将嫖娼的对象限定为成年人可以看作是他的一个底线，但许多人认为嫖娼本身是在底线以下，也有许多人则认为是食色的本性，本性的问题就是人间（而非地狱）的问题，因此便在底线以上。卖淫也是一样，出卖自己的身体在道德评价上也有争议，但从另外一个角度，这似乎也可以理解为一种自食其力，与官员渎职而出卖灵魂不同，至少没那么卑鄙。况且，一个妇人为求生而卖淫，甚至几乎不涉及底线把守的问题，而如果一个妇人为淫乐而卖淫，则可以认为底线以下也可认为无关底线，这取决于对卖淫所关联的人的权利和人的尊严的价值判断取向。也就是如此，底线可能因人、因事、因时、因由而具有不确定性和模棱两可，正好用来混淆视听和掩人耳目，让人感觉这听起来还不是最坏的，还有一点良知或人性什么的。所以，当公职人员尤其是司法者夸夸其谈底线问题时，一般可以当成是一个企图（或甚已然）作恶的借口或者是在掩饰某种不良的心机，或者至少一般可以认为此人并非善辈。

底线话题一般会引申或关联到情商问题，因为说一个人情商高的时候总是要附带一下这个人不仅能守住底线而且还审时度势、趋利避害什么的。然而，时下关于情商的带有时代特色的普遍认识着实不敢恭维，当一个人能置原则、立场于不顾而委曲求全、含垢忍辱并达成庸俗意义上的左右逢源和八面玲珑时，竟然往往被认为是情商高。相反的，当一个人坚守原则、坚定意志并力阻不能认可的上峰指令或者交易期待而到处碰壁、遭受排挤时，则往往被认为是情商低。在一个被世俗化的眼界里，情商俨然就是一门被极度粉饰的现代厚黑学，投机、骑墙、奉迎、功利和见风使舵、逆来顺受默化成为情商的代名词，并且还道貌岸然地赋予了灵通、取巧和随机应变等褒义。这是何等的悲哀！如果司法情商也迎合这种被扭曲的价值浊流，那么司法生命将污秽不堪，因为司法以法律至上作为基本原则，以公平正义和法治理想作为基本价值，而法律至上、公平正义以及法治理想必须完全隔离厚黑，司法不是一场作秀活动，不是一个社交礼仪，不是一种阴私交易，司法是阳光下透明洁净的使者。事实上，当我们真正去寻找情商的本身原意，我们发现所谓的情商并不如上述被扭曲的含义。于社会学和心理学而言，情商的原意主要涵盖情绪控制、意志控制和社会交际三个方面。情绪、意志和社交是一种能力问题，也受一定的价值取向因素的影响，不是说社交好就一定是褒义的，比如和珅，比如交际花，再比如诸多落马的高官，不能说他们的好社交就是高情商而致，也不好说他们是因高情商而致的坏结果。在作为广义社会学的层面上，是不是可以作这样的理解：小事、琐事可以投机，确无大碍，但是诸如司法这种是非决断、利害攸关的公义之举，则不能有半点取巧，因为司法是公平正义、法治理想的代名词，而公平正义、法治理想如何能投机取巧！

底线问题与精致利己也是息息相关。泛滥的精致利己主义者往往以底线守护来标榜自己的原则性，殊不知这只是在粉饰自己的功利之心。如果说底线是最低要求和最低标准，那么这无疑就是一件最迷惑人的衣裳，可以将利己主义者庸俗灵魂里的那颗精致之心勉强包裹。司法上的精致利己也是确有其人的，他们以自身利益为价值中心和权衡标准，凡是有利于自身利益的，即使是原则问题也可以作应变处理；凡是无关自身利益的，那就是高高挂起、袖手旁观，从来不会为无关切身的不平、不公、不义振臂疾呼或者绵薄相助。他们总是说,"过好自己的就行了""改变不了就适应好了"等等诸如此类的利己性话语,也身体力行这种利己主义。例如,同类案件自己作了起诉决定但他人欲作不起诉,明明知道其中的猫腻但为了和谐妥协等考量竟也同意不起诉,而且心理上还能分裂地自慰自己守住了底线,别人守不守底线就无须狗拿耗子啦。司法上如若盛行此等精致利己之风,必将司法的生命陷害进重症监护室。也由此可知,司法在通往法治和正道的路途上将更加艰难曲折和波谲云诡。

关于底线和顶线问题,因为无法定义为一种标准化或者量化,往往只能凭着良知、情操和格局作自我的设定,甚至都可以不作参数上的设定而随便拿出来标榜性地谈说和记叙,所以底线与顶线问题归根结底只是个依附于职业操守和伦理道德的规范和标准的问题。如果非要作界定,似乎可以套用一句名言作为一个终结:底线是底线者的通行证,顶线是顶线者的墓志铭。

三、司法经验与法律逻辑

在司法经验主义者看来,所有的法律理论和法律规范都要经过司法判例的洗礼和检视,并以洗礼和检视中确定的价值判断结果作为一种衡量的标准反过来对法律理论和法律规范予以维持、修正或废止,如此往返循环,无休无止。如果说法律理论和法律规范是一种事先的虚构和假定(事实上这种虚构和假定也具有实践存在的基础),那么,司法经验则是对这种虚构和假定的必要证成或证伪,没有这种证成或证伪,法律理论和法律规范便会因纯属虚构和假定而不具现实意义。在此意义上,司法经验在具体案例中对法律理论和法律规范的原则、规则和标准进行检验和审视,观察其适用效果,并通过效果反馈和价值评价,逐步发现和发展法律理论和法律规范的原则、规则和标准。这就是司法经验的基本运行路线,由此也可以从中管窥到司法经验之于法的生命而言具有无可替代的基础性机能与功用。在域外法系中,英美普通法系就是一个司法经验主义的典范,它通过遵循先例的基本理论确认,视先例为集确定性和生命力于一身的法律渊源,确定性通过对传统制度规则和原则的类推判案实现,生命力则通过在司法实践中为追寻正义等普世价值而进行的判例证明而实现。它还认为司法上的成就和成功,就是事先规定一个前提或者原则,再通过司法实践和司法经验进行具体的适用。而法的发展的不二法门,就是以司法经验主义为工作基础的法律理论和立法的发展。大陆法系虽然以制定法为中心,禁止法官造法,但毋庸置疑的是,由于立法的局限性导致法律无法全面地覆盖所有事项和问题,因此,对不具造法功能的法律续造以及某些基于立法意图和普遍共识的延伸性法律解释,显然也在某种程度上充当着先例(经验)的角色,事实上某些大陆法系国家所推行的背离相告制度和案例指导制度,就比较接近遵循先例制度,因而也可以将其看作是司法经验主义的产物。

经验甚至很难形成一门独立的学科,因为经验太过笼统和庞杂,大到哲学基础小至鸡毛蒜皮,甚至可以说经验就是经验,是一种经过实践积累的形成于纯粹内心判断的只可意会。我们通常所说的传授经验,实际上只是传授一种业已理论化或者程式化的思维定式，而并非经验本身的继受或传承。没有实践的基础，任何单纯只是因为被经验传授的人均无法被称为或自诩为经验丰富者，却可以被称之为经验主义者，因为主义是一种理论，经验在这里只是作为理论的定语而已。但作为一种理论或者程式的缘起和检视，经验则实至名归且无可替代。在非条件反射的本能之外，经验充斥着社会生活的各方各面，从巴普洛夫效应的基础生理学定律到斯德哥尔摩综合征的社会心理学概念，都无一例外地在将经验表征化。作为经验的出发点，生理与心理之间既是遥远的也可以是共生的，遥远是因为心理可以对生理进行干预和控制并作出背道而驰或者如出一辙的经验性决定，共生是因为心理可以附随生理的反射而同流合污或者同舟共济，这就是经验的无所不能的一面和敬谢不敏的另一面的矛盾统一。经验只有借助具体学科、领域或者事务等的躯干，方才能从漫无边际的纯粹内心判断的只可意会中显露出来并限制在圈定的区域内，因而才能够被感知和被评价。譬如司法经验，相对法律理论或者法律逻辑学而言，司法经验是可以通过诠释和表达而被感受和被认知。即便当前司法经验也难以独立创设为一门学科（司法经验学），但所谓的司法经验主义则可将司法经验用文字或者语言作出系统地诠释和表达，在此意义上，作为理论或者逻辑的相对面，司法经验占据着有神无形的一席之地，犹如"佛说：色即是空、空即是色"一般（你不知道佛在何方，但这句话却是一种存在）。而且，这种存在是强大而具有决定性的，是神一般的存在。理论和逻辑，都在它的监视和检视之中。

逻辑的通常含义，一般指思维规律和客观规律及其运用，就是当人类经历事例或者遇到事例陈述时，大脑开始捕捉并运行复杂的讯号处理及过滤，并将信息元素经过神经元迅速地触发并收集相关信息，这个过程便是超感知能力。之后，由经验累积学习到的语言基础进行语言的处理及判断，找出正确的事例逻辑即规律。逻辑的应用主要是通过推理（演算也是推理的一种方法）的方法实现，但在应用之前，认识逻辑是个前提。逻辑有些可以通过公式来应用，因而理性丰富，比如三段论；有一些则是自然规则或者社会规则，兼具感性，不具公式化，比如某些生活常识。也就是说，推理的方式包括但不限于三段论这种逻辑形式。司法上的逻辑方法也是主要表现为法律推理的三段论，但亦并不限于法律推理三段论，只是说，法律推理三段论是法律逻辑的基本形式，其他的形式譬如类比推理、反向推理、当然解释（举轻以明重、举重以明轻）推理、归谬推理等也归属于法律逻辑的推理方法的范畴。此外，在广义的法律逻辑概念所引申的命题中，可以将其概定为法律上的逻辑学和具有逻辑关系的法律问题两个方面，通常的法律逻辑推理方法就是归属法律上的逻辑学这个方面，而诸如部门法之间的逻辑关系、法律规范之间的逻辑关系、法律解释和法律适用上的逻辑关系和判例之间的逻辑关系等，甚至包括法律语义和与司法的对象（事例）本身也存在逻辑关系可能，就属于具有逻辑关系的法律问题这个方面。所以，法律逻辑应当是在一个宽广的语义统摄下的多形式存在，并不能局限于法律三段论。

法律逻辑固然重要，但法律逻辑之于法的生命而言并不具基础性地位，它通过程式应用以演绎作为一种呈现；而法律生命的本源和基础则是法律经验尤其是司法经验，因为它作为存在在被认识后才归纳为法律。也就是说，作为被赋予生命的法律而言，法律逻辑通过形式演绎呈现了生命的千态万状和纷繁芜杂，法律经验通过存在归纳孕育了生命的滥觞所出和生生不息。所谓"法律的生命在于经验而不在于逻辑"，大致声明了这样的一种关系。当然，作为一句名言或格言，不必去细究其是不是极尽严谨和客观，毕竟逻辑和经验对法律的生命而言都具有关联影响性，只是程度上的区别，但格言或名言的魅力或许就在于一种修辞上的或理想化的表达需要，语言、语义逻辑并不是特别的重要。还比如"法律不外乎人情""法律不强人所难""法律必须被信仰，否则它将形同虚设"等等，似乎也都存在例外情形或不尽周全，但这些都不重要，重要的是它从经验的归纳中汲取并揭示了法律的普遍性意义之真谛，为人们在认识法律以及感受司法上提供了生动的而且是普遍的演绎依据。

逻辑与情理之间的关系相较于逻辑与常理、公理之间的关系要更加的微妙一些，甚至逻辑与情理之间存在悖反可能。其原因在于所谓的情理，具有时代性和主观性，譬如"父债子还"的情理在法律逻辑上显然是不能成立的，"杀人偿命"的报应论情理在古代、现代以及当代都要作具体的分析而并非一概的法律逻辑。一般而言，逻辑与常理、公理相当接近并大致趋同，因为不管是逻辑还是常理、公理，都源于实践（经验）的归纳集成和反复的推敲论证，在集成和论证中发现其中的共性进而以理性的方式表达出来。但有时候逻辑和情理是相悖的，感情色彩的加注往往使得情理跨越出逻辑、常理、公理的封锁而质变为一种悖反，譬如大义灭亲之类的人情、情理。为此，单纯以情理或者单纯以法律逻辑的标准进行司法审断已然无法满足法律原本所应追求的公平、正义等价值，唯有介入经验的因素，方能彰显法律价值。经验具备相当的灵活性，是一定条件下的常理、公理和情理的融合，譬如在处断大义灭亲时，经验上的判断可以通过法律解释技能上（犯罪较轻或者排除犯罪性行为上）的机动性将这种杀害或者伤害行为归结为法益侵害性极其轻微或正当防卫、紧急避险的情状，并在法律适用上作出一定超越的法律续造性司法裁决。在这种情况之下，法律逻辑的力量就因为法律价值实现的需要而应当稍稍靠边（而不是退出）式微，而司法经验上的审断则义无反顾地站在了主导性地位。

任何完全割裂司法经验与法律逻辑的司法都是走向极端甚至末路的，因为既然哲学的命题上已然将存在与认识、实践与理论作出统一的和不可分割的界定，那么，对哲学项下的子命题——司法经验和法律逻辑必然在其涵盖之内，其实这本身也是一个三段论的演绎。存在与认识、实践与理论之间存在哲学关系是个大前提，司法经验和法律逻辑归属存在与认识、实践与理论是个小前提，那么结论就是司法经验和法律逻辑之间存在对应的哲学关系。所以，司法经验和法律逻辑是一个不可割裂的统一的法哲学关系，在司法上，经验和逻辑一般表现为相辅相成的共同成就。我们通常认为，司法是在事实和规范之间作决断，并主要通过法律解释进行关联与涵摄。事实可分为客观真实和法律真实，通常情况下，案例事实的确认所要求的当且仅当是法律真实，当然越是趋近于客观真实的法律真实越是理想和完美。规范是确定性和相对稳定性的，但作为语言本身和认识上的区别，规范的语义也具有解释的空间。法律真实主要通过基于案例材料上的经验分析后予以确定或不确定，当然其间的逻辑推理的运用也是必不可少的。法律解释的目的和功能是识别事实与规范之间的关联与涵摄，因此，逻辑的因素更加地显著，当然也不乏经验的介入。在这种互相支撑、相辅相成的关系下，司法最终在经验与逻辑的解释之下，在事实与规范之间，达成了作出决断的基础和依据，并作出了集经验与逻辑于一身的司法裁决。

示例九：某甲无罪案

☞ 【案情摘要】

2016 年 7 月，某甲（男，北京人）与某乙（女，湖北人）通过微信群互加好友相识后，由于两人在金融证券市场投资方面有共同的爱好，因此，在微信、电话中联系甚密。之后，甲乙两人的关系不断升温，并开始见面交往。2017 年 3 月，两人确立情人关系。在确立情人关系后，两人在交往期间发生并保持着性关系，但是由于某甲已婚，双方的感情一直都存在芥蒂和纠葛。2018 年 10 月 2 日，两人相约在某市见面。当天 14 时许，某乙从湖北乘坐飞机来到某市后入住某酒店 3901 房，某乙入住酒店后，将酒店信息发送给了某甲。当天 16 时许，某甲也到达某市，同样在某酒店登记入住 3903 房。两人见面后，便一起外出在某市某餐馆吃饭喝酒。当天 23 时许，两人一起回到酒店。由于某乙酒后头晕，某甲便扶着某乙进入 3903 房。进入该房间后，两人躺在床上聊天，某甲便向某乙示爱，并动手脱某乙的上衣、文胸和裙子，意图与某乙发生性关系，但某乙当时并不同意。某甲一直纠缠，执意与某乙发生性关系。纠缠其间，某甲妻子发来微信问候某甲，某乙发现后心生愤恨，双方为此情感问题产生矛盾并不断激化，进而双方情绪激动并引发相互之间的肢体冲突。在冲突中，某乙的左手臂和头部受伤，某甲的右上臂和左下臂受伤，此外某甲的肚皮和右小腿处还被某乙咬伤。此后，肢体冲突稍事停顿，但双方仍在酒店房间内僵持，为情感问题纠缠不休。僵持期间，某乙情绪激动一度衣不蔽体地冲出房间到酒店走廊喊叫，某甲随即将某乙拉拽回房间。某乙在继续僵持十多分钟后，情绪仍然激动不已，便打电话向警方报案控告某甲强奸。警方于次日凌晨 1 时许到酒店房间将某甲、某乙一同带至警局处理。

☞ 【诉讼经过】

某市某区警方以涉嫌强奸罪，对某甲立案，经侦查终结后，向某市某区检察院移送审查起诉。

某甲被立案侦查后，某乙向警方和检察院均提出撤销报案的申请，声明其只是因为激愤想教训一下某甲，某甲并未强行欲与其发生性关系。

某市某区检察院经审查后认为，暴力行为是某甲欲与某乙发生性关系的延伸，暴力行为和发生性关系的意愿及着手行为是持续的，并没有阻断。某甲之所以没有得逞，原因是某乙的剧烈反抗及双方暴力相向。据此，以某甲犯强奸罪（未遂）向某市某区法院提起公诉。

某市某区法院经开庭审理后认为，某甲与某乙之间并没有法定的性关系上的权利与义务，因此发生性关系的行为必须满足双方自愿方不违法。某甲在酒后利用某乙酒后抵抗能力较差的状态，欲违背某乙意志强行与某乙发生性关系，并且在动手脱掉某乙的上衣、文胸和裙子后，在某乙明确表示不愿意的情况下，继续纠缠，还在纠缠中打伤某乙。由于某乙的强烈反抗，并且在反抗中打伤某甲，致使某甲的目的不能得逞。因此，某甲的行为属于强奸未遂。据此，一审判决如下：某甲犯强奸罪（未遂），判处有期徒刑一年三个月。

某甲不服一审判决，在法定上诉期间内，向某市中级人民法院提出上诉。

☞【判例解析】

本案不得不考虑的一个事实基础是，某甲与某乙是情侣关系，即便属于婚外情，但情感上的伴侣特征不能因婚外情的性质而界定为非法，对婚外情的评价除了特定身份（例如军婚）之外，大多只能在道德层面上进行确定和评价。那么，在情投意合以及由感情而发生的性关系，与强奸犯罪上的性关系，终究有别。因婚外情而发生的性关系由于找不到任何法律上的权利义务根据，因此，双方的绝对自愿是一个起码的前提，毕竟在法律义务之外，尤其是在对女性性自由权利的保护上，无论是陌生关系抑或熟人关系，应当是一视同仁的，这是平等原则在性关系上的一种应然表达。因此，即便男女双方系情侣关系，但倘若女方持有明确的反对表示和反抗表达，男方在违背女方意愿的情况下，强行发生性关系的认定与男女双方其他身份情形的认定应当在一个本质上是一致的范畴内。当然，这个范畴有一定的弹性空间，即在度的把握上要结合情侣关系进行较为严格的限制。这是基于常理上的一种度上的把握和考量，至于这个度的把握和考量，则要根据具体的案件情况结合生活经验和司法经验上的一些常理、常情去解释和审定以"违背妇女意志，强行与之发生性关系"为核心和本质的要件要素。因此，基于情侣关系的事实基础，男方违背女方的意志，强行与女方发生性关系的法律认定，需要在法律解释时做一些经验上的额外因素介入，以便符合常理、常情上的普遍认同，不至于造成一种"法律不外乎人情"的背离。

本案在事实和法律的综合解析上，主要的影响性因素和参考性条件是：其一，某甲、某乙当事双方此前的婚外性行为已经持续了一段的时间，其间存在矛盾，亦有分合，但是终究藕断丝连、欲罢不能，因此，可以确定双方存在较为深挚的情感基础。即便这种婚外性关系不被法律所保护，也就是说无法产生性生活方面上的权利义务关系，但这也与陌生人之间的即时性行为有所区别。法律在评价意志上的违背性时，应当将一时的性欲冲动和长时的情感基础结合起来，要去追究冷静情绪时是否仍然具备意志上的违背，否则，这种法律评价容易陷入一个冲动的陷阱。其二，某甲即男方求欢被女方拒绝之后，并没有随之施与暴力或者胁迫性的侵害行为。于此而言，男方发生性关系的主观态度和客观行为在被拒后已经终了，这只能认定为求欢未遂。在这种婚外情的前因的基础之上，法律很难将求欢未遂界定为强奸未遂，毕竟这有违常情，而且有超过性认定之嫌，与刑法的谦抑性相悖。某甲、某乙双方此后的暴力相向，已经与求欢未遂的行为割裂开来，是另外一种并非基于发生性关系意图之下的双方之间相互的暴力与反制。因为，此后的暴力相向，虽然有此前行为的延续因素，但更主要的原因是当事双方特别是女方借助酒精的催发以及在外因（微信）的刺激下，对常日情感不满情绪以及当时男方对女方激愤行为的暴力反制的发泄，是女方一种短时的理智失控而生成的激愤行为。其三，事发之后，某甲并没有因此而逃离，而是与某乙一起在酒店房间内，继续为情感之累而僵持。这表明双方之间具有一定的情感胶着因素，也表明某甲并不认为求欢未遂行为以及暴力相向行为是一种其认识为强奸犯罪的程度的恶行。在某甲的认知范围内，其概括地以为是略显过度的情侣矛盾。某乙之所以后来报案，原因是多重的，有酒后情绪失控的因素，有身体受伤而引发的激愤因素，有因举止失态（穿着内衣跑到酒店走廊）而产生的羞愧心理的报复因素，有对男方某甲情感不忠的报复因素，等等。这些因素的存在，表明了某乙在报案动机上的不单纯性，即其报案动机是多元的、复杂的。其四，某乙嗣后提出撤销案件申请，认为当时其处于酒醉状态，在意识不清醒的情况下作出的报警行为是不妥当的。即便由于本案立案的性质为公诉案件，报警人某乙没有撤销案件的权利，案件并不因报警人的撤案申请而当然地撤销或者中止、终止审查。但结合本案当事双方之间的情感纠葛以及长期的婚外性关系来看，其撤销报案申请书也可以印证求欢未遂与暴力相向具有阻断的性质，也可以印证长期的情感基础在冷静时对一时的情绪冲动的否定和救济。

综上所述，某甲求欢未遂，并在求欢阻断后对某乙施加的暴力行为，造成某乙轻微的伤害，没有达到追诉标准，该行为情节显著轻微危害不大，不构成犯罪。

据此，二审判决如下：（1）撤销一审判决书；（2）某甲无罪。

四、法律专业之外的博学之用

博学的道理自然不必赘述，博学的用益亦是毋庸置疑。有的人做学问，为的是修身齐家，有的是为治国平天下，有的则是只做学问不问价值、不问意义，这都在意志自由的范畴之内，无可厚非。但学问之于履职的司法者，之于司法的使命而言，则应当有超越意志自由而涉入职责恪守的分量甚至赋予意义追寻的高度。作为最后一道闸门的守护者，司法者对学问的标准以及学问的意义，也要力求站在最后面的那个高度上，去守护司法的权威与尊严，否则，似乎至少有懈怠本分之嫌。由此而言，司法者对博学的追崇以及博学之用的探寻，便超越博学本身而升华为一种使命。前文已就学识问题进行了一番的阐论，涵盖了博学追崇的要义，便不再赘述。这里要论述的是专业（法学）之外的博学之用，就是博学的功用问题。由于功用是需要通过实务来践行和检视的，那么不妨诸如下例，以司法上的实践性例证作为论据，至于道理上的释义，其实这或许本该是作为一名司法者的常识性理喻，本著也就不再多费笔墨。

示例十：某甲、某乙、某丙、某丁职务侵占案

☞【案情摘要】

2017 年 7 月，某上市银行总部总经理助理某甲（兼任某分行行长）接受公司交付的工作任务，以其所在分行的名义筹资购买某股份公司发行的定增股票 50 亿元人民币。在申请定增资金的过程中，由于该上市银行总部只提供 10 亿元的专项资金，其余 40 亿元的资金或者选择其他渠道筹集或者放弃优先购买权。为牟取私利，某甲伙同总部投资银行部门的某乙，分行票据业务部门的某丙以及社会人员某丁，谋划由社会人员某丁以合作的方式（出资 40 亿元）参与本次的定向增发股份的收购项目（当时的收购价格为该定增公司上市流通股价的 57%）。由于某丁无法提供 40 亿元的资金，某甲便指使某乙、某丙、某丁等人，以某丁控制的六家公司为出票人向某丁控制的另外六家空壳公司开出 16 张商业汇票（承兑期限 75 日，金额合计 40.64 亿元），通过连环背书的方式，最终由该上市银行的另外两个分行贴现后，再按照背书人的顺序逆向转贴现给六家空壳公司（扣除必要的商业费用，实际到款 40.24 亿元）。此后，由于持票到期的原因，某甲指使某丙对到期商业汇票进行了再收购、再贴现，并最终由某甲所在的某分行对该 16 份商业承兑汇票进行验票和托收。

2017 年 10 月，为了归还到期汇票的承兑资金并从中牟取巨额利益，某甲决定通过该上市银行总部发售理财产品筹资 43.16 亿元用于购买某丁在该项目中的份额。为此，某甲、某丁和某乙等人采用鱼目混珠的申报伎俩，刻意隐瞒收购项目，并促使项目的审批程序顺利流转给某甲，由某甲作出项目最终审批。审批通过后，该上市银行总部通过关联资金通道，完成资金筹集。随即，某甲即以其所在分行的名义通过关联资金通道方完成了对某丁控制的公司在定向增发合作项目中 40 亿元份额的收购。某丁获取溢价款达 3.16 亿元。收购完成后，某甲、某乙、某丙均从某丁处收取巨额款项。

☞【诉讼经过】

某市某区警方以涉嫌背信损害上市公司利益罪，对某甲、某乙、某丙、某丁立案，经侦查终结后，向某市某区检察院移送审查起诉。

某市某区检察院经审查认为，某甲、某乙、某丙、某丁的行为构成职务侵占罪，遂向某市某区法院提起公诉。

某市某区法院经开庭审理后认为，某甲、某乙、某丙、某丁的行为系身份犯，某甲、某乙、某丙与非身份犯某丁进行通谋和配合，主要利用了某甲、某乙和某丙职务上的便利，采用低进高出的方式，共同将本单位的巨额财物非法占有，其行为

均已构成职务侵占罪。在共同犯罪中，虽某甲作用最具决定性，但某乙、某丙和某丁所实施的行为在共同犯罪中亦具有不可替代性和直接实行性，不可评价为次要和辅助作用。因此，某乙、某丙和某丁的作用虽较之于某甲要小，但不应区分为主从犯。据此，一审判决如下：（1）某甲犯职务侵占罪，判处有期徒刑十四年，并处罚金人民币100万元；（2）某乙犯职务侵占罪，判处有期徒刑八年，并处罚金人民币50万元；（3）某丙犯职务侵占罪，判处有期徒刑九年，并处罚金人民币60万元；（4）某丁犯职务侵占罪，判处有期徒刑十二年，并处罚金人民币80万元。五、追缴涉案赃款人民币3.16亿元退还某上市银行。

　　一审判决后，某甲、某乙、某丙、某丁均不服判决，分别在法定上诉期限内，向某市中级人民法院提出上诉。其中，某甲认为其行为是商业合作行为，不构成犯罪。某乙、某丙认为其二人均为职位、职务上的服从行为，作为下属期待不参与的可能性小，而且其作用并非不可替代，在共同犯罪中起次要和辅助的作用，应认定为从犯，应当减轻处罚，一审量刑畸重。某丁认为其行为系正常商业合作行为，其身份并非该单位的工作人员，不构成职务侵占罪。

☞【判例解析】

　　本案中，某股份公司的股份定增项目是某股份公司和某银行的一个战略性定向增资协议，某甲作为银行方具体的执行人和决策人，操控着整个增资合作的全过程。某甲系该上市银行总行总经理助理，分管总行的托管部、投资银行部、资产管理部、资金运营中心、同业部、大客户、机构业务部等部门，及担任某分行的行长，负责某分行的全面工作，这两个职务所涉及的职权，已经足以实现对整个增资行为的控制和运作。从该上市银行的内部审批系统的审批痕迹看，除了极其个别的审批要经过总经理一级的审批外，某甲都是最终的审批权人。由此，所谓的资金部只能划拨10亿元的投资经费实际上是某甲为自己后续的操控40亿元的合作投资进而非法获取3.16亿元的溢价款预设的一个徇私牟利的"契机"。为此，某甲与某丁密谋，设计出复杂的金融票据流动路线和结构，极力避开制度上和规则上的管制与壁垒，并利用职务上的权力优势操纵某乙、某丙等手下为其图谋奔命效力，最终实现了从职权指向的单位财物中空手套出3.16亿元的超级利益。这就是本案涉案犯罪事实的法律层面概述。

　　本案的焦点，在于涉案资金经过多次的金融运营和商事运作之后，其资金性质如何认定？以及涉案资金在经过三番五次的移转、流动（背书、贴现、再贴现和托收等）之后，可否认定为单位资金？问题的关键在于涉案40.64亿元资金并非某丁所有，而是基于商业票据的金融信用特性而由商业银行来作为最后的贴现和兑付。因此在本质上，该资金来源均为该上市银行各分行的资金，而各分行的资金虽然具有独立法人的主体性，但是由于各分行与总行之间是完全控制、全资控股的关系，因此应当理解为该总行所辖资产的范围，属于某甲等任职单位（总行）的资金。并且事实上，在商业汇票的背书和贴现过程中，某甲担任行长的分行做了最后的托收。为此，尽管行为人为掩人耳目而实施移花接木之术，将涉案资金通过金融运营和商事运作不停地移转和流动，但不管从本质上的出资者的角度还是从资金管理使用者的角度，该涉案资金的所有者都是涉案的分行和总行，而分行和总行是一个利益集合体，因此，该涉案资金都应当视为"本单位"的资金。

关于溢价款能否作为非法占有的单位财物的问题。溢价款在被占有之前，属于该银行利用资金进行合作、经营所产生的利益，即便另有40亿元貌似为其他合作人某丁出资，但由于如上分析，实际上该款项亦系该上市银行的资金，只是由于行为人的原因而在表面上显示为某丁出资。法律不能为表面所迷惑，这正是司法要刨根究底、探寻本质的职责所在。某甲通过再次调动单位的资金，"收购"原属于单位的股份，这本质上是对单位资金进行商事经营后获取利益的恶意盘剥和非法占有。因此，这种溢价款根植于本单位的资金，作为单位资金运营的结果，当然属于单位资金的一部分，据此应当认定，该溢价款系单位财物。

关于共同犯罪的问题。在某甲的操纵之下，在某乙、某丙的积极效命之下，非身份犯某丁与其三人共同密切配合、全盘实施的本案行为，系身份犯与非身份犯的共同犯罪行为，由于身份犯的职权行为在整个行为中扮演着最为重要、核心和必不可少的角色和作用，因此，应当以身份犯所涉嫌的罪名——职务侵占罪认定。在共同犯罪中，某甲起着决定性和主导性作用，类似导演加主角的身份。某乙、某丙、某丁的角色在某甲的安排之下，实施了关键性步骤和积极性行为，该行为与职务侵占的关联紧密，亦是缺一不可，是职务侵占行为分解的重要实行行为，类似主角的身份。因此，某乙、某丙、某丁的作用并非次要和辅助，不能认定为从犯。况且，某乙、某丙对某甲的指示，明知不可为而为之，明知不可听从而顺从，某乙、某丙的大多行为，都是自觉地由其发起后再报经某甲审批，是自下而上之行为，完全可以避免，并非履职上的必须绝对服从上级的问题，因而某乙、某丙的行为是蓄意配合上级的非法行为，并非期待可能性所涉及的问题。

为实现职务侵占目的而实施的手段包括骗取票据承兑、背信损害上市公司利益、背信运用受托资产行为，属于牵连行为，处断时择一重罪处罚。某甲是骗取票据承兑行为、背信损害上市公司利益行为、背信运用受托资产行为的主要实行犯；某乙是背信运用受托资产行为、背信损害上市公司利益行为的主要实行犯；某丙是骗取票据承兑行为、背信损害上市公司利益行为的主要实行犯；某丁是非身份犯，但其与身份犯通谋合作，亦是骗取票据承兑行为、背信损害上市公司利益行为、背信运用受托资产行为的主要实行犯。某甲、某乙、某丙、某丁的上述行为，旨在职务侵占之目的，由于职务侵占罪是重罪，因此，本案择职务侵占罪对某甲、某乙、某丙、某丁定罪处罚。

据此，二审判决如下：驳回上诉，维持原判。

五、鉴定是不是万能的

当司法中遇到法律以外的专业性问题，譬如尸体检验分析、司法审计报告、迹证质谱鉴证等，司法者便一贯地开出专家鉴定的药方，并在专家的鉴定意见书中寻求看起来是唯一和专业的结论。在此情况下，司法者拿到了该结论通常便像握住了定海神针一样的胸有成竹。但就像人在无助绝境中的自然反应通常也会落入慌不择路的困境中一样，专家鉴定于司法者而言就是一种无助中的闪亮的希冀，只是这希冀之光照亮的绝不是一条注定是光明而康庄的大道，而依然是前路未卜，因为所谓的专家鉴定并非司法裁决，而且，专家也有打盹迷糊或者马失前蹄的时候，就像司法官一样。"法官一旦相信'纯金打造'的专家鉴定，他便落入鉴定人的手里。他必须装得好像自己懂得这些专家教授对复杂的自然科学关联性所作的各种阐释。"[①]

当下的司法，鉴定似乎确有被过度依赖的疑虑。即便对鉴定的名分定义，已然从鉴定结论更正为鉴定意见，但鉴定对案件事实（尤其是刑事案件）证明力的力度和影响性的驾驭却是有增无减，甚至几乎到了唯鉴定是裁判，无鉴定不裁判的地步。鉴定于是几乎成了一个被颠倒身份的终局者（本应为辅助者），而不是司法官。以刑事诉讼为例，在刑事诉讼法的体系和规则建构中，鉴定意见仅仅应当定义在维持其工具性的属性上，其功能的发挥因此也只能限制在为法庭和司法者提供司法所需的鉴定所涉专业领域的专业知识，至于专业知识与法律事实、法律规范上的关联和糅合，则是司法者后续的不可推卸的应尽职分。但司法者往往没有恪尽该职分，总是惯性地对着质疑者抛出诸如"这是专家的结论""这个问题专家已经作出了答案，专家在这里说了算"之类的搪塞之词，为自己的责任规避寻找到一个貌似冠冕堂皇的理由。殊不知，在司法的范畴里，鉴定意见只是诉讼法中明文规定的一种证据类别并且只是一种参考意见而已，这在语义上的理解相对其他证据类别而言甚至本应是更加的不具独立性和影响性，因为其他的证据类别都没有贴上只是一种"意见"的标签。司法性鉴定大多是因为案件中某个方面的专业问题需要做一种专业的解读，而法官刚好在此领域并非专业，故而求助于他人——专家教授或其他鉴定人来作为辅助的解读者，因此在此意义上，是不是可以这么说，鉴定意见就本该是一本参考书籍的内容摘要，鉴定人的角色实际上就该只是司法官的辅助者。

鉴定意见如何在作为被辅助解读的工具后再次被糅合和关联到案件中作为司法的一个依据——一个解读后再经推敲审查的司法依据，或者说司法是不是有能力向这个被作为专家意见的参考进行再审查的资格或者资本，以及如何进行再审查的问题，都可以从鉴定意见在司法决断上的从属地位中寻找到答案。司法最终裁决的法治原则标榜着司法的权威，在此原则之下，鉴定意见理所当然不可僭越为司法裁决。但问题是，司法对专

---

① ［德］托马斯·达恩史戴特：《失灵的司法——德国冤错案启示录》，郑惠芬译，法律出版社2017年版，第168页。

业问题的话语权的底气从何而来，单单凭借司法最终裁决的法治原则的意义引申好像是不那么具有说服力。司法的底气，应该是缘起于糅合和关联的事实解释和法律解释。在发现真实的命题之下，鉴定意见不具有直接的本源功能，既不能直接推导出需要发现的真实，也不能直接作法律逻辑上的演绎结论。鉴定意见必须经过解释（事实解释和法律解释），并且一定得结合其他的证据依据，方可得出司法意义上的辅助性结论并为法律解释和法律适用所运用或者援引，而且这个结论的运用和援引并非基于鉴定意见本身，而是基于有鉴定意见参与的并经糅合和关联的事实解释和法律解释的合成。鉴定意见尤其是对司法者而言，那些难以逾越的专业领域的审查能力，确实犹是一座摆置在司法者面前的高不可攀的大山，诸如物质的成分及其化学反应，痕迹的鉴证，信息数据处理或者生物工程图谱等等，不胜枚举，所谓隔行如隔山就是这个寓意。但司法不能也无法束手无策，这可能是司法上最棘手、最矛盾的一个问题——外行人对内行人的专业审查的资格和能力。但司法的终局裁决使命又是一个早已设定的原则和体例，司法必须硬着头皮知难而上。好在法律设定上，司法早已将鉴定作为一种意见存在，将鉴定意见作为一种参考的辅助身份，尤其好在我们可以在几乎一切问题司法化的观念上寻找到破解之策——法律属性化，还有一种似乎可以屡试不爽的形而上学（将问题不断地提升认识层面至某一高度上的原理或者道，最高至哲学）作为破解之策的解释技能——原理化。于是，解决问题的办法似乎可以归纳为法律属性化和原理化，以及世间万物普遍的盖然性理论。

司法何以终局裁决，这个问题其实等同于几乎一切问题均可司法化的理由是什么。所谓一切皆有法，一切皆有度。法治社会的社会关系以及社会现象，几乎都在法度之内，也就是说作为社会的个体几乎被排除了无法无度的机会，除非个体所处的不是法治社会而是丛林草莽。法规范着社会关系和社会现象的全部，这种规范并不是社会关系和社会现象本身的自我规范，法律施加于其身上的规整和约束，以使其在规范之内保持法治社会的秩序与衡平。而法之所以具有这种能耐，是因为法找到并确立了社会关系和社会现象的评价标准——也就是法的价值追求——诸如公平、正义、自由、民主等。这样，法与社会关系和社会现象就建立了价值视角上的等同关系，也于是从这个侧面上，评价社会关系和社会现象的准则就可以用法的规范来替代。换句话说就是，法律规范对社会关系和社会现象进行规制和裁决的根据是法律规范与社会关系和社会现象在价值评价取向上是等同的。因此，社会关系和社会现象在这个方面上当然具有法律属性，至于其他方面诸如技术、数字、程式等，则不涉及法律属性的问题。当然，如果技术、数字、程序等方面涉及价值评判的，也应当纳入法律规范之内，譬如克隆技术本身不涉及法律属性，但克隆技术的伦理问题引申的公共卫生问题或者技术合同纠纷问题，则具有法律上的属性。鉴定的程序以及鉴定意见的内容，也属于社会关系的一部分，因此也具有其价值评价上的法律属性。鉴定程序的法律属性自然不在话下，因为法律早已作出规制，关键是鉴定意见的内容如何法律属性化的问题。我们知道，鉴定是有根据的，不管是医学根据也好，物理根据也好，还是其他根据，行业的标准总是能从行业规范中或者行业共识中寻求，这个行业规范或共识本身，就是一种规范性的雏形甚至有些已经升格为法律，通过行业规范或共识就容易发现鉴定意见的内容的法律属性。

如同前述探寻法律原理的程式一般，鉴定问题在法律属性之外的技术性层面上也可一再地追溯原理，最终到达哲学高度。当原理的追溯达到司法者的认识阈值时，原理就可以被司法者所应激并为司法性的审查提供参考和认识。技术层面的原理化，就是寻求鉴定技术的科学原理、常识公理以及科学原理、常识公理之后的原理。由于鉴定在属性上是个科学性（而非社会性）的命题，因此可以用公式、定理、算术、逻辑等科学方法进行推演和实验。如果将鉴定的意见作为一个结果，那么原理化就是对结果的反推，即结果的推演或实验依据的是什么公式、定理或者其他科学方法，假设这个方法对司法者而言还是过于晦涩和深奥，那么需要再往上寻求这个方法的原理，以此类推直至达到司法者的认识阈值。在这个过程中，如果出现了无法理解的推演或实验，并不能忽略，而是要一再地征求同行、专家的解析和意见，直到可以确认这种推演和实验至少在现阶段是被科学界普遍认可的。例如，DNA 亲子鉴定，其原理就是生物遗传学的理论和技术，即从亲代和子代的生理机能和形态构造方面的相似特点，分析遗传特征，判断生物遗传上的亲生关系。具体而言，一个人有 23 对（46 条）染色体，同一对染色体同一位置上的一对基因成为等位基因，一般一个来自父亲，一个来自母亲。如果检测到某个 DNA 位点的等位基因，一个与母亲相同，另一个就应当与父亲相同，否则，就可以排除血缘关系。一般亲子鉴定只要作十几个至几十个 DNA 位点检测，如果全部一样，就可以确定亲子关系，如果有 3 个以上的位点不同，则可以排除亲子关系。这种被原理化的技术应用，通过专家或者鉴定人的阐述和解释，司法者能够掌握和理解，那么，对鉴定意见的认识以及司法上的审查，就有了较为充分的信心。

司法永远无法苛求发现绝对的真相，这是一个绝对正确的命题，同时也是一个绝对矛盾的命题——绝对正确本身就是个真相问题。为了让司法以及下文得以继续谈论下去，姑且刻意地回避这个绝对矛盾的一面。如此而来，司法所认定的事实真相，其实只是一个假定的事实真相，是在一些被假定为真实的依据（就像一个产品的原材料）和一些被假定的程序、规则、逻辑（就像一个设定的生产流水线）共同糅合的产物。本著之所以胆敢宣明这种假定，就是因为我们所相信的盖然性。DNA 检测为 99.99%，够了，这就是真相。然而这是假定的，怎么不用去考虑那 0.01% 呢？酒精含量 80 毫克，会不会是 79.99 毫克呢？会不会有误差呢？而误差又是一个绝对的命题。然而极其细微的误差在事实确立上几乎没有现实的意义，但司法上却有意义，很少有人会去较真那 0.01 毫克或者那 0.01%，因为我们已经几乎实现发现真相——假定的真相。而我们所设定的逻辑，在没有被经验或者新的逻辑推翻以前，也是一种被假定的真相。"根本就没有可证得的定理，我们能求得的只有暂时性的假设。对某条法则，我们最多只能说：

截至目前，我们还找不到不去相信这条法则的理由——但这种状态随时会在下一刻改变。"① 就这样，假定的依据和假定的程序、规则、逻辑，共同造就了假定的真实。这也就是普遍的盖然性理论的实践性寓意和表达，所有的命题似乎是可以归结为等同于100%的结果的判断或者只要有90%甚至更低的判断标准，而那0.01%或者10%只是作为一个可以被忽略的非盖然性，最后加上司法者的经验，终于形成了我们的内心上的确信无疑——一个事实上属于假定的真相而不是绝对的真相，因为所有人内心也都明白并确信，世间万物没有绝对的真相。所以，刑事证据证明标准从"排除其他可能性"降格为"排除合理怀疑"，在本质上也是对盖然性理论的认同与采纳。而民事证据证明标准的"高度盖然性（优势证据）"规则，则早已声明了对这个理论的司法应用。

在这个意义上而言，鉴定意见也不是绝对的。鉴定意见在被司法者或者下一个鉴定人推翻以前，只是假定的。而围绕鉴定意见所提出的质疑，都是在对这个假定的证伪努力，并通过盖然性理论或者提出下一个假定——新的鉴定——来推翻被质疑的鉴定意见。在司法实践上，大多数的鉴定意见最后都被作为司法裁判的根据，即假定的真实被司法予以确认。而这些被司法确认的鉴定意见又有大部分对案件而言在本质上是可有可无的，鉴定意见大多是司法者可识别的，也就是说即使是司法者本人也能作出那个所谓的鉴定意见，而不仅仅是专业机构的专家、鉴定人才可以，除非像指纹比对、尸体解剖检验报告这类专业性极强的鉴定。事实上，诸如侵财类犯罪案件中的价格鉴证，侵犯人身权利犯罪案件中的伤情鉴定，甚至酒精含量检测等容易通过原理化进行识别的鉴定，都可以轻而易举地通过司法者自己的对照和解读予以求证。只是，由于回避、合规等程序法规制的因故，这个鉴定才一定要由专门人员来做，这样至少听起来会更加的权威一些，程序上也才具有正当性理由。如此而言，鉴定不仅不是万能的，甚至有部分可能是多余的。那些对任何鉴定都产生强烈依赖性的司法者，揶揄地说就是个鉴定的傀儡或者说是鉴定的帮工。在这里，本著并不是要否定鉴定意见的价值功用，事实上许多鉴定意见对司法裁判起到了至关重要的作用，只是尤其强调司法者还要确立一种正视鉴定意见的观念，一种站在鉴定之上对鉴定意见进行司法审查的观念，毕竟这是司法最终裁决的应有之义。

然而还有一种被称为鉴定意见的东西，现实上一直在挑战着司法的识别力和洞察力。在司法程序上，并不是说事例的案卷材料中但凡出现报告、意见这些字眼的文件，都可以称之为证据种类上的鉴定意见类。一份意见或者报告是否具有鉴定的属性，至少要符合以下三个方面的条件：一是专业机构（包括鉴定人员）具备鉴定资格；二是鉴定必经正当程序；三是鉴定是专门领域的专业意见或者报告。诸如有些行政执法单位并没有被授予鉴定机构的资格，也没有配备认证的专业鉴定人员，但是在执法中其出具的公文，却往往被错误地在案件中当作鉴定意见的证据来使用。譬如药品食品行政管理机

---

① ［德］托马斯·达恩史戴特：《失灵的司法——德国冤错案启示录》，郑惠芬译，法律出版社2017年版，第186页。

关执法检查中对扣押物品的属性认定函件，当该行政案件被移送司法时，司法机关往往将行政机关出具的公文函件当作刑事案件的鉴定意见来使用，这是错误的。典型而频发的还有责任事故中的责任认定书，它只是一个依行政职权确认出来的行政确认文书，是确认者（通常是调查组）作为行政上的调查结论以及认定事故中是否有肇事犯罪嫌疑需要移送司法审查的根据，因此，按照程序上的顺序，可以说是先行政确认再刑事立案。那么，尚未启动的刑事案件怎么能将行政文书作为鉴定使用呢？刑事诉讼中的鉴定意见，是应当在刑事案件程序发动后根据案件需要，聘请、委托鉴定机构作出事故责任鉴定意见。所以在严格意义上，事故责任认定书并不是鉴定意见，除非刑事案件启动后聘请、委托鉴定机构另行作出。但在司法实践中，一般都将先前的事故责任认定书当作鉴定意见来看待。

司法解释的规定有时候也会给鉴定（主要是程序上）带来添乱的效果，尤其表现在鉴定主体和鉴定标准的规定上。当前的鉴定机构和鉴定人员的资格授予，从司法解释的规定上看呈五花八门状，有的是行政机关授予（公安、药监局、质检局、市场管理局等），有的是国有事业单位授予，有的是司法机关授予，有的是国有公司授予，甚至还有行政机关本身作为鉴定机构的。例如现行有关司法解释规定，假冒伪劣商品应当由"法律、行政法规规定的产品质量检验机构"进行鉴定；假药、劣药应当由"省级以上药品监督管理部门设置或者确定的药品检验机构"和"省级以上卫生行政部门确定的机构"进行鉴定；伪劣烟草制品应当由"国务院产品质量监督管理部门和省、自治区、直辖市产品质量监督管理部门指定的烟草质量检测机构"进行鉴定；假药、劣药可以根据"地市级以上药品监督管理部门出具的认定意见等相关材料"进行认定；有毒、有害非食品原料可以根据"检验报告并结合专家意见等相关材料"进行认定；等等。这种五花八门状的原因在于由司法部颁行的《司法鉴定程序通则》属于行政规章，不仅效力层级太低，而且未对鉴定主体的资格认证问题作出规范性表述。再来看看鉴定标准问题，现行有关司法解释规定，非法经营数额的认定，"已销售的侵权产品的价值，按照实际销售的价格计算。制造、储存、运输和未销售的侵权产品的价值，按照标价或者已经查清的侵权产品的实际销售平均价格计算。侵权产品没有标价或者无法查清其实际销售价格的，按照被侵权产品的市场中间价格计算"。盗窃的数额，按照下列方法认定："被盗财物有有效价格证明的，根据有效价格证明认定；无有效价格证明，或者根据价格证明认定盗窃数额明显不合理的，应当按照有关规定委托估价机构估价。"也就是说，在鉴定标准上，其实并没有标准，而是在司法解释中设置了诸多的认定通道，那么，认定的结果显然就由选择的通道来决定，而不是一种真实的、客观的和统一的标准认定。这样的结果是，对同一种犯罪的定罪量刑，将可能产生多种差别性的司法处断。而这于统一的司法而言，简直就是一个刻意制造的不堪和混乱。为此，关于鉴定上的程序问题，亟须制定一部至少是在法律这个位阶的实定法，将鉴定的系列问题规范入内。

六、司法业务精细化商榷

司法业务精细化似乎在当前形成一个假司法革新之名的大势所趋，譬如，相对司法而言，刑事审判的领域已经很是狭窄了，如果再在刑事审判领域中分支出诸如职务犯罪方面、侵财犯罪方面、破坏社会管理秩序方面、侵犯知识产权方面或者金融犯罪方面等专门的刑事司法部门的名目，那该精细化了的司法业务所涉的领域就更为狭窄了。之所以推行业务上的精细化，其动机可能在于业务机构的编制扩张，可能在于某些领域的类型化统一司法需求，也可能是出于专业问题上的集结小群体（而不必全员）探究的功利，等等。总之，但凡想搞出些许名堂，总能找到诸多理由。问题是，司法应该站在一个什么视角去审视而不仅仅是关注是否言之有理。就司法业务精细化而言，不可否认，其对司法上的相对统一裁断评判以及对涉及精细领域方面的精研审查力度都有裨益，但问题是，司法站在一个对社会关系和社会现象俯视的高度上，而社会关系和社会现象是交织纵横、错综复杂的，并且，司法作为最后的屏障自然需要有一个广博的视野，否则，可能会有顾此失彼、有失偏颇。司法的统一性和专业性也要求司法者对事态、事例、时局、社情等要有一个全局和整体的综合审视力，而不单是某个领域的某个方面，这是司法基本的要求和条件。如果连这种最基本的要求和条件都难以达成，那么司法者何以司法！是不是可以说，司法统一考试也可以作精细化分类，应试者可以选择精细化的考试试卷。显然，这是一个令人啼笑的假设，那么是不是由此也可以推导出司法业务精细化的所在问题的答案。

古往今来，所谓司法者，极少谓之侵权行为方面的司法者抑或违约行为方面的司法者之名，顶多就说是个从事刑事审判业务的司法者或者从事民商事审判业务的司法者，这已经够狭窄了。当然，事实上也没有全能且卓越地覆盖各个司法领域的司法者，一般称之为在某个领域有专长或者精通某个或某些领域，但既然是专长或者精通，就一定要有超越普遍司法者的能力和水准，否则就有虚假广告或者大言不惭之嫌。以前的县令，集政务、法务于一身，且法务又是统包统揽刑民不分，两相对照，难不成当辈之司法者尚不及古时一个县官在部分职责方面履行的能力和水准？

域外的法官以美国联邦最高法院为例，九大法官个个都是学富五车满腹经纶。宪法之下涉及的所有领域、所有行业之所涉事例，甚至游离在宪法边缘的事例，都是大法官司法的范畴。尤其重要的是，大法官的司法判决都是古今文献旁征博引，道法伦常融会贯通，见多识广应付自如。可见学识广博，经验丰富，视界宽广，是通往大法官的必由之路。如果我们需要的是类似大法官的人才，那么，司法业务的精细化如何去磨砺这种未来之栋梁，如何去积累他们的司法经验，如何去开拓他们的司法视野。再来看看我们司法机关的最高议事机构——审判委员会和检察委员会所肩负的职能，也是对整体司法事务包括刑事案件、民商事案件、行政案件都要涉及，而且能提交审判委员会、检察委员会讨论的案件，肯定是要么疑难、要么复杂、要么重大的，如果审委会委员、检委会委员只是对某个部门法精通，那么他有什么资格参加其他性质的案件的讨论。所以，司法业务精细化是极其功利的，是不利于大司法官的锻造和栽培的。

如果司法业务精细化因所涉方面具有绝对的权威或者司法的先导能力，在司法业务处断上会具有一定的功效，这对司法业务的办理效率以及司法处断的统一当然具有一定的意义，单就这方面而言亦未尝不可。但作为一名司法者，不可能只是处理某类、某方面的司法业务，也不可能像一个流水线的某个部分一样只是对一个环节进行加工。司法者尤其是作为人才后备的司法者，总是要面对诸多的各种部门法、各个领域、各个方面的法律问题，很难想象，当这些被精细化了的司法者面对其他法律问题时，可以一句"这方面我不懂得哦"或"这种法律问题我不甚知晓"搪塞而过。如果司法业务的精细化会造成这种司法上的不堪，那么这可能将是司法上的一个明显疤痕。当然，不赞成司法业务精细化，并不是说不推行精细化就能当然地造就无所不能的司法者，不赞成或者不提倡只是在于防止出现上述的严重"偏科"现象，并极力为锻造和培育出优秀的、卓越的大司法者创造条件。或者至少，当一个司法者在面对各种法律问题时，即便无法全部通识，也能根据基本的法律原理，道出个问题属质的大概或者对问题的解析有起码的法律思维分量，然后以"这个问题我没有深入研究过"或者"这方面不是我的强项"作为委婉致意，这应该是一个司法者业务能力和水准的底线吧！

如果非要精细化不可，那么精细化最好只局限于个人研究领域而不是司法公务上的摊派，或者即便是公务上的摊派也应当只是短期的应急之需。如果精细化成为习惯或者制度化，那么司法者所应具备的博学多识、经验积累以及司法见地，多是会受到较大的制约和束缚。司法中常见的集体讨论制度，就是对业务精细化的一个显而易见的矛盾宣告：如果精细化何必再集体讨论，毕竟其他讨论者并不专长或精通；如果集体讨论确有必要，那么没有精细化过的专业能力和水准如何够格。事实上，司法业务精细化并没有想象中的那么神奇和效用，如果说有一点点术业专攻上（事实上精细化谈不上术业的层面）的意味，也是非常局部和短时的。但是，因专攻而失去的其他司法领域或方向上的经验获取和学识增进肯定是得不偿失的。因为，司法业务的广博，必然会促使司法者对所涉业务进行探究和研析，进而在总结和归纳司法经验中领悟到作为司法上的原则性方法、技能和素养，这也就是为什么跳出一口井的青蛙的见识会与原本有天囊之别。当然，作为某个领域的偏好或者兴致而额外地投入探索和研究的精力，这确是未尝不可的，而且应该是喜闻乐见的。毕竟，法学成就（包括司法成就）上的推进都是一个领域或一个方面上的层层递进、经年积累而成的，从来没有一个法学家在某一时刻或某个阶段做出推进法学体系整体提升的壮举，也从来没有一个司法官在某一时刻或者某个阶段做到了推进司法业界全面升华的轰动。

事实上，本著在司法基础的逻辑演进中已涉及的对法的认知层级的解析与论证，也可以作为对司法业务精细化反驳的一个理由。在本著所倡导的司法基础的要求上，司法官对法的认知至少要达到法律原理的层级，那么，在此层级的认知里，当然包含着对法律学科的整体认识。只有当司法官对该法律学科达到了整体认知的程度，包括作为内容的法律规范，作为基础的法律原则，作为核心的法律制度以及作为理念的法律精神，等等。进而在此认知之上，并根据习得、探索、研究和经验荟萃等方法的不懈努力，方才能抵达上一个认知层级——法律原理。如此一来，司法官对该法律学科的理解与适用，应该是全面的、娴熟的和通达的，那么，何必再细分出一个精细的部分来作为专长。

何况，在某个法律学科对应的司法实践中，许多情况下必须通达全科学识方可对事例作出准确的裁断评判。比如关于法律用语的相对统一性问题，如果没有进行整个学科的通识和思量，那么很难取得在该法律学科上实现统一的司法的效果。在法律学科的此篇章与彼篇章中，法律学科对某个用语必然会有重复出现的可能，为了保持法律学科用语的严谨性和稳定性，不可能对该用语作出任意的不相统一的语义解释，而如果业务精细化，难免顾此失彼而罔顾整体的相对统一性，甚至会有因为所谓的司法精细化而对整部法律学科用语的相对统一性有所疏忽而致司法上的差别对待之虞。例如，挪用公款罪与挪用资金罪，除了犯罪主体上的显著区别之外，挪用行为几乎应该作为等同的认定，其中的"归个人使用"的情形，可以作同一的理解和适用，即便有权解释没有发布具体的法律解释，司法者也应当作出这样的当然解释。

另外，被司法业务精细化了的各个方面，在一些情况下也需要进行融会贯通和整体考量，例如在法规竞合以及在特别法关系的问题上，或者在婚姻关系和继承关系的问题上，等等，都会有相关部分的彼此交融、交叉，需要在两个以上的方面作出法律性质上的选择判断或者对两个以上的方面予以共同的适用。在这种情况下，精细化可能会导致认识上的失衡因而结论有失偏颇。因此，倘若司法官的司法基础已然符合本著所设定的标准，对某个部门法的理解认知达到法律原理的层级，这就意味着对整个部门法不仅是要通识的而且已然探寻到个中原理，那么在司法运筹上，已无必要再进行更加精细化的司法业务分别，否则不仅难以达成精细化之初衷甚至可能造成如前所述之不益后果。毕竟，在一部部门法内部，不仅在法本身而且在司法上，是整体的而非割裂的，是相对统一的而非彼此对立的，是互相关联的而非各自独立的，是结构体系的而非零散拼凑的。

至此，本著试图但仍然无法建构一个关于司法常数（要素）的整全的理论体系和结构框架。作为法的实践和应用，司法必须依托法理论，在法理论建构的体系和构造之上，司法寻求作为支持和根据的法理论基础，一定是越精深博大越得心应手。在法理论支持之下，司法还需寻求解决问题的方法，去达成司法所肩负的使命，因而在作为司法方法的法律解释和法律适用上，司法必当面对和研究，并加以运用。而作为司法主体的司法官，其使命就是基于法理论和法规范，运用解释和适用的方法，实践法、实现法。因此，司法的基础、司法的方法和司法的主体（司法的生命）三者之间，窃以为是要素性的且缺一不可的。只是，限于本著认知的高度，姑且只能作片段式或者泛泛式的概述和论证，体系性和结构性当是难有建树。有关司法要素（常数）的命题，本著的表达即便是存在诸多缺陷和问题，但命题的呈现本身，亦不失为一种稍稍之价值，因其至少展示了一个发起并且面对的勇气。如若有关司法要素（常数）的命题甚至延伸到关涉司法的其他诸命题得到广泛讨论，并以此不断推动如此之命题的精研和探索，这正是本著所欣喜之。

第二编 司法的变数

所谓变数，即表示变量的数，可变的因素。在作为广谱科学中数学的函数和方程中，变数是相对常数而言的，但变数与常数又共同解析和构造了函数和方程的定义和结果，两者缺一不可。由此在哲学的形而上可喻为，万物皆由可变的（变量、变数）和不可变的（固定值、常数）两部分组成；再形而下可喻为，司法亦可在常数和变数之间解析和构造，由固定值（常数）和变量（变数）决定着。如果这种归纳和演绎存在合乎某种道理的一面，那么是不是可以说，我们最终要寻求的司法的目标或结果，从这个角度而言，就是在寻求设定在司法这个函数或者方程上的常数与变数，然后司法就是可函数定义的和可计算推演的。

不管司法是不是真的是可函数定义的和可计算推演的，在实践的感知上，具体的司法确实是可变的，而且不仅仅只在历史的和发展的视线上去看待，在现实感验上司法亦确有其变数的存在。譬如，不同的司法官对同一事例甚至相同的司法官对同类的事例而作出截然相反结论的实例比比皆是，甚至可以说这是一个不足为奇的司法现象，但这或许又是对司法的最大嘲讽——我们设定并一直在追寻统一的司法。在一个公知的常识逻辑上，我们一直将渎职和无知作为司法变数的究其原因及其表征所指去理解司法的不统一和可变性。由此而然地，我们总是会预先设定一个标准化的司法答案，并一直否定标准化答案之外的可能性答案以寻求排他性，然而这似乎又陷入了一条顽固和非理性的歧途——排除了其他原因及其表征所指的可能性。但是，是不是可以从有没有存在一个在渎职和无知原因之外的变数的可能性上，去拓展我们已被禁锢的思维空间，并得以发现可能，或者事实上已经存在司法变数的其他原因但我们却茫然无知呢？那么，也许本编章节就是在寻求这样的答案或者是在叙述这样的答案。

我们通常所说的立场坚定、观念超前、境界高深似乎已经在语义上直接宣告了立场、观念和境界的内涵所别。一般而言，立场是用来坚守的，是一种固守的态度沉淀，坚定、稳固、恒远是它的代名词，它具备相当确定性和相对恒定性。观念是用来转变（更新）的，是一种与时的内心理解，改造、更迭、进取是它的代名词，它饱有持续革新性和不断超越性。境界是用来攀升的，是一种修为的姿态锻造，造诣精深、超凡脱俗、登峰造极是它的代名词，它符合使命追逐的本质和定位。如此而来，立场、观念和境界诠释了一个在物质之外的精神层面的存在。于人而言，大多数是由在物质上和精神上的共生存在而组成的一个独立体之人。认知、记忆、学识、资能等本身似乎可以看作是物质上的储存和进化，而理解、意会、思维、审断等就没有本身的元素，故只能归结为具备精神上的融汇和心生，这是不是也就是理解性记忆会较之于机械性更易深入内心、灵魂的一个充分理由。因为作为物质储存的精神添附，自然就不再是单纯地、机械地流转和传送，而是一种人为地、有意识地设计、创造和加工。单纯的记忆几乎没有创造性，而只有以理解性记忆作为基础方才具备创造性的条件。道理上似乎就是这样的。

那么从对社会关系和社会现象的影响性而言，立场具有灵魂性的特征，观念具有主导性特征，境界则具有权威性特征。一个人是否具有立场、观念不一而定，有些人无所谓有无所谓无，有些人则不知有无，有些人则在意识或潜意识上存有并付诸行动。当然，由于立场、观念具有主观性上的善恶、褒贬、良莠之别，所以，在各自的阵营上，立场、观念是对立的至少是存异的（并非个人所持之立场与观念两者之间的对立和存异，而是不同立场、不同观念之间的对立和存异）。一般而言，立场和观念具有同向性但并不等同，就是说立场、观念代表着持有人的某一方面并不分裂的认知和意识，立场由认知和意识整合而成并主导和把握着内心精神输出的主流，它的作用主要是精神支柱性的而非意识控制性的。观念虽然也属于意识流，也具备精神性特征，但观念相对于立场而言更显具体化。它在立场的牵制下派生或确立，并主导着具体的意识付诸的言行举止，将立场和观念上的精神存在通过思维意识及言行著论等方式予以实践表达。但是并不是说，同一立场必然决定同一观念，不同立场之间存在观念交集可能，不同观念之间也有存在立场交集可能。譬如，自然法立场和法律实证主义立场在法治这一观念上就存在交集可能，但同样存在崇尚判例法（习惯法）观念的法律实证主义立场者和推崇实定法（成文法）观念的法律实证主义立场者之交集可能。境界则是一个综合体，集立场、观念、经验、学识、品格、视野、天分、意志力等于一身，但它并不以好坏作为区别而只是用高低来形容，犹如武侠小说虚构的武功的境界一般，同样的降龙十八掌、同样的打狗棒法，不同的人使出来就是有不同的威力和效果，但不能说他们打出来的拳法、棒法是不同的。同样的，不同的司法官对同一事例的法律解释和解读，即便处断结果是相同的，但水准和说服力也是可能有天壤之别的，这就是认知度和权威性的问题，归根结底就是境界的问题。

司法亦在社会生活、社会现象和社会关系之内，因此司法亦有立场、观念和境界之别。司法的立场蕴含着司法的灵魂，起到中流砥柱的作用，可想而知，作为一个司法者个体一旦丢了魂，那么落魄显然几乎是它的一贯结果。因为在没有立场支持的司法中，司法便将只是一具躯壳，会左右摇摆、忽东忽西、随波逐流，不辨方向、不明目标、不知所终。司法的观念直接主导着司法的决断，不管是在价值取向上，还是在规范理解上，司法观念深深地镌刻在司法者的内心，并在具体的司法中将内心的思想、思维表达在判例上。司法观念在司法立场的方向性掌控下，随着学识、经验、思维逻辑以及人格魅力等的增进不断寻求与时俱进的革新、更新，并与司法立场一起，共同影响甚至牵制着司法上的认识和决断。司法的境界，是在另外一个总览的界面上对司法的姿态和权威作出界限区分，它既涵盖司法的立场、观念。又不限于司法的立场、观念。司法的境界包含更多的元素，司法境界的提升不因司法立场、司法观念的改变而改变，它是整全性的、综合性的命题。如此可以说，立场改变是一种质变，观念的改变是一种量变，因而量变是时常的，而质变却颇具颠覆性故而相对恒定。而我们所要区分的境界，即便可以在循序的或者递进的地带上作出一个区划（境界），但在两个区划（境界）之间的模糊地带上，实际上是具有一定的交叉相容性。

那么，司法的立场、司法的观念和司法的境界何以为司法之变数？我们在司法的方法——法律解释和法律适用上已经作出了解释立场对司法裁判的影响的论述，解释立场不同作出的裁判很可能是不同的。而且，司法的立场并不只在法律解释上作为唯一的具体呈现和表达，甚至可以说解释立场只是司法立场中的一个对应高度层面上的具体化，司法的立场在总体上具备更为广阔的命题空间和更为辽远的命题视野，譬如下文将要论述的本著之司法立场——公义之心、中立司法、一般原则遵循、唯一的正解以及正当程序就更具宏大和宽广。这些被坚守的立场，即便望文生义也能觉察出它对司法的影响性，甚至是根本性的牵制。由于立场存在着有无、同异问题，因而它一定是一个变数问题。司法的观念、司法的境界也是一样，对司法具有影响，相较于司法的立场而言，司法的观念对司法的影响要小一些，一般不具根本性。譬如刑事司法中的谦抑观念和重典观念，对刑事案件的影响大多就体现在量和度上的区别，至于在是非问题上的影响也可能存在，但仍然在一个模糊区间或交叉地带的界限之内。譬如持谦抑刑事司法观者基于刑法的谦抑性将行为排除在犯罪之外，但并不是说就一定是认定该行为不是违法行为，而犯罪行为显然也在违法这一概念所涵盖的范围之内。司法的境界也是一样，它对司法的影响具有覆盖力，它欲在表达认知度和权威性。与司法的立场和观念不同，司法的境界有高低之分，也就是说，不同司法境界的司法者并不以司法立场和司法观念的把持作为区分的标准，司法立场和司法观念的不同，并不必然呈现出司法境界的高低。总之，司法的裁决结果固然重要但并非唯一，司法的经程也是审视、判断裁决结果的一个标准，而在司法经程中，司法的立场、观念和境界，施加了具有相当分量的因素，并对司法裁决结果起到了相当的影响和牵制，这种影响和牵制便是司法的变数，就像我们在做判断题或选择题，你可能蒙对答案，但有可能是根本不会这道题。

| 第四章　司法的立场 |

　　立场，是指认识和处理问题时所处的高度、地位以及所抱持的总体态度，是处在某一高度上的地位点平行看待某一或者某些事物、事件、问题等的稳定人格心理。可以说，立场是一种高度视野上的平行界面审视，这是它区别于看待事物的角度（视角）之所在——角度是具方向性的而且是局部的，并且，立场的覆盖具有穿越平面以下的空间而具有立体性。因此说来，立场比起视角更加的宏观和广阔。人们的思想行为总是有一定立场的，不管是自觉意识的立场，还是不自觉的自发的立场；不管是相对恒定的立场，还是一种分裂支离的立场。不同立场的人们，对同一事物的感受、评价可能是不同的。立场问题，往往决定着一个思想上和行为上的类聚群体，即在一般的情况下，只有立场、观念相同或近似的人才会成群结队、你来我往，即便所谓"君子和而不同"表明胸怀上的豁达可以成就一种立场、观念异见上的容忍和呼应，但这句话的前提——"君子"本身就代表着一种立场条件，也就是"小人"或"闲杂人等"不在此列。所谓的"道不同不相为谋"寓意似乎就在于立场、观念上的互相认同。"和而不同"以及"相为谋"提供的是一种争论、辨析的可能，而立场不同或者背离者，似乎只有争吵甚至决裂的结局，毕竟小人之心与君子之腹难以共融并存。所谓三观上的价值立场、世界视野以及人生态度，则更加形象地写照着观念、立场之于"和"的重要性。

　　司法的立场问题，也当然在此逻辑之内。凛然正气的司法者绝对不会与蝇营狗苟的司法者往来甚密，至多就是礼节性的照面。天地大德的司法者与初出茅庐的司法者一般也不会有过多的交集，因为格局上的差别会让交流沟通存在太多的障碍，除非是师徒关系。有时候我们会对那些两面三刀或者骑墙溜须的司法者斥之为没有原则、没有立场之类，实际上两面三刀或者骑墙溜须就是他们的立场、原则。价值评价上和利益需求上的类同性，是司法立场类同者类聚的基础因素；价值评价上和利益需求上的趋向性，是司法立场类同者互动为谋的动力来源。正气凛然者从价值评价和利益需求上寻求司法上的他人认同和自我补足，蝇营狗苟者在价值评价和利益需求上换取司法上的他人买受与自我出卖。因此我们谈论司法的立场，总是站在一个类同层面的平行空间内，而司法立场上所指向的具体立场，也几乎都是类同的，区别只是在于整体上的部分关系或者指向的角度不同而已。譬如下文说要议及的公义之心、中立司法、唯一正解、一般原则遵循以及正当程序等观点，就在本质上具有某种类同的格调与态度。

我们所说的立场，还有一个分层的问题，即立场的平行界面上具备可分层的多层面性。这并非说一个人可以分裂为多种立场，而是说可以有从多个高度上去表达自己的立场的可能。当你站在哲学高度上，你可以有自己的哲学立场；站在领域学科高度上，可以有这个高度的学科立场；站在学科分支高度上，可以有分支立场；等等。但这些立场的归结并不矛盾或者分裂，它们只是因为在认识和看待某个层面上抱持的具体立场而已。譬如法哲学的立场、法学立场、司法立场、刑法学立场等。本著谈论的是司法问题，所以这里所表达的立场问题，意指司法领域的平行高度层面上的立场。

司法立场之所以成为司法的一个关键性的变数，就在于平行层面的视野审视因素。一个事例放在一个层面上进行平行审查与放在另一个层面上进行平行审查，得出的结论可能存在变数。这是因为，司法需要对事例和法律进行关联适配的解析，而不管是对事例的解析还是对法律的解析，都存在因解析者立场上或观念上的心理态度而造成对结果评价的影响性可能。由于是非曲直、良莠褒贬大体上并非绝对，即便是社会共识也可能在新的理论或者理由的反驳后崩塌沦陷。而且，认识的高度也会对判断评价造成直接或者间接的影响，毕竟界面实际上就是取向本身。譬如对毒树之果的正当程序问题，不同的司法立场者可能作出的结论是不同的，严格的正当程序立场者认为程序的污染是一种对个人权利的侵害，而侵害行为当然是非法的，在非法的前提下，侵害行为必须被排除在合法的程序审查之中。相对的正当程序（真实至上）立场者则会提出主观动机、客观结果上的真实性来为非法程序作辩护，进而剔除侵害行为的程序污点而保留对结果的所谓合理的有效利用。

一、公义之心

多年以来，笔者一直在寻找一个词语来表达一种几乎完全和完美的司法态度和司法内心，这个词既包含现存的司法的基本价值各方面诸如公平、正义、公道、法治、人权、尊严等，又包含着对未来可期的司法远景价值取向，还包含着司法所应当具备的其他的未曾感受的但应当感受的态度和心理，每每都难以遂愿。直到前些时候，笔者阅读到一段摘自《圣经·新约·提摩太后书》第四章第七节的文字："那美好的仗我已经打过了，当跑的路我已经跑尽了，所信的道我已经守住了。从今而后，有公义的冠冕为我存留，就是按着公义审判的主到了那日要赐予我的；不但赐予我，也赐予凡爱慕他显现的人。"笔者发现了"公义"二字似乎可以涵盖所有欲探寻以及将来可能会探寻的司法的所有意义。在这里笔者认为，公不仅蕴含着公平、公正、公道、公德、公信、公用、公利、公益等正面含义，并且还隐含着诸多只可意会不可言传的正面精神与价值；义不仅蕴含着正义、仁义、道义、德义、善义、信义、守义、行义等正量含义，并且还隐含着诸多难以言表无以形容的正量内涵和潜在。公义似乎就是一个天地广阔、心界无边、包容万物的集大成的词汇代表，于是，笔者便将公义之心作为司法的立场之首要立场。

公义之心何以为司法之首要立场，这首先要从司法的性质和意义说开去。司法作为纷争的裁决，旨在定分止争，而定分止争必须基于大义凛然、大道之行的姿态，否则，没有说服力、没有公信力甚至被私情私利污染的裁决本身就是在酿造新的纷争。当然，司法无法顾及当事各方，所以司法者应当以人民性基础或者民主性共识作为一个认识前提，并基于司法者的学识和经验、逻辑等的运用及推理作出裁决，这方才可能将裁决引领至权威和终局。诚然，缘于法律自身的过失、缺陷及漏洞之所限，司法无法苛求面面俱到而且精准无误，并且，缘于司法者本身的水准也不可避免地会导致司法上的某个或某些背离或偏差，但是，司法的权威性如若根植于纯粹司法使命和意义的追寻，根植于真实司法意旨和目标的发现，也就是司法者根植于朴素立场的公义之心，那么，司法就已然代表着无可替代的（至少在形式上的）权威。其次，从司法的机能上也能洞悉到公义立场的灵魂所在。司法的机能无论是出于天道自然还是出于功利实证的秩序维护，都意在将社会的治理维持在一个可控的和安定的关系之中，即便作为司法的保障——国家机器的强力执行——具有无可比拟的优越性和统治力，但司法的公义属性也是一块牢固的基石。很难想象一个司法败坏、枉法成风的国度会有政治清明、社会安稳的可能。在社会秩序的维护和保障上，秩序本身就是一个规则确定问题，也当然是司法的目标所向。因此，维护和保障机能实现就有赖于司法的正当运行（也包括行政和其他社会治理方式的运行），维护和保障机能丧失或者有失公允，不秩序、不稳定的因素便应运而生。只有在公义之下，维护和保障机能才能得到切实地维护和保障。因此，司法者的公义之心，便是司法的机能实现所必备的前提条件之一。再次，在司法愿景的构建与描绘上，我们也充满着对实现理想化目标的美好意愿的追求。我们把安定、秩序和法治作为司法的愿景，把核心价值取向认同和追求目标普遍共识作为通往美好司法愿景的必由之路，那么，公义便是最能代表这一切美好愿景的理想。因为，在我们所理解的公义的含义里，它都是最完全和最完美的表达或者替代。在司法的性质、意义、机能和愿景的名义之下，司法立场上的公义之心便昂首阔步地登堂入室，并占据首要之位。

顺便要提及的是司法上的形式公义与实质公义问题。由于公义的内心属性，公义难以言辞、文字捕捉实定，在很难给公义做一个完美定义的情况下，所谓的实质表达或者实质理解便会差强人意，因此，公义在实践上更倾向于只做形式表达和形式理解。然而，即便对公义的形式表达和形式理解，也不易外化，公义似乎只能在内心上形成再通过行为外化后，便任由公众评说和评判。那么，基于公义之心的司法通过正当程序、判例解析、裁判开示和公众评判等形式表达后便可认为符合了形式公义。至于实质公义，需要被考验和检阅，并且实质公义受各种历史条件、社会条件以及司法者个人条件的影响而具备条件不定性和情势变更性，难以恒定。那么问题是，如何确定司法是不是基于公义之心呢？由于但凡内心的考究总是难以标准化或者量化的，所以只能说，公义自在人心！

既然公义自在人心，那么司法者如何沉淀司法立场上的公义之心，司法又如何评判司法者公义之心的有无以及层级，这些都是十足的难题。所谓相由心生、字（文）如其人，确有其道理所在。如此类推，公义之心是不是可以从司法者的相、字（文）中去找寻或映照。这种唯心主义的玄学根据，看来可笑，实则有其灵验的一面。大义凛然、大道之行的司法者，由内而外都散发着正气和真义，其言行举止、文辞造句自然可见一斑，久而久之，这种真挚情怀的表达便在相、字（文）中定型，如同一种外化的镌刻。相反的，谁见着那些个奴颜婢膝、狼心狗肺的司法者有如此的颜容和气度，即便刻意的粉饰或者分裂的表演，也洗脱不了其内心的污秽，长此以往，这种伪善的做作便也在相、字（文）中定格。如若不信，读者可以观察验证，绝对应验不敢说，但八九不离十似乎是可以信誓旦旦的，但前提是，你必须是一个怀有公义之心的善良公民。故而，公义不可参照、不可效颦、不可比拟甚至不可历练，它是一种自发的、源于内心的，就如相由心生一般地需要去感验和意会的内心。它是一种见识的素养、一种精神的洗礼、一种岁月的沉淀，它是来自一种学识、一种取向、一种修为、一种精神、一种境界的有机合成体。

公义似同神圣故不可触摸，但是公义应该要能让人以承载的方式（立法、行政、司法）看得见，至少能让人感受到它的温度。否则，公义便是虚无缥缈或者凭空想象的，虚无缥缈让人不知公义是否存在，凭空想象让人不知公义为何物，这都是不切实际的。我们谈到司法的公义之心的立场，就是要让司法展示公义，让人们看见公义或感受到公义的温度。而不是当人们评判司法的时候，无以体会他们想要的东西和不想要的东西，无以感受他们主观感受上的价值认同或者不认同，好像司法对他们而言，像一个个孤立的字符的拼凑排列而不是一份份以句式文章呈现的栩栩如生的字符组合。公义之心无须将它本身的字体印刻在司法文书中，因为这四个字的印刻若只是字符的排列则显得徒有其表，如同于金玉其外败絮其中的器物。但司法文书中的字句文义表达却是可以管窥或感验公义之心，甚至管窥或感悟到公义之心是否投射出司法灵魂的光芒。司法者所著之司法文书，于情、于理、于法、于律、于品、于格上的表达，尽然彰显着司法者的公义之心的投射影像和度量标尺。

公义之心的秉持虽则不易，毕竟站在司法层面的最高位阶，非得学识、经验、见地甚至天分据以支撑，亦得伦理、道德、境界、格局予以辅佐。然而，公义亦并非万难而极致，并非得历经九九八十一难的磨砺。我们所谈论的公义之心，并非高不可攀的神圣之物，而是潜伏于司法者内心的自然之理，一种没有门槛、没有标准、没有顶线的内心涵养。即便刚刚踏入司法门道的菜鸟，公义之心对他而言也不是只能望而却步的，只要朴素而善义，专业而敬业，便也都可称之为公义。只是，公义之心需要以格局与境界来区分差别，需要站在一个演进、进化或者升华的空间上去审视公义之心的格局和境界区别，否则，当我们谈论司法者的公义之心时，便落入一个平素而等闲的话题。

然而，司法的现状在司法立场之公义之心的评判上却是令人忧心忡忡，诸多的厚颜钻营之心，诸多的精致利己之心，诸多的巧言令色之心，诸多的奉承阿谀之心，以及诸多的碌碌无为之心，玷污了本该纯纯粹粹、清清白白的司法地盘。更为令人愤而无奈的是，在自诩为仕途、为家业、为苟且、为所谓的实属无奈作为托词的装睡的司法者内心，竟能问心无愧地为自己的如此不义洗刷和漂白，类似沉默的大多数的平庸之恶的席卷，而事实上，站在司法的高度上，这些都是公义的反面。所以，当我们谈论司法上的公义之心时，便更需要有一份更加热切的司法情怀和一个更加真挚的司法理想，否则，我们的价值取向，我们的法治理想，我们的司法尊荣，何以为继！

示例十一：某甲正当防卫案

☞【案情摘要】

2017年6月22日凌晨2时许，某甲与朋友数人在某市某区某烤吧吃夜宵。席间，因坐在某甲等人旁边另一席吃夜宵的某乙、某丙、某丁等三人酒后大声喧闹，影响到他人的用餐。某甲便上前善意提醒对方注意不要影响他人。某乙被提醒后心生不悦并借故生非，欲对某甲及其朋友动手，先被旁人劝开。随后，某乙又屡次言语、肢体挑衅，意欲挑起事端。在双方争执中，某甲及其朋友都保持冷静和克制，但某丙趁某甲的一个朋友A不备，打了A头部一拳，由此激化事端。A随即欲对某丙反击，但尚未还手即被他人劝开。某乙、某丙、某丁三人借酒依旧不依不饶，不断挑衅某甲及其朋友等人，围观旁人见状便电话报警。某乙、某丙、某丁三人获悉有人报警后，欲行离开现场。某甲及其朋友A为了将事件交由警方处理，采用拉扯、围拦的方式阻止某乙、某丙、某丁三人离开。此时，某乙、某丙、某丁三人便一齐围攻殴打A，A亦徒手反击。某甲见状便上前拉开某丁以阻止某丁殴打A，拉扯中两人摔倒在地，造成某丁左桡骨远端骨折、左尺骨茎尖骨折（经鉴定为轻伤一级）。此外，在事态纠缠中，某乙、某丙及某甲、A亦均受伤，损伤程度经鉴定均为轻微伤。警方随后到达现场，将当事者一起带至警局审查处理。

☞【诉讼经过】

某市某区警方以涉嫌故意伤害罪，对某甲予以刑事立案，经侦查终结后，移送某市某区检察院审查起诉；以涉嫌打架斗殴对某乙、某丙、某丁和A行政（治安）立案，并均予以行政（治安）拘留处罚。

某市某区检察院经审查后，以某甲犯故意伤害罪，向某市某区法院提起公诉。

某市某区法院经开庭审理，认为某甲故意伤害他人身体健康致一人轻伤的犯罪事实成立，被害人某乙、某丙、某丁在本案中的过错不构成对某甲行为的有责性阻却。据此，一审判决如下：某甲犯故意伤害罪，判处拘役四个月。

某甲不服一审判决，认为其行为系正当防卫，不构成犯罪，在法定上诉期间内，向某市中级人民法院提出上诉。

☞【判例解析】

"法律不外乎人情。"尤其是在两方对峙而引发的法律纷争上，更是要追根寻源，厘清事态的全貌以为评断是非之根据。所谓"原因的原因是结果的原因"，割裂或者摒弃"原因的原因"往往容易导致"不见泰山"的后果。"法律亦不能强人所难"，当一种通常认为是合情合理的行为，竟能符合法律的违法构成，那么反过来，我们就要去思考这种违法构成是不是错误的，以及是否存在没有考虑到的阻却事由，或者应当由此反思我们是不是被表象所迷惑而忽略了本质的特性。在本案中，站在一个通常的立场上，对某乙、某丙和某丁的非难是一个情理上的基本感验。本案的起因乃施害人某乙、某丙、某丁三人（本案的被害人）共同在酒后耍横、借故生非、打人滋事引起，本案的被告人某甲为阻止施害人从现场逃脱以逃避警方处置，而采取了拉扯、围拦、扭抱等适当的阻止行为，即便导致施害人一人受轻伤，也在一个普遍理解上的正当和恰当的范围之内。在整个事件发展过程中，全部的过错均由酒后滋事一方单方挑起并不断激化。某甲一方只是做了一些正当性的且合乎限度的应对和防卫。假设没有进行法律分析，甚至在道义层面的评价上，都会有某乙、某丙、某丁是咎由自取，是活该的认识。但是，为什么他们受到的罚戒的程度要远远轻于某甲呢？当反思这个问题时，一定会考虑到正当防卫的违法阻却这一事由。那么，某甲的行为是否构成正当防卫，就要进行必要的法律解析了。

根据《刑法》第 20 条的规定，正当防卫是指为了保护国家、公共利益、本人或者他人的人身、财产和其他权利免受正在进行的不法侵害，采取对不法侵害人造成或者可能造成损害的方法，制止不法侵害的行为。公民在进行正当防卫的时候，不得采取不当的行为损害其他合法权益，否则就会造成新的不法侵害。因此，防卫人的行为必须符合一定的条件，方为正当防卫行为。这些条件，在法理上而言，具体的解析如下所述。

其一是以不法侵害的现实存在为前提条件。在本案中，某乙、某丙、某丁一方酒后耍横、借故生非、打人滋事，并且在被他人劝离后，再执意惹事，对某甲一方不断叫骂、挑衅，其间还对 A 有殴打行为。这是一种持续的不法侵害行为。随后，某乙、某丙、某丁一方为逃避即将面临的警方的处理，意欲逃离现场了事。此时某甲一方的阻拦行为，于情于法都是正当的。某乙、某丙、某丁一方在被阻拦后，继续采用暴力性攻击手段对抗某甲一方合情合法的阻拦行为，显然是构成了一种非法的侵害行为。由此可见，事件从始至终，某乙、某丙、某丁一方都存在着对某甲一方的现实的不法侵害行为。

其二是不法侵害必须正在进行，即不法侵害已经开始且尚未结束。不法侵害正在进行的情况下，合法权益便处于紧迫的危险境地，因此，防卫行为就理当成为保护合法权益的必要手段。在本案中，某乙、某丙、某丁一方为逃离现场，对正当阻拦的某甲一方实施暴力性的殴打行为，某甲为了制止这一正在进行的殴打行为，方才实施阻止侵害（甚至可以是同等的或者适当超过的暴力钳制）的防卫行为。因此，该行为的实施具备正当防卫所要求的紧迫性条件。

其三是防卫人具有防卫意识，包括防卫认识和防卫意志。防卫认识是指防卫人认识到不法侵害正在进行，防卫意志是指防卫人处于保护合法权益免受正在进行的不法侵害的目的。在本案中，某甲一方在被对方持续的伤害和挑衅下，对自身以及同伴的合法人身权益正在受到的侵害显然具有足够的感受和认知。在深受其害且迫不得已的情况下，其实施的阻止行为的目的就在于避免侵害行为的继续进行和将该侵害行为的实施者交由警方处置，这样的目的是正当合法的。并且，在侵害行为的持续实施过程中，某甲一方保持了相当的理智和克制，没有挑拨行为，也并非互殴行为。因此，某甲一方实施行为时具有防卫意志。

其四是正当防卫必须针对不法侵害人本人进行防卫。在具备正当防卫的前提条件下，只能针对不法侵害人本人进行防卫。针对不法侵害人以外的第三者进行防卫，就不可能制止不法侵害、保护合法权益。在本案中，某丁是殴打行为和挑衅行为的实施者，并且其与同伙某乙、某丙共同实施的行为也是一种共同侵害行为，针对的对象就是某甲一方的人。在此情况下，某甲一方对某乙、某丙、某丁一方的任何人所实施的防卫行为，都是符合针对不法侵害人本人进行的防卫。

其五是正当防卫必须没有明显超过必要限度造成重大损害。其中的必要限度，是以制止不法侵害、保护合法权益的合理需要、限度为界限准则，只要是制止不法侵害、保护合法权益所必需的，就是必要限度之内的行为。在本案中，从制止不法侵害的对抗行为而言，某甲采取的围拦、扭抱、抱摔行为，是制止不法侵害的理所当然的必需行为；从防卫行为所造成的损害后果来看，某丁受轻伤，并非严重的伤害，是一种限度内的损害结果，不符合重大损害的条件。因此，某甲的防卫行为没有明显超过必要限度造成重大损害。

综上所述，某甲的行为是正当防卫行为。现实中对正当防卫的认定，往往苛加太多的条件，诸如不法侵害人所受的正当防卫行为施加而造成的损害往往更大因而稀释了不法侵害行为的恶性，不法侵害人率先告状等等。但是，如果法律对正当防卫的反制行为附加了太过苛刻的容忍和谨慎义务，那么将导致不法侵害行为的嚣张和弥漫。由此，刑法意义上的一般性正当防卫行为和道义情理上的忍无可忍行为将变得虚无缥缈和徒有虚名，这对公民担当社会正义、践行见义勇为、维护自身权益的举动和使命将造成不可估量的损害。

正当防卫的对面，一定就是一个不法侵害的现实，这是无可回避的，除非本判决被推翻。这样，无论如何，这个不法侵害也必须是要进行法律评价甚至法律责任的追究，否则，正当防卫就没有存在的可能。本案中，不法侵害的施加者——某乙、某丙和某丁——行为的性质，按照罪名的符合性在本判决的认定前提下应当认定为寻衅滋事，三人的行为所造成的危害后果也达到了刑事立案追诉标准，即以作为正当防卫的对立面依法应当追究刑事责任。但是，本案审理的是某甲的行为是否构成犯罪，在检控方没有指控某乙、某丙和某丁三人的罪名的情况下，法庭应当保持不告不理的中立立场。对涉及正当防卫的对面的不法侵害行为的刑事追究，检控方可根据本判决的解析，自行决定是否追究某乙、某丙和某丁的刑事责任。

本案的裁断评判，将案件中侵害人与被害人的身份反转，这是基于上述的于法有据、于情有理的解析结果使然。就司法而言，眼光不能只停留在规范之上，更重要的还在于应当从社会影响以及司法道义的层面上确立一种涵盖了合法性和合理性的价值导向，诸如对见义勇为、正当防卫等正面行为，必须在司法上予以解析确认和宣告。此外，从法制宣传和普法教育的角度，本案也要告示一个法律上同时也是常理上的映照，即正当防卫并非稀罕之物，任何公民所施行的公义之举以及合法行为，司法都要给予最客观的评判。

　　据此，二审判决如下：某甲无罪。

二、中立司法

　　中立在通俗上的释义指不站在双方或者多方的任何一方倾向的立场上，以自己的独立且不偏不倚和不具感情色彩的主见作为评判或者评价的根据。中立是对好恶尽显、感情外表的排斥，中立也是对不偏不倚、公而无私的彰显。古人所谓的"中立而不倚，强哉矫正"（礼记·中庸）便是言简意赅地阐释了中立的特征。在现代的学问和学术中，对中立的表达在司法上尤为凸显，其道理自在于司法代表着裁断的本职，是是非曲直、纠葛讼争的最后关隘。如果司法官夹杂个人情感或者私欲私利而没有站在一个中立的场合，那么其作出的裁断必然是不可信赖和偏颇扭曲的，这样的裁断对司法而言定然是离谱的败坏和莫大的伤害。在法治的语境下，中立司法是一个法治时代和法治社会的应有之义。为此，在规范性的法律文件上便较少去刻意规定或者隐含这样的文字，毕竟作为一种司法上的通义和基本，可以说中立是属于任何一个从事裁断职能的司法官的必要条件。当然，也不是说没有任何的规范性文件对此作出明文规定，《法官职业道德基本准则》就规定："法官审理案件应当保持中立"；"在宣判前，（法官）不得通过言语、表情或者行为流露自己对裁判结果的观点或者态度"；"法官调解案件应当依法进行，并注意言行谨慎，避免当事人和其他诉讼参与人对其公正性产生合理的怀疑"。只是，这种对中立的规范性以司法道德品格、司法职业操守方面上的约束作为表达的形式，似乎还是欠缺一点法律强制力上的力度和分量。因为《法官职业道德基本准则》的制定主体是最高人民法院因而并非属于法律法规的范畴，充其量只是一种司法机关对司法人员在行政、职业管理方面上的规束，并作为处置上的规范性文件依据，其约束力仅被限制在特定的人员和特定的职业、职责上，其制裁手段和责任承担方式也是以行政处分为主，涉及刑事责任承担的，仍然只能作出附属性刑法条款的援引，甚至都因规范性文件本身的层级不够格而达不到援引刑法的资格。即便如此，该基本准则所规定的涉及中立司法的内容部分，也只是对形式上的中立作出规定，并且有一种刻意去雕琢、制造为中立而中立的形象之嫌，然而从司法立场出发的中立司法立场的应有之义，我们追求的应当是实质上的中立。

　　实质上的中立，是蕴含在内心的沉淀，是从司法的精神方面引发的基本立场。甚至可以说，实质上的中立司法如同实质上的公义之心一样，也是难以标准化或者量化的，它通过形式展示，但所有的形式的总和都无法对它进行全面的概括，无法包含它所有的外延和内质。即便如此，树立和倡导中立司法的基本立场，就必然要知悉中立司法所涵盖的内容和范畴，这样至少我们在名义上的研究才有了着实的根据。概而言之，中立司法包括但不限于司法官身份地位的中立、认知见解的独立、人格精神的独立和裁断评判的自主。所谓身份地位的中立指的是，作为司法官或司法机关对除法定的程序规范上的上下级权限之外的决定和意见，任何个人或单位均没有对其审断事例施加影响的可能。司法官或司法机关对事例的审断，凭借的是法定的自身职权，法外因素概不受制，这也是对司法官和司法机关在身份地位上的尊荣的一种确定。譬如在三大诉讼法中，都明确地规定"人民法院审理案件不受行政机关、社会团体和个人的干涉"。这种不受干涉指的便是司法官和司法机关身份地位的中立特征。所谓认知见解的独立指的是，司法官和司法机关对事例的理解和处置问题，完全是建立在其自身对事例和法律的解析和解读之上的独立使命，而不受命于其他司法官或者司法机关的影响和控制。诚然，由于学识、认知和见解的不同，对司法官或司法机关而言，难以苛求平行或一致。因此，我们无法将认知见解的独立进行标准化，只能说基于司法官和司法机关在自身高度上不受污染的认知见解便是独立的。所以在此意义上，认知见解的独立是主观性的，受本人（司法官、司法机关）的因素的限制。因此，即便对事例和法律的解析和解读可能见仁见智、莫衷一是，甚至可能是事后被确定或证实为错误的，也不可谓并非独立的认知见解。所谓人格精神的独立指的是，司法官或者司法机关在价值取向、道德品格以及性格偏好上所具备的独立思考能力，它是一种对自由之思想、独立之精神的纯粹向往和执着求索，是对自强不息、厚德载物的人格写照。在通往人格精神独立的道路上，壁立千仞无欲则刚是一个必经的崎岖的磨难，因为现时物欲的诱惑以及潜规则的侵蚀，着实需要很强大的决心和毅力才能倔强地抵挡，而最终能够坚守下来的实属难能可贵。这里并非有任何直面抨击司法现状之意，只是将这种中立司法的愿景作为一个价值追求的导向，作为一种"吾将上下而求索"的精神境界罢了。所谓裁断评判的自主指的是，司法官或者司法机关在法定的职权之下履行的司法本分，对事例作出的裁断评判是基于司法官身份地位的中立、认知见解的独立、人格精神的独立而作出的自主的决断。司法最终导向裁断评判，在最终的裁断评判之前，司法所经受的，不仅有专业水准的考验。还有干涉和人情的考验。司法官和司法机关如若没有凭借自身的尊荣感和意志力坚定地维持中立的立场，那么，作为最后的阵地和关隘——司法终局裁决便将轰然倒塌，因此，从本质上的某个方面而言，中立的司法决断是司法立场中最关键的一环。

中立是无偏无私的含义，意指不具感情色彩的客观立场，在理解上宛若机器的属性，除了预设的程序外，不受其他任何外部因素的制约，因此具有绝对性的一面。多年以前笔者曾获悉一名域外法官为了达到中立司法的境界，不惜不关政治、不涉媒介、不闻舆情、不问社情，刻意地将自己放置在一个最纯粹的司法环境中去裁断事例，当时笔者甚是钦佩。但多年以后，笔者对此却有不同的见解。窃以为，那样的司法可能过于孤立，毕竟与司法息息相关的事物太多，而且所谓的兼听则明也是理在其中，故而全部隔离、阻断司法之外的一切关联，终究是难以周全的。由于司法者是人，司法机关也是由司法者组成，而任何人均具情感、偏好的一面，因此，纯粹绝对中立的司法立场几乎是不可能的，那么，我们只能将纯粹绝对中立作为一种理想，并退而求其次，以无私而善良的心理来支持这种中立司法的立场，并将其定义为被认可的中立司法。也就是，在尽可能克制情感和偏好等因素影响的情况下，根据司法官身份地位的中立、认知见解的独立、人格精神的独立而作出的自主的裁断评判，无论如何，便就是这被认可的中立司法的最佳呈现。

这种被认可的中立司法，姑且称之为相对的中立，其以主观上的立场克制和立场驱使作为意志因素趋向客观上的中立（绝对的中立），但又几乎是达不到绝对的客观中立。毕竟，社会关系和社会现象多元、错综、芜杂，司法还关联诸多领域和学科并受其影响，司法官对其他领域和学科的认识能力、认识水平和认识境界不同，由此施与在司法上的影响也必然是或多或少。由于司法官中立司法立场具备主观性的特征以及关联诸多领域和学科使然，绝对中立司法似乎就变成一种乌托邦式的理想化。也正是因为而这些诸如政见、宗教、学派、伦常、舆情、偏好等领域和学科本身也具有相当的主观性和倾向性特征，司法官及司法机关在目前的条件下，尚且无法完全地隔离或者忽略诸如政见、宗教、学派、伦常、舆情、偏好等领域和学科的影响，因此作为退而求其次的策略，司法官及司法机关只能面对司法与政见、宗教、民心、舆情、偏好等之间千丝万缕的关联，但司法亦一定要有摆脱政见、宗教、民心、舆情、偏好等束缚的勇气，达成一种力求超越上述因素影响的纯粹法治状态，以使司法不会走向中立的反面，而是通过一种强大的力量和心境的支持，将这种影响限制在最小的范围内。

那么在绝对的中立司法与相对的中立司法之间，便间隔着一个如此的距离，而距离的长短更是因人而异。司法官在通往绝对中立的司法立场的进程中，相对中立是一个实践性同时也是个渐进性的司法立场，如果我们把假定绝对中立的司法立场作为一个理想的追逐目标，那么司法官孜孜求索的，便是以相对中立的层次和境界作为渐进和攀登的阶梯，向着似乎遥不可及但已然清晰可见的目标迈进。

站在公义的视角，中立诚然是公义的一种应有之义，但公义无法取代中立，毕竟不仅在语义上而且在内涵上，公义与中立具有各自显明且不被彼此涵摄的空间，反之亦然，中立亦无法取代公义。这种既有部分相互包涵又是各自独立的关系，似同为一种交叉关系。由于两者在司法立场的表达中均为不可或缺，所以即便有部分的交叉，公义之心立场和中立司法立场也当且仅当以两个分立的立场作独立并存的阐释。事实上，公义与中立不仅互有交叉，而且也有互相牵制、互相成就的关系。毋庸置疑的是，一方面，公义具有一定的情感色彩，甚至公义本身就是一种情感。为了实现司法的根本目的与机能功用，调适、矫正这种情感倾向成为一种应然，而中立对这种公义的情感倾向具有牵制、调适和矫正的作用。中立司法能适当地克服这种情感上的影响与束缚，将公义的隐蔽瑕疵通过中立的克制与驱使来尽量地剔除，进而共同作用以实现公义最完美的一面。另一方面，中立本身也受政见、宗教、学派、伦常、舆情、偏好等因素的控制和影响，也有不能尽善尽美甚至有失偏颇的一面。在追求司法至善的目标之下，调整这种目标偏离也是法理之意，而公义对这种偏离的调整则具备首要之本分。在公义的立场下，政见、宗教、学派、伦常、舆情、偏好等因素便可渐趋于一统，影响中立司法的诸因素便最大限度地被克服，公义与中立再一次能动地推进司法。譬如，两个公义的司法官或两个中立的司法官可能作出两份有所区别甚至天壤之别的裁判，公义的司法官因中立而尽可能地拉近这个差别的距离，中立的司法官同样也因公义而尽可能地拉近这个差别的距离。如此一来，在公义和中立的共同作用下，司法所追求的统一性目标便更加接近了。

法律格言上的法律不外乎人情，并不能理解为人的情感是法律所要考虑的一个必要因素，而是指制定法律时对人之常情的考量并以制定法的方式确定为规范，以及司法的裁断评判上将人之常情作为必需的参考。毕竟，作为社会学上的一个概念，人之常情往往反映着一种常理、常情，反映着社会生活的惯例和共识。法律作为调整社会关系的工具，自当以社会生活的共识作为一个重要的参照和参考，这也是法律的人民性的一个体现。据此，法律不外乎人情并不是司法者在个人情感上的倾向许可证，也不是司法容许情面、恩惠、情义等因素的关涉，法律不外乎人情恰恰表达了一种社会认同和普遍共识，是一种平行评价的准标准使然，是法律与社会、人民适当连结的正当表达。人情更不能理解为说情、关说之类的含义，说情与关说之类的人情往来，严格上可以理解为私情私利，这便是渎职。于中立、公义司法而言，渎职是其反面，是背道而驰的极端。

古人所言之："大而能容、中而不偏、刚而不屈、正而远邪。"大概是能对中立立场作出到目前为止本著认为的较为完美的精辟概述。

示例十二：某甲、某乙盗窃案

☞ **【案情摘要】**

某市某区某花卉世界由于行政上的规划，需要整体搬迁，行政部门限定该花卉世界的各个园艺商户应当在 2016 年 10 月 20 日之前搬迁完毕。园艺商户王某经营的某园艺店也将园艺物件陆续搬离，但由于数件园艺品（巨型秋枫木 6 根，树茎高为 5 米左右；超大石缸 10 个，每个重 1 吨）因体积庞大、重量较大仍未找到合适的存放地点，所以在搬迁到期日仍未搬离，依然放置在园区原位。王某向该花卉世界的管理处说明了情况，并声称会尽快搬走。2016 年 11 月 2 日，某甲（该花卉世界的商户）、某乙（另一花卉世界的园艺商户，与王某相识并系微信好友）发现王某的园艺品放置在原园艺区无人看护，便商量如何将其中一根秋枫木和一个石缸搬走。由于该花卉世界仍有保安值守，对进入该花卉世界的车辆进行盘查并继续维护搬迁和售卖（白天仍有商户经营未搬走的园艺品）秩序。某甲、某乙遂与该园区的保安队长某丙招呼、寒暄，打听、了解该花卉世界原商户的搬迁情况。某甲、某乙还商量准备事后要给某丙包个红包打点。2016 年 11 月 5 日 19 时许，某甲雇请了一辆货车和六名搬运工人，在某丙的放行下进入该花卉世界王某的原园艺店处，将看中的那根秋枫木和一个石缸搬到货车上，随后货车驶离该花卉世界并开到某乙经营的园艺店卸下。2016 年 11 月 13 日，王某到该花卉世界，发现一根秋枫木和石缸不见了，即向警方报案。2016 年 12 月 4 日，警方经侦查在某乙的园艺店内将某甲、某乙抓获。涉案秋枫木和石缸先经依法扣押后再发还给王某。经鉴定，涉案秋枫木的价值为人民币 5 万元，石缸的价值为人民币 2800 元。

☞【诉讼经过】

某市某区警方以涉嫌盗窃罪，对某甲、某乙立案，经侦查终结后，向某市某区检察院移送起诉。

某市某区检察院经审查，以某甲、某乙犯盗窃罪，向某市某区法院提起公诉。

某市某区法院经开庭审理后认为，结合案件的在案证据情况和案发现场情况，不能排除某甲和某乙二人认为此时仍遗留在拆迁现场的物品属于物主已经遗弃或者将要遗弃的物品的可能性。因此，认定某甲、某乙主观上具有盗窃他人财物的故意的证据不足。据此，一审判决如下：（1）某甲无罪；（2）某乙无罪。

某市某区检察院认为同级法院的一审判决确有错误，在法定抗诉期间内，向某市中级人民法院提出抗诉。

☞【判例解析】

1. 对一审判决书的案件审查结论的解析

（1）一审判决书对证据的分析建立在残缺和破碎的断章结构上，不具整全性和系统性

在对被告人某甲、某乙主观上是否具有盗窃犯罪故意的证据分析上，一审判决书只是摘列了二人的片段供词，并且，该二人的供词之间还是相互矛盾的。在此情况下，一审判决书不可思议地忽略了其他大量的证据对犯罪主观方面的证明效力，一意孤行地将这种片面的供词上的矛盾直接推导出"在案缺乏能充分证实某甲本人有非法占有他人财物的故意，或某乙有要求某甲通过盗窃方式帮其获取涉案物品的证据"的结论。这显然缺失了案件证据的整体性、全面性和系统性分析的一般司法证据审查原则。本案对被告人主观上是否具有盗窃犯罪故意的证据分析，除了被告人自己的供述之外，还有证人证言、被害人陈述、鉴定意见以及物证书证等一系列的证据，甚至还需要结合逻辑、常识、常理进行分析判断，单凭两名被告的片段供词便推导出否定性的结论，显然是对证据分析应然的整全性和系统性的一种漠视。

（2）一审判决书摒弃常识、常理并遗忘法律推定的法律解释方法，将犯罪主观故意的认定建构在行为人受审时（而不是行为时）为抗辩指控所作的针对性辩解上

主观方面的心理态度包括预见能力和预见可能的证明，在行为人否认控罪的案件中，一般是无法通过言词证据来证实的。在这种情况下，对全案证据的全面分析时需要结合一些常识、常理加以判断，还需要集司法人员的智慧和经验进行综合审查，最后用法律推定的方法推导出行为人在行为时的主观心理态度。这是该类型（主观上过错要件的否认）案件的一般司法审查规则。但是，一审判决书非但没有对全案的证据进行系统的分析，而且也未能参照、援引、应用社会生活中的常识、

常理（对本案来说，常识、常理显然非常之必要和重要），也没有关于司法经验的表达和阐论。也就是说，对该类型的案件，法律推定这种非常重要的司法方法，在一审判决书中是被彻底地遗忘了。一审判决书只关注被告人的辩解，只关注个别的客观场景，没有进行犯罪主观方面的系统证据分析和法律推定尝试。这显然将极易导致对事实认定上的有所局限。关于证据分析和法律推定，下文将作全面的论述。

（3）一审判决书将"存疑时有利于被告"的证据审查规则进行了超过性的演绎，突破了证明标准的底线

合理怀疑的排除，建立在案件证据、事实以及常识、常理和司法经验、规则上。在本案中，搬迁期限已过多日这一实况，并不是拆迁现场中留存的物品属于遗弃物或将要遗弃物的必然结果，其实两者之间也不具备多少的关联性，因此，这不是个合理的怀疑或者说这个怀疑是不合理的。还有，一审判决书援引保安队员的证词说到的"现场没有什么值钱的东西"，并以此作为一个不能排除的合理怀疑，这更是匪夷所思和无以名状。实际上，现场值钱的东西是非常多的，单单本案的财物就价值5万余元，而本案的财物显然只是现场财物中的一小部分。并且，姑且不说保安队员有盗窃共犯之嫌疑，单就保安队员的普遍职责和义务上看，保安员的行为也是一种严重的失职行为。而至少为严重失职行为后的辩解言词内容，怎么能作为合理的怀疑予以排除呢？我们知道，存疑时有利于被告是有限度的，必须是在穷尽证据分析和司法方法之后的运用，但是一审判决书非但没有系统的证据分析，而且仅仅摘列了几个辩护证据，就作出了有利于被告的结论，显然是有误的。

2. 指控犯罪事实的证据分析

（1）客观事实（侵害性）方面的证据分析

①预备行为的证据分析

花卉世界的拆迁是一个确定性事实，拆迁过程中对未能完全搬离物品而稍做延迟，也是一个不争的实情。但并非在拆迁期限到了之后未搬离的物品就是遗弃物，是垃圾，是无主物，这是个常识问题因而无须证据支持。事实上，案发时仍有安保人员在现场职守，仍有物品所有人在现场售卖器物，仍有原租户在陆陆续续地搬离物品，仍有原租户的物品因故而未能搬离。这些事实从被告人、保安人员以及其他证人的证词中均可以得到充分的证实。在这种情况下，对涉案物品（价值不菲）是否属于垃圾、遗弃物或无主物的认识，具备完全辨识能力的人都会有一个明确的答案，除非是自己故意将此类物品假想为垃圾、遗弃物或者无主物。

某甲、某乙均是从事花卉园艺行业的人员，对花卉世界拆迁过程中的滞留物品的认识，是要比普通人员来得更明确一些的。在这种认识之下，两人利用了拆迁尾声这个时机，利用了某甲是原商户可以开车进场的条件，并先行到了现场进行识别、挑选以及对安保人员进行试探性问询或甚是邀约性拉拢。预备行为的结果是决定实行行为，并对打点（包红包）保安人员也作了预备。这些事实从案件证据中都能得到证实，被告人某甲、某乙也有在案的供述记录。

②实行行为的证据分析

某市（北纬22度32分附近）的11月5日19时后，天色已然全暗下来，对大宗物品的搬迁，按照常理来看是不合时宜的，除非另有原因。一件体积庞大到需要五六个人联手才能搬上货车的物件，在这个时间点搬运更是不可思议。更何况这个物件并非行为人所有（甚至行为人是知道物件的所有人并且有所有人的联系方式），搬运时还需要安保看守人员予以配合放行才能实现。搬运费用支付了3000元之多，由此也可以推定搬运物件价值肯定不小。并且，现场同类的物件还有数个，价值累计也以万元为单位计算，这也说明物件所有人滞留的物品是集中的而非零散的，是待处置的而非遗弃的。搬运的空间转移，从某市某区的某花卉世界搬到了临区的另一个花卉园区，也有一段不近的距离（大约18公里）。

现场的搬运，案件的证据显示某甲跟安保人员是有沟通的，没有沟通肯定实行不了。但是，关于如何沟通？达成什么协议？由于各自的利害关系（安保人员有通谋之嫌，所以证词有避责之嫌），无法得到确定性的答案。但如何沟通以及达成什么协议的问题，并不影响实行行为的性质，因为涉案物品是否为有主物并非由安保人员或者被告人某甲、某乙商谋确定，而是一种事实存在。至于行为人是否有预见能力和预见可能，在下文的主观方面的分析中将具体展开论证。

③关联事实的证据分析

其一，有主物与无主物以及是否遗弃或者将要遗弃的问题

本案的涉案物品确定为有主物并且不可能为遗弃的事实是证据确凿的，因为涉案物品存放的地点，是在所有人王某原园艺店的范围内，根本就没有搬动过；行为人某甲、某乙以及安保人员都知道涉案物品是谁所有的，要联系所有人也是举手之劳；行为人某乙本身也有涉案物品所有人的联系方式，行为人某甲、某乙与所有人王某也都属于花卉园艺界的同行。甚至，涉案物品的所有人王某还在此前打电话跟管理处的人说明：由于物品大宗不好存放，正在找新的场所以便存放，所以要将物品在现场多放置一段时间。

其二，现场的安保问题

即便通告的拆迁期限已经超过，但现场仍然有管理处，管理处仍在正常的履职中，仍然安排安保人员巡查守护，对进出拆迁现场的车辆仍然需要盘查。也就是说，这个场所仍然是个相对封闭的且有专门单位正在管理的地方，不是垃圾场地，不是开放场所，也不是荒芜的待建之所。这是某市中心地带上寸土寸金的拆迁现场，拆迁工作仍在持续当中，安全和保卫工作也在拆迁管理处的控制和管理之中。这个现场的安保情况，案件的证据中都能得到充分的证实。

其三，涉案物品的价值问题

被害人王某在现场放置的物品较多，与涉案物品同类的木头就有五六根，石缸也有十来个。单单是涉案物品的这根木头，被害人的陈述是用35万元人民币购买的，第一次鉴定意见为价值10万元人民币，第二次鉴定意见为价值5万元人民币；

涉案物品的石缸，被害人陈述是单价6800元人民币，第一次鉴定意见为价值2800元人民币，第二次鉴定意见为价值2800元人民币。甚至被害人还能提供涉案物品的进货价值的单据和转账凭证。如此看来，涉案物品在作价格鉴定上是颇为周折的，但即便按照所谓鉴定意见的最低价格计算，也是以万元为单位的。因此，涉案物品价值不菲是个不争的事实。

3. 主观（责任性）方面的证据分析

（1）非法占有的主观故意的证据分析

就涉案物品而言，不管是某甲、某乙，还是现场值守的安保人员、管理处人员，都知道这些物品的所有人为何人，都知道这些物品并非自己所有。因为，某甲、某乙在供述中提及了涉案物品的真正所有人，安保人员和管理处也知道这是花卉世界原园艺店的老板在原处放置的物品。在这种证据条件和证据能力的情况下，对并非自己所有的物品，甚至只要举手之劳（打个电话或者发个微信）就能知道所有人是不是要遗弃的情况下，拒绝履行这种义务，除了非法占有的目的之外没有其他的合理怀疑，这是显而易见的。但是一审判决书竟然能认为涉案物品是否属于遗弃物或将要遗弃物的怀疑无法排除，这种怀疑的合理或者标准简直让人大跌眼镜。按照这种标准，偷窃者到他人家门口捡拾摆设的花盆、单车、汽车等物，也是无法排除偷窃者认为是遗弃物的怀疑的。在社会风气渐好的当下，所有人经常放置一些物品在屋外，市场、商铺的一些店家也经常将一些大宗物品放置店外，难道这也能在一审法院的判决那里得到可能将遗弃的答案，这是完全脱离生活实际和常情常理的臆想和假设，俨然将司法推向了一个脱离生活和常情的不堪之境。

在盗窃罪主观方面的要件构成上，只要对并非行为人所有的物品起了占有之心，并排除遗弃物、垃圾以及无主物之可能，就能满足该罪主观方面的责任要件，这是一个法律常识上的命题。在证据的证明上，犯罪主观方面的认定并非一定要行为人自己供认这种主观认识和主观意志，常识的认知、逻辑的推理以及法律的推定，都有这个证明能力，这是司法的一个基本的观念和规则。

（2）默示的通谋的证据分析

行为人某甲、某乙以及职守的安保人员，为了各自的利益进行了自我保护的多变的陈述与辩解，显然不能随便摘要来作为定案的根据。因此只能根据实情以及借助推断，才能作出主观方面的内心确信或不确信。某甲、某乙事前一同到现场踩点并确定了具体（窃取）对象，并且与保安之间的沟通也提及红包的事情，涉案物品的搬运转移以及存放地点也都是双方合意的结果，某甲的员工的证词也能佐证这种作为客观表象的经过。所以，关于通谋的证据，即便在某甲、某乙的言词上有所缺失，但是通过司法上的分析、判断和推定，某甲、某乙之间这种默示的合意、配合与互助，其通谋的含义可以说是心知肚明的，当然也就无需用言语的表达来给自己贴上一个共谋盗窃的不光彩的标签或印记，何况行为人某甲、某乙也都是看起来有点体面的生意人。据此，在作为默示的合意（心领神会）上，指向是非常确定的，即某甲、某乙通谋的证据是可以确定的。

4. 实体法律问题的论证、分析与适用

（1）社会生活常识性的实体法律问题

对并非自己所有的物品，任何人都应当保持一种谨慎之心，这种普遍而普及的法律意识在普通人的心理上是能够达成共识的。除非已然作出明示的遗弃表示或者按照通常的做法作出默示的举止（例如投放到垃圾桶等），否则应当推定为有主物而非遗弃物。这不仅是一种法律常识，而且是一种公德标准，否则，随意或者轻易以自认为是遗弃物或者无主物之名"捡拾"他人物品并且大言不惭，这与核心价值观就相去甚远，更甚者会造成一种道德危机。譬如长时间放置在路边的汽车，常年闲置的门户或户外的摆设，等等。在本案中，行为人对涉案物品确有其主是确信无疑的。对价值如此不菲的有主物是否会遗弃，是不需要去多加思考的，司法人员的常识也能得出这个结论。否则，马路边的自行车甚至汽车，烂尾楼的物品甚至楼房本身，放在身边的物品，等等，都可以被破天荒地理解为遗弃物或即将遗弃物。因此，本案行为人不可能以认识错误的事由进行抗辩，因为这显然越过了认知的底线。在法理上，认识错误也不必然导致责任免除，还要考究行为人的预见能力。

（2）行为人的预见可能性问题

对本案行为人提出的这种所谓的事实认识错误，在预见可能性上也是难以自圆其说的。毕竟，其一，某甲、某乙均为从事花卉园艺行业多年的业内人士，对涉案物品的特征、价值均有较为专业的认识。因此，对涉案物品价值不菲的特性必然是有清楚的认识的。即便非花卉园艺界的普通人，也能根据生活常识推断出涉案物品并非属于可以忽略其价值而随意遗弃或将遗弃的物品。其二，涉案物品之所以没有被所有人及时搬迁出正在拆迁的场所，是因为涉案物品体积大、质量重、搬迁难，没有大型车辆及众人协力根本无法轻易搬移，而涉案场所又有安保人员日夜守护，场所的管理处也在正常履职，所以被盗的危险系数是可以忽略的，这是被害人为什么没有采取进一步的保护措施的原因。某甲经常出入该场所，此前又是该场所的从业人员，当然知道个中缘由。某乙也到过该场所，也知道有安保人员在守护，知道只有以前的商户才能开车进入，知道涉案物品的所有人的联系方式。这些都是在表明涉案物品并非遗弃或将要遗弃之物，而是所有人明确的、价值不菲的且按照此前位置原封放置的物件。其三，从某甲和某乙的微信聊天记录来看，两人也知道对涉案场所的其他物品（诸如价值远低于涉案物品的花盆、花瓶等小园艺品）也是需要购买才能得到的，不是随便就可以从拆迁场所"捡拾"得到的。那么，对如此贵重（价值是普通小花瓶的一万倍左右）的涉案物品，怎么可能就假想为所有人要遗弃的？其四，如果涉案物品是遗弃的或将遗弃的物品，是无主物，是拆迁现场垃圾，是不用钱都可以随意搬走的，那么，某甲、某乙就没有必要借助天色昏黑时别有用心地去搬运，在光天化日之下不仅更加方便而且不易对贵重物品造成搬迁中的可能损坏。更何况，单是搬运的人工费某乙就支付了3000元，这些物品的价值肯定远在 3000 元之上，否则如此一番的劳心劳神劳力，就得不偿失了。由此可见，对涉案物品为价值不菲的有主物且不可能是遗弃或将要遗弃的事实，某甲和某乙均是完全预见到的。

（3）保安的职守及通俗义务的法律问题

本案的安保人员的证词称其没有看守涉案物品的义务。有没有这个义务姑且不论，但所谓的安保人员，就是整个花卉世界的拆迁现场的看守人员，守护现场的安全（包括财物的安全）属于管理上的具体职责之一，管理处聘请保安看护现场，不是没有任何职守上的规定的，更不是一种稻草人的摆设，而是要盘查进出车辆，维护现场秩序，警惕不法侵犯，等等。这都是一种约定俗成、相沿成习的义务或者可以称之为广义义务的义务。一般而言，任何公民都有权利对不法予以制止，何况是专门管理部门聘请的专门安保人员。对涉案场所的涉案物品，即便是主办民警、公诉人或者主审法官，也不可能大摇大摆地从那个现场中捡走涉案物品，甚至是一个花盆。如果能随便捡拾，拾荒者早就闻风而动，或者安保人员、管理处职员早就欣然接纳，哪里还轮得到某甲、某乙的份呢？

综上所述，一审法院作出的判决书认定事实错误、适用法律错误，其作出对某甲、某乙无罪的判决是完全错误的。某甲、某乙犯盗窃罪的证据确实充分，法律适用准确，某市某区检察院的抗诉理由成立。

据此，二审判决如下：（1）撤销一审判决书；（2）某甲犯盗窃罪，判处有期徒刑一年十个月，并处罚金人民币 20000 元；（3）某乙犯盗窃罪，判处有期徒刑一年八个月，并处罚金人民币 18000 元。

三、唯一的正解

前述两个立场——公义之心和中立司法，似乎较为抽象和不可捉摸，对司法官而言，对该两个立场的领悟和养成便是一个综合而整体的问题，更不是一朝一夕的功利所能成就，而应该在学识、经验以及品格等的共同作用下磨砺和达成。可以说，公义之心和中立司法是司法官灵魂上的塑造，是精神界的。然而从司法的立场的全面构造而言，还需要一些着实的和可触摸的立场来支撑司法立场的体系性，为此，本著从体系建构的角度，提出了以下的三个立场作为司法立场体系的共同基石，试图将司法立场建构成一个完整的体系。并且，下文所述的这三个司法立场是实实在在的，不仅看得见而且摸得着。然而，有一个问题必须澄清的是，司法立场的建构并不以标准化作为标准，也就是说，立场的问题并不以正确作为答案，它只表明一种内心的出发，而且内心也无须格式定型或者一致认同。每一个司法官，于立场的理解和坚守，不是恒定的。司法立场的差异并不必然导向司法能力和司法权威性，这是司法立场区别于强制性法律规范的一个根本前提，否则，司法就几乎是一个按部就班的代名词。司法是而且应当只是活的灵魂的产物。

顾名思义，唯一的正解在司法上的理解就是司法官对事例的评判裁断只有一个最佳的答案，不能以模棱两可或者两造皆准而任择其一作为决断的结果和答案。这里需要着重指出的是，唯一的正解是主观的唯一正解而不是客观的唯一正解，就是说于司法官而言，其运用司法基础以及司法方法对事例与法的关联适配上的解读解析和评判裁断，是一种主观上的认识结果，是司法官个人的独立见解。司法不是在寻找标准答案，而是寻求独立见解上的最佳答案。因此，唯一的正解并非指的是，有一个客观的标准的最佳答案的存在而需要司法官通过各种方法去求解、求得；唯一的正解指的是，司法官通过运用司法方法和司法思维得到一个主观认识上的完全具备独立见解意义的最佳答案。司法考试与司法实践的最大差别，可能就在于此。司法考试（尤其是案例分析）也是对拟定事例的求解，一般是对题目所设置的考点的记忆、理解与解答，一般会预设标准答案或者参考答案，当然也并不绝对化。司法实践则更着重司法官自身对事例与法律之间关联适配的独立见解，并以独立见解作为决断的表达与呈现。因此，司法实践所表达与呈现的，是一个彰显解读、解析的过程，是内心的外化，主观特性的凸显。

司法并非依纯粹的演绎——据法律逻辑推理的三段论便可以作出定论，假定大前提和小前提都是确定而正确的，那么在法律推理的演绎方法上，结论就是一个唯一的应然，也就是唯一的正解。大法学家德沃金提出的法律上的唯一正解的理论，是假定了一个作为前提的真实，他认为，"假如能纯演绎地发现法，那么，在事实上，每一个法律问题总只能存在一个正确的回答"。而事实是，大、小前提需要通过司法方法上的关联适配，司法方法的解析与应用具有当然的多义可能，即不同的司法官可能会有不同的解析与应用，这样对事例的司法得到的可能结论就不是唯一的，但这是针对公开讨论状态而言，犹如集体讨论的各抒己见。对同一名司法官而言，其得到的结论则应该是唯一的，譬如一名司法官在案例讨论中既认为被告有罪又认为被告无罪，既认为可以逮捕被告也可以不逮捕被告，既认为原告胜诉又认为原告败诉，这是荒唐而滑稽的谬论。否则，他对事例的司法就是尚处于一种未知的状态。那么，是否存在一个事例有多项选择的可能。这就要看大前提的设定——法律规范的规定内容是否具有可选择性，如果大前提的结论是唯一确定的，那么按照法律逻辑的推理，结论怎么可能会是多项选择呢？除非三段论的法律推理逻辑是错误的。即使大前提设定了选择可能，在本著看来，究其本质并综合权衡，也只有一个结论是最佳的。譬如，犯某罪处二年以下有期徒刑，或者单处罚金。在科处自由刑还是财产刑的选择上，司法官只能作出其一的选择，而这其一的选择是在究其本质并综合权衡后的最为适当的选择，即最佳的答案，亦即唯一的正解。很难想象的是，司法官作出的这个选择，是随机或者是抓阄的决定。

当然，唯一的正解具有一定的历史条件性（法律的废除、修正或者新立等因素和社会变迁、时代变革或者意识观念上的转变等因素），可能随着情势之变而变，但并不是说前结论是错误的。这种不是错误的结论的前提是情势之变而不是认识飘摇，是客观制约而非主观意识。认识上的变化是可归结为前结论为错误的——至少在现结论的意义上是错误的，否则也就不会有结论的变化。也就是我们所理解的唯一的正解是一个发展的眼光上的命题，这也就是法律上的原理一般认为法不溯及既往的一个本源，否则，司法所谓的终局裁决的权威性和既定性就是一个彻头彻尾的嘲讽。因此，这里所谈论的唯一的正解，是站在一个相对凝固的时间点及对应的法律情势的时空层面上平行评价，而不是放任其在历史长河的宽泛界面上飘荡漫游。

司法的决断如果置于一个开放的空间，属于见仁见智的解答，本不存在标准答案的问题。然而，前文所述的唯一正解，针对的是司法官个人对事例的司法主见问题，个人的主见不可飘摇、不可随机，亦不可不知其然而然，否则，司法终局裁决引申的安定性就丧失本质意义。假设司法官对事例的本质以及法律的关联适配无法解析、无有定论，好像可此可彼又似是而非，又像非此非彼又依违两可，那么事实上，司法官对事例的认识就是处于一种无知的状态，而对法律的无知至少是一种不称职的表现。一般而言，即便再疑难复杂的事例，司法都能寻求到一个破解之策。因为法律设置在技术上已经为此预留了空间，即使是对法无明文规定的处断，也都是早有安排的。并且，法律解释方法中也预留了一个续造、补充的可能，甚至通过法律原则司法化的法律适用方法也可以进行司法上的延展。也就是说，当我们穷尽司法的方法时，几乎总能找到决断的答案。如果找不到，那应该是不知道。巴西谚语道："万事到了尽头，都会尽如人意；但凡未尽人意，定是未到尽头。"谚语的意境好像是能与唯一正解的司法立场作比拟的，而且还是挺到位、挺适配的比拟。这可能也就是为什么司法要追求唯一性结论，追求唯一正解的司法立场的一个理由。

本著甚是反对司法中常见的一种依违两可的说法，尤其是在刑事司法领域的官方正式规范性文件中，此类说法竟能成文发布甚至有倡导蔓延普及之势，诸如可捕可不捕，可诉可不诉，可判可不判之类。以此类推，罪与非罪、此罪与彼罪好像也都可以是同时成立的，也就是说，一个事物与其反面在司法上是无差别的、是相通的或者是并不自相矛盾的。这种司法理念在本著看来，是极其分裂的，甚至本著觉得这是一个对所谓的司法潜规则的洗白托词。一个犯罪嫌疑人、被告人，在同等条件下，司法可以认定他是可起诉的也可以认定他是可不起诉的，可以认定他是有罪要判刑的也可以认定他是无罪不判刑的（或者单纯宣告有罪），这显然已经超越了司法官的自由裁量的限度，甚至有作为一种枉法上的冠冕之用之嫌。在条件、情势不变的情况下，可与不可之间，有与无之间，凭借、依据的是什么？法律规范又是如何授权的？自由裁量又是如何限制的？本著根本找不到答案。根据同案同判的原则以及同一标准的理念，根本不可能存在可与不可、有与无的竞合，如果可与不可、有与无是可以任意而随机挑选的，那么司法不就成了没有准绳的裁判，成了没有规则的游戏了。当事人也肯定不会委托律师为自己辩护而是去求神拜佛，乞求神灵保佑断案的司法官无主见或随机地选择对自己有利的选项。

示例十三：某甲、某乙伪造公司印章案

☞【案情摘要】

某甲从事财产保险中介职业，主要事务是向车辆所有人或者使用人推销保险公

司的车辆保险。某乙是某保险公司某分公司（以下简称某保险分公司）的职员，主要负责审核某保险分公司的车辆保险理赔业务。2017 年 5 月至 2018 年 3 月间，某甲在某市某区经手办理三辆事故车的维修和保险理赔中，将该三辆事故车开到某市某区某汽车维修有限公司（以下简称某汽修公司）进行定损，确定三辆事故车的损失价格总计为人民币 34589 元。此前，某甲已事先通谋某乙，两人商定由某甲到某市某地购买盖有"某汽修公司"假印章的假发票交给某乙，由某乙在职务履行中予以核准，并由其所在的某保险分公司向三辆事故车辆的被保险人支付保险理赔费用。事故车辆定损后，某甲并没有将车辆委托某汽修公司维修，而是将车辆驶离该汽修公司，然后自己到市场上的一些汽修配件商店购买维修汽车所需的零件，再自己维修或者委托其他个体汽修厂维修。待车辆维修完毕后，某甲将伪造的发票连同其他资料一起，交给某乙报送某保险分公司核准理赔。三辆事故车辆均通过某甲、某乙获得理赔，某保险分公司共支付给被保险人保险理赔款计人民币 34589 元。被保险人收到保险理赔款后，全额支付给某甲。某甲按照约定，将该保险理赔款项的 20% 的份额分配给某乙。

☞ 【诉讼经过】

某市某区警方以涉嫌伪造公司印章罪、合同诈骗罪，对某甲、某乙立案，经侦查终结后，向某市某区检察院移送审查起诉。

某市某区检察院经审查认为，其一，本案不具有合同关系，不管是某甲还是某乙，都不是保险合同及其附属合同的一方当事人。由于合同诈骗罪必须符合"骗取对方当事人财物"的要件要素，言下之意即是一方当事人骗取对方当事人，非一方当事人不能够单独符合合同诈骗犯罪的主体要素特征，而不管是某甲还是某乙与合同的当事人都没有共犯关系。因此，其二人的行为不构成合同诈骗罪。其二，某甲、某乙里通外合的行为，是基于非法占有的目的，通过虚构维修票据、维修金额等行为，利用保险事故理赔的事务办理达到骗取保险费的目的。在办理理赔事务及相关事宜过程中，其二人意思上具有联络，行为上具有配合的特征是显著的，并且，从最后的利益分配上看，也能确定这是一种赃款赃物的分配行为，也体现出非法占有的客观结果。其三，某甲、某乙在实施诈骗行为过程中实施了伪造某汽修公司的公司印章、维修单据和发票，虚构了在某汽修公司维修的事实，该伪造公司印章的行为系为实现犯罪目的的一种手段行为，与诈骗的目的行为之间具备牵连关系，所以在处断上应当择重罪之诈骗罪定罪处罚。其四，某甲个人对车辆的维修所产生的耗材、委托费及其他费用，属于犯罪成本的问题，按照法理主张和司法惯例都不应当予以抵销或者减除。因此，本案应当择一重罪诈骗罪定罪科刑。某市某区检察院遂以某甲、某乙犯诈骗罪，向某市某区法院提起公诉。

某市某区法院经开庭审理后认为，某甲、某乙的行为符合伪造公司印章和职务侵占的特征，但由于该行为没有达到职务侵占罪的立案追诉标准，故只能认定其二人构成伪造公司印章罪。本案中，某乙作为某保险分公司的理赔审核人员，具备非法占有财物的职务之便，其利用职务上的便利通过伪造的票据和职务上的行为实现了对本单位财物的非法占有，系职务侵占行为。虽然某甲的行为不具有职务之便的特征，但因其与某乙之间具有通谋并且主要利用某乙的职务便利占有单位财物的关系，因而某甲与某乙成立共犯关系，因此在总体行为的评价上，二人均为职务侵占的共同行为人。根据 2016 年 4 月 18 日最高人民法院、最高人民检察院《关于办理贪污贿赂刑事案件适用法律若干问题的解释》第 11 条第 1 款的规定，职务侵占罪中的立案追诉标准为 6 万元人民币，而本案的涉案金额为人民币 34589 元，因此，本案不构成职务侵占罪，只能追究其伪造公司印章罪的刑事责任。

据此，判决如下：（1）某甲犯伪造公司印章罪，判处有期徒刑六个月，并处罚金人民币 20000 元；（2）某乙犯伪造公司印章罪，判处有期徒刑六个月，并处罚金人民币 20000 元。

某市某区检察院认为一审法院判决确有错误，在法定抗诉期限内，向某市中级人民法院提出抗诉。

☞ 【判例解析】

某甲、某乙所实施的行为，是基于民商事的法律基础事实，而这一事实必然对保险公司引申出一项保险理赔支付（除非保险合同的被保险人放弃理赔的权利，但显然本案的被保险人并没有放弃，所以才有本案引发的前提）的民事义务。由于保险公司的定损员与事故车辆的权利人及车辆维修厂之间已经达成了初步的理赔款项 34589 元的商定，那么，可以认为在 34589 元的范围内，甚至根据确切的维修费用还可能略有增加，是保险公司应履行的偿付义务，也就是说，保险公司并无另外的或者额外的任何损害。甚至可以认为，本案中进行理赔的三部事故车辆均符合理赔条件，在修理厂定损时保险公司派员认可了该定损金额，该定损金额就是保险公司应当赔付给车主的车辆损失金额，不管车主有没有对该车辆进行维修，保险公司都应当赔付（除非车辆保险合同另有约定）。

本案中的车辆维修厂也未因某甲、某乙的行为遭受损害。维修厂对车辆进行定损的行为对被保险人与保险公司来说，虽具有确定维修费用的含义，但该行为对修理厂及车主双方来说只是一种评估式的磋商要约行为，后续并没有介入承诺行为，因此维修合同并没有实际订立。在此情况下，维修厂因没有与投保人（被保险人）或者保险公司订立车辆维修合同，没有因履行合同而付出服务和耗材，当然就不会遭受任何财产上的损失。

本案中，因为存在保险理赔的商事合同的履行基础，因此，在保险理赔中使用伪造的发票和维修票据获取理赔款项的行为，实际上是一种商事违约或者说是一种商事欺诈行为，但并不存在非法占有的目的。某甲、某乙在实施该商事欺诈行为时，事实上也付出了维修车辆的劳务及相关费用，支出了购买车辆配件的资金，其伪造发票和维修票据的行为，是在实现保险理赔中实行的变通行为。在不考虑伪造发票行为的刑事违法性的情况下，这种变通行为所指向的是保险公司的理赔费支付义务，并且理赔费也在当事方议定的赔偿金额范围之内，因此，仍然在商事违约或者商事欺诈的性质内，并没有突破民商事违法行为的边界而质变为诈骗犯罪。

关于保险理赔的金额超出车辆的实际维修费用的问题。某甲通过自行到市场购买维修配件自己维修及找小型修理厂维修从而降低维修成本，这其间包含着某甲的劳务支出，因此，其将因自身的劳务支出所降低的维修成本据为己有，虽然不符合保险合同的约定，但某种角度而言具有一定的情理因素，不能评价为诈骗犯罪上的非法占有。因此，这种因劳务支出等因素而降低的维修成本，不能称之为犯罪成本。当然，理赔的金额超过车辆的实际维修费用的部分，由于保险合同约定的原因，属于违约的行为，也不具有合法性的基础，可以通过民事违约的途径解决这一问题，即某甲、某乙应当退还保险公司该超过的资金部分。

某甲、某乙在办理车辆理赔过程中实施的伪造某汽修公司的印章、维修单据和发票行为，基于上述的理由，不能作为诈骗目的之手段行为，其违法性只能进行单独评价。某甲、某乙共同实施的该行为符合伪造公司印章罪的犯罪构成，因此应当认定为伪造公司印章罪。

据此，二审判决如下：（1）撤销一审判决书；（2）某甲犯伪造公司印章罪，判处有期徒刑六个月，并处罚金人民币 5000 元；（3）某乙犯伪造公司印章罪，判处有期徒刑六个月，并处罚金人民币 5000 元。

四、一般原则的遵循

在法的体例构造中，按照层级结构依次可表述为：法哲学，法律理论（法律原理），一般（基本）法律原则，法律规范，法律解释（有权解释）。司法是法的实现的根本方式，是为法的存在显现意义，因此在本质上，司法等同于法的实现。法的实现通过解释、适用等方法的法运用来达成，法的运用一般而言需要具体化，诸如法哲学、法律理论（法律原理）对法的实现而言，更多地体现为内心和理念上，表现在法律裁判中一般作为一种蕴含而存在，较少作具体的引证和阐释。在法的实现中，作为被援引的具体的法，通常只在如下的三个方面表现出来，这三个方面还具有一定的等级结构，即第一等级：法律原则；第二等级：法律规范；第三等级：法律解释（有权解释）。在司法实践中，司法官在法律裁判中援引法律规范是司空见惯和不可或缺的，这也是前文所述司法的方法中的法律适用的核心内容。对法律解释（有权解释）的援引，也较为常见，一般在法律规范适用的解释上都有涉及。但是，对法律原则的司法运用和援引，则是较为稀缺的。问题是，法律原则在法的实现的结构位阶和效力规格上居于较高位，为什么却少有被司法所运用，这是一个现实的而且是困扰的问题，本著认为问题的症结可能就聚焦于司法立场的沉淀与塑造。

在单行法的结构中，总则条款一般都会概述一些诸如立法目的、立法根据以及基本原则和基本制度的内容。这里所说的一般原则，就是就是指单行法上确立的基本原则，以及一些由法律学识、法律思维和法律实践中总结和归纳出来的合理化准则。在一国之法律体系中，按照等级、位阶及效力的分布，涵盖了宪法、基本法律、部门法律、法律解释（有权解释）、法规等规范。一般而言，上位法统摄下位法，一旦出现法律的规范冲突，上位法在效力上当然凌驾于下位法，这种凌驾效力并且当然是全方位的，不仅包括基本原则、基本制度之间，也包括分则条款和附则内容之间，还包括基本原则、基本制度与其他条款、内容之间。从法律本身的规范效力上来看，总则对分则和附则具有普遍的统领力（除非分则、附则条款具有特殊的例外说明或者具有当然的例外含义），也就是说，总则中的基本原则和基本制度统领着分则条文的规范、语义、逻辑甚至于内涵与精神。于此而言，上位法的基本原则统摄着下位法的基本原则与规范内容。譬如，宪法所确定的基本原则（民主原则、平等原则、法治原则、人权原则、权力监督制约原则等），对下位阶的基本法律诸如刑法、民商法、行政法具有统摄力，也就是下位法的基本原则、基本制度以及所有的条文内容都不能僭越宪法的基本原则。譬如刑法的基本原则（法律面前人人平等原则、罪刑法定原则以及罪刑相适应原则）都在宪法基本原则的应有之义之内。而刑法分则条款中规定的罪名的定罪量刑规范以及司法实践上的刑罚裁量，也应当在刑法基本原则的统摄之下，如有突破、僭越，是可谓当然的无效。

还有一些法律的一般原则，是在法律哲学、法律理论学以及法律实践学中概括和总结出来的，诸如当然解释原则、法律不超越常识原则、存疑时有利于被告、类似事项应予类似判决（同案同判）原则等；还有一些是格言式的法律谚语也有一般原则的寓意，诸如法律不强人所难、显著事实无须证明、法律不外乎人情原则等。这些一般原则，无法一一叙述，更多的是一种积累和集成。但是，法的实现过程中却通常会遇到或者应用到这些一般原则。一般原则的解析与应用，在某种意义上，可以说是司法水准综合表现的重要一环。

一般原则遵循，其实是前文所述之法律原则司法化的一个侧面，其主旨及要义是略同的，区别大致在于，法律原则司法化是个应用问题，而一般原则遵循是个立场问题。站在一个一般原则遵循的司法立场上，法律原则司法化就是顺理成章的。那么，问题的关键就是为什么要确立一个一般原则遵循的司法立场。在本著看来，既然一般法律原则具有统摄和凌驾法律条文规范的地位，也就是说，在整部单行法中贯穿的一般（基本）原则的精神，都被蕴意在全部的法律条文规范当中，具有当然的统领作用和检视作用。既然一般（基本）原则具有统领和检视的功用，那么它必然需要通过实践和应用才能被实现，实践和应用也就是司法化，就是遵循的本义。然而，当前司法上的裁判，很难从判例的法律解析上或者适用上发觉出一般（基本）原则的实践和应用痕迹。事实上，一般法律原则并非抽象而空洞，司法官未能对一般（基本）原则予以司法运用的根源似乎是在于一种领悟能力缺失或者司法惯例使然。譬如罪刑相适应原则在司法官的意识中，仅仅只是作为一个一般（基本）原则的摆设，至于司法实践中刑罚裁量时的考量，便只是局限在条文规定的法定刑幅度的自由裁量之内。因此，便出现了在常识的判断上危害性较大的案件的量刑较于危害性较小的案件的量刑更轻的现象。这就是由于没有考量到罪刑相适应的一般（基本）原则，所以在不同案件中，无法全面权衡和评价，导致了一种显明的司法纰漏或司法背离。

一般原则遵循的司法立场，在司法实践的领悟和把握上，首要和基本的，是要将一般原则的法律解释贯穿于司法审查思维的全程上，包括实体法上和程序法上对一般（基本）原则的思维贯穿和付诸贯穿。这种贯穿，就是在程序审查时把程序法的一般（基本）原则全部纳入审查的考量之中，在实体审查时把实体法的一般（基本）原则全部纳入审查的考量之中。譬如民事诉讼的平等原则、参与原则、辩论原则、调解原则和自由处分原则以及合同法律关系上的平等自愿原则、诚实信用原则、公正原则、公共利益原则和法律约束力原则，以及其他上位法确立的基本原则和共通原则，在审理民事案件中，都应该涉及纳入并着重考量，并与事例进行必要的关联适配。其次是具体条文适用时，通过一般（基本）原则的含义对条文内容进行统领和检视，不仅考量具体条文适用是否与一般（基本）原则矛盾或排斥，还要考量条文适用后的裁判结果是否符合一般（基本）原则的应有之义，有没有超出一般（基本）原则所统摄的范畴。再者是对在一般（基本）原则覆盖、统摄下的司法裁判进行扩大性的对照检视，即对通过一般（基本）原则运用后的类似判决进行集中的或者是多数的比较，检视是否在类似事项类似判决（同案同判）的尺度之内，是否需要对即将作出的裁判作修正和调校。例如，对某罪名的刑罚裁量的判例进行集中比对，在对社会危险性、法益侵害性等方面的综合权衡后，根据罪刑相适应原则的评价得出一个近似的或者是略同的标准，按照这个标准再去考量即将作出的类似案件的刑罚裁量。这样就能在罪刑相适应这个一般（基本）原则的统摄下，实现同案同判的法治目标和司法上的相对统一。

那些在法律哲学、法律理论学以及法律实践学中概括和总结出来的一般原则以及格言式法律谚语中的一般原则，在司法实践中也应当有一席之地，也应该在司法审查中被贯穿性地运用。因为归根结底的，这些一般原则的遵循，不仅是法律原则司法化的实践性表达，也是法律与社会生活息息关联的实践性表达。当然，这些一般原则的运用，并非对某个案件而言都有全方位贯穿运用的必要，毕竟这些一般原则并非如宪法的基本原则般的最高统领和最高效力，这些一般原则只是对某个方面或者某个领域的法的归纳。因此，这些一般原则在运用时，应当根据事例呈现的对应情形以及司法上的经验判断，具体事例具体地选择适用。

示例十四：某甲失火案，某乙、某丙无罪案

☞【案情摘要】

某乙向某市园林集团承租了某区某花卉世界某个场地（面积2000平方米左右，承租合同约定未经许可不得转租）。某乙除了自己个体经营花卉园艺占用其中的部分场地（大约800平方米）之外，在未经许可的情况下违反合同的约定陆续将该场地分租给了其他花卉园艺个体商户使用。该场地除了花卉园艺区之外，某乙还在场地的北侧搭建了一排简易的平房建筑（经过审批）。平房建筑呈单排结构，共有

四间房屋，第一间作为某乙的办公室，第二间租给一个花卉园艺商户，第三和第四间（合计 40 平方米左右）租给了某甲用作简易的休闲美容店，主要是提供按摩椅服务和脸部、肢体等美容保养项目。

某甲于 2016 年 9 月份向某乙租下第三和第四间房间后，对房间内部进行了装修，并添置了空调、冰箱、洗衣机、消毒柜、微波炉等电器设备，雇用了三名服务人员，于 2016 年 10 月 8 日开始营业（未办理营业执照）。同年 10 月 20 日 20 时许，该场地的北侧平房建筑发生火灾，火势蔓延到该场地内的园艺区，但过火范围并未蔓延出该场地。随后，接火灾报警后及时赶来的消防队员将火灾扑灭。该火灾事故没有造成人员伤亡，但是导致该园艺场地的商户的财物被不同程度地烧毁，经估算直接损失达人民币 119 万元。火灾事故发生后，某市某区消防监督管理大队对火灾事故进行责任分析，认定火灾的起火原因为：某甲美容店的第四间美容室东面墙上方的电源线故障引起火灾。同时认定：某甲违规在花卉世界开设美容院，违反消防管理规定装修经营美容店，引起火灾，应当对该火灾事故负直接和主要责任；某乙对其承租的园艺场地管理不当，导致其出租的房间中的美容店发生火灾，应当对该火灾事故负重要责任；某丙作为某市园林集团的分区管理员，对该场地的消防安全负有管理和监督的职责，某丙因为监管失职，导致火灾发生，也应当对该火灾事故负重要责任。

☞ 【诉讼经过】

某市某区警方认为该火灾事故已经达到重大责任事故罪的立案追诉标准，根据火灾事故的责任认定意见，以涉嫌重大责任事故罪，对某甲、某乙和某丙三人立案，经在侦查终结后，移送某市某区检察院审查起诉。

某市某区检察院经审查后，以某甲、某乙和某丙的行为均构成重大责任事故罪，向某市某区法院提起公诉。

某市某区法院经开庭审理后认为，公诉机关指控的罪名成立，二审判决如下：（1）某甲犯重大责任事故罪，判处有期徒刑八个月；（2）某乙犯重大责任事故罪，判处拘役四个月；（3）某丙犯重大责任事故罪，判处拘役三个月；（4）对本案造成的直接经济损失，某甲、某乙、某丙按 5：3：2 的比例对各商户进行连带赔偿。

某甲、某乙、某丙三人均不服一审判决书，认为其行为均不构成犯罪，在法定上诉期间内，向某市中级人民法院提出上诉。

☞ 【判例解析】

一审法院的判决书认为某甲、某乙、某丙的行为均触犯《刑法》第 134 条第 1 款的规定，构成重大责任事故罪。理由建立在，其一，该花卉世界的承租经营属于市场经营行为，应当归属安全生产、作业的范畴，即便该美容店没有办理营业执照，也并非花卉园艺类的经营范围，但这种行政法上的合法性要素欠缺并不能对抗实质上的生产、作业经营属性，因此，在客观事实情状上，该行为符合重大责任事故的客观要件要素。其二，该火灾事故的责任，某甲、某乙、某丙或者是直接和主要责任，或者是重要责任，那么，在直接经济损失已经达到追诉标准的情况下，这种责任程度对应的责任追究，就应当适用刑法而不是行政法来问责。一审判决书的这种理由，建立在对犯罪主体的宽泛认定上，并且回避了重大责任事故罪中关于"安全生产、作业"的要件要素的法律释义，值得商榷。

在案件的总体认定上，排除各个具体行为人的具体行为，本案符合失火罪而不符合重大责任事故罪的犯罪构成，具体的理由是：（1）即便重大责任事故罪的犯罪主体已经修改为一般主体，但仍然需要具备该罪名所设定的一定条件，这些条件比如"在生产、作业过程中""违反安全管理的规定"等等。本案中的美容店及其经营范围，属于极简的作坊式的个体经营类别，不仅主体规模无法上升到企业、单位的级别，而且经营的内容也是极其简易的服务事项，也不可归类为"生产、作业"的级别，因此，在未符合罪名的犯罪构成所应具备的要件要素的情况下，显然不能认定为重大责任事故罪。（2）从事故发生之后，对事故的责任认定，是由消防部门作出而不是由安监部门作出，也可以推断出行政机关对事故性质的认定也是倾向于一般的火灾事故而非生产、作业领域中的安全生产事故。这种火灾事故，与居家住宅、家庭小作坊发生的火灾事故在本质上别无二致。（3）本案中消防部门认定的起火原因，是由美容店的电线短路引起，而电线的铺设及改装，是由于美容店的新装修、新开张而引发。但是，这种电路管线的设计、铺设、搭构，只是作为业已成型的经营场所日常所需之必备硬件，而非经营上的生产、作业之专用，故而也没有符合"生产、作业中"的规模及效用。（4）根据《中华人民共和国安全生产管理法》第2条的规定："在中华人民共和国领域内从事生产经营活动的单位（以下统称生产经营单位）的安全生产，适用本法"。也就是说安全生产管理法适用的主体是生产经营单位。本案中的美容店，无工商登记、纳税登记，纯属无证的私人个体营业，不仅不属于生产经营级别，也不属于单位的级别。否则，家庭简易手工作坊（比如家庭少量自产咸菜等生活食品的制作和销售）或者农户将过剩的粮食蔬菜蛋禽零星出售，也可以称之为"生产、作业"，这显然不符合常识上的一般认识。

由于失火罪为过失犯罪，按照传统的刑法理论，过失犯罪不以共同犯罪论处，各个行为人的犯罪构成和刑事责任问题，各个具体分析。因此，本案具体到各个行为人的犯罪构成，作如下分析。某甲的行为构成失火罪，理由是：某甲是美容店的实际经营者，负责对美容店的装修、布构、配置以及经营，是美容店的直接负责人。即使电路的管线铺设并非由其本人操作完成，但所涉管线的一切设计、方案以及使用，均出自其本人之意愿，因此，对改设电线而可能造成的结果，其主观上具有责任要素，即对该行为可能导致的危害结果具有可归责于其本人的应当预见但疏忽大意而没有预见的过失心态。在客观方面，火灾的引起从各方面的证据看，可以确定是从美容店新装修的电路管线的短路而产生燃烧致明火而蔓延，并且直接经济损失也达到了追诉标准。

某乙的行为不构成犯罪，理由是：其一，如前所述，本案认定为一般的火灾事故而非安全生产事故，因此在问责对象的范围上，失火之于重大责任事故应当是相对限缩的。其二，在失火罪的犯罪构成中，犯罪主体一般限定为应当具备对火灾事故原因上的直接责任人员的范畴。本案中的某乙，是该花卉世界的一个承包商，其将小部分的场所转租给某甲做美容店经营，当然负有一定范围内的连带义务，但其对美容店的电路改装和铺设的具体情况，并未全然的知晓，对其所可能引发的火灾，不具有当然而显明的管控力，因此不具有当然的预见能力。法律尤其是刑法，不能苛求行为人应当事无巨细地面面俱到、全盘负责，否则就是一种强人所难的苛责了，这是刑法的谦抑性所蕴含的要义。发生火灾的可能性，事实上，任何场所几乎都是存在的，因此不能以这种宽泛而抽象的理由将预见可能性强加于某乙。具体到本案中，应当结合其行为时的预见可能性的程度来审定其主观心理态度。其三，在本案中，某乙的行为是分租行为，而且作为场所分租为美容店所用的事实也不具有提升其注意义务的条件，毕竟美容店只是提供一些诸如按摩、肌肤保养之类的服务，而并非在防火上具有特别要求的行业，比如餐饮厨房、易燃品存储、规模作业等。因此，可以认定某乙在主观上不具有失火罪的主观责任要素，其行为不构成失火罪。

某丙的行为不构成犯罪，理由是：对某丙而言，对其注意义务的要求甚至应当在某乙之下，毕竟其只是该花卉世界（某市园林集团下属的一个子公司的一个分部）的一名普通管理员工，是受公司聘用为公司利益而履行一些诸如收费、宣传、卫生管理等公司事务，即使有些事务行为是基于其公司为了与行政执法机关的业务对接的顺便而要求其予以配合而带有行政管理的些许成分，但是其也不具有独立行使管理职权或承担责任的事实可能。其履职之行为，在本质上只是一种公司事务行为。因此其对美容店的电路改装和铺设的具体情况，无法全然地知悉或者管控，对美容店所可能引发的火灾，不具有当然的预见能力，也不具备当然的责任要素。所以，某丙的行为在主观上也不具有失火罪的责任要素，其行为不构成失火罪。

据此，二审判决如下：（1）撤销一审判决书；（2）某甲犯失火罪，判处有期徒刑八个月；（3）某乙无罪；（4）某丙无罪；（5）对本案造成的直接经济损失，某甲应对各商户进行赔偿。

五、正当程序

法律上的分类有实体法与程序法之分，当然有些法律是兼具实体与程序规范的，但若在具体条文上进行考证，则实体规范或者程序规范仍然是泾渭分明的。对应在司法的立场上，也应当有实体司法的立场与程序司法的立场之分。在前述的公义之心、中立司法、唯一的正解以及一般原则遵循的司法立场中，公义之心立场及唯一的正解立场在类别上是可归类为实体性的司法立场，而中立司法立场和一般原则遵循立场则涵盖实体与程序，是一个综合、包含实体性与程序性的司法立场。那么，接下来要阐述的正当程序的司法立场，则是较为纯粹的程序性司法立场。

多年之前，笔者追了一部美剧，名为《黑暗的公正》。剧中讲述一位法官为追寻正义，对因举证不能或者辩护技术高明而不能通过陪审团定罪但其本人又内心确信被告罪行深重的案件，通过隐蔽引诱的方式（主要是私下设置侦查陷阱）让那些被放纵的被告再次被推上审判台，最终因法官的技术设置而均获得陪审团定罪，最终将罪犯投入囹圄，使得正义得以匡扶和实现。年少而激情的当年看得热血沸腾、大呼过瘾。此后的很长一段时间内，笔者甚至将剧中的主题演化渗透到本职的履行中，而且会暗自得意。比如在审查证据时，对侦查机关的隐蔽瑕疵，便会予以巧妙的掩饰、忽略或者后补矫正；对显明的瑕疵或者根本的程序性违反，要么协助侦查机关补正、修正，要么要求侦查机关撤回该证据；对实在是可能影响事实的是非判断的证据，也是尽量协调解决，通常是责令重新补充侦查，以新证据替代旧证据，而不是完全排除该证据；等等。在笔者内心确信的案件中，通过这种"不法"的方式，对所谓"黑暗的公正"进行潜移默化的遵循。随着司法经验的积累、司法见识的增进、司法视界的扩展以及司法境界的提升，笔者慢慢地修正并取缔了这种有点偏执和"黑暗"的司法立场。并且，现今对此前在这种立场下所作出的司法决断，也感到了一丝莫名的恐惧，生怕有朝一日，笔者所作出的司法裁决，因程序性的问题而被宣告为错案甚至冤案，这可就造就或促成了司法最坏的结果。

当对诉讼上的变数想着就后怕的时候，事实上笔者已经进入了程序法的本质之内。没有正当程序的诉讼是非正当的，这是一个业已被无数次印证的真理，一旦诉讼被操纵，司法必将被颠覆。在一个人为的而不是法为的诉讼中，为了达到所谓的目的（政见上的、利益上的或者私欲上的），手段可以用其极，由于人是有极限的，因而意志也是有极限的。在所谓目的所施加的恐惧和威慑的控制下，人及其意志会不断地消磨殆尽，直至诉讼丧失独立而任人摆布。这一点在刑事诉讼中尤其明显。操纵司法的最高境界是"莫须有"以及"明目张胆"。司法一旦被操纵，冤假错案已然应运而生，其实不管结果是不是对的，诉讼过程中的污点仍然无法粉饰结果的所谓正确，这就是培根的水源污染说（"一次不公正的审判，其恶果甚至超过十次犯罪。因为犯罪虽是无视法律——好比污染了水流，而不公正的审判则毁坏法律——好比污染了水源"）的真意。正当程序对诉讼的作用不仅体现在它对当事人权利及基本人权的赋予和保障以及对公权的限制和制约上，更为重要的是，正当程序对事实查明也具有无可替代的作用。诉讼法在设计程序规范时，已经考量了诸多制约发现真实的因素和情形并进行针对性的规避，并在立法技术层面上的不断地通过借鉴与改良推进了规范实定的科学性，司法上则通过对程序规范的遵循有效地避免公权的滥用。总体上而言，确保规范的遵循，确保真实的查明，确保法律的适用，最终确保司法的统一，这便是正当程序立场的核心意义。

正当程序的反面是不法程序。不法程序一般来讲，就是违反法定程序的诉讼行为，主要表现为非法证据取得、诉讼进程不合规、时效与时限问题以及回避阻却等方面。由于程序法以证据法为核心，因此非法证据的问题也就是不法程序的核心问题，由于证据的主观性较强，因而若非遵循严格的正当程序难以区分和查明，因此尤为棘手，其他诸如诉讼进程、时效时限以及回避等问题，在不法性上体现得较为直接和明显，大致上属于是非分明的情形，因而不难判断和克服。非法证据问题一直是困扰司法的一个程序上的重大问题，几乎所有冤案的肇始和元凶都是非法证据。非法证据如何界定？隐蔽瑕疵是否归属非法证据？非法证据的效力问题？非法证据是否具有恢复或者补正的可能？非法证据排除后是否可以重新制作或者调取？凡此种种不胜枚举。站在正当程序的立场上，非法证据似乎应该一概推翻并且不得重新取证，因为水源已经被污染了。但是，这种一概而论的推导不仅在司法界而且在理论界也没有取得优势地位，更难说达成共识。毕竟，诉讼法的根本目标是发现真实，而通过非法程序获取的证据在本质上并不必然是不客观、不真实的。如果因程序污染而获取的证据对真实的发现具有至关重要的作用，那么该非法证据是一定要推翻和否定的，因为它决定着是非，而司法绝对排斥冒险精神。如果非法证据对发现真实无足轻重，即使剔除也对发现真实没有丝毫影响，那么剔除掉又有何妨。最为胶着的就是非法证据对发现真实有影响但并非决定性且剔除又将导致证据体系的破损或者残缺，这便是最为头疼的。对非法证据没有形成应当被完全排除的共识的缘故可能也就在于此。当前司法上对此类非法证据的做法，一般态度是采取区分地保留，也就是根据证据非法性的不同类别和情形，作具体的分解和取舍。态度无非三种，完全排除、完全保留或者部分排除部分保留，而只要涉及保留的一定是附条件的，否则无法摆脱非法性。区分的标准原则上是以证据类别以及非法证据对发现真实的影响性大小为标准，譬如言词证据类一般予以排除，物痕鉴证类也一般要予以排除（除非影响性极小并且原始物痕仍有还原可能），调取类证据（如扣押、查询）因程序的践履对证据本身的真实影响较小故而采取附条件保留态度。附条件保留就关涉条件的设置问题，条件设置主要是技术问题，由于情形不一条件不同，因而技术参数也有所别，着重考虑的还是在于设置的条件是否能满足证据真实的恢复可能。

如前所述，正当程序的意义当然不仅仅在于发现真实，正当程序对规范意识的确立作用也是责无旁贷的，这也是法律至上原则的引申，是"法律必须被遵守，否则它就是形同虚设"的当然演绎。不法程序的排除与附条件保留，事实上就是一种法律的遵循精神在程序上的投射，是法治区别于人治的重要标杆。一般而言，实体上的法律问题探究有其较大的争论空间，毕竟实体法律的解释方法和解释能力是各有千秋和见仁见智的，因此实体问题可能就各执一词是非难断。而程序问题的质疑空间相对较小，质疑事由相对较少，这是由于程序法更主要体现的是程序设置和规范表达技术，技术问题的合理性问题一旦以程序设计为名（实定法）颁行，对合理性的探讨一般只针对实定程序法的修正上，而不针对应否执行程序规范上。并且，程序法由于是一种对诉讼方式、案件流转的规范，表现为流程性的和模范性的一面，因此，无条件地遵循几乎成为一个既定原则。即便上述所论之附条件地保留，其所保留的也是在正当程序的重新适用后而被修正、矫正的新的产物，本质上是区别于原产物的。所以司法上的程序遵循，在本质上是一种规范上、法治上的意识恪守，从规范到意识，再从意识到规范，往往返返，彼此相生。

不法程序的非法证据之外的诸如立案问题、回避问题、庭审问题等在诉讼流程、环节的程序上的不法表现，也与非法证据一样有着举足轻重的地位，应当一视同仁地处遇。此类的不法程序，重在考究和推敲程序可否回溯、可否补正及如何修正与恢复的问题。此类程序规范类同于一种"绝对命令"而不得违逆，一旦不遵循规范程序，一般而言是要推倒重构的，甚至有些程序是不可回溯、不可补正或不可恢复的，诸如证人在法庭作证前参与了法庭调查的旁听，证人被污染后无论如何其证词已然无法修复。当然，并非所有的此类不法程序都是无可挽回和无可补救的，毕竟司法在程序上的遵循由于人非圣贤的原因而必然可能存在某些纰漏。如果纰漏无论大小、轻重一概抹杀，那么司法的代价就过于深重而必然走入另外一个极端。这样，不法程序的回溯、补正、修正与恢复等问题，仍然需要一个基本的标准来权衡，这个标准的确定就又回到了程序法所追求的价值目标——保障实体公义和人权保障的判断上。即便实体公义有些宽泛而无法具体化或者量化，但至少可以为司法官在权衡时提供一种内心上的支撑和支持。而如果对某个具体的不法程序的回溯、补正、修正与恢复等问题，司法官无法在内心上根据这个宽泛的标准的权衡作出决断，那么，根据存疑时有利于被告的一般原则，则应作出有利于被告的决断。

当前在司法界，即便重程序的理念被一再地重申和加码，但言行上的分裂亦是可见一斑，实践上的行动与言辞上的表达并不趋同，轻正当程序的现象和情形是林林总总、比比皆是，更谈不上理念上的普遍确立了。鉴于上述的阐论，正当程序立场的确立及秉持，便是司法之应然，亦是法治之必需。倘若司法单以实体公义为根本目标，故而忽视或者忽略程序正当之保障，那么司法必然将走入无以为继的迷途之中。在法哲学的范畴上，形式与内容对应着正当程序与实体公义，在辩证关系上，没有内容的形式是空洞的，没有形式的内容是摇摆的。以此相对，没有实体公义的正当程序犹如没有目标的、空空如也的盲目，没有正当程序的实体公义犹如没有限制的、为所欲为的放纵。正当程序与实体公义是互为关联且不可或缺的，一旦失去正当程序的制约，所谓的法治将沦为自慰式的乌托邦。这也就是之所以将正当程序作为司法的基本立场的道理所在。

接下来是正当程序立场的沉淀问题。内心的沉淀在总体上归结于对实践的思维的沉淀，立场问题是认识界、思维界的，从哲学范式的逻辑上，认识的和思维的仍然源于存在的和实践的。因此，所谓的立场沉淀，基础性的源发一定是存在的和实践的，映射在司法上，就是司法实践，就是司法判例，就是司法经验集成。这就是说，司法者在司法实践中，不仅仅是单纯地运用法理、规范、逻辑去解释和适用法律，还需要有一种哲学范式（从实践到理论再到实践的循环）上的潜在意识性思维，要通过实践去总结、归纳和集成经验，沉淀经验，并最终形成一种对理论再深造的定式。这种定式思维的养成，加之与经验的相辅相成，就会有沉淀，（司法）立场上的沉淀。但是，并不是每个司法者都会有这种定式思维习惯，事实上，此类的司法者并非多数。不是说，他们不明白这种定式思维的教义，而是，在现实的功利之心的主导下，这种定式思维便不断地被消磨，最终是消失殆尽，而仅仅沦为一个作为工具的司法机器的角色。因此，如果我们讲求司法立场的沉淀，于司法者而言，一定是要将司法理想、司法情怀和司法品格作为前提。这种前提，也不仅是之于正当程序的司法立场沉淀而言，对公义之心、中立司法、唯一的正解和一般原则遵循的司法立场同样是皆准的。

示例十五：某甲非法经营案，某乙、某丙、某丁无罪案

☞ 【案情摘要】

王某是澳门注册医药师，经多年试验研制出以草本材质为主要原料的某系列美容药品、美容护肤品，并已在澳门注册备案。王某的儿子某甲为了将该系列美容产品推广、惠及中国大陆地区，着手筹划某系列产品在大陆地区的备案登记、审批、注册等事宜。同时，某甲也将产品带至大陆地区某市某区某场所，作为试用品以及赠品予以推介宣传，若有良好反馈欲购买者，也有部分销售。某甲的妻子某乙较少直接参与经营推广，主要负责照顾两个八十多岁的老人和一个四岁的幼儿，只有在某甲极忙或因某甲对网络上的电子商务销售不甚熟悉的时候，才会施与短时的帮助，协助某甲接单与发货。某甲雇佣的员工某丙和某丁，主要辅助某甲做灌装、封装、包装、发货等事务。2018 年 3 月 15 日，某市某区警方和某市某区食药监管局联合执法查获某甲的经营场所，现场查获一批该系列用品（经某市某区警方扣押并根据零售价自行认定价值人民币 576374 元）。警方在现场通过员工某丙电话通知某甲到现场来接受、配合警方和食药监管局的联合调查。某甲接到电话后立即从澳门赶回现场接受警方和食药监管局的联合调查。次日，警方到某甲的家中将某乙抓获。此后，警方委托联合执法单位的该食药监管局对涉案物品的属质进行鉴定。该食药监管局以鉴定说明回复函的文书方式确认涉案物品均应按假药论（事实上，该涉案物品只有一种被澳门方面认定为药品，其他的均属于美容产品）。

☞ 【诉讼经过】

某市某区警方以涉嫌生产、销售假药罪，对某甲、某乙、某丙、某丁立案，经侦查终结后，向某市某区检察院移送审查起诉。

某市某区检察院经审查，以某甲、某乙、某丙、某丁犯生产、销售假药罪，向某市某区法院提起公诉。

某市某区法院经开庭审理后认为，某甲、某乙、某丙、某丁生产、销售的药品，属于必须经过批准而未经批准生产、进口的，依照《药品管理法》第48条规定，应按假药论。某乙、某丙、某丁在共同犯罪中起辅助作用，系从犯。某甲、某乙、某丙、某丁实施生产、销售假药的数量特别巨大（金额50万元人民币以上），属于刑法规定的情节特别严重的情形。据此，一审判决如下：（1）某甲犯生产、

销售假药罪，判处有期徒刑十年，并处罚金人民币50万元；（2）某乙犯销售假药罪，判处有期徒刑三年，并处罚金人民币20万元；（3）某丙犯销售假药罪，判处有期徒刑三年，缓刑四年，并处罚金人民币1万元；（4）某丁犯销售假药罪，判处有期徒刑三年，缓刑四年，并处罚金人民币1万元；（5）查扣的涉案药品予以没收并销毁。

某甲、某乙不服一审判决，以案件严重违反法定程序以及适用法律错误为由，在法定的上诉期间内，向某市中级人民法院提出上诉。

☞【判例解析】

司法尤其刑事案件的正当程序，是形式正义的根本表现，法治所追究的正义目标，当然包含着形式正义的内容。由此在刑事司法中，对刑事程序的合法性、合规性审查，不仅在于维持一种诉讼参与人在诉讼程序中的"尊严"标准（马修的"尊严理论"），也在于对实质正义的极尽可能实现提供一种不可或缺的保障。然而在作为具体正义（个案正义）的实现上，本案的司法由于较为严重地脱离了抽象正义（程序正义）的约束和规制，呈现了令人惊异的情态。这不是司法所应该行进的轨道，也并非法治文明所要告示的判例。本案的程序正义悖反或者说历经的不正当程序，主要表现概括为以下几个方面。

1. 侦查方面

（1）侦查与鉴定同一主体。众所周知，鉴定机构应当具备独立性质以保持中立立场，这是鉴定客观公正的保证，这也是法律的明确规定。但是，本案系侦查机关（某市某区公安分局）与鉴定单位（某市某区食药监管局）联合查办，在侦查取证过程中，竟然发生了警方委托联合办案单位做鉴定这种看起来让人感觉就是里应外合的默契协作。如果这个鉴定回复函可以称之为鉴定，那么，联合执法单位作为办案的主体，肯定不适合作为鉴定人（鉴定单位），这在回避事由上可以归属有利害关系的情形，也应当自行回避；如果这个鉴定回复函不作为证据类别中的鉴定意见而只作为一个行政确认书，那么，其效力因未履行听证、复议以及行政诉讼等可能之程序而应当被确定为无效。所以，这种侦查与鉴定同体的联合办案形式，权责不分且大包大揽，性质上等同于自己给自己做裁判，应当认定为程序不正当，该证据也就不具备合法性，应当予以完全排除。

（2）即便在案件中这个鉴定回复函被作为鉴定意见使用，然而鉴定单位也是不符合法律明文规定的鉴定主体资格。根据现行正式有效的法律解释的明文规定（《食品药品行政执法与刑事司法衔接工作办法》第23条、《关于办理危害药品安全刑事案件适用法律若干问题的解释》第14条），该类案件的鉴定意见需由市级以上药品行政监管部门出具，但本案的鉴定回复函只是区一级的食药监管局出具，明显是不适格的。更为离奇的是，一审判决书居然把该食药监管局解释为市级单位，理由是区一级的单位函头冠以市一级的前缀（某市某区食药监管局），因此可以理解为市级单位。如此请问，某单位的名称若称为某省某市某区某街道办，那街道办难道也可以等同于省级单位？这种将常识强词夺理于文字之间的解释实在是危言耸听。

（3）本案的《抓获经过》的制作明显不利于某甲。警方在制作抓获经过时，言辞概略、惜字如金但却不能做到吻合事实、表述真相。侦查人员称"某甲随后来到现场，遂将其传唤到派出所接受调查"的叙述语焉不详、模棱两可。这种表述，不仅没有将案件的事实原本经过用文字还原，还造成了一种可谓之缉拿归案的假象，导致原本某甲系自动投案并如实供述的自首情节，被侦查、检察、一审法院三环节均予忽略或者否认。在本案中，某甲供述接到员工的电话称有执法检查，遂自行到现场接受调查；打电话的员工也证明如此经过。即便司法人员不能确定这个事实，也就是说该事实的认定存疑，那么，根据存疑时有利于被告的原则，也应当作出某甲自动投案事实的认定。

2. 公诉方面

（1）检察机关和公诉人放纵并配合一审庭审法官滥用认罪认罚从宽程序主导案件审判。根据"两高"《关于认罪认罚从宽制度改革试点方案》的规定，认罪认罚从宽制度的适用条件包括：告知犯罪嫌疑人认罪认罚可能导致的法律后果；听取辩护人的意见；检察院提出量刑建议；被告人签署具结书；被告认罪认罚且案件事实清楚、证据确实充分；等等。但在上述所有的条件都不具备，根本不得适用认罪认罚从宽制度进行庭审的情况下，检察机关和公诉人仍然默许并配合法庭的开庭审理适用了认罪认罚从宽制度。

（2）对一审庭审中的不正当庭审程序非但没有监督制止反而配合开展。对该案开庭审理中显而易见的多个违反法定程序的行为甚至包括根本性地剥夺被告人基本权利的庭审（下文将作详述），作为承担法律监督（包括庭审监督）使命的法律专业的公诉人，在二十多分钟的法庭审理过程中，竟然没有提出任何的异议，这种对不当庭审的放任不知是源于不知道还是无视之。并且，庭审之后公诉机关也没有对该公开开庭的种种不当审理提出哪怕是一言、一纸的监督或纠正，更不用说对这个错误的一审判决提出抗诉了。

（3）审判方面

极简的草草二十多分钟的一审庭审，带给被告十年徒刑的枷锁。这种比一些简易、速裁程序还简略的庭审，直接将庭审程序机械化。本案在程序上也已丧失简易程序的基础，因为根据司法解释的规定："被告同意适用简易程序的，人民法院可以决定适用简易程序，并在开庭前通知人民检察院和辩护人。"很显然，主审法官开庭中贸然决定适用简易程序是不被法律所允许的，是不法程序的庭审。事实上，判处十年重刑的案件，一般是不宜适用简易程序的，而且，本案远非具备事实清楚、证据确实充分的法定条件。对常年从事刑事审判领域的主审法官所具备的涉及诸如本案在事实上、证据上以及法律适用上的诸多争议与疑难（包括但不限于全文所有的阐述），必定是心知肚明、了如指掌的。但主审法官在二十多分钟的庭审内，硬生生地将这诸多争议与疑难简化为一个被告认罪认罚的庭审过程，这对四被告而言是不公平的！一审主审法官还当庭强行启动认罪认罚从宽程序（简易），全然置该程序的原则、基础、条件于不顾。根据"两高"《关于认罪认罚从宽制度改革试点方案》第 1 条规定：被告人同意量刑建议，签署具结书的，可以适用认罪认罚从宽制度。本案没有量刑建议，所有被告也都未签署具结书，显而易见，本案的庭审并不具备启动认罪认罚从宽程序的原则、基础和条件，也就是本案根本不得适用该制度，但在一审主审法官的说服与引导下，在公诉人的认同与配合下，庭审便行进在一个不正当程序的轨道上。

在一审庭审中，主审法官多次直接剥夺或忽略被告的自行辩护权。在法庭调查过程中主审法官询问被告对公诉机关指控是否有意见的阶段，主审法官首先对某甲发问了几个关于身份的问题，随后并没有询问其对指控是否有意见，而是直接跳过，剥夺某甲的自行辩护权，接着马上对其他被告发问"听清楚了没有？""有没有意见？"这种忽略和剥夺被告自行辩护权的举止，对某甲而言也是极不公平的。此外，短短的庭审，主审法官数次无故而随意地打断被告的陈述。被告的陈述和辩解，不仅是一项法定的诉讼权利，也是法官断明是非曲直的根据。但是，不知缘于何故，在凡是某甲对有关诸如自首等核心问题欲作出陈述和辩解时，主审法官便适时地打断其陈述和辩解。这种非正当行使主导庭审权的行为，将程序法赋予被告人的基本权利事实上地剥夺了。

本案涉及庭审进程中的未审先判情形，其直接依据是未经剪辑、未经处理的庭审视频。在庭审视频中，一审主审法官两次无可辩驳地宣告要判处被告某甲十年有期徒刑，结果几天后的判决书真的就是判处十年有期徒刑。而问题的关键是，未审先判地宣告刑期时庭审还在进行中。第一次是在法庭调查阶段，在某甲欲行自行辩护时，主审法官告诫某甲："被告某甲，你的犯罪属于情节特别严重，应处十年以上有期徒刑。"第二次是在最后陈述阶段，被告某甲刚刚开口作最后陈述，主审法官便打断其陈述说道："你要悔过自新、重新做人，也得先坐十年的牢。"视频是客观的存在，它不会撒谎。《法官职业道德基本准则》规定："在宣判前，（法官）不得通过言语、表情或者行为流露自己对裁判结果的观点或者态度。"因此，一审主审法官的这种行为，已然触犯法官职业道德之准则。更甚者是在一审主审法官被某甲的家属投诉庭审未审先判后，一审法院竟然以函件答复投诉人称："经核实庭审同步录音录像，未发现本案主审法官有未审先判的情况，当时只是在释明法律。"这个所谓的释明法律的解释，实际上颠覆了公众对语言的语义理解。

一审庭审中的法庭辩论从庭审视频看更像是走过场，对法律焦点问题的对抗辩论忽而略之，只允许简短的叙述不提供辩论的机会，这相当于剥夺被告人、辩护人充分的辩护权利。刑事诉讼法明文规定："适用简易程序审理案件，经审判人员许可，被告人及其辩护人可以同公诉人、自诉人及其代理人互相辩论。"这是法定的法庭辩论权。但是，本案的一审主审法官剥夺了被告自行辩护权、法庭辩论权，在法庭辩论阶段，只给被告人、辩护人一轮的简要发表观点的机会，对辩论中提出的诸如立功、自首、危害性、是否药品属性、主动缴纳罚金等问题，一概不予辩论，几乎完全剥夺法庭辩论权。一审的庭审还几乎完全剥夺了被告法定的最后陈述权。即便在最为简单、清楚的案件中，即便在最为简化的庭审程序中，法律都赋予并保证被告人的最后陈述权。但是，本案庭审视频直观可见，在某甲作最后陈述刚说了一句，话音未落，主审法官立即插话并随即指令第二被告某乙作最后陈述。主审法官如此举止，剥夺了被告人法定的完整的最后陈述的权利，这在本质上而言，是刑事诉讼人权保障理念的一种极端背离。

一审法院的判决书与辩护人提交的辩护意见在时间上倒置，显示出司法文书制作的不严谨。该判决书行文落款时间是 2018 年 12 月 13 日，而某甲委托的第二位辩护律师提交辩护手续及其第一份意见的时间是 2018 年 12 月 20 日，但该辩护人名字与单位以及部分辩护意见竟出现在裁决书中！此外，该辩护人提交的调取证据申请与新证据却没有在判决书中处理与回应。这种对证据的漠视与忽略，显然违背追求案件真实的司法目标。所有证据应当经庭审质证这是一个基本的诉讼规则，或者，如果证据与案件事实无关，也应当在判决书中有所说明。

本案在司法程序上尤其是一审判决中的程序上存在上述的瑕疵、不当甚至不合法，自然而然地，在事实认定上就显得支离破碎甚至是非颠倒，法律适用上也就因失去事实根基而错误不堪。具体而言，表现为以下几个方面。

其一，关于涉案药品是否全部为按假药论的"假药"的问题。

对药品的管理，不仅是在中国大陆，在国外以及港澳台也都管控严密，限制经营。但本案的涉案物品，其中有一种是经过澳门药品监管部门批准的非处方药品，其余也全部是取得澳门化妆品协会认证的化妆品，所有涉案物品在澳门都可以从百货店、士多店、超市以及药店且不需要经过任何限制就能买得到。既然澳门没有限制买卖，就是被认为是相对安全的，而且，我们相信澳门的药品管理也是相当谨慎严密的，澳门的商品诚信体系也是较为完善的，那么涉案的生产、销售行为是否触及生产、销售假药罪最为关键的问题就是如何区分涉案物品系药品（处方药、非处方药）或者非药品（保健品、化妆美容品）的问题了。

根据《刑法》第 141 条的规定：本条所称假药，是指依照《药品管理法》的规定属于假药和按假药处理的药品、非药品。而《药品管理法》第 48 条规定：有下列情形之一的，为假药：……。有下列情形之一的药品，按假药论处：……（二）依照本法必须批准而未经批准生产、进口的……据此规定，所有按假药论的"假药"的前提条件是该物品必须先确定为药品，如果不能确定是药品，那么就不可能适用这条"按假药论"的法律规定。司法实践中，通常存在一种错误认识，以为刑法规定的假药既包括药品和非药品，但事实上，根据刑法所援引的药品管理法的规定，"纯粹的假药"确实是包括药品和非药品，但是"按假药论的假药"仅限于药品而不包括非药品。所以刑法该条文在药品和非药品之间用了一个顿号来表示区别选择关系，但司法人员却有的认为是并列包含关系。

按照上述的理解与适用，本案涉案的6种物品，其中的"某膏"取得澳门药品批文，属于境外药品；其余5种商品都属于美容化妆产品，在澳门无需批文可以直接自由买卖。因此，本案涉及的物品只有一种是属于"按假药论"的假药，其余物品均非假药。因此，一审判决书对本案的药品性质的认定有5种是错误的。

其二，涉案物品的鉴定资格和效力问题

本案的鉴定说明回复函和《抓获经过》等书证显示，本案系某市某区食药监局（鉴定人）与某市某区警方（侦查机关）"联合侦办的"。这意味着本案鉴定人就是查处本案的执法单位。对本案的鉴定，本案鉴定人依法应当回避。否则，有悖基本法理。而且，根据司法解释的规定，药品的鉴定应当由市级以上药品监督管理部门出具，而某市某区食药监局显然不是市级以上药品监督管理部门。

鉴定说明回复函内容本身也存在问题。该鉴定说明回复函没有加盖司法鉴定专用章，也没有鉴定人签名，甚至无法确定具体实施鉴定的人员和依据的基本素材，严重缺少作为鉴定意见类证据的基本形式要件。该鉴定说明回复函还存在鉴定对象的名称与扣押物品的名称不一致，名称不符即存在送检样品与现场扣押涉案原物并非同一的可能。

由此可见，本案鉴定说明回复函在实质要件、形式要件、鉴定程序以及证明力方面均存在严重问题。该鉴定说明回复函不能作为定案的证据使用，予以完全排除。

其三，关于被告某甲的自首问题

在案卷材料中，员工某丙的证言证实了某甲具有投案行为，这与某甲的供述一致。本案开庭时，另一位当时在场员工某丁也证实了这一经过。此外，案卷材料中侦查人员的《抓获经过》也证实，当时先发现上述两位员工在场，"后自称老板的某甲从外面赶了回来"，之后才被"口头传唤"到派出所归案的。因此，某甲主动投案行为的证据是确定、确实而且充分的。而且，投案当时某甲尚未受到讯问、尚未被采取强制措施，具备主动性和直接性特征，根据《刑法》及相关司法解释的规定，这也应当认定为自动投案。即便认为自动投案行为仍然没有查实，根据刑事诉讼法之存疑时有利于被告的证据认定规则，公诉机关若举证不能，也应当作出对某甲有利的主动投案事实认定。

其四，被告某乙的从犯地位及其裁量的刑罚问题

既然某乙系销售假药的从犯，就意味着某乙只需对自己参与帮忙的销售部分承担责任。但一审法院在无法确定某乙参与销售的涉案金额的情况下，将生产现场的全部物品计入对某乙的量刑考量中，这属于证据、事实认定错误，属于存疑时不利被告的证据事实审查，对某乙是不恰当和不公平的。

此外，某乙行为性质及情节与其他两名被告某丙、某丁相当，都属于从犯的角色。由于案件无从区分某乙的具体行为和涉案的具体数额，因此只能作有利于被告

即最低法定刑幅度档次的认定。但一审判决书对此却采取了不同标准，对某丙、某丁两名从犯各判处三年缓刑四年，对某乙却判处三年实刑；对某丙、某丁两名从犯各判处罚金1万元，对某乙却判处罚金20万元。刑罚裁量区别甚大，这明显有违罪责刑相适应的刑法基本原则。还有，一审判决书白纸黑字地写明某乙自愿主动交纳罚金希望法庭接纳，但一审法庭最终就是不予接纳，这也是对被告人悔罪方式的一种懈怠或甚可被理解为别有用心。

综上分析，本案认定涉案物品为假药的证据不足，鉴于案件的涉案物品的扣押以及鉴定程序已受污染且不可恢复，因此再去核实鉴定涉案物品是否为假药已失去意义。但是，涉案物品其中的"某膏"，在澳门被批准为（非处方）药品，这是一个可以确定的事实。由于对药品的认定在医药学上具有国际上普遍的学科定义，因此在通识和常规的理解上，可以作同一的认定，而不需要再作鉴定。那么，该经营药品的行为在未取得经营许可的情况下，应当被认定为非法经营行为。某甲是主犯，应当对全部的行为负责任。某乙、某丙、某丁系从犯，只应对自己直接实施的部分行为负责任，由于本案证据无法区分各自直接实施的部分行为，因此，认定某乙、某丙、某丁三人的非法经营行为达到追诉标准的证据不足。

据此，二审判决如下：（1）撤销一审判决书；（2）某甲犯非法经营罪，判处有期徒刑一年，并处罚金人民币5万元；（3）某乙无罪；（4）某丙无罪；（5）某丁无罪；（6）查扣的涉案物品予以没收并移交食药监管局依法处理。

第五章 司法的观念

观念一词来自希腊文，原意是"看得见的"形象或事物的外貌，引申为心灵图景。在现代汉语中，观念是人们对事物的主观与客观认识的系统化之集合体，是人们支配行为的主观意识。德国哲学家康德以"表象"一词代表感官知觉所得的对象，即观念。在康德认知官能的三级体系中，第一级为直观，即直接取得表象官能的经验直观；第二级为悟性，即提供表象的先天形式（时间与空间）；第三级为理性，即理性思维的概念（如主体的绝对统一性），亦即理性纯思的对象，以"表象"为感官受外物刺激后，在心中产生的映像。黑格尔之绝对观念论则主张观念是主观理会与客观真实的结合。概念仅存在于思维，实际不存在；观念则是透过理会而确实存在者。休姆则将人感官利己直接知觉者，称作印象，印象消失后留在人心之中者，则为观念。在哲学概念建言立说的格局之下，似乎得寻求一种对观念的共识性认知，方能为观念下一个不被广泛声讨的定义，那么博采各名家之所论，似乎可以说，观念是一种在感觉和知觉基础上形成的对客观事物的主观意识以及由此主观意识的重现去支配言行举止的统一体。人们根据、利用自身形成的观念系统（观念体系）进行各种活动，对事物进行决策、计划、实践、评价、总结等，从而不断丰富和提高社会生产、生活实践水平。一个人的观念具有变动、更新的可能源于每个人对事物的认识水平具备渐进的和发展的态势，因此，观念上的意识存在并非一成不变也并非日新月异，观念受认知基础和事物映像的影响与作用。在此理解上，观念具有主观性、实践性、历史性、发展性等特点。司法观念是一个子概念，因此司法观念完全符合主观性、实践性、历史性和发展性等特点、特征。当我们在谈论司法观念的时候，大抵也就是涉及观念上的诸多问题，只是我们将概念缩小到司法方面上的观念问题而已。

观念是思维意识上的命题，在认识论和方法论的范畴内，司法观念涉及的主要是与司法关联的主观认识、客观实践、历史的以及发展的特性等问题。司法上的主观认识，包含着司法的基础、司法的方法以及司法经验集成等关联性法体系的认识，并且这种认识对司法观念而言是具统一性的，是建立在对法体系的全面综合认识上的总体心理反应。为此，当我们谈论司法观念时，必然无法将法体系的主观认识的各个部分割裂开来，而是应当站在一个统一的司法立场或者平面上，于心中存留并理会司法。司法的客观实践，意指司法实操而非经验集成，是司法对事例的真切评判裁断的过程和感验。司法的客观实践之于司法观念的养成，是直接而真实的，是司法理性的感性表达后的理性再思维。司法观念与司法的客观实践之间，实际上就是实践与认识的哲学关系的下级命题，有着统一的和辩证的关系。司法观念的历史的和发展的特性，指的是观念层面上的更新、革新。观念的更新、革新必然基于原（前）观念，否则便谈不上更新、革新，这是观念的历史性的一面。观念的更新、革新后的再更新、再革新，在逻辑上自然是顺理成章的，毕竟观念上的认识与实践的发展性是一个永恒的主题，主观认识和客观实践的发展性自然而然地引申出了观念的发展性的一面。除此之外，司法观念还涉及其他诸如常识问题、对立问题以及对错问题等，这是由于观念的影响性因素的广泛以及多样使然，也是由于观念乃主观思维意识之产物，而主观思维意识并无法进行客观统一评判。

司法立场是一个平行层面的视界，而司法观念，则是时空位置上的内心投射，具有较之于立场更加具体化的心理表象，是"透过理会而确实存在者"。如果说司法立场沉淀于内心，那么司法观念则是实现司法存在的意识表达。司法立场与司法观念之间，就是一种将内心沉淀投射于表达确实存在的关联。但是这种表达方式是呈纷呈式的，如同树干分枝状，并不是单向的前后、因果关系。这是因为司法作为最后的决断表达，其影响的因素并不局限于司法者的司法立场和司法观念。由于众多因素共同对司法施加了确定性的影响，那么，司法决断表达的变数也就纷繁复杂，但司法立场和司法观念无疑占据着重要的角色，因为司法立场和司法观念是司法者的内心沉淀与内心投射，在一个纯粹司法的境地里，内心沉淀与投射之于表达（对事例的裁断评判）当然具备相当的分量甚至决定性。再具体一点，司法立场上的内心沉淀对司法观念上的内心投射，具有基础性的（但并非唯一的）制约或影响，但凡要投射而出的一定是先已沉淀的，没有沉淀的投射是空洞的，也当然的，没有投射的沉淀是虚幻的，也就是如果没有形成为了表达确实存在的司法观念，那么司法立场的沉淀意义似乎也就虚无缥缈了。当然，司法的立场与司法的观念并无法一一对应，这也源于司法影响因素的多样性，但是，在一个平行层面视界上的时空位置投射，司法立场与司法观念之间的关联、影响是毋庸置疑的。

由于司法观念具有历史的和发展的特性，因此很难说某种司法观念是确定的或永恒的正确。观念的与时俱进性较强，因此总处在一个不断更新、革新、转变的态势上。在这一点上，司法立场较之于司法观念更具稳定性。司法观念上的转变和更新、革新，并不必然否定前（原）司法观念。情势的变更对司法观念的影响是立竿见影的，既然是情势变更，那么就难归咎此前情势下的司法观念的是非对错。但司法观念也并非可朝令夕改或可随心所欲的，它的更新、革新和转变也应当有一个起码的或者底线的限度，这个限度不妨认为是一种基本的常识、学识、经验和立场。也就是说，在基本的常识、学识、经验和立场上的观念更新与转变，并非有是非对错之别。但在基本的常识、学识、经验和立场之外，观念存在善恶、褒贬、良莠之分。比如说，为了寻租司法渎职的目的而假之以司法观念转变的理由，将本来的同一标准的司法观念做了掩耳盗铃式的转变，用另一个标准替代原来的标准，还冠之以新的同一标准之名，这就是司法观念亵渎而非司法观念转变。为此，当我们以观念更新之名更新观念，仍然需要一定的条件和基础，否则，单纯的观念更新极易陷入唯目的论的泥潭。

司法观念是"透过理会而确实存在者"，是实现司法存在的意识表达，如此理解，司法观念便在内心（意识）与存在（表达）之间发生作用，一种投射的作用，也就是具有对司法的影响性与制约性。那么，司法观念影响和制约了什么又是如何影响和制约的，这就有必要稍加阐释。司法的根本是通过法律解释和法律适用对事例进行评判裁断，对事例的评判裁断于司法而言就是存在（表达）。法律解释和法律适用是司法的方法，内心（意识）对方法具有当然的影响和制约，因为方法由思维意识（内心）控制和施行。这就是说，司法观念通过内心（意识）的理会投射在司法的方法上，以实现司法存在（表达）。在此过程中，司法观念在对事例的评判裁断上施与了当然的影响和制约。这种影响和制约，作用于结果，便是一种变数。

人的观念区分领域与层面、整体与局部、主干与分支，与立场一样，具有分层的多界面性。这里所涉的司法观念，也是限制在司法高度的层面上，由此，以下本著阐论的司法观念是笔者多年司法历程后的现今的总结和归纳，并且只是主要的和根本的而并非全部的，即温柔与慈悲观念，（相对）同一标准观念，区别证明标准观念，背离解析开示观念，抗命司法潜规则观念，过而改之观念。其他诸如司法人文观念，甚至是部门法上的无罪推定观念，等等，也在司法观念的范畴之内，只是限于本著探究的是司法上的共通问题和根本问题而无法一一列举。

一、温柔与慈悲

早前几年，笔者秉持和恪守的是严刑峻法以及重法重典的司法思维、司法理念，这源于彼时之司法基础、司法方法以及各种与司法关联的因素对司法思维和司法理念的共同堆积与施加，诸如年少气盛且阅历浅薄，疾恶如仇不能鞭辟入里，视野狭窄无法通晓物理，等等。直至如今，由于司法上的磨砺锤炼以及在法律信仰下的独立思考，对司法观念上的问题，自觉能觅得些许真挚内涵，关于严刑峻法以及重法重典的司法观念便渐渐地更新并转变为温柔与慈悲的司法观念。这种观念上的两级化起初着实令人不可思议，但静心屏息琢磨竟然似可理喻并近于顺理成章。事实上，无论是严刑峻法观念还是温柔慈悲观念，都不存在必然的是非对错问题，在对司法的影响制约因素中，这只是其中之一，且并不具决定性。这一司法观念对司法的影响制约一般只发生在度、量上而不是在定性上，就是说严刑峻法也好，温柔慈悲也罢，只是在性质判断之后的裁量权运用上发生效果，即便这种观念会对少量事例的评判裁断造成是非上的定论，譬如刑法上是否属于"情节显著轻微危害不大的，不认为是犯罪"的裁断，持严刑峻法观念与持温柔慈悲观念会造成司法结果本质上的是非界限，但毕竟在接近或者徘徊在"情节显著轻微危害不大的，不认为是犯罪"的事例，本身就是较为或者极为轻微的，因而这种观念施加的影响与制约，本质上还是一个度、量的问题而非质的问题，是因量变而质变的。所以从总体上讲，严刑峻法观念与温柔慈悲观念都是一种司法印象留存于内心上的理会而确实存在者，不同的是，严刑峻法观念侧重于对受害者的关切保护以及对施害者的惩罚施加，而温柔慈悲观念则侧重于对施害者的救赎意念以及对受害者的救济衡平。

在一个为前述设定的以实现公义为司法使命的目标境地中，由于对公义的认识和理解也区分深度与层级，公义并非显明具体而具标准化可能。这样一来，严刑峻法也可以是一种内心投射，温柔慈悲同样也可以是一种内心投射，关键是，在内心投射之前，直接知觉之印象或者说对客观真实的理会，是一个历程的渐进，渐进中客观的、知觉的对象是不断积累和丰富的，那么对应的印象和理会，也就不可同日而语。那么，为何会从严刑峻法观念转变为温柔慈悲观念，说来在本质上也是司法历程上的感悟与理性的结合与归纳。司法之初毕竟阅历浅薄涉世未深，对法的认知和理解一般停留在模范遵循以及教条理解上。此时的司法拿捏，注重的是违反与遵守的判断，触犯与章法的执行，是与非、善与恶的评价，一般只在形式上而非进入本质上去看待问题，一般只是单向而非多维地进行司法上的评判裁断。因此，对司法真谛的把握难以周全，只好以章法作为教条的凭据，如此便显得严峻与冷酷，严刑峻法也就师出有门。随着阅历的深厚、经验的集成以及思维的周全，渐进性的知觉印象和理会不断堆积发酵，内心的多元素集合推动投射，形成新的司法观念也就在所难免。生活是艰辛不易的，人心是脆弱分裂的，社会是冗杂多变的，如果司法一味地僵化死板而冷峻无情，那么，事例的纷争被司法圈定在一个没有弹性的流水线上，司法便只是在这个固执的规定上评判裁断，没有回旋，没有宽和。这样一来，纷争仍然是纷争，矛盾仍然是矛盾，纷争和矛盾在这样的司法下一般就难以化解和消除，甚至造成新的对立。这样的司法应该不是理想的司法，至少不能称之为定纷止争的使命守护者。如果，司法能温和一些，宽容一些，慈悲一些，是不是对司法使命的守护会更加地触手可及一些呢？近些年来，笔者在温柔与慈悲的司法观念的指引下，在当事人之间，在法网无私与矛盾消解之间，在社情评判与价值重估之间，去寻求一种替代，并似乎找到了温柔与慈悲的观念的存在意义和可行之据。当你怀着一种温柔与慈悲之心去看待事例的纷争，其实你会更加的感性，这种感性的内心蕴含便不会驱使你去斩钉截铁、当机立断，而是因为宽容与温而更加的稳健和自如，这样一来司法考量便更加地从容，也更容易保持可控的、克制的理性。从容与理性，又何尝不是司法的理想呢！

法律人一直在探寻的一个问题是，司法到底应该是柔软的还是刚硬的或者是其他的另一种态度。法律的本身是由规范的条文和生硬的文字组成的，即便在意旨、逻辑、经验以及语义等立法技术考量上已然具备了人性关怀和文明印记的蕴含，但毕竟无法拟人化或者写实化。单纯就法律本身而言，理性是超越感性，刚硬是超越柔软的。尤其是，法律之于司法者而言，唯有理性和刚硬方可尽可能地保持司法的统一，而司法的统一可以说是司法的一个终极目标。如此一来，温柔与慈悲的司法观念似乎应当被排除或者尽可能地排除在司法的观念当中，因为司法者的温柔与慈悲的表达或者表现方式因人而异，毕竟司法者情感、偏好、志向甚至立场、理念是林林总总的，如若此观念施之于司法，势必将造成司法的凌乱与不统一。这其实是一种误解。温柔与慈悲的司法观念是有前提的，就如前所述之司法常数（要素）的符合以及在司法立场的确立下，在法律必须遵守、法律至上原则的约束下，再通过情理上的、人文上的、人性上的思维方式去解读事例和解释法律，再去关联适配理性的和刚硬的法律。这样，对事例的司法，似乎就可以摆脱一种机械的、死板的和教条的模式，将司法演绎到贴近社会生活、兼顾常情感性以及关注人性人文的栩栩如生，并达到一种恩威并施、刚柔并济的司法造诣。

本著所以为的是，社会生活的存在几乎是社会关系的全部，即便有众生相，但众生相亦在社会生活的存在之内。所有的生产力、生产关系、群体关系、政治关系、权力关系包括法律关系等社会关系，归根结底，是人的社会生活存在的表达和表现，是人为了社会生活而创造或者假设出来的。那么，以社会生活为目标的关系创造和关系假设，便都表达或者表现出来为存在。既然社会生活是一个目标，司法也为社会生活而创造或假设，于是我们总不能竭力塑造或者无谓纵容一个铁血无情的司法氛围，来作为我们生活存在的表达和表现的背景。倘若如此，人的社会生活存在与机械流程或者格式化，又有什么区别？而温柔与慈悲，恰恰在表达一种对社会生活的弹性态度，一种趋于宽松与协和的境地，一种扶助、救济、谐和的共融关系，这在法律作为调整社会关系的工具的本质上，本著认为是最好不过的契合。所谓"温柔天下去得，刚强寸步难行"，"慈悲喜舍遍法界"，也即是这个道理。

站在司法的总体层面上，无论刑事、民事或者行政上的司法，温柔与慈悲是放之四海而皆准的观念。刑法的谦抑性原则，民法的公序良俗原则以及行政法上的合理原则与便民原则，都可以理解为温柔与慈悲的司法观念的引申和投射。当然，树立并秉持温柔与慈悲的司法观念，并非对罪与恶、过与错的无底线地宽恕与包容。在罪过与惩罚的框架之内，温柔与慈悲是在寻求一个可以消解或减低矛盾、对立与仇恨的通道，将一种基于非难可能论与报应论基础而可能引发的冤冤相报、对峙僵持尽可能地克服和化解，并在一个可宽恕与可包容的限度内达成可理喻地放下与消减。因此，在本质上温柔与慈悲的司法观念更多彰显的是司法上的一种恢复与补救精神，是司法者对对象（各方）的一种调和、救助和施济的姿态。我们知道，司法的指向并不是对罪恶与过错一味地非难，司法也应当筑造一座让当事者之间以及司法者与当事者之间能够相互沟通的桥梁，而这座桥梁，如果以温柔与慈悲的名义或者将之命名为温柔与慈悲，恐怕是比以严刑峻法或者重法重典之名要来得名正言顺和申明通义一些。司法似乎应该还有一个使命，就是要唤醒良知。大多的不法多源于良知上的缺陷或瑕疵，一旦良知唤醒，司法使命便有所成。为了达成使命，司法可选择的方式可以是温柔与慈悲，也可以是严刑峻法。那么，通过较为平和的方式达到内心上的根本改造，唯温柔与慈悲为最佳，而严刑峻法则容易造成再生的对立、对抗情绪，极易再发叛逆，即便由此而内心顺服或良知唤醒，这种顺服与唤醒，也多是当事者自身内心的柔软的驱使，而并非屈服于严刑峻法的威名与声势。司法上，作为民事、行政法上的调解制度和刑事法上的和解制度，应当也是对温柔与慈悲的司法观念的写照与引申，是一种和为贵的精神的指引。法律格言上的"法律不强人所难"，似乎也是在为温柔与慈悲的司法观念作注脚，法律对司法对象良知唤醒的期待可能，通常是选择在一种温柔与慈悲的语境下进行阐释和告慰，而不是置其于一个强制和刚硬的语境之下，否则，这种期待就变得冷血与残忍，也就无所谓期待了。

示例十六：某甲销售假药案

☞ **【案情摘要】**

自 2018 年 3 月起，某甲在某市某区某住宅区的家中开始经营港货代购与销售。某甲先自己到香港购买商品，然后将商品的外观图样及产品说明附具在网络空间上，买家根据需要向某甲购买商品，或者买家提出购买的需求后，某甲再根据需求到香港去采购商品，最后买家通过第三方支付的方式向某甲付款，某甲则通过快递将商品寄送给买家，完成交易。某甲在网络上代购与销售的商品中，除了日用百货之外，也包含一定数量的非处方药品（绝大部分是"太田胃散"的系列产品）。2018 年 6 月 2 日，警方根据举报到某甲的家中，将某甲抓获归案。同时，警方扣押了某甲家中的疑似药品 6 种，并从某甲的电脑中调取出网络销售的全部数据，经统计所有交易记录的销售金额为人民币 328900.35 元，其中疑似药品的销售金额为人民币 123189.64 元。警方在对某甲立案后，委托某市药品监督管理局对涉案物品的属质进行鉴定。某市药品监督管理局认定该 6 种涉案物品系药品管理法规定的按假药论的假药，并以鉴定说明函的方式回复警方。经统计，该 6 种涉案假药的扣押数量连同在网络上交易数量的销售金额合计为人民币 48462.23 元。

☞ **【诉讼经过】**

某市某区警方以涉嫌销售假药罪，对某甲立案，经侦查终结后，向某市某区检察院移送审查起诉。

某市某区检察院经审查后认为，某甲销售假药的金额为人民币 123189.64 元，遂以某甲犯销售假药罪，向某市某区法院提起公诉。

某市某区法院经开庭审理后认为，涉案物品中的疑似假药，虽然只有 6 种经过市级药品监督管理局的鉴定说明，但是鉴定的药品与未鉴定的疑似药品，只是在规格上有所区别，其他诸如品名、包装、图形等都是相同的，那么可以推定该未有扣押实物的疑似药品，也属于药品，属于药品管理法规定的按假药论的假药。因此，认定某甲实施销售假药行为的销售金额为人民币 123189.64 元。据此，一审判决如下：（1）某甲犯销售假药罪，判处有期徒刑一年三个月，并处罚金人民币 50000元；（2）扣押的药品予以没收并移交某市某区药品管理行政部门依法处置。

某甲认为一审判决书认定的销售金额确有错误，因此对其量刑过重，在法定上诉期间内，向某市中级人民法院提出上诉。

☞ **【判例解析】**

在案件证据与事实的认定上，本案存在的一个焦点问题是，在实物灭失或者无法复原的情况下，能否通过证据上的效力予以"追认"？以及这种追认需要什么样的证据来达成？第一个问题的答案是明显的，否则，便会有"死无对证"的抗辩定式或者"真相还原"的无可奈何。事实上，一大部分的案件都因为过去式的原因，均无法达到所谓的人赃俱获或者现行抓获，都需要通过证据以及常识、常理、逻辑等方法的运筹来还原法律上的事实，这种事实还原的证据标准，在刑事案件中一般要求达到排除合理怀疑的程度，当然这种怀疑的排除，也要结合常识、常理、逻辑以及经验等方法运筹，这就是第二个问题的笼统的解答。至于具体的个案，则要根据具体的情况进行综合的审查认定。

本案对销售药品的数量，存在证据与事实认定上的理解空间。一审判决书主要依据是一份从网站的销售记录导出后进行复制的交易清单，并结合被告某甲的供述和法律学识的运用而推定，作出了"被推定理解为药品"（而并非"被证实为药品"）的销售金额的全额认定。这在理解空间的范畴上，当然是有一定的道理所在。但是，如果把证据标准设置成一个"十足的内心确信"上，这种认定则有待进一步地研析与考证，因为目前的证据尚未达到排除合理怀疑的标准。

其一，从证据的关联性角度而言，本案所确定涉案药品的全额，不仅包括现场扣押并经鉴定说明的 6 种药品及在网络交易上对应的销售记录，还包括网络交易上同类物品的销售记录。根据《扣押清单》和《鉴定说明》列明的涉案物品，本案被鉴定为假药的物品共计 6 种，销售总额计人民币 48462.23 元。这是现有证据中认定涉案事实和涉案数额的最为客观、准确的数据，这一部分是无可争议的。实物鉴定之外的物品，在没有任何实物参照的依据以及没有《鉴定说明》的认定意见的情况下，便认定为涉案药品。这可以说是一种想象性假设或者可能性推测，是缺乏证据基础的事实认定。因为，事实的确定不能主要建立在想象和推测上，即便排除合理怀疑的证明标准并不排除法律推理，但法律推理也必须依托真实和逻辑作为基础。而本案现场《扣押清单》和《鉴定说明》所列涉案物品之外的其他物品有 4 种，是何种外观形象？由何种成分构成？是否标记为药品？分别属于哪一类药品？除了想象和推测，根本没有任何触手可及或者是眼见为实的基础。

其二，任何物品的鉴定，一般都需要有实物的凭据作为鉴定基础，至少要有实物的样板或者影像作为参照。否则，申请鉴定单位与鉴定机构便可以足不出户，隔空鉴定出任何被罗列出品名、规格、型号的商品的意见，这是难以想象的。在社会现实中，诸如同一品牌之下，不同品名、规格、型号的产品分属不同类别的情况比比皆是。本案涉及的"太田胃散"株式会社的经营范围并不限于药品，包含医药品、医药部外品及健康食品的制造与销售。"太田胃散"系列不同型号、规格、品名的产品有十余种。销售清单上标明的"太田胃散"字样，只是一个品牌的笼统称谓，在文义以及常识的认知上，既可以代表一家日本株式会社的企业名称，也可以理解为商标或者商品类名，故仅依据该标识无法确定实际销售的商品，无法确定该商品是不是药品，无法确定该商品是不是本案的涉案物品。除本案已附具实物并经鉴定为按假药论的 6 种为涉案物品外，其他没有实物甚至连图样都没有的且未经鉴定的物品，直接认定为"药品"以及按假药论的"假药"依据不足。也因此，

《鉴定说明》中并未将涉案6种实物商品以外的4种商品作出是否为按假药论的鉴定说明。

其三，案情（以及常识）可以确定的是，"太田胃散（140克）"与"太田胃散（75克）""太田胃散（16包）""太田胃散（32包）""太田胃散（48包）"以及"太田胃散整肠丸（370粒）"肯定不是同一种商品，毕竟在规格、型号、包装上就有直观的区别。否则，《扣押清单》和《鉴定说明》也就没有必要作确定而清晰的区分。以此类推，《扣押清单》和《鉴定说明》所列涉案物品之外的其他物品"太田胃散A（45粒）""太田胃散A（120粒）""太田胃散A（300粒）"以及"太田胃散整肠丸（160粒）"肯定也是各自独立的商品。每一种商品都有各自的独立意义，在没有实物进行检视、甄别、分析的情况下，光靠想象和推测，很难将其作出产品性质上的鉴别、鉴定。司法对可能性的分析尤其要严谨和慎重。

其四，在食药的问题上，关于保健品与食品，保健品中的保健药品与非处方食药品，保健品与美容品，保健食品与美容食品的区别在交叉地带是模糊的，甚至在一定用语或某种理解上，诸多概念是可以作为民间认识上的宽泛等同。而且，某种食用物品，在不同的场合可以作为不同的归类，譬如枸杞，可以美容养颜，可以清肝明目，也可以果腹充饥。因此，要对这些界限模糊的物品作出概念上、性质上的区分，只能根据这种物品的管理部门的审定作为标准。就是说，如果是归类为药品，就要有药品管理部门的药品批号；如果是保健品，就要有卫生或药品部门的保健品批号；如果是食品，就要有食品管理部门的食品批号。这样的归口分类，就为确定物品的功用提供了较为清晰的鉴别标准。依据这一标准，那么对本案涉案物品的功用性质的确定，就可以遵循适用了。

本判决并没有否认其他4种规格的"太田胃散"亦系药品的事实可能，但是，本判决反对将只有一份销售清单文字列明的记录而并未在有实物参照的情况下，单纯依靠经验或者推理方法便认定了一种事实。即便审判庭可以通过现有案件证据以外的另外取证获取其他规格的"太田胃散"是否为药品的凭据，但在刑事案件中，这种作为凭据的证据需要诸如进行鉴定、被告的辨认（质疑）以及庭审的质证等正当程序方可吸纳，而这显然超出了审判庭的职责义务。因此，针对现有的指控证据，只就其客观性、充分性与合法性作评判，对本判决认定的销售金额以外的销售记录，检控机关可以在认为有必要的情况下再后续进行证据补充和另行起诉。

本案在证据事实与法律适用之外，还有一个司法观念上的问题，本判决认为需要作适当的引申，那就是刑法谦抑性的人文表达——慈悲与温柔。在没有人能凌驾或者超越法律的原则之下，并非所有的司法正义的光环都要戴上一个铁血和法不容情的面具，法律也要让人（包括被告人与被害人）触摸到温柔和慈悲，这可能就是刑法的谦抑性所应蕴含的应有之义。

从本审判庭核查的情况看，下列实情应当被考虑到本案的审理及裁判中。（1）某甲自侦查阶段开始至本庭审理阶段，坦陈自己的行为，积极配合司法进程，并表示认罪认罚，而认罪认罚是一个法定的从轻处理情节。（2）本案涉案时间三个多月，不算太长，非法获利有据可考不算太多，某甲系初犯没有前科，这些客观实况也能显示本案犯罪情节相对较轻。（3）涉案药品均系按假药论处的"进口真药"，系从香港正规药店购买的家庭常用非处方药品，甚至有的购物网站上也有售卖，一般不会对人体健康造成危害，本案也没有证明出现过致人身体损害的情况，因此其行为的社会危害性是相对较小的。（4）某甲代购、销售港药的最初动因只是应亲友之托而无偿从香港代购一些家常用药，后来觉得既可满足他人需求又可获得价差利益便通过网络进行销售因而触犯刑律。

由此可见，某甲并非通俗意义上（道德、品格评价）的恶人，其在一种"成人达己"的源意识引领下实施了销售假药的行为。只是代购、销售、港货以及专营专卖等法律边界上的模糊特性，对一个非法科生而言，尤其是在网络上、生活上、朋友圈上比比皆是的诸如此类的事实生态中，真的要一概地辨析清明，确实是相对苛刻和强人所难的。我们在想，刑法对公民的违法预知能力的要求不应该如此宽泛和轻易，否则，在作为最后的法律——刑法的威慑之下，岂不是人人均是战战兢兢、岌岌可危。事实上，对普通公民而言，按假药论的药品被刑法视为假药的预见能力是相对苛刻的。即便不懂法、不知法不能作为一种免责抗辩事由，但是在模糊地带或者众犯情态之下，对作为偶然的个别被刑事诉讼规制的案件理当要更加慎重地权衡、评估社会效果层面上的冲突和背反。因为经营港货（包括港药）不乏其人、随处可见。我们身边的许多人甚至是司法人员，也不乏购买港药的，难不成所有的购买者也都是帮凶或者是成人之罪了。

事实上，港药有着极其独特的价值功用，这也是市场需求方兴未艾的一个重要原因。我们都知道偷窃、诈骗、伤人等罪恶是无价值的，但对诸如港药这种有价值的物品，要理解成一种罪恶，在通俗的意识领域还真不是一时半会儿就能通晓的。当然，在刑法的层面上，对此的惩治更倾向于经营行为而不是港药本身。问题是，因为关联的关系，刑法把有价值的物品也株连惩治了，而且还给它定义了一个新的标签——"假药"，可明明是真药，明明是有价值的，明明是喜闻乐见的好东西。我们也知道，对药品的管理，不仅是内地，中国港澳台地区也都应当也必须管控严密，限制经营。但本案的涉案物品，是在香港从百货店、士多店、超市以及药店不需要经过任何限制就能买得到的，包括非处方药、保健品和其他商品。既然香港没有限制买卖，就是被认为是相对安全的，而且，我们相信香港的药品管理也是相当谨慎严密的，香港的商品诚信体系也是较为完美的，在此情况下，购买行为当然被许可而应当认定是合法的。所以，除了恶意脱逃关税以及非法经营限制，我们给合法购买行为的后续销售行为再贴上一个销售假药的标签，是不是让这种行为背负了过于沉重的责任代价。

刑罚的目的在本质上是威慑、塑造、预防而非惩戒。对普通的善良人而言，如果刑罚喜怒无常、不可预测而且面目狰狞、不近人性，那这必然不是真正的法治意义上的刑罚。本审判庭相信，通过本案，某甲定能汲取教训、以为警戒并安居守法、回馈社会。我们同时也不希望因为本案而令被告及其家属遭遇惶恐惊心和破碎离难。至少在这个案件上，法律应该被测量出应有的温暖。

据此，二审判决如下：（1）撤销一审判决书；（2）某甲犯销售假药罪，判处有期徒刑八个月，缓期一年执行，并处罚金人民币 10000 元；（3）扣押的药品予以没收并移交某市某区药品管理行政部门依法处置。

二、（相对）同一标准

同一标准的司法观念，是司法在对每一个事例的裁断评判中几乎都要涉及、切入和考量的。这是因为司法的实现本质上是在适用抽象化的法律规范，而法律规范是可以被不限量地适用。那么，在每一次适用时，司法都应当考虑统一性，也就是要秉持一个同一标准的司法观念方可实现对法律规范的统一适用。否则，法律规范就不是法律规范，而是任意规范。同一标准，望文生义，就是对事例的裁断评判要根据同样的依据和准则，不能给予特殊待遇不可设置区别标准。这实际上也是平等对待的一般法律原则在司法上的观念养成。同一标准的司法观念在司法上具有重要的地位和价值，因为司法所追求的公平、公正、法治等价值，唯有在同一标准的观念付诸上方可实现，很难想象司法上根据不同标准作出的裁断评判却能堂而皇之地狡辩为昭彰了公平、公正与法治。当然，同一标准的司法观念在付诸上也不是一件驾轻就熟的易事，毕竟事例的纷呈、解析的方法、情势的变更、情感的倾向以及立场的迥异等因素，都对司法具有相当的影响力和制约力。即便如此，至少在司法的观念上，同一标准应当是一个内心上的必要条件，否则，所谓的以法律为准绳便也就无从谈起。因此，同一标准的观念之于司法而言既是难能可贵但又该是个中本义。

司法是以既定判决作为最终的结果呈现，因此在同一标准所追求的目标指向或者价值导向上，可以说就是同案同判，或者也可以说，同一标准的司法观念的核心所向就是实现同案同判。但是，同案同判的概念在当前的法学界以及司法界尚未作出统一的和共识的界定，因此对同案同判的理解也是因人而异、有所区别，因而就出现了诸如"同类案件同类判决""类似案件类似判决""同类案件同样判决""类似案件同样判决""同样案件类似判决"等的歧义与纷争，故而这里就有必要对其作出一个在本著中的解释学上的说明和限定。首先是对同案的理解，有同类案件和同样案件之说，一般而言，同类的范畴较为广泛而同样的相对狭窄很多。事实上，在司法所指向的事例中。几乎不可能出现严格意义上同样的事例。我们平常所言的同样案件也是指较为宽泛语义上的同样性指征，包括对法律性质上、行为方式上、主观意志上的概括，如果再具体化，差别便显而易见了。比如，对两宗最为寻常的盗窃案的比较，我们称之为同样案件，就是因为概括了两宗案件的具体行为的特征后得到的信息是法律性质相同（盗窃），行为方式相同（如：扒窃），主观意志相同（直接故意）。这样，我们就认定这样的案件是同样的案件，而不是两宗案件的所有具体行为、具体情况都是相同的，事实上也根本不可能存在两宗同样的案件。所以，为了省略不必要的解释，在本文中所叙述之同案，就是指同类案件。同类案件是指法律特征、法律性质、法律原理上的相同，其他诸如行为方式、主体身份、主观认识、行为结果等具体表现则在此暂且稍作忽略而另外再行理会。法律特征、法律性质及法律原理上的判断，是司法者的法律解释和法律适用上的判断。因此，同类案件不是一种客观性的自然呈现而是在客观事实的基础上作出的主观性判断，这种主观性判断是确定同类案件的先决与核心。正如法学家哈特所认为的，"虽然同案同判是公正理念的一个中心部分，但它本身是不完全的，在加以补充之前，它无法为行为提供任何确定的指引……在决定什么相似点和不同点具有相关性前，同案同判必定还是一种空洞的形式。要充实这一形式，我们必须知道在什么时候为了眼前的目的案件将被看作相同的，以及什么不同点是相关的"①。

　　接下来是对同判的理解。所谓的同判，顾名思义，一般理解为同样的裁判或者类同的裁判，就是先前的、既定的裁判与待决裁判在司法裁判时的同样性或者类同性的比较和权衡。由于同判的先决是同案，而前述已将同案理解为同类案件，所以同判是在对同类案件的裁判上的比较和权衡，这就将问题转化为同类案件该如何实现同判。既然作为先决条件的同类案件一般只在法律特征、法律性质以及法律原理上的相同而被归属同一的类别，那么，类别的同一性和个案的差异性组合而成并据此来作为裁判上的比较和权衡的基础，便无法苛求做到同样的裁判，而仅能理解为类同的裁判。裁判的最终是结果的呈现，但裁判的过程其实也同样重要，而类同的裁判是倾向于强调结果的，故而显得对过程的忽略。如果将裁判过程作为判例解析的一个核心部分，那么同判则应强调裁判过程的解析性和该当性。既定的、先前的裁判对待决裁判的影响与制约，在裁判过程上体现为通过参照考量实现类同性的审查，即待决裁判通过分析论证确定是否与既定的、先前的裁判属于同类。如果是，那么待决裁判便参照既定的、先前的裁判作出类同的裁判；如果不是，那么待决裁判则与圈定的既定的、先前的裁判脱离关系，并另外寻觅其他既定的、先前的裁判，直到找到可参照的既定的、先前的裁判（除非后续裁判的事例是无先例可循的）。这样看来，待决裁判参照考量既定的、先前的裁判才是实现同判的重点与核心。在西方英美法系的法律渊源上的遵循先例原则中，遵循是遵从、遵照、依照的意思，也没有作同样判决的含义理解，甚至也可以理解为参照的意思。另外，从我们现行的司法体例以及司法判例约束上看，参照也是官方认可的一个用语和含义。基于上述的理由，不妨将同案同判理解或者诠释为：同类案件参照裁判。这样似乎会更加的现实和可操作一些。

　　同一标准的司法观念是导向公义、法治等核心价值的一个内心投射。由于公义、法治等核心价值具有一定的弹性空间，譬如，大义灭亲的杀人行为和穷凶极恶的杀人行

---

① ［美］史蒂文·J·伯顿：《法律和法律推理导论》，张志铭、解兴权译，中国政法大学出版社1998年版，第48页。

为，虽都是故意剥夺他人生命的侵害行为，都构成故意杀人罪，但从公义等核心价值的考量上，两者需要作一定的弹性理解，即在定性之外寻求可区别理喻的空间。那么，这个时候的同一标准，就并非绝对化，而应当寻求相对性。"就如亚里士多德所称的，要从平等对待的一般法律原则的角度上，区分校正正义（正义要求在不考虑人的某些差别的意义上处遇同样情形同样对待、不同情形不同对待）与分配正义（正义要求在考虑人的某些差别的意义上处遇同样情形同样对待、不同情形不同对待）。"① 如此而言，司法应该追求校正的核心价值还是分配的核心价值，就成为同一标准的司法观念下的一个抉择命题。如果核心价值具有一定的弹性而非纯粹理性，如果核心价值应当被人之常情以及人文人性所感召，那么生硬死板的绝对同一标准当然无法担此责任，因此相对同一标准也就当走马赴任。那么接下来就该涉及如何确定相对的含义以及圈定相对的范围。如果相对是宽泛而且无节制的，那么同一标准就形同虚设，因为任何不同标准、差别对待都可以假以相对之名招摇过市。相对是相对绝对而言的，也就是没有那么绝对，但是在基本的方向上和基本的理解上两者是相同的，只是相对会存留一些弹性，会保留一些变通，以应变不时之需和情况有别。在此所谓的一些弹性和一些变通，当然是个别和少数的。圈定"一些"的范围就是圈定"相对"的范围。由于知觉印象的内心投射的观念问题本质上属于内心表达，并且是综合性、整体性的内心表达，因而对其相对性范围的圈定，也难以用具体的标准化或者确定的条件化来衡量，只能依赖于司法者各种因素融合上的内心综合权衡，犹如具体问题具体分析式的权衡，比如顾及情势的变更、人之常情、情有可原、模糊地带以及平行评价等因素存在而应当考虑的同一标准的相对性，但这个相对性考虑的前提必须是公而无私的。

既然同一标准涉及相对性的问题，那么某些弹性、变通而致的差别就在所难免。当这些差别是无私的和理性的核心价值分配，我们称之为相对的同一标准；当这些差别是蓄意的和私欲的核心价值分配，我们称之为人为的不同标准。司法上，就要防止滥用相对性造成实质上的人为的不同标准。司法实践中人为的不同标准主要表现在以下几种情形：其一是涉入私情私利，这是无可非议的不同标准，即便原本可赋予相对的区别对待，但私情私利的污染，便已丧失了相对性的基础。其二涉入官方的协调与定调因素，主要表现为以所谓的稳定和大局为名挟持司法，迫使同类案件不同处理。其三是涉入中立之外的偏见和偏好，主要表现为同情心的滥用，感情用事，对特别情感的非理性放任等。其四是没有同一标准的司法观念，导致一种不知所以的或者人云亦云的无知状态，主要表现为初任司法官的阅历浅薄、积累不足和沉淀缺失，没有形成成型的司法观念，一般只是照本宣科或机械教条地适用法律条文。其五是时而同一标准时而不同标准，这种人为的不同标准之危害甚于没有同一标准，因为这样的司法观念是分裂的和随心所欲的，这与统一的司法的目标显然是背道而驰的。

---

① 何家弘、刘品新：《法治国家建设中的司法判例制度研究》，经济科学出版社 2017 年版，第25页。

示例十七：某甲、某乙妨害公务案

☞【案情摘要】

某市某县公安局接到治安警情（私藏烟花爆竹）的报警后，于2017年12月9日凌晨1时许指派公安民警四人持传唤证到被传唤人（被举报人）某甲的住宅外，要求某甲开门接受传唤。某甲以有事白天再来为由，拒绝开门。民警在门外宣读了传唤证后，责令某甲立即接受传唤，否则将强制传唤。某甲仍然拒绝配合，紧闭门户，并告知其子某乙"如果他们（民警）强行冲进来就自卫"。民警决定强制传唤，并从单位调来消防车及增援人员。在公安民警准备撬开某甲住宅的铁质卷帘门的过程中，某甲、某乙及家人在二楼阳台上用砖头掷击公安民警。公安民警立即调用消防车高压水枪喷射阳台以驱散阳台上投掷砖头的人员。卷帘门被撬开后，民警冲上二楼强制传唤某甲，在强制传唤过程中，民警某丙被某甲及其家人打伤（经鉴定为轻微伤）。随后，民警制服某甲并强行带走某甲。在强制撬开卷帘门的同时，另外几名民警搭架梯子登上某甲家的三楼天台。在三楼天台上，民警遭到三楼平台上手持木棒的某乙殴打、阻拦，民警随即展开反制，控制并强行带走了某乙。某乙在实施暴力行为中，用木棒击打民警某丁、某戊致伤（经鉴定均为轻微伤）。三名民警的治疗费用分别为2159.70元、1251元和762.10元。

☞【诉讼经程】

某市某区警方以涉嫌妨害公务罪，对某甲、某乙立案，经侦查终结后，移送某市某区检察院审查起诉。

某市某区检察院经审查后，以某甲、某乙犯妨害公务罪，向某市某区法院提起公诉。

某市某区法院经开庭审理后认为，在法律上，强制传唤是一种法律赋予民警依法执行职务的权力，只要条件具备、方式适当，应当认定为依法执行公务。在本案中，某甲无正当理由不接受传唤，在民警采取撬门、爬梯的方式意欲执行强制传唤时，某甲指挥家人采取用砖头掷击民警和徒手殴打民警的暴力手段阻碍依法执行职务，致使民警某丙受轻微伤。某甲还指使某乙实施暴力对抗（持棍棒打击）行为。随着某甲、某乙实施对抗、阻碍民警执行公务方式的不断升级，民警采取的强制方式自然而然地也要升级，即不仅是对传唤行为，更是对暴力行为的反制，因此，此后民警采用高压水枪以及强攻行为，都不应当视为超过限度。某乙明知民警依法执行职务，仍采取用持木棒打击民警的暴力方法阻碍强制传唤，并致民警某丁、某戊两人轻微伤，故某甲、某乙共同以暴力方法阻碍国家机关工作人员（民警）依法执行职务的行为符合妨害公务罪的犯罪构成，其行为构成妨害公务罪。据此，一审判决如下：（1）某甲犯妨害公务罪，判处有期徒刑一年三个月；（2）某乙犯妨害公务罪，判处有期徒刑一年；（3）某甲、某乙共同连带赔偿某丙治疗费用人民币

2159.70 元，某丁治疗费用人民币 1251 元和某戊治疗费用人民币 762.10 元；（4）扣押的作案工具棍棒、砖头予以没收。

某甲、某乙不服该一审判决，在法定上诉期间，向某市中级人民法院提出上诉。理由是：在治安案件的传唤过程中，由于民警采取的强制执法行为超出了合理合法的界限，因此，该执法行为在本质上属于非法的性质，因而，某甲、某乙及其家人对非法行为所采取的对抗性暴力行为，应当认定为正当防卫。具体为，其一，该行为针对现实的不法侵害行为。不法侵害行为既包括犯罪行为也包括其他一般违法行为，因为犯罪行为和其他一般违法行为一样都是侵犯法益的行为，而法益都受法律保护，因此公民的防卫行为当然也应该认为是一种保护法益的行为。在本案中，警方对治安案件的传唤行为的强制力（撬门、消防高压水炮、围攻等），已经超过了治安案件所允许的强制执法范围，因而应认为是违法行为，即警方执行公务的合法性前提丧失。其二，某甲、某乙的防卫行为针对正在进行的不法侵害，具备紧迫性。民警办理治安案件传唤有关人员，不应当采用撬门、消防高压水炮、围攻等用于对抗诸如严重危害社会行为的措施，而对该强制措施的适用对象而言，是现实而且紧迫的，如果不予以对抗，将任由不法行为肆意执行，公民权益将受到严重的侵害。其三，某甲、某乙的行为在主观上具备正当化要素。即在本案中，某甲、某乙等人在实施对抗行为时，主观上认为其对抗的是非法行为，是为维护自身的合法权益而作出的防卫行为，是正当防卫的认识以及意志下实施的防卫行为。其四，某甲、某乙的行为针对不法侵害人进行。从本案的事实来看，某甲、某乙等人防卫行为指向的对象是侵入或者围攻其住宅的民警，并没有扩大范围或者伤及无辜，因此，某甲、某乙的行为符合正当防卫所应当具备的"针对不法侵害人"的条件。其五，某甲、某乙的行为没有明显超过必要限度造成重大损害。从本案最终造成的结果来看，三个民警受轻微伤。这种伤害行为及伤害结果，与民警撬门后可能对被强制传唤人采取的强制行为以及消防水炮可能造成的伤害，在方式和程度上是相当的和必要的，并没有明显超过限度。综上所述，某甲、某乙等人采用暴力对抗不法侵害行为，完全符合正当防卫的条件，应当以正当防卫论，不能认定为妨害公务罪。

☞ 【判例解析】

宪法意义上的人权保障以及所引申的诉讼法层面上的保障诉讼权利的具体规定，都不得超出法律的边界。也就是说，人权保障是一个基本的原则和精神，但不能拿着人权保障的这面旗帜作为万应之挡箭牌或赦免令，无所顾忌，没有边界。保障人权在法理到实践的层面上，该当是需要得到贯彻和落实的，但所有的权利和权力都有对应的义务前提，义务前提避而不提或者拒不履行，当然就欠缺权利和权力行使的合法性基础，此即所谓"没有无义务的权利，也没有无权利的义务"。就本案而言，抗拒依法执行公务的行为本身就是一种对义务前提的推避，在此情况下，法律所赋予其的人权保障就应当是受限制的而不应是随心所欲的，只有这样才是一种公正和应然的对待。某县公安局为处理治安案件，对某甲实施强制传唤，其法律依据是《治安管理处罚法》的规定，"对无正当理由不接受传唤或者逃避传唤的，公安机关可以强制传唤"。而对强制传唤的限度，公安部的解释是，"强制的方法应以能将被传唤人传唤到公安机关为限度，必要时经派出所所长以上负责人批准，可以使用械具"。当然，限度的把握主要集中在"能将被传唤人传唤到公安机关"这个准则的理解和认识。这就要结合具体的行为作具体的分析，而不是一概的方法。譬如本案，民警对抗拒传唤的行为，采取的撬门、消防水炮以及围攻等针对性措施，目的是保证强制传唤的进行，保证制止被告人等人对民警实施的抛掷砖头、持木棒打击、攻击民警的行为，是刚刚达到反制暴力妨害公务的程度的行为，因而是在基本的限度之内。所以，从整体上看，民警的执法行为并没有超过限度，其所执行的公务行为在法律上应当认定为"依法执行公务"。

此外，对依法执行公务的理解，也需要作一个必要的解释。依法执行公务的依法，指的是正当程序之下而非实体上的适用法律得当之意，公务行为基于公义的动机履行了法定的程序就是符合合法性条件，其他诸如实体上是否适当、合法的问题，对公务执行行为的合法性并不会有实质性的影响，否则，任何公务行为只要没有最终的裁决就存在非法的可能性，就可以对该公务行为予以否定或者对抗，这是难以想象的。譬如所有的无罪案件，是不是都可以理解为非法执行公务？一般情况下，公务行为是被推定合法的，除非提出了非法的凭据或者显现的理由。在本案中，传唤的主导是民警，而不是任由被传唤人的随心所欲。只要民警认为有必要，被传唤人应当配合，而不能讨价还价或者拒不配合。治安管理行为不是平等主体之间的行为，民警具有强力的主导性，只要符合法定的条件，可以依法强制执行。因而，其与民事行为不同，不具有平等的协议空间。据此而言，民警传唤某甲的行为，只要传唤在程序形式上是合法的，某甲就应当配合，而无须考虑某甲是不是真的需要被传唤；只要符合强制传唤的条件，民警就可以采取强制措施，而无须考虑某甲接不接受；只要强制的限度掌控得当，没有超过必要的限度，民警可以因地制宜、因人而异灵活裁量、适用强制方式，而无须当场研判、对比限度并层层审批。否则，公务的权威性、严肃性就是一句空话、一张画饼。

本案还有一个容易被表面所迷惑的问题是，民警在执法中所运用的强制力看起来是超过合理限度的，因为在直观的层面上，消防水炮以及围攻的行为用在传唤治安案件的涉案人员身上，似乎是过于严重和极端的。这也正是持正当防卫论者以及情节显著轻微危害不大论者所引之为据的言之凿凿的理由。事实上，如果割裂事态的发展进程，这也是无可厚非的。但是，我们应当注意到而且必须研析的是，事态的发展是一个过程而不是一个瞬间，本案中存在一个暴力抗法不断升级的过程，某甲、某乙从拒不配合传唤到抛掷砖头到棍棒打击，暴力程度、级别是不断在提升的，因而，与之对应的强制执法力度也必然要升级，消防水炮和集结围攻对抗抛掷砖头和棍棒打击，当然是在合理的限度之内。如果民警传唤一开始就使用消防水炮和集结围攻的强制手段，那就不是合理的限度，在暴力妨害公务行为升级后，强制执行公务也随之升级，便是顺理成章了。

对合法行为不得进行正当防卫是不言而喻的。否则，刑法规定的防卫行为必须是针对不法侵害的内容就是自相矛盾的了。如果属于假想防卫行为，那么防卫人的责任要素问题，就还要再具体审查、评析防卫人的预见可能性问题。在本案中，某甲等人能够确定民警在执行公务的事实是可以得到确定的，因此也就不存在假想防卫的问题。

本案某甲、某乙采用的暴力抗拒人民警察执行公务的行为，客观上造成了三名民警受轻微伤害，造成了执行公务成本超过的付出，造成了比较恶劣的社会影响，并且，针对警察本身的妨害公务行为还是一个法定的从重处罚情节。因此，不管从形式解释论的角度还是实质解释论的角度，某甲、某乙的行为都符合妨害公务罪的犯罪构成。

据此，二审判决如下：驳回上诉，维持原判。

三、区别证明标准

法律理论可以争鸣、齐放，但司法审断却要严谨、公义，否则，灾难性的后果或者漫天的非难将令司法机关及其工作人员颜面扫地、威信丧失。"法律人的才能主要不在认识制定法，而正是在于有能力能够在法律的规范的观点之下分析生活事实。"[①] 这就是司法的要义所在。从时空的进程的不可逆的角度，任何案件都无法百分之百的还原真相、昭显心理，但为了实现发现真相和发现法律的目的，我们通过实定法确立了必要的程序和规则以及方法和标准，就是要在一种规范的而不是任意的状态下遵循实定的规范，以期在此状态之下呈现出法律真实或者说尽可能地还原法律真实，再通过发现法律实现法律与事例（法律真实）之间的关联适配，如此就是一个公正公平的同等对待。由于认识上的局限性，我们认为案件事实不可能达到绝对还原客观真实的程度，因此法律（尤其是程序法）并不会要求对案件事实需要证明到客观真实的标准。所以，当司法者在判定一个法律真实的证据的充分性问题时，也就是在分析证据充分或者证据不足的事由时，不可避免地要运用到证据的证明标准。

在什么情形、条件下符合或者如何解释证明标准，这是一个相当艰难的命题，即使法学泰斗、资深法官、检控好手、律界大咖多有长篇大论或者一语概之，但司法中却难以运用得得心应手。主要的原因在于，智识、经验参差不齐，运用、拿捏各有千秋，并且标准确立本身也是见仁见智。更为主要的是，在作为三大部门法的证据学中，即便三项证明标准的表述和含义见解不一，但三项证明标准的区别已然达成共识，这样一来，

① ［德］亚图·考夫曼：《类推与"事物本质"——兼论类型理论》，吴从周译，中国台北学林文化事业有限公司 1999 年版，第 87 页。

司法上的证据标准运用又更加的混淆和复杂了。本著对三项证明标准的界定，姑且表述为刑事诉讼上的排除合理怀疑的证明标准，民事（仲裁）诉讼上的高度盖然性（优势证据）的证明标准以及行政诉讼上的足以信赖的证明标准。三项证明标准在证据的证明程度的层次上，排除合理怀疑是最为严苛的，其次是足以信赖，再次为高度盖然性（优势证据）。由于诉讼在程序上可区分为诉讼进程上的各个阶段，尤其是刑事诉讼，一般都历经了立案、侦查、审查逮捕、审查起诉、审判（一审、二审、再审）的进程，并分别由公安机关（包括监察委、海关缉私局、军事保卫处等）、检察机关、法院主导，因此是否在刑事程序启动之时至判决终了之间均启用同一证明标准，也是众说纷纭、无有定论。既然三大诉讼的证明标准均有所别，那么，每种诉讼上的不同进程上存在证明标准上的区别，自然也在讨论的范围之内。在三大诉讼中，刑事诉讼的区别证明标准尤为显著和典型。在此，不妨以刑事诉讼为例，探讨在诉讼中的不同阶段区别证明标准的含义，并在假定这种区别证明标准被普遍认可的情况下，形成一种司法上的观念。当然，之所以在诉讼进程中有所区别，并不是要达到各执己见的混乱状态，而是在于让诉讼得以进程，否则，每一个诉讼中的任何一个审查者就都可以是最后的法官，那法官的存在可能也就无所谓有，或者说并非重要的和终局的。

首先是一个概念问题，即何谓排除合理怀疑？在智识和经验之上，所谓的合理怀疑不是推测的怀疑，也不是招之即来的意念，它比基于推测或者可能性的怀疑要深入一些，因为这种怀疑的合理性必须来源于常理与个案的紧密结合，来源于事实和证据的互相关联，来源于逻辑和经验的彼此交融。合理的怀疑，应当具备三个条件：第一，合理怀疑的构成依据是客观事实，而非随意猜测。就是说，提出怀疑是基于证据和事实的，而不是基于任意心理上的怀疑。案件事实形成中的怀疑应该以现有的证据为基础。第二，合理怀疑的判断标准是理智正常且不带偏见的一般人的认识，所以，当被告人或辩护人提出怀疑之后，要由司法人员站在中立的地位上基于平行评价原则作出解释和判断。"因为一种解释结论能够被一般人接受，就意味着这种解释结论没有超出其预测可能性。如果一般人对某种解释结论大吃一惊，则意味着这种解释结论超出了国民的预测可能性。"[①] 只有当司法者在满足上述条件下认为未能达到内心确信程度时，才属于合理怀疑。第三，合理怀疑的成立标准是证明有罪证据尚不确实、不充分，是否有罪难以断定或者无罪的可能不能排除。换言之，如果有罪证据已经确实、充分，那么，即使案件中无关定罪的证据有可以或者应当排出的部分，合理怀疑也是不应当成立的。

上述条件可以看作是对合理怀疑条件的基础性概括，概言之：合理怀疑不是一种毫无根据的臆想，而是基于通识的自然规律、普遍的生活法则、基本的社会常识和缜密的逻辑思维并结合在案的客观证据而产生的对案件事实的怀疑。但这种基于刑事法理和司法经验之上的理性概括和表达仍不免会令人有种不可捉摸和难以言表的苦衷。合理怀疑

---

① 张明楷：《刑法分则的解释原理》，中国人民大学出版社 2004 年版，第 19 页。

的审断并非任何司法人员都能轻易地吸收和运用，更不论非法律专业人士或者普通的民众了。当然，这也是一个司法人员从茫然无措进化到炉火纯青的必经历程，不仅是无法速成而且要千锤百炼的。那么，如能寻找、组织一些方法和语言，至少较为感性和直观地对其进行释义，或者说通过一种辅之以较为感性、形象和具体的直观感验来把握这个标准，便可与理性表达之间产生相得益彰和感同身受的功效，利于司法上的掌握和运用，那就是两全其美了。合理怀疑它不仅仅是一种可能的怀疑，因为与人类事物有关的一切都容易受到可能的或者假想的怀疑。刑事诉讼中对应的情形是，在对所有证据进行全面比较和考虑后，司法者思维上的意识是——自己感觉到对控告的事实深深地、持久地确信有罪。也就是，"案件必须被证明到——确定程度是在作出自己最重要个人决定时的确定程度，可以在放掉罪犯上犯错，不能在冤枉无辜者上犯错。"[①] 到目前为止，几乎所有对排除合理怀疑的权威解释都包含了一个"深深地确信"的感性概念，这可能是迄今为止能够为排除合理怀疑的解释作出的最为感性的表达了。

在分析了合理怀疑的定义和条件之后，接下来就要思考确定合理怀疑的方法和路径了。一般来说，合理怀疑的确定在司法的运用上可以通过以下的思路进行：在对所有的证据都有全面的了解，对指控犯罪事实的基本脉络是清晰的基础之上，（1）对个别的证据的证明力存在确实的可疑之处；（2）可疑之处经过慎重的分析和斟酌，看起来是可能的；（3）综合常识、常理和学识、经验，该证据对犯罪事实的证明力是无法确信的；（4）其他不存在争议的证据又是模棱两可的，无法确定指控的犯罪事实；（5）当无法确信被告人无罪时，也对其有罪抱有合理的怀疑。当上述思路进程中出现了行进中断的状况，也就是说怀疑能被事实或者其他证据排除，或者说得到了相反的结论，路径不会行进到第（5）步骤，那么就是排除了合理怀疑，即推导出一个合理的结论，深深地确信犯罪事实是被告人实施的，即被告有罪。

排除合理怀疑的证明标准在作为证据充分性问题的核心内容被确立之后，并不能解决案件所有的证据问题。在刑事诉讼进程中的各个阶段，排除合理怀疑的证明标准不是也不应当是一成不变的。证据的充分性问题，还涉及全盘权衡的综合考量效果，刑事诉讼进程的阶段性审查重心以及基于证据充足与证据不足事由的认知差异性等方面的因素。下面着重就刑事司法权行使范围内的各个诉讼环节对排除合理怀疑证明标准的区别审查重心问题予以必要的解析。

在刑事司法职权行使的范围之内，是否都要执行同一的标准——排除合理怀疑呢？这是一个有着似是而非的答案的命题。事实上，排除合理怀疑是刑事证据的一个合理性的证明标准，司法机关和司法人员都应当尊崇并恪守。但是，司法本身也是一个过程，甚至有时候还是一个漫长的过程，因此，不可能要求在个案启动司法程序之时或者之初就要执行司法最终裁判的终局性标准。因为，证据的积累是一个从无到有、从少到多的

---

① 【美】艾伦·德肖维茨：《合理的怀疑》，金成波、杨丽译，中国法制出版社 2016 年版，第 63 页。

过程，所有的个案，都是从证据不足开始的，所以，个案的每个阶段、进程就有了一个必须有所区别的证明标准以示逻辑上的通达和道理上的使然。那么，在排除合理怀疑的体系性框架内，根据诉讼的进程节点，本著对排除合理怀疑的区别标准不妨设定为：在立案侦查阶段采用的是排除"起码"的合理怀疑；在审查逮捕阶段采用的是排除"基本"的合理怀疑；在审查起诉阶段采用的是排除"尽可能"的合理怀疑；站在刑事审判职权的角度，采用排除"尽可能"的合理怀疑也是一种应有之义；在刑事赔偿阶段采用的是排除"一般"的合理怀疑。当然，有的观点认为审判阶段应该采用排除"一切"的合理怀疑，这显然是一种完美主义的思维方式，由于人（司法者）的局限性所在，这种思维方式下所产生的结局往往是不完美的，因为任何检察官或者法官甚至集所有司法人员智慧于一体都无法做到排除"一切"合理怀疑的目标。

何谓排除"起码"的合理怀疑？"起码"在字面上是最低限度的、至少的意思，引申到本著的文义，可以说是法律专业人士尤其是侦查人员根据案件线索和初查证据，能够导向犯罪嫌疑人涉嫌实施了犯罪行为，而且犯罪嫌疑人或者侦查对象已经被排除了没有不具备作案时间、场合或能力等与犯罪事实不相干系的可能。

何谓排除"基本"的合理怀疑？"基本"的字面意思有：（1）根本的。（2）主要的。（3）根本；事物的本源，贯穿于事物的始终。（4）大致；大体上。结合司法的含义引申到本文可以理解为：案件的证据已经表明，犯罪嫌疑人有实施犯罪行为的重大嫌疑，主要的和核心的证据的指向具有相当确定性地指向了犯罪嫌疑人，并且即使从法律专业人士的角度，主要的、核心的证据之间不存在根本性的矛盾。

何谓排除"尽可能"的合理怀疑？"尽可能"的意思为：穷尽行得通、力求达到最大限度。引申到本文可以表述为：法律上的职业人士经对案件证据的全面审查和分析后，对案件所涉及的常识、常理、事实、逻辑等方面可能存在犯罪行为不是犯罪嫌疑人所为的情况，都已经在力所能及的范围内消除或排除，从而深深地确信犯罪嫌疑人实施了犯罪行为。

何谓排除"一般"的合理怀疑？"一般"是指一样、同样，普通、通常，大致上、总体上。引申到本文，其含义是：赔偿请求人提出的赔偿请求及其根据，具备了基本的条件和要求，而且这些根据与已经确定的侵权事实是能够符合的，没有超出一般人认识的界限。

上述对合理怀疑体系的建构或者说是层次分布，即从"一般"到"起码"再到"基本"最后到"尽可能"，是一种递进升级的结构关系，恰好契合了刑事诉讼各个阶段的证据收集、职能分工以及司法宗义之差异性。侦查环节以发现案件、破获案件为主要职能，兼顾人权保障和不枉不纵，在此职能之下，法律自然无法苛求侦查机关及侦查人员采用比"起码"更高级别的证明标准。审查逮捕环节以适用强制措施的类型为审查重心，同时也要审查强制措施适用对象是否有涉嫌犯罪的问题。因此，在"基本"的合理怀疑得以排除后，结合适用对象的社会危险性和案件本身的法益侵害的严重性，决定后续侦查中对犯罪嫌疑人所应该适用的强制措施的类型。审查起诉环节以犯罪嫌疑人是否构成犯罪的审查为核心，公诉机关和公诉人在是与否的抉择之际，承担着法官之前的审查人员的角色，必须作出严谨的和精准的认定，不至于在公开审理（涉密除外）时被众人（包括诉讼参与人、法官、旁听人员以及所有知悉案件情况的人）感觉指控底气不足，因此，排除"尽可能"的合理怀疑就是一种当仁不让的标准。刑事赔偿是在已经造成请求人权益受损的事实前提下的一种补救措施，是强势者对弱势者造成伤害的赔付程序。因此，不管从情理或者法理上，都应当采用"一般"这个最低级别的证明标准。否则，法律便可能陷请求人于一种申请无门、举证不能或者造成被请求人恣意妄为的局面，这便不是法治、道义所要追求的结果。

从另一个角度而言，合理怀疑的体系建构的层级演化与递进，是司法实践经验之上的证成——有罪判决与无罪判决的客观存在之必然。我们之所以不能以最终的司法裁决结论来反推在不同的诉讼阶段、环节均运用最高层级的排除合理怀疑标准，是因为刑事诉讼程序的进程不仅是事实、证据积累、求证的过程，而且也是法律认识不断提升、完善甚至更新的过程，即如我们无法苛求幼儿或者小童达到理解微积分或人生意义的认知水平一样，循序、演进，也是司法进程的基本规律之一。如若不分司法的进程，统统按照最高层级的终局证明标准作为证据充分性的唯一标准，势必造成证据不足事由的误用与滥用。譬如，侦查阶段采用排除"尽可能"的合理怀疑的证明标准，必定令侦查行为举步维艰甚至寸步难行，别有用心者提出证据不足事由也就顺手拈来了。审查逮捕阶段采用排除"尽可能"的合理怀疑的证明标准，大量的犯罪嫌疑人便将在证据不足事由的庇护下得以脱身，导致侦查机关和侦查人员取得的侦查阶段性成果也就付之东流了。刑事赔偿阶段采用排除"尽可能"的合理怀疑，不仅是对被侵权人的重复伤害，更会陷侵权行为于恶性循环之中，造成一种恃强凌弱和索赔无门的司法极端。

在万物归宗于哲学或者原理的内涵之下，当我们把证明标准作为一个体系的主干，其囊括、辐射出了刑事上的、行政上的和民事（仲裁）上的以及其他部门法诉讼上的分支。主干再往上溯，可以归结为发现真实；若往下溯，可以分解为各个诉讼阶段的区别证明标准。按照这个体系结构，上述关于刑事司法上的证明标准问题，对民事的和行政的证明标准，同样具有参考、参照的意义。虽然本文不再对民事和行政上的证明标准如何区别作详解，但在整个体系的原理上，三大诉讼的证明标准是可以作同类的解读，也就是民事的或者行政的证明标准问题，也应该有区别、区分的空间和必要。毕竟，我们在发现真实的目标之下，如上之所述，并非便可一概地不择手段、一意孤行地将证据标准的最高形式拿来作为诉讼全程绝对的遵循，而不考虑其他因素的介入，不对各个阶段、节点加以区别。当我们在介入诉讼成本、效益、功利以及条件、节点等因素的情况下，区别证明标准显然是被摆到明堂正道的台面上。因此，在诉讼上的证明标准问题，如果在不同性质、不同进程上作出区别、区分，并能因此区别、区分达成诉讼上的目标、效益、机能等价值取向上的加权最大化，那么，以此作为一种司法观念，也当然是有一席之地的。

四、背离解析相告（开示）

英美法系是判例制，判例是作为法律渊源最重要的一种形式，遵循先例是基本的法律原则。大陆法系虽然并未将判例作为一种法律渊源，但随着两大法系之间的不断借鉴与共融，一些主流的大陆法系国家也通过设定一些诉讼上的制度或者规则，借鉴或汲取判例制的某些精神、宗义和理念甚至规则，再经与自身法体例的融合吸收后，为己之用，甚至这些制度和规则，在某种意义上已然具备了准遵循先例之判例法精髓。诸如，德国的背离相告制度是指法院在进行判决时，如果不遵循已有的判例，则必须向上级法院提交不遵守判例的书面报告，报告中要详细论证不遵循判例的理由以便得到上级法院的信服，最后是否遵循判例由作出判例的原法院予以决定。德国法学家罗伯特．阿历克西在其著作《法律论证理论》中指出，"先例当总是被引证，只要论证者意欲推翻先例作出判决，他就承担着论证之重负"。又如，《意大利共和国宪法》第111条第6款规定，法官在作出司法判决的时候，必须说明理由。而根据意大利最高法院发布的判决声明，如果下级法院在判决时，只要参考了最高法院的判例，就说明已经履行了说明理由的义务。这就是意大利的裁判文书强制说理制度。因此在意大利，判例也具有事实上的约束力，这是意大利的一项重要的司法制度。如果下级法院在裁判时不遵循最高法院的判例，则应当在裁判文书的说理部分提出妥当、充分的理由来论证自己的裁判。再如，在日本，判例事实上的拘束力非常明显，日本的诉讼法不仅明确规定判例具有拘束力，而且通过判例的参照适用与否为当事人设置了作为程序救济的法定事由，即如果当事人发现法院的判例与上级法院的判例相抵触，那么当事人可以以此为理由向上级法院提出上诉。

上述大陆法系国家有关判例约束力的司法制度，不仅表明判例具有事实上的约束力，而且还通过制度的设置保障判例的拘束力实现。由此可见，在司法的发展趋势上，判例（先例）作为一种法律渊源或者作为一种准法律渊源的存在，正在不断地被强化拘束力，不断地彰显出其在维护司法统一的功能上所具有的不可替代的作用。

我国大陆地区虽然不是判例法的司法体例，但是，随着自身法治的发展以及国际化的趋向，对判例的功用也在不断地研究和设计。在借鉴、吸收西方国家关于判例与司法关系的体例的精华和要义成分的基础上，"两高"分别酝酿并发布了以指导性案例为核心的案例指导制度，并显著区别于司法解释。指导性案例制度没有强制适用的效力，但具有参照和指导的效力。这种参照和指导，在现行的司法体制下，具有一定的事实上的拘束力，只是由于上位法并未对判例的效力予以确认并作出规制，所以"两高"在案例指导制度上并不强调判例的权威拘束力。但是，由于我国的上下级司法机关之间具有相当的权威力和领导力，因此其间必然蕴含着指导性案例所具有的一定程度的指导力和引导力，甚至可以说是一种宽泛的拘束力。指导性案例制度与同一标准（同案同判）在本质上具有共同的目标——统一的司法。

司法裁决上的背离解析相告并予开示，并非要刻意寻求一种司法上的独立见解的纷呈，在根本上，其目标设定为司法的统一。在一国之内，在一部法律的效力范围之内，司法应当是统一的至少是相对统一的。我们承认每一个事例的特殊性，但同类的、类似的案件也是存在的。法律无法为所有事例的千般情形均作出对应的、适配的规范。法律规范只能是规范一个抽象的概念以待事例的对号入座，而这种对号入座的条件，先决是事例本身的法律属性的归纳，然后再通过司法者的法律发现，最后实现事例与法律的关联适配，即法律三段论逻辑的推演。事例的法律属性，在本著看来，仅存一个唯一的正解。司法者的法律发现，就是对这个唯一正解的发现，但有的司法者能够发现，有的却发现不了，有的是发现错了，还有的会怠于甚至蓄意不去发现或发现错的。如果司法者认为先前事例的法律属性并非正解，那么在统一的司法的意义下，对现前事例的法律属性的发现与证立以及对先前判例的否定与证伪，就成为一种当然的职责和义务，如同于一种求真的使命感，不仅需要破而且需要立。在嗣后的司法发现并非天然正确的常识下，既然要对先前判例所确立的权威予以破除，那么不仅要妥当地、充分地论述理由予以证立，还应该留有辩论的空间。在司法上，这个留存空间的表达方式无非是相告或者开示这两种，因为辩论的发生前提是知悉对方的论点和论据，先前判例作为一种观点已经告示，后续裁决也应当将自己（司法文书）展露和呈现出来，留出辩论的空间。

司法者对事例的裁决不遵循先例或者与上级司法机关的判例相背离，后续的相告或者开示将存在两个问题。一个是在程序上如何进行相告或开示的问题，一个是在实质上如何进行解析证立的问题。程序上的问题要通过制度或者规范性文件的规制，一般表现为有章可循并按图索骥地照章办事，主要也就是流程设计、手续审批以及各种情形的路径导流，于司法者而言，几乎无技术性可言，在此便忽略不谈。实质上的解析证立问题，则是司法者的核心。首先是区分背离的情形，一般表现为如下三种：一是法律规范的新设或修正；二是法律解释的逻辑使然；三是经验之上的实证表达或者情势、取向变更等之常识性共识。第一种情形，似乎只需进行浅显的说明以及对新设或修正的法律规范的援引，即可实现背离的解析证立。第二种情形，则由于存在对法律的理解上的根本（或重大）的分歧，需要解释分歧的原因，需要对先前判例的破解论证（证伪），以及需要对现时事例的法律属性论证（证立）。然后，通过司法三段论的推导在逻辑上产生结论，实现背离的综合解析。第三种情形，背离解析较为复杂，需要反驳先前结论不具现时实证意义的依据和理由，需要关联现时实证与经验的具体表象，需要论证实证上以及说明经验的集成之理论来源，并寻找到一个已被定义的真理或者原理作为根本的缘由或者本质上的依托，比如组织男性卖淫的定罪根据是该行为本质上的属性与组织女性卖淫无异，都是对社会公德、社会秩序的一种侵犯以及有伤风化的性关系泛滥的规整必要。或者，因为情势之变、取向之变后，作为一种常识或者共识，背离解析需要从历史的和发展的角度，不仅描述这种认识的历史发展过程，而且确认新共识的内容和依据，比如先前存在的嫖宿幼女罪已经被不断地诟病，为此而形成一个普遍的新共识——所谓的嫖宿幼女就是一种奸淫幼女行为。

当前，即便指导性案例制度带有遵循先例的某些色彩，但该制度所体现的犹抱琵琶半遮面的态度，又是较为暧昧的。一方面，该制度要体现最高司法机关的权威性，有变相要求遵循的含义；另一方面，该制度又要顾及成文法体例的大局，唯恐涉入判例法的体例核心，谨防根本界限上的裂变。但是，由于这两个方面存在矛盾性的对立，其间有一个显明的相悖，即便以司法改良为名的制度借鉴，也难以完全消除法律体例上的隔阂，除非是对法律体例进行一个根本的革命。权宜之下，亟须颁行一个替代的革新性制度，来作为汲取和借鉴的试验。基于前文的论述，借鉴并建构性地推进司法革新是一个较为成熟的思路和应对，不妨将该制度称之为背离解析相告（开示）制度，并将之提升至一种观念上的认同与执行。本著第四编之通往判例解析开示之路，本质上也是在建构这个司法革新体系。

示例十八：某甲、某乙、某丙等人寻衅滋事案

☞【案情摘要】

2017年9月，某市某区某通信市场因为要对楼房进行重新装修，便要求各商户按照租金比例缴纳装修费用，因大部分商户不情愿缴纳费用，某通信市场与商户之间产生了一定的矛盾。值此期间，附近某手机市场刚好新建开业，并不断地对外推介宣传和招揽商户。某通信市场的部分商户便终止与某通信市场的租赁合同，与某手机市场签订了新的租赁合同并搬到某手机市场营业。部分商户搬走后，某通信市场为了避免客户流失，便指派工作人员去做那些搬迁商户的挽留工作，要求他们再从某手机市场搬回某通信市场经营。就这样，两个市场在争夺客户资源上产生了对立与矛盾。2017年10月23日20时许，某商户此前从某通信市场搬到某手机市场后，又准备从某手机市场搬回某通信市场，在搬迁的过程中还引发了两个商户集群间的矛盾（不再搬回某通信市场作为一集群和再搬回某通信市场作为另一集群），双方进而争执、吵闹。为了争夺客户资源，获悉此情况后，某通信市场的总经理某甲便叫手下某乙召集社会人员某丙等五人到某手机市场去摆场子、充场面，保障商户的回迁。某丙等五人与某甲、某乙会合后，便一起到了某手机市场去。某乙还继续召集人员到某手机市场去增援，被召集人员随后也陆续赶到，其中有人还带着棍棒。某手机市场为了防止外面社会人员不断涌入导致事态不可控，即临时决定提前关闭市场的卷闸门并吩咐工作人员除商户外其他人员只出不进。某甲、某乙等人在与某手机市场负责人及商户的交涉过程中，因意见不合，双方矛盾也不断升级，进而双方产生争执、吵闹和殴打。在殴打过程中，某甲、某乙在一边指责对方并吆喝打开卷闸门，但没有实施动手殴打他人行为，某丙等社会人员则强行撬开卷闸门并对某手机市场的商户和工作人员实施殴打行为。随后，卷闸门被撬开，某甲、某乙及某丙等人离开某手机市场。某手机市场的商户（不愿再搬回某通信市场的人）在事件中有三人被打伤（经鉴定，一人损伤程度为轻伤，二人损伤程度为轻微伤）。

☞ 【诉讼经过】

　　某市某区警方以涉嫌寻衅滋事罪，对某甲、某乙、某丙等人立案，经侦查终结后，移送某市某区检察院审查起诉。

　　某市某区检察院经审查后，以某甲、某乙、某丙等人犯寻衅滋事罪，向某市某区法院提起公诉。

　　某市某区法院经开庭审理后认为，某甲、某乙虽纠集多人前往案发地，但其二人均辩解是为处理纠纷而摆摆场子、充充场面，现有证据中并没有证据指向其二人是带人去现场滋事打闹。而且，某甲、某乙到达现场后虽有争执但并非直接见人就打、见物就砸，在整个事件发生的过程中，某甲、某乙并没有动手或者指使他人随意殴打他人或者任意毁损财物的行为，因此也难以认定其二人到现场后产生了实施寻衅滋事行为的犯意，并参与、授意或者指使某丙等人实施寻衅滋事行为而作为共犯关系的地位。某丙等人在现场实施的寻衅滋事行为，是在某甲、某乙的主观认识和意志之外的行为，对某甲、某乙而言，属于实行过限，因此不可归责于某甲、某乙二人。综上而言，本案认定某甲、某乙犯寻衅滋事罪的证据不足。据此，一审判决如下：（1）某甲无罪；（2）某乙无罪；（3）某丙犯寻衅滋事罪，判处有期徒刑一年。

　　某市某区检察院认为该判决确有错误，在法定抗诉期间内，向某市中级人民法院提出抗诉。

☞ 【判例解析】

　　本案的焦点在于共同犯罪的认定以及相关共同犯罪理论在司法实践中的具体应用问题。共犯关系的形成，通说认为必须具备共同故意和共同行为两个方面的要件。共同故意，包括了明示的共同故意和默示的共同故意，因此，即便行为人之间没有言语上等明确的共同犯罪故意之表示，但行为人之间通过默示、暗示或者默契配合等不言自明的合意，也应当认定为共同故意。并且，在对危害行为以及危害结果的指向上，共同故意应该是概括性的而不是特定或者具体的指向。在司法实践中，对共同故意的把握可以以预见可能性来作为认定的一个参照标准。即如果行为人能预见到其他行为人的危害行为及危害结果，那么共同故意便可以成立；反之，如果行为人对其他行为人的危害行为及危害结果不具备预见可能，则不能成立共同故意。至于共同行为，在理解上就应当更加的广泛和涵盖，包括在预备阶段和实行阶段，只要实施为犯罪而做的预备行为、实行行为，甚至包括言语上的策划、授意、组织、指使等，都应当认定为共同行为。在司法实践中，对共同行为的把握可以以参与其中并发挥作用来作为认定的一个参照标准。即如果行为人只是参与整个犯罪行为的其中之一，但该参与其中行为并没有对整个犯罪行为发挥任何作用，那么，一般就不认定为共同犯罪。或者，行为人的行为虽然对整个犯罪行为发挥作用，但是该行为并没有参与到其他行为人的行为中，例如片面共犯的情形，也不能认定为共同犯罪。

还有一个是共同犯罪中的实行过限问题。在共同犯罪的犯罪构成抗辩中，实行过限经常被提出作为一个事由。由于共同犯罪的责任追究以部分实施全部负责为原则，只有在实行过限的情况下，对超过预见可能的其他共同行为人实施的危害行为和危害结果的那一部分，才不需要承担责任。因此，实行过限的根本问题是预见可能性问题。值得注意的是，这种预见可能性并不等同于主观上的意志因素，即不以行为人主观上是否希望或放任危害结果的发生为评价标准，而是以行为人主观上是否具有预见危害行为和危害结果的可能性作为评价标准。因此，即便行为人主观上并不希望、也不放任甚至对可预见的危害行为和危害结果持排斥、反对的态度，也不能对共同犯罪构成抗辩。

在本案中，某甲、某乙为了争夺市场利益的动机是显著的，在这种动机的驱使下，借助个别事件的发生（案发前两个集群间的矛盾冲突），纠集众多社会人员前往案发地摆场子、充场面，以便达到向对方告诫、示威以及争夺商户的目的。可想而知，如果是为了和平地解决矛盾，兴师动众绝不是一个办法。事实上，如果通过和平方式便能震慑对方并达成目的，这也当然在某甲、某乙的意志之内甚至是最为理想的方式。但是，当某甲、某乙纠集了众多的社会人员赶赴现场之时，该行为可能引发的危害行为和危害后果，就可能呈现不可控性，这是可预见的，也不排斥是在其希望或者放任的意志之内。那么，对摆场子、充场面上的延伸或者加剧的可能性，例如打砸抢、致人重伤或者死亡的结果，也都在预见可能的范畴内。除非是与摆场子、充场面的行为截然割裂的行为，比如强奸、诈骗、贩卖毒品等毫不相干的行为。对某丙等社会人员而言，在对其预见可能性的判断上，也应当这样去理解和把握。

某甲、某乙在本案的共同行为中，其二人实施了谋划、纠众、领头、煽动的行为，并起到对整体行为及所发生后果的影响性作用。因此，即便某甲、某乙在本案中没有实施直接的殴打他人、毁坏财物等滋事行为，但是，在预见可能性的范畴之内，其二人对某丙等社会人员的现场行为，都应当承担责任。甚至，设若某甲、某乙在现场发生滋事行为时还进行了劝解、阻止的行为，但只要没有有效地防止危害结果的发生，其就应当对预见可能内的整体行为和结果承担责任。

本案对应在犯罪构成上的具体情形，属于随意殴打他人和任意损毁财物两个方面，尤其在随意殴打他人方面上，具有先前的聚众行为和此后的殴打行为，因此，在犯罪构成要件的形式符合性上，具备聚众斗殴罪的特征。但是，由于聚众斗殴行为一般在聚众时便具有较为明确的斗殴意图，而本案的斗殴意图在聚众时并没有具体化，即并非聚众便是为了斗殴而去的，而是存在多种发展可能，虽然斗殴可能也在多种发展可能之概括故意之内，但由于聚众斗殴罪并非寻衅滋事罪的特别法罪名，所以并不具有优先适用的效力。该行为在此可以理解为两罪名存在的法规竞合关系。那么，比照两罪名的法定刑，本案对应的寻衅滋事罪的法定刑幅度的法定最高刑较之于聚众斗殴罪的法定刑幅度的法定最高刑要高，所以，根据从一重罪处罚的原则，本案的性质认定为寻衅滋事罪。至于本案的行为是否可以认定为持械聚众斗殴，由于本案所持之棍棒并未查获，难以认定该棍棒是否为械具，并且，持械聚众斗殴的械，应当理解为管制类或者与管制类械具相当性质的物件，如果作宽泛的理解，毕竟会有扩大打击之嫌，因此，本案现有证据不足以认定为持械聚众斗殴，这样，本案对应的聚众斗殴罪的法定刑幅度并没有升格。

据此，二审判决如下：（1）撤销一审法院的判决书；（2）某甲犯寻衅滋事罪，判处有期徒刑二年；（3）某乙犯寻衅滋事罪，判处有期徒刑一年八个月；（4）某丙犯寻衅滋事罪，判处有期徒刑一年六个月。

五、过而改之

这是个老生常谈的问题，是妇孺皆知、通俗易懂的，本不该多费笔墨，但此间涉及司法观念的根植与养护，则是不可回避的。如果司法者能常怀思过之心，定然能在司法过程中尤其地谨慎不苟，也就更加地不易生过。所以，即便在此不对过而改之本身作过多的诠释和论述，但作为一种司法观念，终究是要堂堂正正地摆列出来，毕竟敢于直面和展示自身之过，不仅是观念上的认同问题，事实上更是一种勇气的呈现与彰显。在推诿搪塞自身责任风行的当下，但凡有勇气开示自己之过的，均可谓为卓尔不群的正大光明者。古语所谓的"过而能知，可以谓明；知而能改，可以即圣"即是如此之阐扬。在司法的实践上，司法者不可避免地会有所纰漏甚至重大过失（枉法不在此类），那么，是固执己见还是坦诚面对，是跋扈雄辩还是虔诚改之，便关涉此司法观念的问题。以本人为例，在年少气盛、不经世事之时，作为一名司法者，稍显感性凌厉和鲁莽硬气，对原先认定的道理和意见，在面对对立和非议，总是自我先设了正确性或不容置疑性，并一味地对异见进行雄辩和驳斥，而不能逻辑地思维、理性地面对。现如今反思过来，即便司法历程上亦是鲜有过失与纰漏，但如此观念的本身却终究是不当的。随着学识的增进、阅历的经程尤其是经验的积累，便自我感觉会愈加地理性和稳重，成长的定力和成熟的气度不断地累积，由此带来的面对对立和非议的态度，也不断地自我检视与调整，不再是一味地固守和雄辩，而是会先考虑对立和非议的理由，并站在对方的立场上进行思考，然后再比照自己的观点和理由，权衡之下再作决断。久而久之，这种直面对立面、检省自我的内心投射便逐渐形成了一种司法上的观念，并在司法中将内心观念秉持转化为判例解析践履。

示例十九：某甲开设赌场、某乙无罪案

☞【案情摘要】

从 2013 年 10 月起，某甲、某乙受雇于某丙（另案处理）。某甲负责为某丙在某市某区经营的游戏机店的售卖游戏分值和分值变现工作，某乙负责该游戏机店的

门卫看护和卫生维护工作。该游戏机店所摆设的游戏机，部分是合法合规的游戏机台（五台），部分是作为赌博之用的游戏机台（捕鱼游戏机五台、动物游戏机三台）。玩家用现金或者银行卡刷卡的方式在店内购买游戏分值后，某甲便在游戏机上输入等值的分数，供玩家在游戏机上赌博。当玩家输完分值时该游戏机便停止运行，或者，当玩家在游戏机上终止赌博时，某甲便根据剩余的分值向玩家支付等值的现金。某甲每月的工资是人民币3800元，某乙每月的工资是人民币2800元。2014年1月13日，某市某区市警方根据举报对该游戏机店进行突击查处，当场抓获某甲、某乙，查获参与赌博的违法人员张某某等6人（均作了行政处罚），并从现场缴获赌资现金人民币3200元，赌具捕鱼游戏机（5台）、动物游戏机（3台）。此后经侦查，确定涉及赌博的银行刷卡转账的进账数额累计为人民币55800元。

☞【诉讼经过】

　　某市某区警方以涉嫌开设赌场罪，对某甲、某乙立案，在侦查中，警方向某市某区检察院提请批准逮捕。

　　某市某区检察院审查后认为，某甲、某乙的情节较轻，在共同犯罪中起次要、辅助作用，系从犯，且案件证据已经基本固定，整体评价上其二人的社会危险性较小。因此，对某甲、某乙没有逮捕必要，并作出不批准逮捕的决定。

　　某市某区警方执行不批准逮捕决定时，对某甲、某乙均变更强制措施为取保候审，经侦查终结后，将案件移送某市某区检察院审查起诉。

　　某市某区检察院在审查起诉期间，某甲违反取保候审的规定，弃保逃匿，下落不明，保证人亦无法找到某甲。某市某区检察院依职权决定逮捕某甲，并由警方执行通缉。警方于2014年3月1日抓获某甲并执行逮捕。

　　某市某区检察院经审查，以某甲、某乙犯开设赌场罪，向某市某区法院提起公诉。

　　某市某区法院经开庭审理后认为，某甲、某乙的行为构成开设赌场罪，由于某甲、某乙系从犯，应当从轻处罚，遂于2014年4月4日作出一审判决：（1）某甲犯开设赌场罪，判处拘役四个月，并处罚金人民币3000元；（2）某乙犯开设赌场罪，判处拘役两个月，并处罚金人民币1500元；（3）缴获的赌资现金人民币3200元收归国库，继续追缴赌资55800元收归国库，查扣的作案工具赌博机予以销毁。

　　一审判决宣告后，在法定的上诉、抗诉期间，某甲、某乙并未提出上诉，某市某区检察院也没有提出抗诉，判决于2014年4月15日生效。

　　2014年5月13日，某市检察院认为一审判决适用法律错误，理由是：刚刚出台的司法解释规定，在办理利用赌博机开设赌场的案件中，重点打击赌场的出资者和经营者，对被雇佣的工作人员，一般不追究刑事责任。由于某甲、某乙在案件中均为一般的工作人员，根据司法解释的规定，某甲、某乙的行为不应追究刑事责任。基于此，某市检察院遂向某市中级人民法院提起审判监督程序的抗诉。

☞【判例解析】

　　最高人民法院、最高人民检察院、公安部2014年3月26日《关于办理利用赌博机开设赌场案件适用法律若干问题的意见》（以下简称《意见》）规定：办理利用赌博机开设赌场的案件，应当贯彻宽严相济的刑事政策，重点打击赌场的出资者、经营者。对受赌场雇佣从事接送参赌人员、望风看场、发牌坐庄、兑换筹码等活动的人员，除参与赌场利润分成或者领取高额工资的以外，一般不追究刑事责任。这是检察机关据以抗诉的核心理由。在此司法解释之前，没有对赌场工作人员有关分工上的对应刑事责任追究与否作出正式有效的法律解释。因此，在司法实践中，不管是出资者、经营者，还是受赌场雇佣从事接送参赌人员、望风看场、发牌坐庄、兑换筹码等活动的人员，都以开设赌场共犯论处并一般予以追究刑事责任。从共同犯罪理论的角度看，上列人员都是共同犯罪中的一员，具备侵害性（违法性）、有责性以及开设赌场罪犯罪构成符合性，这显然是一种理论上的通识。事实上，除接送参赌人员的行为外，望风看场、发牌坐庄、兑换筹码的行为，都是开设赌场罪的实行行为，只是由于该分工行为是开设赌场行为的分支、分解部分，所以才在整体的评价上，将该分工行为的实行者认定为从犯。这只对分工较细的开设赌场的行为才具备区分主从犯的意义。如果对赌场较小、赌场工作人员较少因而负责几乎全部的分支、分解事项的行为，即便该工作人员受赌场雇佣，即便没有参与赌场利润分成或者领取高额工资，也不能认定为从犯。因为行为人的作用是不可替代和全面直接的，这与从犯所定义的次要的、辅助的作用是不相符合的。

　　所以在理解《意见》的意旨上，仍然不可脱离基本的法律理论（共犯理论），不能机械地执行司法解释或者其他正式有效法律解释的语言含义。司法上对法律以及正式有效法律解释的理解与适用，仍然要建立在司法者相对固定的解释立场与解释方法上，寻求对法律以及正式有效法律解释的最佳解释。否则就容易导致丧失对法律意旨的真正领悟与理解，造成一种在司法立场和司法观念上的飘摇不定。

　　如果机械地解读《意见》的语言文字，确实诸如某甲、某乙的行为该当是不予追究刑事责任的情形。但是，设若该判决是2014年3月25日生效，那么这个判决就是无可挑剔的，那么为什么只是一日之差，同一情形的行为竟有天壤之别——罪与非罪的判决结果呢？而且，这又不像刑事责任年龄界限一样早已由法律公之于众以便公众具备预知性，也不像立案追诉标准一样具备某种由量变到质变的客观属性，而只是一纸对法律的解释文件就造就了这个天壤之别。在并非立法而是释法的情况下，解释者应当谨慎地考究这种落差，解释在尽可能的情况下，若非涉及重大情势之变更，应当尽力保持稳定性和连贯性，至少要留有缓冲的空间，避免造成司法主观感验上的唐突和讶异。否则，解释难免有僭越为立法之嫌。

　　事实上，《意见》亦留有余地。一般不追究并不是说一概不追究或者应当不追究，而是可以不追究或者是可以追究。而什么情形不追究什么情形追究，仍然要回归法律理论上与司法实务上的综合权衡。既然行为在形式上具备了犯罪构成的符合性，那么，理应回归到对犯罪本质特征的把握上，即社会危害性或者法益侵害性。如果该行为达到刑法上的特定的危害性（例如达到追诉标准），那么就应当追究刑事责任；如果属于情节显著轻微，危害不大的情形，则不应当追究刑事责任。就本案而言，某甲的行为囊括了开设赌场罪实行行为的大部分，甚至在赌场工作人员固定的情况下，其作用应当认为是与经营者一样是不可或缺的，因此即便某甲并没有参与利润分成亦没有领取高额的工资，但其对开设赌场犯罪的本质以及其本人在赌场中的作用具备完全意义上的主观认识和意志指向，在共犯的范畴内将某甲认定为从犯已经足以区别其与经营者的犯罪轻重，所以，对某甲的行为应当以开设赌场罪之从犯追究其刑事责任。某乙的行为，则是显而易见地不足轻重，门卫守护对一个开放性的游戏机店而言不具必要性，卫生维护也是可有可无的分量。因此，即便某乙主观上具备共同故意的特征，但是由于客观行为的不足轻重与可有可无的特征，在刑法上可以评价为情节显著轻微，危害不大，不认为是犯罪，对某乙的行为不应当追究其刑事责任。

据此，再审判决如下：（1）撤销一审法院的判决书；（2）某甲犯开设赌场罪，判处拘役三个月，并处罚金人民币 2000 元；（3）某乙无罪；（4）缴获的赌资现金人民币 3200 元收归国库，继续追缴赌资 55800 元收归国库，查扣的作案工具赌博机予以销毁。

| 第六章 司法的境界 |

前时为某内部刊物撰写卷首语，以司法的境界为题，模仿通俗文言文的风格成文，如今看来，仍是认同，不妨援引以为本章开篇。

一、司法四境界

学问者，无边界而有境界。无边界即谓之学海无涯，古人所云"万卷古今消永日，一窗昏晓送留年"，便是颂赞求学求知之潜心。有境界可谓之金丹换骨，古人又云"六十余年妄学诗，工夫深处独心知"，理当称誉造诣顿悟之进化。

司法乃学问所辖之门类，自然齐备学问之诸属质。于此而言，司法之学问无穷尽，司法之境界有高低，自当是顺理成章矣！君不见，当下之司法，滥竽充数者有之，精深博大者有之；卑下唯诺者有之，君子高尚者有之；辗转者有之，流芳者亦有之，凡此皆可谓司法境界之所别。

哲人冯友兰先生将人生境界作了四区分，称之为"自然境界，顺习而行；功利境界，生物之理；道德境界，尽伦尽职；天地境界，天地合一"。人生如此区别境界，司法境界亦复如是。

余揣之以为，人生四境界是用于司法，且稍加对应调适及概念更替，便可对号入座，按名责实。余谓之：入门境界，踌躇惶惑；运筹境界，功利谋略；品格境界，行义至善；道义境界，纵横天地。

入门之境界，即业涉司法已有时日然不得要领，章法生搬硬套、亦步亦趋，行事照本宣科、按部就班，其运思疏浅、举棋不定故而如履薄冰、庸常混沌，"莫知其然而然"。即便作出决断，亦是惶惶然心神不宁、无有定数，唯恐露出破绽遭人贻笑。

运筹之境界，即对律法章程自有主观且颇有见地，思辨逻辑有清晰路数且灵便慎重，言论行事能娴熟筹划、自如谋算，其司法理念、价值位阶虽是寻常通俗但略成体系，其司法文章、法案辩论虽无精要义理但娓娓道来。限于公义、胸怀、操行，其格局止于"为我""为利"之狭隘。

品格之境界，乃运筹境界之上乘者之质变。此境界者，道法伦常了然于心，德行操守高风亮节，其智周万物、知常达变、高人一等，故而诉讼决断秉持公义并得心应手，行文言论彰显智慧且高标卓识。"行家""行义""至善"便是最佳之形容。

道义之境界，即司法之泰斗级别，以哲学智慧审视司法事务，凭道义精神处断司法纷争。其集智慧、卓识、厚德、尊荣、善义于一身，其司法言行、文辞造诣均是哲学高度因而高屋建瓴、纵横天地，此乃司法境界之最高风范者，鲜有可及矣。

司法境界之磨砺与达成，须循序而进，无有便捷通道，更不可投机取巧。即便所谓术业专攻、造化有别，然如下之跋涉可谓不可或缺。

夫惟正，所谓"不欲以静，天下自正"，"中而不偏，正而远邪"，身正、心正乃司法公道之根基。

唯勤，所谓"业精于勤荒于嬉"，"功崇惟志，业广惟勤"，勤乃通往司法功业有成之必由之路。

唯思，所谓"行成于思毁于随"，"心之官则思，思则得知，不思则不得也"，可见思考之力量。

唯法，所谓"取法于上，仅得为中；取法于中，故为其下"，言下之意便是要效法、问道上乘者。

唯悟，潜移默化谓之渐悟，醍醐灌顶谓之顿悟，渐悟乃境界提升之过程，顿悟是境界升华之节点。

呜呼！如此而言，司法境界之养成路途漫漫，吾乃何等境界者也？

司法的境界问题，事实上涵盖着一个司法者几乎全部的见识、学识、素质、资能和涵养、格局，是一个整体评价和综合评判的命题，是一个集智识、经验、立场、观念和品格等于一身的概括和浓缩。我们谈论境界，一般都是已经站在一定的高度上了，也就是所谓有境界者，已然超越了业界的普通者。因此，即便在司法四境界中仍然有称之为入门境界者，但是，这里的入门，是入境界的门而不是入司法的门，犹如是将领而不是士兵，只是这个将领的衔级是初级的而已。因此，并非任何司法者凭论资排辈总都有资格匹配四境界，事实上，有些司法者甚至终其一生都无法达到入门之境界，甚至可以说，这些没有资格称谓、评定司法境界的司法者应该还不是少数。不仅如此，在每一个司法者的头顶上还都悬着一把金光闪闪的利剑——任何的司法渎职行为都将对境界资格予以一票否决。

有境界，该当是一个司法者的梦寐以求，是一种动力更是一种陶醉感获取。用马克斯·韦伯的话来说，"如果你不能从学问中获得陶醉感，那就离学术远一点"。换在司法上，就是说，如果司法者不能从司法学问中获得陶醉感，那就离司法学术远一点。司法的这门学问，是一个纯粹的司法者的永恒旅途，除非放弃司法的这个职业，放弃对司法这门学问的探究。我们讲求司法境界，不仅在于情怀、理想、情操和建树，还要从中获得陶醉感，一种驱动司法学问求索的内心动力。这种境界的锻造，不是单纯地学习司法理论和方法就能谋取，也不是职业上践履司法实操便会达成。司法境界的达成，需要在学习司法理论和方法以及践履司法实践的基础上，凭着一个辽阔而宏大的视野和胸怀，将司法的慧眼往返于事实与规范之间，将司法的思维贯穿于经验与逻辑之间，将司法的见地求索于理论与实践之间；要察古观今、贯通中外，对知识的追求和兴趣乐在其中，对人类基本问题饱含诗意的关怀；还要有一种独立自主的人格态度，既不脱离现实，又在思想上超越世俗。就像阿伦特所说的：“坐在垃圾山上也能看到光明。”那么，功到自然成，当万事俱备，何愁境界不有？

二、断案双重思维之我见

司法通过裁断评判来解决问题，裁断评判是一种思维过程导出，即在经对事例和法律进行关联适配的本质把握、内在联系和相互作用后，将思维结果表达为司法裁决结果。思维本身是个非常复杂的内心活动，所有司法基础的理解与把握，所有司法方法的选择与运用，所有司法立场、观念的沉淀与投射，都可以认为是思维活动。思维的主体，在当下笼统称之为司法者（司法官），而司法者作为个人而言具有局限性，这是无须赘言的。因此，如何在制度设置的技术性上尽可能地克服这种局限性，是制度设置的一个重中之重。法律程序之所以设置诸如复议、复核、二审、终审和再审之类的救济路径，便是如此之考虑。但是，在实定程序之外，对司法主体而言，是不是还有其他的方法来促进或者达成这种局限性克服，这是一个令人深思的话题。我们说司法是一个思维过程，那么，在思维方式创设或者选择的方向上，是不是可以从中开发出一个可行性思维方式，将司法者的局限性尽可能地克服或者只要有所克服也就切实可行了。

在英美法系的刑事司法体例中，一般而言，实行陪审团审理的案件，陪审员组成的陪审团负责案件的定罪问题的裁决，至于程序引导、法律问题解析以及法律适用等其他法务，则由主审法官来解决。限于篇幅，在此不作细述。基于如此体例，可以看出，在刑事案件的审判过程中，存在着两种思维方式：一是非法律专业人员（大部分）对案件事实的审断；二是行使审判权的职业法官对案件的审理。前一种思维基于一般人的常识认知，注重的是指控罪行是不是被告所为，有没有不是被告所为的可能以及指控的犯罪事实是否成立的判断，是较为感性的决断。后一种思维则基于娴熟的法律功底和丰富的司法经验，对案件进行专业的解读、解释和法律适用，理性和专业的成色当然就着重许多。从人权保障和法律至上的角度，案件审理中同时运行这两种思维方式，无疑就增加司法裁决的质量可靠性筹码，也就是，双重防护的制度保障。从总体上看，该体制对防止冤案的产生所具备的优越性是有目共睹的。

借鉴此司法体制的精义所在，投射在我们当下的司法，是不是可以把陪审员的思维和法官的思维合成为我们在此所言的司法者的思维当中，作为司法者断案之双重思维。即当司法者在审查案件时，可以通过集这两种思维方式于一体加以吸收利用，将原本存在的司法者的局限性予以一定程度的克服。如此而来，司法者便既充当了陪审员的角色又充当了法官的角色，集结并运用了陪审员的思维和法官的思维。再具体一点，姑且可以这样去描述这种双重思维下的司法审查路径：当司法者审查案件时，不仅要对案件进行感性的和常识性的思考以作出建立在有充分信赖基础的直觉上的判断（陪审员思维），还要从专业的角度进行理性的和规范性的分析作出合乎法律规范和逻辑推理的决断（法官思维），最终在双重路径的汇合处形成最佳的裁决。

　　在陪审员思维和法官思维的运用上，由于现时的司法制度并不存在陪审团，不管是证据事实方面还是法律适用方面，都由司法官审断。因此，我们在这里所要强调的是，陪审员思维和法官思维都应该是同时在证据事实方面和法律适用方面对司法事例起作用的，而不是指在证据事实方面的判断上运用陪审员思维，在法律适用方面上的解析运用法官思维。

　　在证据事实方面的双重思维审断中，陪审员思维主要运行于证明标准的感性化判断，就是说证据是否达到排除合理怀疑（刑事）、高度盖然性（民事）和足以信赖（行政）而能对事实起到认定与否的证明标准问题。由于所谓的证明标准是抽象的内心确信因而无法被客观理性所标准化识别，是一种主观性很强的感验，因而运用陪审员的思维方式加以感受判断，即是在实现一种通过感性领悟理性的目标。证据上的合规性、有效性、证明能力以及逻辑分析等专业且理性化的问题，则主要运用法官的思维方式进行考究审断。在法律适用方面的双重思维审断中，法官思维主要运行于法律解释技能和法律适用，事例与法律的关联适配，三段论的法律逻辑推导等专业且理性化的问题。而裁决结果，则是具直观感受性的，即裁决上的是非对错总有一种起码的内心权衡和判断，因此就可以用陪审员思维进行再次的感受判断。如果法官思维方式运用后的导向与陪审员思维方式运用后的导向是一致的，那么是不是就多了一个保险的筹码。如果不是，那么，需要再行推敲斟酌、思维碰撞和适当检视、调校，使之更趋统一。当然也不是说，任何一次的司法，即便是同一个人（司法者）在运用两种思维方式后，都要求最终达到双重思维导向结果的同一性，因为思维方式本身有别，何况感性和理性毕竟也有所区别。当无法导向同一时，在证据事实方面，应侧重陪审员思维运行的结果；在法律适用方面，则应侧重法官思维运行的结果。

　　上述之司法双重思维的案件审断方式，是一种概括性的司法路径，具体在对个案的证据事实方面和法律适用方面的审断时，则没有固定的规则和程序，因为思维是主观的，是意识界的能动表达，是活的灵魂。即便前文所述，两种思维方式各有侧重性，但侧重的比重、分量也无法量化。为此，司法审断原则上应当是在证明标准和法学理论、法律规范等概念含义的基本框架内，结合案件的具体情况，将两种思维方式灵活而且得当地运用在对事例的司法审断上，而不能太过拘泥于固定的格式或死板的教条。

　　另外，作为感性和理性对应的引申，道德和法律也是一对较为贴切的组合，似同于陪审员思维和法官思维这对组合，即道德较为感性化，法律则较为理性化。我们知道，司法并非纯粹理性的决断，司法应该兼具感性和理性，如果陪审员思维和法官思维在司法体例中是一种得以证立的司法思维，那么，是否还可以以道德评价和法律评价作为另外的一种思维模型，附加于司法。也就是，司法不仅在思维运行还是作为结果呈现时，司法者都可以对事例涉入道德评价和法律评价，道德评价侧重感性类审查（如善恶、期待可能以及预见能力等），法律评价侧重理性类审查（如三段论演绎、法律原理、法律规范本身等）。甚至，这种道德评价和法律评价思维模式，还可以施加于陪审员思维及法官思维的运用上，即在运行陪审员思维方式时，可以介入道德评价和法律评价；在运用法官思维方式时，也可以介入道德评价和法律评价。如此一来，司法的思维方式就丰富起来，陪审员思维与法官思维结合道德评价与法律评价，组合成双重思维中的双重思维。于司法而言，这种丰富思维方式体系的建构及普遍运用，在克服司法者的局限性上，在保障司法的客观性上，无疑都具有相当的作用力。毕竟从多个方式或者多个角度切入某个问题，无疑会对该问题看得更透彻、更全面、更准确。

如上所述的司法双重思维以致叠加的双重思维，是本著所揣摩的或者说是发现的并极力广谱的司法思维模式。本著所有的示例，正是通过对这种双重思维方式的应用或者将这种双重思维方式蕴含在司法的评判裁断中，并以判例解析呈现了出来，以飨读者。

三、司法自白

所有起底的自白都需要最大的勇气，这就是让-雅克·卢梭为什么在《忏悔录》中直面展示和表述的是那么高贵的昭示和凛然的姿态。事实上在本著看来，这更是一种明目彰显，着实令人肃然起敬！作为一名司法者，作为一部限于司法领域的作品，当然没有必要去展示和表述著作者的人生自白。但作为一份职业，作为所从事的司法领域上的履职历程，如果可以有一个真实而简约的自白，至少从常思己过的司法观念的角度，应该会更加整全。即便本著只涉及司法，但司法与司法者的人格是息息相关的，这在前文之司法的生命一章中已作阐述。所以，本司法者是一个什么样的人以及人生之秉性等等，也要多费几笔略带而过，这样看起来会更加完备些。笔者此前所著的一部关于人生絮语的作品《一路上的人生》中，就对自我有一个自认为较为客观的评价，不妨照搬示众。

鄙人岁在不惑，身高、体重、颜值均在全国平均线左右，学历、妄想、抗压略高出平均线，房产、友伴、酒量均低于平均线。自幼清贫，四体略勤，少年勤学，青年勤业，然而立之前，因受制于现时体制及周遭俗仪，有被洗脑漂白之嫌，然无时不在纠结抗争，且无时不有异想天开之念。而立之时，脑洞渐悟，如饥似渴地涉猎了一些精品文化和思想的精髓，虽不能融会贯通、心领神会，但也从中看穿了一些社政、规制的狰狞，看破了一些红尘、凡俗的无谓。不惑以降，自认为始得浅薄之道义，识破些许纵横时势之天机，虽未能真不惑，然自觉有所安身、有所立命。不过，在深谙世道的精明人眼里，鄙人仍属于严重的幼稚病患者；在博学广识的大师们目中，也摆脱不了典型的幼稚病患者的身份，可谓四面八方均不逢源。事已至此，我行我素，我思我在。一贯以来，鄙人爱好广泛然无一精通，理想饱满却几无所成。读过多本好书，写过几篇小文，走过几段旅程，品过几杯清茶。于热闹喧嚣处能独守静谧，于孤独冷清时则内心似火。社交惨淡，交友寥寥。对物质的占有及享受所求不高，对精神的渴望和充实则求力所能及。常口吐胡言，总行事怪诞。凡此种种，便被许许多多所谓的灵通人士视为另类或异端。也罢，这世上总容得下微不足道的飘零如絮、辛劳若蜂的个人。所以，还是为所欲为畅快些，即便飘零、即便辛劳，依然要把身骨桀骜迎风，纵然仅为顾影自赏。"安能摧眉折腰事权贵，使我不得开心颜？"

在人生的处世上，本人是较为宽和谦卑的，但也不乏倔强。在司法职业上，本人则是外人眼中的"一根筋"，清高而冷峻，但内心里也不乏温柔与慈悲。本人所信奉的"不别亲疏，不殊贵贱，一断于法"的司法追寻与求索，一直在以法律为信仰的意念里定格。是的，在司法者的内心，"法律必须被信仰，否则它形同虚设"。但在司法境界的视角上，这种内心的信仰所体现在司法实践上的表达，则有层次和历程之别。就本人而言，自我感觉有三个明显的区间区别。在这三个区间中，有恒守未变的，也有顺时顺势而变的；有笃实自信的，也有战战兢兢的；有刚毅也有宽恕，丰富饱满且五味杂陈。那么，就作如下概要之自白。

本人把见习和助理司法的时期排除在外，毕竟从踏出法学院进入司法职场此后的五年的时间，苍白稚嫩、羽翼未丰、火候不足，根本不具有独立司法的能力，即使在独立办理案件的初期，也不具有对司法的领悟力，司法经验就更是无从谈起，纯粹就是个拜师学艺的学徒。但这期间实际上对往后的司法道路是很重要的，比如理论和实践的磨合，耳濡目染的司法跟班体验，还有师傅的品格、水平和引导力以及学徒自身的领会、思考和反刍，都具备相当的影响性。由于一贯以来对司法的诚挚和热爱，也由于政法大学本科文凭在当时（20 世纪 90 年代中期）算是稀罕，本人被单位赋予了稍重之任，办案助理、文字秘书、课题调研、文体竞赛甚至琐碎事务，都是主力，而且干得不亦乐乎。因为无权无职，也就几乎无有司法过错和职务廉洁之虑。多年以后，每当回想起这段白衣飘飘的青葱岁月，依然相当感激当时的我和我所勤勉付出的努力。

接下来大概五年的时间，笔者称之为初涉司法的入门级阶段。由于先前的基础较为扎实，后续的学业充电和司法积累也一直都保持在求知若渴的状态上，因此这个阶段的提升是较快的，不仅表现在独立司法的能力和自信日臻入境，而且也有许多证书和荣誉来作为鸡肋式的证明，鲜衣怒马不亦快哉。此时段，司法立场、司法观念逐渐萌芽并持续生长，加之与先前的一些人生的基本观念、基本价值取向的融合，表现在司法上的个人独立性就开始显露出来，这种显露也慢慢造就了一个几乎是注定的结局——"偏执"地守望。这阶段的困惑开始侵袭，不仅有司法说情干涉或者拉拢套近乎的烦恼，而且开始觉得该是得罪了某些人，只不过当时年少率直以为无所谓，得罪就得罪，本人又不是非得在得罪之人的人治之下。我们所处的是法治的生态和时代，法治自有公道。与此同时，小地方小单位（县级司法机关）的局限性也愈加的明显，在术业上的进步空间竟渐渐地自我感觉到越来越小（或许是无知的自我膨胀使然）。为追求自诩的更高术业平台，也为化解生活的窘迫（将近十倍的收入差），也在兴许得罪人的肇因的三重动力之下，本人决然背井离乡奔赴另一个谋生和谋业之地——南方的一个大都市。即使离开了这片司法故土，但本人仍然深深地眷念。甚至有一个屡屡记起的场景——因为公义而激昂的控诉而受到旁听者（主要是被害人）像敬待一个凯旋的英雄般地热烈欢呼——一直激发着本人对司法饱含深沉的激情，以至于无论身处什么境遇，本人都能找到这个近乎自我陶醉的感觉而坚守如初。

运筹司法的阶段，大概是十年左右的时间。这个阶段，虽然身处大都市，但社交空间反而可以比之前更小，因为大都市的优势是你几乎可以将自己孤立起来，除了职场的工作应对之外甚至可以封闭社交，这于本人而言是最好不过的。但在一个全盘的司法生态之内，大都市和小地方实际上也是大同小异，社交空间的优势只对个人的喜好而言，并且在司法的关联因素中，占比也是很小的。但大都市的所谓精英能人还是具有一定的量上的优势，视野上也会更加宽广，也因此可以从中获取更多的求知和前进的动力，这一点也是至今无憾无悔的。由于司法生态的类同性，而本人的德性又无法应变，于是仍一直在回避、抗命干涉，一直在得罪人和遭人嫌。只有在碰上志同道合的上司时，执业方能顺当不少，其余的，也只能艰难守护自己的德性，甚至要付出一些世俗眼里的所谓失去。这期间的司法，本人在应对司法干涉上找寻到了一个自认为是合乎当下的最佳方法，那就是赶在可能被说情游说之前，便对案件作下决断，以免司法上有不纯粹的因素介入影响正常的思维和决断。但有时出于激愤也会矫枉过正，怒怼说情游说人，变相重惩被告人。当然，这种所谓的变相重惩方式本人仍然会掌握只在度量的裁量上而非性质的判断上予以施加，但回头想来，这种被迫的反报或者自证清白的自作聪明，终究是不可取的，因为司法立场、观念已经矫偏，这是需要自我的批判和三思已过。不足为奇的是，这个阶段本人在术业上跑上了上坡道，但所谓的仕业上，则转向了下坡路。这或许是最适合本人的两条路，至少本人是这么自以为是的。

也就是不惑以降，距今大概五年的时间，本人大言不惭地自以为达到一个深谙司法的阶段。这个阶段的司法，侧重于人文和品格在司法上的注入，关注于立场和观念在司法上的影响，并在案件的解析上，追逐一种纯粹法条之上的原理、哲理甚至道义的投射，因此总体上，这个阶段的司法也几乎是不惑了。具体不言，本著以为释。

本人不敢大言不惭地声明时至今日的司法生涯中没有过失，因为可能只有圣人才能达到这一境界。于是便时常反刍和自省所办理的案件，是不是有错的，思来虑去，结果还真的有可能有办错案的，但数量极少，大概是零零星星三两宗，而且也难以断定是不是真的错了。如果真的错了，那就得改，但在确定是真错了之前，也只能继续求证，要不然就是错上加错了。但有两宗案件，本人至今仍然耿耿于怀。其中之一是因为这个案件在本人作出决断之前，有人打了招呼说了情，而本人也作出了客观上的有利处断意见。另一案件则是本人执意认定犯罪，诉讼程序最终亦支持有罪判罚，但事后琢磨，愈加感觉认定不当，可能有误。在此既然自我标榜为司法自白，自然需要拿出来不遮羞地献献丑，概述如下。

其一，一宗掩饰、隐瞒犯罪所得案。被告人系传呼机维修店的个体经营者，在经营中数次（自己供认三四次，上游疑犯指认七八次）收购了他人盗窃的传呼机，每次都是收购一部传呼机，也就是几十到百来元的收购价，随后经维修或翻新，便又转手销售给他人。由于盗窃案的侦破，被告人便被告发。但是，盗窃案的赃物与本案又不是一一对应的，因为盗窃犯也将盗窃的传呼机销赃给其他人，由于次数较多无法确定销赃给被告人的具体事实。因此，案件中对被告人收购赃物的次数以及赃物的去向，都无法查清。被告人的辩解是对收购的传呼机是否为犯罪所得并不知情，但这一点显然是可以排除的，因为不会有人对同一个人屡次出售传呼机的行为不产生怀疑的，因此在认定被告人"知道可能是"甚至是"明知是"犯罪所得的赃物的主观方面可以得到法律上的推定。问题是，客观方面的具体行为及犯罪后果要如何确定。如果追求事实清楚、证据确实充分的证据标准，显然是无法达到的。如果以事实不清、证据不足作出有利于被告人的结论，也显然是一种放纵。就在这两者的摇摆之间，有人问起了这个案件，并问询有没有办法酌情考虑。原本按照本人的风格，这根本不会产生任何的影响。但是，由于证据上的凌乱和不确定性可能导致的司法裁决风险，本人还是有所犹豫和焦灼。此后，经过再三的思虑，本人决定尝试认罪交易以求两全。经庭前召集被告人及其辩护人，一番说服之后，被告人同意认罪，并确定实施了四次的收购赃物行为。这样，在此后的审理中本人便决定对其先行变更强制措施为取保候审，并在判决时对其适用了缓刑。如果说其间没有任何的人情因素，这是自欺欺人的。但是，在一个两全的折中上，又不失为一个妙招。至于量刑上的考虑，也有因认为此被告人并非大恶大罪的谦抑以及哀民生之多艰的怜悯，故而在自由裁量的范围内作了从宽处罚，可以说也没错。但是，本案终究没有纯粹，为此一直是耿耿于怀，会不会突然某一天本人感觉到了罪恶，然后便不能自拔了呢？

其二，一宗人数众多的合同诈骗案。被告是个刚刚入职"骗子公司"近一个月的业务员。该案的犯罪方式是案中首犯成立一个咨询公司，然后对外散布居间投资的能力，虚构海外投资方，一旦有资金需求者找上门来，便以考察费、差旅费、评估费、中介费的名义，向需求方索取。最后总是以各种借口拖延或者以需求方不满足投资条件为由，阻断联系。所谓的业务员就是寻求资金需求方并做好前期的接洽、推介、联络等工作，一旦进入骗取钱财的实质阶段，主犯便会接手。在该案中，主犯认定构成诈骗犯罪显然没有问题。工作时间较长的业务员，由于对公司的本质有了深入了解，在主观上肯定也知道诈骗本质，认定其构成诈骗犯罪也没有问题。关键是入职不久的业务员，主观是否明知涉案公司行为的诈骗本质，值得研究。被告是个刚刚大学毕业的女性，通过人才市场入职涉案公司将近一个月的时间，对业务程序和岗位工作的了解当然具备认识能力，但是，其对后期核心行为性质却可能存在预见不能的可能，毕竟整个诈骗行为实施下来，一般需要一两个月的时间。如果没有与老业务员进行深入的交流，没有遇到需求方的费用追索或者投诉、纠缠，很难从前期行为中直接地判断出涉案公司的诈骗本质。如果只是对公司行为怀有疑虑或者是开始思考公司行为不正当的可能性，那么，能不能就此认定诈骗犯罪主观方面的故意成立呢？被告就是供述其正处于怀有疑虑并开始思考可能的认知状态。由于本案中其他的被告中，也有入职一个月的时间便明知诈骗本质的，因此，站在一个类同的推定理由上，终是作出了对被告有罪的决断。但是，案件在诉讼程序上尘埃落定之后，罪犯（判决生效前称为被告）屡次表达了当时确不知情的申诉，而且态度颇为坚决。虽然，案件并没有因为其申诉而重启审判监督程序，但是，本人还是对此心有芥蒂，屡屡反思。这种懵懵懂懂的模糊认识，到底能否称之为犯罪的主观罪过，是否应该给她贴上一个犯罪故意的标签。若干年之后，当本人对司法的观念逐渐变得慈悲与温柔，对该罪犯所承担的刑事责任的准确性反思变得摇摆起来，"有所疑虑"与"思考可能"怎么能等同于"明知可能"与"希望发生"，至少应该根据存疑有利被告原则给被告一个证据不足的认定而不是生硬地以法律推定的方式将犯罪故意强加于人，这是本人在办理其他案件后从未起过的疑虑。是不是办错了一个案？是不是冤枉了一个人？会不会毁了她的前程？想到这些可能性，本人甚至有所纠结与惶恐。如果把办错案、冤枉人、毁前程的"犯罪"故意强加在本人的身上，本人又会是什么样的感受？如果本人还对司法饱含情怀，是不是应该做点什么呢？是应该要做点什么的了。

第三编　司法与算法

当算法的概念被提出后，即被奉为圭臬。此后的时代便似乎进入了算法时代，大有言之必称算法之势。并且，溯及既往地，先前的诸多物、理或者因而被算法化或者被概念推倒并赋予了算法意义上的重构，也就是诸多物、理的原理和演化用算法进行了重新定义，于是算法意义便风靡盛行。甚至有的观点大胆地认为，21世纪及此后，算法概念将主导时代——一切以算法定义，一切以算法趋向。

由于算法是一个相对较为新兴的概念，在学科或者学术语义上的分门别类，目前对此研究甚寡，因此尚未形成一种共识性的学科定位。在本著看来，算法应当要有一个相对确定性的学科定位，这样才能将其归纳到知识学科的系统之中，作为一个整体统一的学识体系上的构件（部分），否则，当我们提及算法的概念和含义时，便无从安放它在学识体系上的位置，犹如师出无门的尴尬。在本著的理解上，哲学是宇宙之内统摄万物的智慧，是最高的智慧学识，涵摄科学、社会学、人文学、法学、政治学、宗教学等一切学科。于此而言，算法要么在哲学之上要么在哲学之下或者并驾于哲学，当然，还有一种可能是，算法只是某学科或者贯穿于多学科之间的一种方法，属于方法论的命题。关于算法在学识体系的定位问题，取决于对算法的定义、特征和属性的分析，此处先将问题提出，下文将有简略的阐论。

之所以称之为算法时代的到来，是因为电子数据（计算机）和信息时代的蓬勃发展，为算法时代的呼声提供了基础和机遇。电子数据为信息集成和传播提供了海量的资源，而信息传播媒介的高速发展又为电子数据的应用提供了连绵无尽的动力。数据与信息，资源与动力，通过算法进行联结（串联及或并联）和处理，并与算法共同组合成这个时代最为喧嚣的标向。在这个角度上，数据和信息时代几乎等同于算法时代。

较之于自然科学，算法对社会学科的影响深度和宽度稍逊一筹。因为自然科学的真理往往可以标准化和度量化，并易于证立和证伪，也就是自然科学的证立和证伪是一个相对显明的论断，比较容易确定一个类似唯一的答案作为最后的结果。算法之于自然科学，也就等同于自然科学的求解过程的总和，因此在此意义上似乎可以说，所有的自然科学的结论就是算法的一个结果。而社会学科一般都普遍存在比较宽广的讨论空间，学术上的彼此见解有异议并存、各有千秋、工力悉敌的可能，并且，社会学科的理论建构往往基于自然科学的奠基和认识，因而这种理论建构的真理性就以自然科学作为前提。在建构之前，前提必须先被证立，理论建构的滞后性也就在所难免。司法属于社会学科的门类，当然对逻辑、统计甚至是数学等自然科学或形式科学的应用，司法也有所涉及，因此可以说司法也在算法范畴的涵摄之下，司法就是要通过算法的运用来建造、检验和达成一个最合理的目标结果。但并不是说司法等同于算法或者说司法是算法的一个子命题。算法只是司法实现的一个基本路径，司法中所包含的某些潜意识或者无意识的人性、欲望、本能以及主观体验（但是广义上的算法将所有通过感觉、情感和思想进行运作的一切都包含在内），是算法无法涵盖的。最根本的，司法是透过对真实事例的观察和思考来寻求一个判断的结果性陈述，而算法则是判断的条理性步骤。因此，即便我们说司法（至少在形式上）就是一种算法的同时，其实并不否认司法有别于算法。

　　站在司法的角度，算法是司法的实现路径，是司法通往目标结果的运作和控制过程。这个运作和控制包含了司法常数和司法变数中的各个要点和元素，包含了逻辑、统计甚至数学等的形式演算，最终以结果陈述表达出司法的追求目标。如果站在算法的角度，司法是算法的一个服务对象，是算法世界里的生化现象和电化反应所创造出的意识流和主观体验的一种感应和理喻。这种感应和理喻就是一个条理性步骤，其间并不包含结果陈述，因此可以这么说，算法自身并没有追求目标，算法只是一条可以通往目标追求的路径，而且这路径是需要开辟或设计的而不是定式或现成的。

　　如果司法与算法在如此理解上有其合理的存在因由，那么，我们在解构和建构司法与算法的关联和意义上，便可以形成一个相对稳定的价值目标追寻和导向思维方式，不至于在一个或此或彼、飘摇不定的语境之下，将算法作为一个仅仅是方法论上的抽象和空洞的代名词，做一些虚无缥缈、不切实际的笔墨徒劳。

| 第七章　算法的司法意义 |

一、算法诸概念疏议

算法

何谓算法，按照相对共识的解释，"算法指的是为了解决问题而进行权衡、计算的一套有条理的步骤，包括通过机械、电路等非意识性的运作和通过感觉、情感和思想等意识性的运作两大类。算法并不是单指某次计算和运作，而是计算和运作时采用的方法及步骤的总和"①。按照这种理解，世间一切意识体的存在与变迁，以及意识体所控制和付诸的一切活动，几乎都是算法的结果。猫是如何抓老鼠的，猫需要一套算法的支持和付诸；人如何抓老鼠甚至是人以养猫来抓老鼠，同样也是一套算法的支持和付诸。据此而言，司法是对事例的裁断评判，是司法机关和司法者为了解决法律问题而通过感觉、情感和思想等意识对事例进行的权衡、计算和运作的一套有条理的步骤。其间关于司法常数（要素）的运用、司法变数的理喻以及司法人性和主观体验等内心意识的表达，通通涵摄于算法之中。因而在总体上，司法当然就是司法者意识支配下的一系列的算法的支持和付诸，那么在这个事理的层面上（至少是在形式上），司法就是算法的一种目标结果。

那么接下来，我们再来解析算法在学识体系上的定位问题。通过上述的算法定义的陈述，算法在本质上属于一套权衡、计算和运作的步骤。算法本身并不设定目标而只是一种解决问题的目标的过程。目标设定是基于对真实世界的观察和思维的价值导向追寻，譬如司法的目标是定纷止争、实现公义和统一司法等，而算法本身无法定纷止争、实现公义和统一司法，算法只是司法通往目标设定的基本路径和基本方法。而且，不仅仅是司法，自然科学、应用科学以及人文社会学科等以真实世界为观察和思维对象的学科和学识的目标设定，都是通过一系列的有条理的权衡、计算和运作作为步骤和过程，来建造、检验和判断目标设定，之后得出目标结果。如果这个解析没有重大纰漏或者在原则上可以被共识性接纳的话，那么是不是可以说，算法只是某一学科或者贯穿于多学

---

① ［以］尤瓦尔·赫拉利：《未来简史》，林俊宏译，中信出版集团2017年版，第75页。

科之间的一种方法，属于方法论的命题，因此算法不便称之为某学科——算法学。既然算法不是一个学科而只是一种方法，那么，算法在学识体系中甚至无法独立于学识体系中的任何分支。在哲学的统领和涵摄之下，算法是哲学的一个新的思辨，一个新的基本方法的总称。由此而来，算法的机能和效用便理当辐射到以哲学为主干和根本的学识体系之中。是不是还可以这么说，所有方法论上的命题，都可以归结为算法。而如果这么说是可靠的，那么哲学上的方法论命题，是不是又会有一个根本性的认识。而这些问题的认识或解决，是不是又是一个算法问题。

算法概念的兴起与繁荣，源于数据和信息时代的革命性飞跃，但算法并不单纯依赖和受制于数据和信息，并非数据和信息的衍生物，只是由于数据和信息给算法提供了一个无比广阔的发挥空间，算法凭借着数据和信息赋予的资源优势在时代的潮流中大显身手，所以算法概念得以声名显赫。但算法也实际地反作用于数据和信息，算法的权衡、计算和运作，开辟和丰富了通往目标结果的方法，由此新生、创造的数据和信息结果便也就层出不穷、目不暇接了。因此，算法与数据和信息之间是相生相融、相互作用的。司法在顺应时代潮流的节奏和步调上，也依附于大数据和大信息，依附于算法的思维模式和基本方法。司法尤其在同等评价、同一标准的统一司法以及面向未来、与时俱进的革新趋向的视界上，对数据和信息之于算法所能提供的可预测的、可观见的根据和支撑，是相当的切实和庞大。数据和信息的集成和检索，司法判例开示的算法解析，以及司法流程设计上的效率分析，数据和信息被检验、被证立后所引申的司法革新趋向，等等，都将数据、信息、算法与司法紧密地联系在一个庞大的系统之中，任何一个都是不可或缺的。

算法是哲学的方法，是将自然科学、应用科学以及人文社会学科等的目标设定进行计算（权衡、控制与运作等）的方法，是为解决真实世界的问题而存在的，那么算法何以解决问题，算法解决问题的工具又是什么呢？从本著当前的认识上，算法的工具方法在笼统上可称之为计算，在具体上可以归纳为包括演算、意识流、主观体验以及潜意识（譬如巴普洛夫效应）等在内的权衡、控制和运作。意识流、主观体验以及潜意识等与感觉、情感、思想的运作有关的问题，将在下一章节中作简述，这里暂且略过。那么，下面就来谈谈所谓的演算的算法工具到底有什么含义。

演算

在百科词条中，演算是指按照一定的原理或者公式计算。我们所涉及的算法概念切入的演算，一般都不是指单一的原理或者公式计算，而是体系性的，即所谓的演算体系，它是指"一个由量、符号以及量与符号之间的组合规则构成的系统。这些规则构成了一种形式化语言的逻辑句法。它们规定这些量与符号彼此之间可以产生何种关系，以及特定的符号组合怎样可以转化为另一种符号组合"。①

---

① ［德］齐佩利乌斯：《法学方法论》，金振豹译，法律出版社 2009 年版，第 156 页。

演算只是算法的一种工具（方法），是形式科学之于算法运用的表现。形式科学是指以抽象形态为主要研究对象的科学，它是可以由一些给出的量推演出其他量的规则的学科统称。形式科学区别于作用（应用）科学，作用（应用）科学是对客观世界的各种现象产生的各种作用进行总结归纳，从而得出公理和定义的学科统称。与经验科学（自然、社会、人文等）不同，形式科学通常不涉及经验的过程。它不需要对偶然事件预先感验，或描述真实世界；它没有目标结果（但并非与真实世界隔离），只是作为陈述的分析和概念的应用。从这种意义上说，形式科学是逻辑和先验方法的科学，它的内容和有效性与任何经验的过程无关。司法是经验上的真实世界描述，需要借助演算（逻辑甚至数学、统计等形式科学）的方法实现裁断评判的目标结果，但司法上有关逻辑演算体系的运用以及数据和信息处理的系列方法，其有效性原则上是有限的，因为司法并非只是演算的结果。

那么可以断言的是，司法不是纯粹的演算结果。演算需要一个精确性的量、符号以及规则，而一种在内容上可以归结为目标结果的演算只有在以下两个条件下才具有确定性，一是给予量及符号赋值的含义本身是十分精确的，二是各项命题可以根据精确的规则彼此联结。因为法（规范）是由有内容的命题所构成的，精确的法语言的存在又必须具备下列两个条件，一是存在一种精确的语义学，借助它可以精确地确定各个法律词语的含义；二是法的命题（就其逻辑结构而言）可以被形式体系化。然而这两个条件对法来说都是无法满足的。司法基于法的解释和适用，而法律解释和法律适用，包含着许多通过感觉、情感和思想的权衡、计算和运作，这些意识流和主观体验上的算法方法，才汇聚成一套完整的条理性步骤。总而言之，整个司法秩序就其丰富的内容及所要解决的问题而言，并不可能仅仅是单纯借助一个原理、公式化的演算或者一个演算体系即可解决（所有）具体法律问题，司法所追求的法秩序上的目标结果，是一系列算法工具（方法）的综合推演的结果。

法律信息学

法律信息一词的产生源于近现代对电子数据（计算机）和信息处理与法律之间的关系问题的探讨和论证，尤其是电子数据和信息对法律所产生的作用，以及法律上如何运用电子数据和信息这两个方面，成为法秩序建构和维护上的最主要的组成部分。在学问的探索以及教义学的体系延展上，法律信息学应运而生。因此可以说，在我们所处的数据和信息时代中，一切因此而关联的数据、信息与法律上的关系问题及其研究方法，构成了法律信息学的基本构件。在法律信息学的基本构件的引申上，又生发了诸多关联问题和影响因素，这些问题和因素也都在法律信息学的研究范围之内。法律信息学实际上可以说是在电子数据和信息学与法学相互交叉的基础上，借助该学科的知识与成果体系并结合其他知识与成果进而形成了一个自身的综合性边缘学科（也有称之为交叉学科，但所谓的交叉学科是一种学科上的交集关系，即法律信息学从一个方面而言可以全部归属法学，从另一方面而言可以完全归属电子数据与信息学）。本著限于研究和探讨的领域，只对法律信息学最重要且最密切的问题进行大致简略的阐论。

首先，是电子数据和信息对法律所产生的作用与反作用论题。在一个社会系统中，各个领域或者学科彼此之间都有着关联性，有些是直接的，有些则是间接的。电子数据和信息领域的萌芽与发展，自然也就直接或者间接地影响了法律，当然，法律对电子数据和信息也具直接或间接的反作用，一种相互性的关联。电子数据和信息基于计算机（及软件）与通信业的飞速和高度发展，对海量的数据、资源进行归结、整合、编辑和创作、开发等活动，实现了单纯人工不可能的任务。当对这些数据和信息成果进行转化并予以广泛而充分地应用和实践后，世界因此而改变，变得有些不可思议了。辐射到法律领域，根据并结合法律自身的特性与功能，电子数据和信息为法律所提供了多个成果性实践，至少开辟了专家解释系统、法律文件汇编系统、法律程序系统以及司法指导与防控系统等路径，为法律在一个全新的方向和视野上，实现了开创与拓展。相互而关联地，法律辐射到电子数据和信息领域，根据并结合电子数据和信息自身的特性与功能，法律也为电子数据和信息提供了多个成果性实践，主要表现在对电子数据和信息的边界限制（比如隐私问题、伦理道德问题等）、法律保护（比如对非公共信息的泄露、计算机犯罪等的保护）以及（根据法律效力消灭事由设置相应的条件）实现电子数据和信息的自动清理和更新等。上述这些作用与反作用的存在与关联，也合成为法律信息学的基本体系之元素，在此基础上和圈定内的法律信息应用问题，方才成为可能。

那么，接下来要探究法律是如何应用这些电子数据和信息的论题了。应用是对知识成果的实践性表达，根据上述的作用（与反作用）分析，其一是专家解释系统，就是建立一个可以检索有关法律问题的专家解释和专家观点系统，在系统中可以对所涵括内容进行集中的查阅认知、理解吸收以及归纳利用等。这相当于一个特别指向（某一法律问题）的法教义学的集大成者，几乎是一应俱全的。其二是法律文件汇编系统，在这个系统中，所有的法的规范性文件全部囊括在内，通过关键词或者分门别类的索引就可以发现法。这就省去了在庞杂无序、浩如烟海的法的规范性文件中寻找特定文件之累。其三是法律程序系统，在当前主要指的是办案（办公）自动化系统的建立和应用，系统中设置的程序流转、文件格式、必备要素以及预警提醒等功能，能够克服诸多人为的失误与遗漏，辅佐程序法保证了一个完整而规范的办案、办事流转模式，并在效率性凸显上和灵活性发挥上（超越时空上的制约，例如无线办公或远程办公）为法的实现找到一个理论上是较为完美的路径。其四是司法指导与防控系统，就是下文所要进行论述的主要内容。

再者，是由法律信息学而引申的司法信息学以及司法对电子数据和信息的应用的论题。司法信息学是法律信息学的下阶位概念，是法律信息学的一个部门分支，被包含在法律信息学之中。司法信息的特别之处，在实践性的具体指向上，也就是法律理论和条文规范对事例的关联适配的应用（裁断评判），由此自然而然地，对电子数据和信息的应用，司法信息学指向的是司法的核心（对事例的裁断评判）方面。事实上，在理论法学和应用法学的区分上，应用法学一般表达为司法。因此，包含着理论法学和应用法学的法律学与数据和信息学共同造就的法律信息学所指向的法律对电子数据和信息的应用，都可被司法所应用，比如上述的专家解释系统、法律文件汇编系统、法律程序系统。作为特殊性的一面，司法信息学所体现的司法对电子数据和信息的应用，主要就是建立司法指导与防控系统。司法指导主要是通过先前判例的权威性，通过经典判例的选编与发布，以及通过下达指导性的命令或者决定，来实现这种先前判例的指导、参照作用。现阶段两高所编发的《指导性案例》以及《关于案例指导工作的规定》，就是这种数据和信息学支持下的司法指导系统的尝试和雏形。当然，司法指导系统需要庞大的数据资源和便利的应用软件的支持，当前的指导性案例的数量不足以满足系统的建立需求，其他方面的技术配置（比如案例的筛选、更新、背离等制度）也需要一并满足，系统才具有可行性。更为重要的是，这种司法指导系统的建立，在某种意义上是遵循先例的投射，因此，也具有司法革新的蕴意。再者就是司法防控系统，从本质上讲，所谓的司法防控是建立在司法指导基础上的，就是通过判例与类同先例的全面对照、系统比对，对判例在统一司法上的背离和偏差进行预警、监督、纠偏与矫正，防止司法上的不统一或者任意司法甚至枉法。司法防控系统的建立，也必须基于先例资源，基于对数据和信息的特定分类、整理和编辑，基于应用软件的技术设置，以及对应用该系统所发现的问题的应对及处置的方法。总而言之，司法指导与防控系统的建立，可以在很大程度上阻断同案不同判的司法弊端，将司法的统一建立在一个可控而且便捷的系统之中，使得原本需要耗费巨大的人工成本（判例与先例的比对）的事务缩减到一个几乎可以忽略掉工作量的便捷上。

此外，当前作为热门词汇的 JURIS（Juristisches Informations System 的缩写）法律信息系统，可以理解为实际上是法律上对电子数据（计算机）和信息的应用的一个宽泛的称谓，即前文所述的各个系统都可以称之为 JURIS 法律信息系统，并且，未来开发的其他有关法律信息学应用上的智能系统也可以通通被 JURIS 法律信息系统所包涵。

人工智能

人工智能（Artificial Intelligence），英文缩写为 AI。它是利用计算机进行用于模拟、延伸和扩展人的智能的理论、方法、技术及应用系统的研究和开发的一门新兴技术学科。美国斯坦福大学的尼尔逊教授对人工智能下了这样一个定义："人工智能是关于知识的学科——怎样表示知识以及怎样获得知识并使用知识的科学。"而另一个美国麻省理工学院的温斯顿教授认为："人工智能就是研究如何使计算机去做过去只有人才能做的智能工作。"这些说法反映了人工智能学科的基本思想和基本内容，即人工智能是研究人类智能活动的规律，构造具有一定智能的人工系统，研究如何让计算机去完成以往需要人的智力才能胜任的工作，也就是研究如何应用计算机的软硬件来模拟人类某些智能行为的基本理论、方法和技术。因此从这个角度而言，可以说人工智能是计算机科学的一个分支。但在学科体系上，人工智能学又因为交叉着心理学、哲学、生物学、生理学以及其他社会学科（譬如法学、社会学等），并在自己的学识领域中存在着自身独有的特质。所以，人工智能已逐步发展成为一个独立的学科分支，无论在理论和实践上都已自成一个体系，我们将它定义为一门独立的综合性边缘学科应该是言之凿凿的，甚至会更加准确一些。

人工智能作为研究使计算机来模拟人的某些思维过程和智能活动（如学习、推理、思考、规划等）的学科，通过计算机的演算实现智能的输出，并制造出类似人类智能的机器（人），使计算机的功能在更高层次上实现应用。人工智能在应用层面上的实质，是试图通过计算机技术了解人类智能的本质，并创造出一种与人类智能相仿的智能机器（人），作为人类智能的替代或者扩展。由于人类的智能应用具有导向上的目标结果意义，因此，人工智能不仅涉及计算机学，还必须涉及心理学、哲学和语言学等学科，甚至可以说涉及几乎所有的自然学科和社会学科可能，其范围已远远超出了计算机学的范畴。人工智能对人类智能在功能上的替代或扩展，便需要涉入目标并寻求结果，比如工业上的目标结果、司法上的目标结果等，否则，人工智能就有作为形式科学的一类之嫌。目前人工智能的应用领域主要的研究方向是仿生机器人、语言识别、图像识别、自然语言处理和专家系统等，并在机器人、经济政治决策、控制系统、仿真系统中得到较为广泛的应用。随着人工智能在理论和技术上的日益成熟，其应用领域也在不断地扩大。不难想象，未来人工智能带来的技术产品和技术服务，将会是人类智慧的"容器"，甚至以后的人工智能将理解意识、自主思维并可能超过人类智能。

人工智能在实践意义上，是算法的方法路径与目标的付诸呈现的统一体，即作为替代人类的机器（人）通过一系列的算法过程的付诸将目标结果予以呈现。人工智能在某些客观性问题的解决，可标准化的事项处理以及重复性劳动的效率上，已经显示出了对人类智能的一种超过性替代，这是人类利用人工智能的方向和契机。因此，带着目标结果设定的各个学科的实践应用，都在尝试利用人工智能实现某些替代和延展。司法领域上对人工智能的利用，也当然在这个方向和契机上。

司法如果追求唯一的正解，追求绝对的统一司法，那么，人工智能当然是理论上的最佳选择，前提是必须设置出一套完美的算法方案，将所有的可能性一并考虑在内。这样一来，算法所提供的精确性和客观性就能克服某些司法上的偏执、狭隘和不公正的可能，目标结果的输出便也就不会出现人为偏差或者区别对待的情况，理想的司法好像也就莫非如此了。因此，当前有诸多的司法尝试，便由此导入，比如上海司法机关试点的206系统，贵州检察机关运行的"案件证据数据化+标准化"系统等。作为试验未尝不可，但司法终究是一个无法完全（至少是现今及以后较长的一段时间内）客观化、标准化的概念，尤其是证据对真实的实质证明上，更是需要主观的判断，比如排除合理怀疑、内心确信、足以信赖、证据确实充分等，都是主观判断问题，很难用客观标准来定义和对照。但在对人工智能的利用上，作为一种辅助的司法参考系统，则已被证实确有广泛而广阔的空间，这是前文业已论述过的。此外，人工智能在克服人类智能的某些局限性上，也有独到的超能力的一面，比如对海量数据和信息的整理、编辑、检校以及在既定公式的运算上，是人类智能无可比拟的。引申到司法，作为司法的一种应用，大致就是如前所述的司法对法律电子数据和信息的应用论题，在此不再赘述。

二、司法是不是算法

司法作为一个目标结果，在广义的算法概念和算法涵摄下，可以说，司法的过程和步骤就是一套算法的条理性步骤。作为以目标结果为导向的司法，之于算法而言，司法只是赋予了解决问题的意义追求，是将算法在经计算、运作、推演之后的应有之义，攫取来作为对事例进行裁断评判的目标结果。在此意义上，算法可以说是司法所要解决问题的一个前奏——基本路径和基本方法的总称，但司法并不等同于算法，或者说是算法的一个派生或者分支。在哲学的体系结构上，司法是可以归结为认识论的一个命题，而算法则是可归结为方法论的命题。在认识论和方法论之间，是无法确定归属关系的，但是，方法论是通向认识论的根本路径，认识论是方法论的意义所在。因此可以说，通向司法的道路通过算法，通过算法的计算、运作、推演通向司法；算法是司法的基本路径和基本方法，司法是算法的（一个）目标结果和意义追求。只有在以司法（或其他）目标结果为追求的使命下，算法才被赋予意义。

在算法概念提出之前，人类智能对司法问题的解决一般是通过称之为法律解释和法律适用的概念的方法来实现的。其间涵盖了解决司法问题的主体——司法者的学识、经验和品格等诸要素。如果说在某种意义上，算法可以等同于人类智能所付诸的所有感觉、情感和思想等意识性运作的话，那么，算法概念下的另一个相当主要的命题——人工智能，是否可以替代或者延展人类智能，并借助人工智能无可比拟的如前文所述的某些优势，最终取代或者取缔人类智能（司法者）的地位，从而实现一种近乎绝对的公平。从目前及将来一段较长的时间看来，这似乎是不可能的任务，倒不是说这是天方夜谭式的，毕竟在人类智能的极限可能上，人类自身似乎从未有过精准的预期，每一次的技术革命都能让人难以置信，以致认为匪夷所思。譬如，当我们还在讥笑古时道士长老们执着迷信于长生不老药的炼丹时，"谷歌"竟提出了延长人类寿命甚至实现永生的探索课题。在生物工程的理论前瞻上，这似乎是可实现的，只要具备解读生命密码和复制生命元素的前提。所以，在预测人工智能能否完全取代司法者的问题上，目前也无法得出一个确定性的答案，只是根据当前的条件和实况，人工智能仍然无法满足或者解决如下的问题。因此，司法者的智能仍然占据着司法的决定性地位，至于人工智能的因素，现今及未来一段比较长的时期内，可能定位在一个辅助的参考性地位会比较合适。

首先是司法者的心灵和灵魂，是当前的人工智能无法拥有和替代的。本文不去考究心灵和灵魂在学术上的解释，毕竟这在生物学、社会学以及心理学等专业领域上过于严谨和专业。在此对心灵和灵魂只作一种社会通俗化的解读和理喻——灵魂是一种人类虚构的依附于人身的而非人体本身的意识生命或精神主宰；心灵是人类真实存在的由人的感觉、情感和思想交织而引发脑意识上的主观体验的流动。人类拥有心灵和灵魂，这作为一个共识，是本著拿来论证的一个已知条件而不是待证论题。人工智能发展到现今，即便几乎接近实现自主学习、自主思考，但是，人工智能在心灵和灵魂的意识性上，依然处于一个尚不可及人类智能的水平。之所以说人工智能没有源自内心的自觉意识，是因为人工智能虽然能力强大，但直到目前可知的状态，依然没有自我自觉的感觉和欲望。而感觉和欲望，是大脑的主观体验的基本特征。心灵和灵魂在司法者的司法思维意识中，具有强大的生命力和影响力，是司法的生命的重要凭据，即便对心灵和灵魂的理解仍然较为抽象，但它们对司法的影响和制约是显而易见的。一个没有灵魂的司法官与一个拥有灵魂的司法官作出的裁判显然会有天壤之别；同样的，一个心灵静美的司法官和一个心灵丑恶的司法官作出的裁判，也当然存在显而易见的迥异所在。所谓的字（文）如其人，不仅仅指字（文）之形体，亦是指字（文）之内涵。总而言之，目前看来，拥有心灵和灵魂对人工智能而言，是（现今及将来较长时间内）尚难企及的任务。

其次是司法的感性与人性，是当前的人工智能无法触摸和实现的。人工智能是对人类智能的仿生，在人类的生物密码没有被完全破解之前，所有科学技术在仿生上的应用仍然存在缺陷，即便某些方面仿生技术已经超越了人类智能。但譬如人类的人性的宣召和表达，感性的积淀与付诸，情怀的饱满与流露，都无法以原理、公式演算或者作为技术上的模仿和应用。而司法对事例的法律解读上，除了法律规范、法律原则、法律原理、法律哲学以及法律观念、法律立场之外，还需要付之于人性和感性上的考量。如果司法只是在条文、原理、原则以及观念、立场上作解释和适用，缺少人性上的表达与感性上的付诸，那么，司法就是一个十足的冷血人，一个呆板的教条者。这样的司法，最终是难以实现司法本质上所要追寻的价值和目标。司法显然也不只是追求纯粹的感性或者人性，甚至在司法上，人性与感性的因素所对司法产生的影响性，地位甚至低于法律的实定内容以及理性。但是，缺乏感性温度和人性关怀的司法，自然也是极大的缺憾，因为感性和人性的司法，对司法的情感表达和所谓的通情达理，具有相当程度的决定性。前文所述的温柔与慈悲的司法观念，事实上也是基于司法的感性和人性之层面上的理解和宣明。而且，司法的感性和人性可能因司法者不同而有所迥异，这也是司法的变数导致的司法魅力之所在。即便人工智能可以设定感性，但这种设定的感性依然是以数据理性为基础，也就是要先假定一种感性的数据和信息，而不是感性油然而生。油然而生是感性的一个重要标识，其实也就是人类心灵和灵魂的一个延伸。假使人工智能此后实现了将感性和人性设定为一个固定的模式或版本，那么，这种定式的表达无异于法律规范的生硬适用。这显然不是司法所追求的真实的感性和人性，而是一种虚构和假设。

再次，对司法中事例的多变性和复杂性预期，现今仍未能悉数周全，在未能周全之时，当然就无法找到一个可替代的万应之法。即便人工智能可以导入或者设定一个万事处断上的标准或者区别标准，但是，所谓的标准终归是有条件和期限的，因而也不可能是恒定的，在情势变更或者未知因素介入之时，不要说标准的问题，即便是观念或者立场问题，都未必能恒定，都可能要与时俱进地调校、修正或者更替标准。如果调校、修正或更替的是一个准公理性或共识性的标准，那么，这种标准其实就不是一个绝对的、恒定的标准，就需要人类智能的施加来实现调校、修正或更替。由于人工智无法独立实现调校、修正和更替的问题，或者说实现的难度在现今及未来较长的时期内是无法克服的，为此，这也就是司法现如今不能完全被人工智能取代的一个确定的因素。

还有，就是某些法律条文、法律理论甚至法律哲学存在意见分歧或者胶着争议状态而未有普遍共识上的定论，法律、法理和法哲学的部分内容与观点都存在随时被推倒重构的可能。在法的发展史上，这是一个可以说是直观到无须再行赘述的共识。此外，法律解释因为存在意义空间故而也是捉摸不定的，不同的司法者作出的法律解释也是各显神通，没有绝对的范式也没有最终的实质权威而言（形式权威是存在的，诸如终审裁决）。针对这些情状和条件，人工智能目前也难以自动设置参数、符号或者公式等进行计算、运作和推演。

示例二十：某甲、某乙、某丙无罪案

☞【案情摘要】

郑某于 2009 年 6 月在某市某区向李某（另案处理）借款人民币 20 万元，李某一直催讨，但郑某以各种理由拖延，一直未还借款。2017 年 1 月 14 日凌晨，李某与某甲、某乙、某丙等人在某市某区宵夜时，获悉郑某在某市某区某休闲会所娱乐消费。李某遂带上某甲、某乙、某丙等人一起到该休闲会所并找到了郑某。在该休闲会所内，李某与某甲、某乙、某丙等人向郑某催讨欠款，郑某表示马上联系人筹钱还债。李某与某甲、某乙、某丙等人将郑某的钱包、电话拿走，并将郑某带到该休闲会所附近一家正在营业的餐厅。在餐厅包间内，李某及某甲、某乙、某丙等人责令郑某写下一张 56 万元（本金 20 万元连同本金的利息和违约罚金）的欠条，郑某只好写了该欠条给李某。之后，李某与某甲、某乙、某丙等人将郑某带到餐厅附近的另一家休闲会所，将电话还给郑某，让郑某与他人联系筹钱还债。李某由于有事先行离开该休闲会所。某甲、某乙、某丙等人将郑某控制在该会所内，其间向郑某口头威胁并对郑某有轻微的殴打行为（没有外伤痕迹，经鉴定没有达到轻微伤）。直到 14 日中午时分，郑某联系筹钱无果，只是通过家人转账了 4900 元给李某。到了 14 日 20 时许，李某回到该休闲会所并与郑某及某甲、某乙、某丙等人在该会所内吃晚饭。饭后，李某又因有事要先行离开。离开之前，李某写了一份委托书，委托某甲、某乙、某丙等人处理郑某还债事宜。当晚 23 时许，某甲、某乙、某丙等人带着郑某到某市某区某派出所协调处理欠债还钱事宜。派出所的接警警员认为该事属于民事纠纷，建议双方自行解决。在派出所内，郑某并没有向警方求助，并且在警员的见证下重新签署了一份欠李某 36 万元的欠条。欠条签写后，警员要求当事双方离开派出所。某甲、某乙、某丙等人即带着郑某离开派出所回到原休闲会所，继续等待郑某筹钱还债。次日上午 10 时许，郑某趁其与家人联系之际，要求家人向警方报案。当日 12 时许，某市某区警方接到郑某家人的报警后，到该休闲会所内将郑某解救，并将某甲、某乙、某丙三人传唤至警局接受调查。

☞ 【诉讼经过】

某市某区警方以涉嫌非法拘禁罪，对某甲、某乙、某丙三人立案，经侦查终结后，移送某市某区检察院审查起诉。

某市某区检察院经审查后，以某甲、某乙、某丙犯非法拘禁罪，向某市某区法院提起公诉。

某市某区法院经开庭审理后认为，某甲、某乙、某丙为催讨合法债务而对债务人限制人身自由，实施非法拘禁行为。该限制被害人人身自由的时间超过24小时，且限制人身自由的过程中有殴打情节，因此，该非法拘禁行为达到追诉标准，其行为均构成非法拘禁罪。鉴于某甲、某乙、某丙实施非法拘禁行为是基于合法债务的前因，被害人（债务人）对此前因具备过错，结合本案实施非法拘禁的时间、情节以及被告人某甲、某乙、某丙的认罪悔罪表现，决定对某甲、某乙、某丙适用缓刑。据此，一审判决如下：（1）某甲犯非法拘禁罪，判处有期徒刑七个月，缓刑一年；（2）某乙犯非法拘禁罪，判处有期徒刑六个月，缓刑一年；（3）某丙犯非法拘禁罪，判处有期徒刑六个月，缓刑一年。

某甲、某乙、某丙不服一审判决，认为其行为系民事法律关系上的私力救济行为，在私力救济中，并没有实施限制债务人人身自由的行为，其对债务人的看守、控制，不仅是债务人同意的，而且也没有超越限度触犯刑律，否则，就不会主动带债务人到派出所去协调处理纠纷，因此，其实施的行为不是非法拘禁行为，不构成犯罪。在法定上诉期间内，某甲、某乙、某丙三人均向某市中级人民法院提出上诉。

☞ 【判例解析】

以合法权利的自我救济为基础而实施的非法拘禁行为，在评价其非法性的同时必须考虑该合法权利基础的因素。否则，所谓的权利就无所谓权利而言，权利就只不过是一个符号而不是一个法律赋予的力量。刑法既然将为索取非法债务（非法利益的基础）而实施的限制他人人身自由的行为评价为非法拘禁，那么，此种情形必然与为合法权利的自我救济而实施的限制他人人身自由的情形是有所区别的，否则，刑法便是麻木不仁的。而这种区别的根本所在，应当是刑法在对法益侵害的容忍程度上，以合法权利的自我救济为基础的非法拘禁行为要比以非法利益为基础的非法拘禁行为更加地被刑法所宽容和忍受，并在司法上通过立案追诉标准提高或者减少、免除刑罚裁量来实现。譬如债权人为了追索合法债权而守候在债务人的家门口催债甚至进入债务人的家中，或者债权人紧紧跟随债务人，这种举止应当是认为是限度之内的。因为这些举动比起欠债不还而言，其被公众所能容忍的程度是要更高的。我们所可能要担心的，并不是这种行为被解释为可容忍和理喻，而是这种方式一旦被广而周知，会不会产生连锁反应进而对整个社会上的债权债务关系的处理方式产生震荡性的影响。实际上这种担心是没有必要的，首先追债权是被赋予了债权人的一个合法性权利，在方式上，可以选择私力救济和公力救济两个途径，只要是方式限度把握得当，应该说在合情合理并且没有触及禁止性规范的情况下，都应该是被准许的。如前举例，紧随债务人或者进入债务人住宅进行追债，法律并没有禁止，只有紧随债务人的行为触及了禁止性规范譬如侵犯隐私，或者进入住宅扰乱了住宅安宁，才被评价为非法性。事实上，耗费大量的私力力量去追讨权利，一般人很难去尝试，也只有在万般无奈的情况下才会去实施，而这个万般无奈的原因大多及大部分的情况下，系由义务人的不履行债务而引发。因此，法律没有理由去苛求一种权利的行使应当执行极其谨慎的注意义务。

本案的某甲、某乙、某丙等人受债权人之托负责跟随、看守债务人，其身份等同于债权人。其均基于追索、催讨欠款之合法合理目的，在此过程中，某甲、某乙、某丙等人亦做了情理上、道义上的容忍和克制（在开放性的场所实施跟随、看守和催索行为），甚至其间还带着债务人到派出所签订还款协议。在情理上很难想象，竟然有人胆敢在故意犯罪的过程中，还能去派出所把这个犯罪暴露和展示在警方的眼皮底下，而警方竟然也能被蒙在鼓里或者置若罔闻。设若行为人系因不知非法而为之（拘禁被害人到派出所处理纠纷），此亦说明该非法行为的情节是较轻的，可以作为情有可原的一个因素。由此可见，某甲、某乙、某丙等人在实施上述行为时，均有意避免触犯刑律的举动，这体现在某甲、某乙、某丙等人行为上的法益侵害性和社会危险性是较为微小的。某甲、某乙、某丙等人基于合法的事由，迫于行为对象可能随时失联的紧迫性，其所施行的私力救济行为本无可厚非，只是对私力救济行为的火候把控，无法达到专业人员所具有的能力，因此稍稍超过了私力救济行为所允许的限度，但此行为在情理上是可被容忍的，法律不强人所难。我们不能因为被害人陈述自己自由受限而直接概定本案具有非法拘禁的性质。事实上，在本案发展过程中的任何时段，被害人都有求救、反抗、逃脱的机会，但被害人没有实施上述行为，可见其受到看守、跟随与追索是带有一定的自愿性的，是其自身具有的理亏的一面所致。

关于非法拘禁行为中殴打、侮辱情节的认定，也应当达到一定程度的相当性。并非所有的殴打、侮辱行为都构成本罪意义上的殴打、侮辱情节。如果只是出于激愤、义愤而实施顺带性的辱骂或者殴打，而这种辱骂或者殴打是极其轻微的，没有造成被拘禁对象心理上的创伤或者肢体上的伤害，一般不能认定为殴打、侮辱情节。因此，本案中某甲、某乙、某丙等人对被害人的推搡和轻微打击，不应当理解为非法拘禁罪意义上的殴打情节。

所以，某甲、某乙、某丙等人因追索合法债务而实施的私力救济的稍微过限行为，充其量是一种违反治安管理处罚法的侵犯他人人身权利的不法行为，在刑法谦抑的视野里，应属于情节显著轻微危害不大，不构成犯罪。

据此，二审判决如下：（1）撤销一审判决书；（2）某甲犯无罪；（3）某乙无罪；（4）某丙无罪。

三、算法意义的司法功用

当这个世界可以普遍地用算法来概定存在，或者更准确地说是概定存在的方法、路径，那么，算法即上升到一种哲学的意义——方法论的总称。即便算法本身的含义是抽象的和虚构的——它不是一个具体的方法或路径也并不解决实际问题，但至少它将解决问题的所有方法和路径纳入其概念的涵摄之内，为所有的方法和路径找到了一个统一的代名词，甚至在未来出现某种无法界定属性或者无法分门别类的新生事物时，都可以因其方法论的特征而姑且称之为算法或者算法结果。如此而言，算法概念的这种存在意义，即便抽象但也并不空洞。

在这种哲学上的思维逻辑之下，司法的方法便也就可以称之为算法，准确地说在限定在方法论的范畴上，司法是算法的一个部分或者分支。在算法的时代里，司法的方法似乎便可称之为司法的算法。

如果算法只是司法的一种当然的基本路径，或者说只是一种司法的解决问题的方法总和，是一种业已存在的步骤和过程的概念，那么，算法之于司法是没有实用（应用）意义的，就如数学这个概念本身是没有实用意义的，只有数学的原理、公式、定律及演算才具有实用性。但是，由于算法为司法解决问题提供了一个最基本的概念和理论的思路——司法算法化，那么，司法由此而导向的诸多问题，譬如司法革新的方向性以及司法方法的多元性和司法结果的相对统一性等，都可以通过算法来管窥一斑，亦即算法为司法的革新至少提供了方向上的理论支持。这种所谓的理论支持，是在哲学上的方法论方面的根据，抽象的和形而上的。算法的方法论意义的形而下，之于司法，主要在以下几个功用。

一是司法革新的方向指明。当我们将司法的方法纳入算法的涵摄之内，那么，算法的演进方向便就是司法的方法的革新指向，或者说是司法的革新至少应该朝着算法的方向上趋向。算法是一个方法论的问题，司法的革新在方法论的问题上也类同于算法。算法指的是为了解决问题而进行权衡和计算的一套有条理的步骤，包括通过机械、电路等非意识性的运作和通过感觉、情感和思想等意识性的运作两大类。那么，司法的革新，首先要以解决问题为导向，如果革新的举措解决不了问题，或者只是对问题的老生常谈，那就不是革新而只能说是一种换汤行为，本质上是多此一举的。比如，司法员额制等级上的评定，如果员额司法官根本没有实质的水平晋升，只是因为年限而晋升，那就与初衷是倒行逆施的，于司法的革新没有任何益处，反而会增生诸多的弊端。然后，算法的条理和实效是算法的生命，如果没有条理性和实效性，这种算法终究要被淘汰。司法的革新也应当建立在条理性和实效性上，如果一项革新制度没有瞻前顾后而是急功近利，并不考虑适应、逻辑和后患，也不考虑实际的和实质的作用，只是花拳绣腿、搔首弄姿，那于司法的革新而言，简直就是祸害。诸如前述所言的司法潜规则问题，某些潜规则实际上就是这种所谓的司法革新的衍生品。再者就是意识性运作和非意识性运作的算法分类，之于司法，前者是司法官的能动性问题，后者是法律信息上的人工智能等辅助系统介入问题。对前者的司法革新集中在司法官的潜力发现、意志塑造以及监督制约管制方面，对后者的司法革新应该是利用数据和信息上的资源通过人工智能等系统设立实现对司法上的有所裨益。

二是推演出司法方法的多元可能。在目标结果的指向上，算法并不是单一的一套体系的步骤，而是具有一套体系以上的步骤的可能。也就是说，在通往目标结果的道路上，算法存在可供选择性之可能。有的选项之间效率相同，有的选项之间就存在优劣差异，在实用和效益的原则下，优胜劣汰是一种必然。如此而言之于司法，就是说司法的方法也存在选项可能，核心与关键就是要发现司法的方法中的最佳方法。最佳方法当然受历史的和发展的诸多条件和因素的限制，有常数上的也有变数上的，这种功过评说一般都要经受时间的考验。比如程序正当原则及规则的确立和适用，就是一个在理念上一直（到目前为止）具有永真性的命题；而类推原则及规则，则早已被丢进了历史的垃圾桶，它只是作为曾经存在过的概念和符号，而没有再回收利用价值的可能。

三是作为追索司法目标结果的（相对）统一的辅助和检校。如果算法只是演算，那么答案就是唯一的，但算法并不限于演算，所以算法有多种可能。但算法的多种可能，实际上为司法提供了一个观照的可能，就是司法者可以在多种可能中确定一个相对的统一值，不至于造成同类事例司法结果百花齐放的弊端与荒谬——这也是唯一的正解的司法立场的该当表达。譬如，由于各自的算法运作的不同，各位司法官对同类案件的量刑出现了较大的偏差，那么，这表现在司法上就是一种在裁判评判上的混乱，这与（相对）统一的司法观念也是格格不入的。为此，为了防止这种弊端的生成，对此方面的防控，就可以借助法律信息与人工智能的介入，建立一个定罪量刑参考系统，以便司法官在裁决时予以参照，并且在倘若不参照而出现设定阈值外的裁断时，系统会自动进行检校和警示。前文所述的法律信息学以及人工智能上的应用，也当然是算法之于司法的功用，在此不再赘述。

算法之于司法的其他功用，由于现时认识上的局限未能一应俱全地概述，有待于集思广益，有待于重新发现，更有待于突飞猛进。

示例二十一：某甲组织他人偷越国（边）境案

☞【案情摘要】

某甲系菲律宾籍华人，在菲律宾经营家政事业，经常旅居中国大陆某市。2017年10月，某乙、某丙（均另案处理）在某市某区共同投资设立某家政公司，某乙担任该家政公司的法定代表人，某丙担任该家政公司的总经理，并雇佣某丁（另案处理）等员工经营家政服务业。某甲在某市与某乙、某丙结识，因为行业上的关联，彼此之间经常交往、交流。

2018年6月，某乙、某丙为了私下开展在中国大陆的菲佣家政服务业，筹划引入菲佣事宜。为此，某乙、某丙便向某甲提出介绍菲佣给该家政公司，并许诺每介绍一名菲佣并成功签订家政服务合同后，便向某甲支付3000元人民币的介绍费，某甲同意。此后，某甲便根据某乙、某丙提出的需求，通过其在菲律宾的家政资源在菲律宾物色合适的菲佣，并将合适菲佣人选的个人资料发送给某乙、某丙经营的家政公司。该家政公司根据这些资料与菲佣需求方进行交涉并达成初步协议后，某乙、某丙便告知某甲在菲律宾将菲佣人选交给菲律宾人某戊（另案处理），由某戊组织菲佣人选持旅游签证进入中国大陆境内。菲佣入境后，某丁便从边境口岸处将菲佣接到该家政公司，并安排后续的菲佣试用以及试用期后的家政合同签署、履行等事宜。

2018 年 12 月 22 日，某市某区警方根据举报，查获 5 名在中国大陆境内非法逗留的菲佣。此后警方顺藤摸瓜一举查获了该家政公司非法经营菲佣的事实。2018 年 12 月 23 日，警方电话通知某甲到公安局接受调查，某甲接到电话后，自行到公安局配合警方的侦查工作。

经查，至案发时，通过某甲介绍入境从事菲佣服务业的菲佣人员共计 15 人。案发后，某甲向警方退还非法所得人民币 45000 元。

☞【诉讼经过】

某市某区警方以涉嫌组织他人偷越国（边）境罪，对某甲立案，经侦查终结后，向某市某区检察院移送审查起诉。

某市某区检察院经审查后，以某甲犯组织他人偷越国（边）境罪向某市某区法院提起公诉。

某市某区法院经开庭审理后认为，某甲在组织他人偷越国（边）境行为中，起次要作用，系从犯，应当予以减轻处罚；某甲接到警方的电话后自行到警局接受调查，并如实供述了基本犯罪事实，系自首，可以减轻处罚；某甲归案后主动退回赃款，可以酌情从轻处罚；某甲认罪认罚，可以从轻处罚。据此，一审判决如下：（1）某甲犯组织他人偷越国（边）境罪，判处有期徒刑三年，并处罚金人民币20000 元；（2）退回的赃款人民币 45000 元予以没收，上缴国库。

一审判决后，某甲认为量刑畸重，在法定上诉期间内，向某市中级人民法院提出上诉。

☞【判例解析】

本案的争议在刑罚的裁量问题上，焦点在对具有两个以上的法定减轻处罚情节，可否下调两个法定刑幅度予以裁量，以及对各个量刑情节的裁量幅度如何确定。

量刑起点是量刑步骤中的第一步，也就是在裁量量刑情节之前，需要根据案件的基本犯罪构成事实在相应的法定刑幅度内确定量刑起点。就本案而言，某甲参与组织他人偷越国（边）境行为属于多次和人数众多的情形，对应的法定刑幅度就是七年以上有期徒刑或者无期徒刑，并处罚金或者没收财产。那么，量刑起点就是七年有期徒刑。接着第二步就是根据其他影响犯罪构成的犯罪数额、犯罪次数、犯罪后果等犯罪事实，在量刑起点的基础上增加刑罚量确定基准刑。根据本案的事实，在此步骤中对某甲量刑的基准刑确定为八年有期徒刑。第三步是根据各个量刑情节调节基准刑。某甲在本案中具有的法定及酌定量刑情节是：从犯、自首、认罪认罚以及积极退赃。最高人民法院量刑指导意见认为，具有多个量刑情节的，采用同向相加、逆向相减的方法调节基准刑，对从犯等量刑情节的，先适用该量刑情节对基准刑进行调节，在此基础上，再适用其他量刑情节进行调节。本案某甲属于从犯，故根据该指导意见应当先适用从犯对基准刑进行调节，确定基准刑后再适用自首、认罪认罚和积极退赃等情节进行调节。

　　刑法规定从犯"应当从轻、减轻或者免除处罚"。根据本案的情况，对某甲具体适用"减轻"处罚的刑罚裁量。那么，在上述确定的八年有期徒刑的基准刑的基础上，根据指导意见的规定：从犯情节应当减少基准刑的20%～50%，犯罪较轻的，减少50%以上或者免除处罚。综合评价某甲在本案中的具体情况，按照50%的幅度予以减少。由此，适用从犯情节后调节的基准刑确定为四年有期徒刑。

　　刑法规定自首"可以从轻或者减轻处罚，犯罪较轻的可以免除处罚"。根据本案的情况，对某甲具体适用"减轻"处罚的刑罚裁量。据此，在上述从犯情节调节下来的四年有期徒刑的基准刑的基础上，再根据指导意见的规定：自首情节，可以减少基准刑的40%以下，犯罪较轻的，可以减少40%以上或者免除处罚。综合评价某甲在本案中的具体情况，按照40%的幅度予以减少。以此类推，对积极退赃的情节，按照15%的幅度予以减少；对认罪认罚的情节，由于自首中已经对认罪进行了评价，不应再作重复评价，但对其悔罪以及认罚的态度，仍然可以酌情考虑，为此按照5%的幅度予以减少。为此，自首、积极退赃以及悔罪认罚三个情节总计基准刑调节减少60%。如此算来，调节后的基准刑为有期徒刑一年七个月。这样的调节出现的问题是，刑法对减轻处罚的规定是：某个罪名有数个量刑幅度的，应当在法定量刑幅度的下一个量刑幅度内判处刑罚。而某甲经调节后的基准刑已经突破了下一个量刑幅度到又调低了一个量刑幅度的区间上。那么，是不是应该再次调节基准刑以便吻合刑法条文的规定呢？

　　关于两个以上的减轻处罚情节如何适用法律的问题，在学理及司法上，多有主张可下降两个量刑幅度裁量刑罚。主张者认为，"当行为人具有减轻或者免除处罚的法定情节，而又不宜免除处罚时，减轻处罚时可以下降两个量刑幅度。当行为人具有可以免除处罚的法定情节，但根据案件情况不应免除处罚时，根据当然解释的原理，既可以下降一个量刑幅度减轻处罚，也可以下降两个量刑幅度减轻处罚。当被告人具备两个以上减轻处罚情节时，原则上也可以下降两个量刑幅度"。（张明楷《刑法学》）

　　第四步是综合考量全案情况，依法确定宣告刑。本案中，对量刑上的参考，还有如下的影响因素。（1）本案的起源，是菲佣经营行为。而不管是起源（目的）行为还是前提（手段）行为，某甲都没有实施具体的组织他人偷越国（边）境的实行行为，即某甲没有实施在中国内地非法经营菲佣的实行行为，也没有实施组织偷越国（边）境的实行行为。其行为在全案中的辅助性和次要性较为明显，因为该行为是随时可以被取代的，并非不可或缺。菲佣经营者完全可以通过其他途径和方法找到境外的联络人和组织人。（2）菲佣经营行为受限于中国大陆法律法规规定的家政类别许可以及护照工作签证的问题。在全球化的趋势下，家政市场将不断地开放和融合，因此，即便目前尚未全面许可，但这于国际化而言是大势所趋。此外，本案中没有具体的受害人，倒是因为菲佣经营而有实际的受益人，包括雇主、菲佣本人。因此，本案的法益侵害只是对经营限制的抽象冲击，其所呈现的社会危害性相对较小。（3）菲佣经营在菲律宾甚至在其他诸如新加坡、我国香港等地属于不被限制的营业，而某甲在菲律宾正是菲佣服务业的经营者，其偶尔帮忙介绍菲佣到中国大陆，是其正当职业的延伸。由于国别所限，其自称未能认识到中国大陆的法律限制，因而触犯刑律，这在本质上属于不知法而犯法的范畴，反映在其人身危险性上是较为轻的。（4）本案中菲佣人员的入境是持有签注护照的情形，只是在中国大陆逗留超过了签注的时间并进行了不被许可的家政服务，这相对典型的偷越国（边）境，对国（边）境的秩序的破坏是要小一些的。基于上述因素的考虑，决定在上述调节后的基准刑的基础上，再下调一个月的刑期，确定宣告刑为有期徒刑一年六个月。

据此，二审判决如下：（1）撤销一审判决书；（2）某甲犯组织他人偷越国（边）境罪，判处有期徒刑一年六个月，并处罚金人民币10000元；（3）某甲退回的赃款人民币45000元予以没收，上缴国库。

| 第八章　司法算法化 |

一、司法的算法趋向

在算法的时代，我们似乎可以将任何与人类有关的事物都以算法的步骤运作来作为存在的经程，即便是潜意识性的或者条件反射的，都可以看作是人类在历史上曾经的进化、演化中的算法印记或留存。面对现时以及放眼未来，人类在承继和感受先前算法展示的现实世界的同时，也在通过算法，去开创或者导演一个虚构的或者是真实的世界。不管现时的和未来的世界是真实的或者虚构的，也都可以在宽泛的概念上说是通过算法的步骤运作的结果。如果算法果真作为一种哲学思维，普适性地表达于世界，那么即便只是作为一个抽象但并非空洞的概念，也可以将之认为是一种认识上的趋同或者趋向，即算法赋予世界以一个范式，或者称之为世界算法化。这样，司法便也就可以在此逻辑的认识上赋予其具备算法趋向的演绎，或者可以称之为司法算法化了。

如果司法的具体经程能够按照算法的步骤运作来解析，那么，司法的算法趋向或司法算法化就更加具有说服力。事例的呈现是司法的启动之前提，但是呈现在司法面前的事例是不确定的，可能是虚构的也可能是真实的。因此，司法首先要解决一个先决问题是——确定一个至少在司法上属于假定真实（法律真实）的事例。假定真实（法律真实）如果能得到司法上的确立，那么再做后续的法律解析和裁断评判；如果不能确立，那么司法将导向法定的（真实）确立不能（证据能力不足）的法律后果。司法对事例在法律真实上的确定，主要是程序法规则下的证据审查以及法律推定。每一个法律真实上的每一个真实细节的证成和推定，都是一套或者数套算法的步骤运作的结果，无法证成或者无法推定法律真实的结果，也是算法的步骤运作的结果。接着，在确定法律真实的基础上，司法开启另一套或者数套算法步骤，着力解决事例实体法上的法律问题，实体法律属性解析和法律适用与程序法运算一样，也都是体系性的算法步骤的运作。根据这个运作，算法推导出结果，这个结果便被司法拿来作为最后的裁断评判的根据。一个事例的算法推演并最终导向司法上的裁断评判的经程大致就是这样的，其间夹杂的与事例和司法有关的其他法务性的和事务性的关联，也都可以用算法的步骤运作来作为阐释。总体来说，这种算法化的思维过程事实上就是当前司法判例的解析的经程。这与下文（下一章）中关于判例解析的基本路径的阐论是异曲同工的。

司法算法化不仅仅是一个抽象的概念陈述，它提供了一种概念理论与客观实践相结合意义上的功用呈现的基本路径，这也是前文——算法的司法意义所表达的内涵。无论是算法的司法意义，还是司法的算法意义，都是司法与算法之间相互关联的结果，是彼此赋予意义的。在实践目标的引领下，司法算法化就是要导向一个功用上的价值付诸，即不仅在算法概念的命题上为司法找到一个方法论上的理论基础，还要充分利用算法概念派生下的诸多方法，诸如数据与信息、人工智能、检校与防控等司法智能系统，为司法的实践目标结果找到最佳的裁断评判。事实上，在人类（司法官）智能受限的情况下，司法上的误差和偏颇在所难免，如果利用算法及其派生、衍生方法，能够找到通向最佳方法之路，那就为司法算法化找到了合理而模范的根据和理由。譬如借助人工智能所建立的一系列数据和信息处理系统的帮助，可以为司法官实现或者更接近统一的司法这个目标提供和创造条件。

司法的算法趋向或者司法算法化，并不等于是算法将会对司法实现一种绝对的取代。事实上，司法与算法之间不存在取代的问题，因为一个是目标结果一个是步骤方法，一个是认识论命题一个是方法论命题。但既然我们用方法来认识目标并解决问题，那么在方法和目标之间所建立的相互关联和相互作用，就需要两者互为动力、共同促进。因此，在司法与算法的关联以及作用问题上，双方都需要为对方作推力，也需要各自的完善与强化。司法需要根据自身的属质与特征来扩张、开创算法的体系，没有扩张和开创，算法便只停滞在一个固定的步骤上推演，也就无所谓司法的精进、提升和革新，算法概念就因一成不变而几乎没有意义。与此同时，算法也需要根据自己的属质与特征来配套、支撑司法的目标，没有配套和支撑，司法只能在格式的三段论逻辑或者生硬的法条中，像一台机器设备一样地流于形式，司法便显得呆板、刻薄和缺失人性。

二、算法化的未来之路

未来是一种预测，或建立在真实想象基础上（譬如破解生命密码后的寿命延长甚至长生），或建立在魔幻虚构基础上（譬如星球大战），前者称之为未来预测，后者称之为未来虚幻。假使司法的算法趋向或者司法算法化作为一种被认同并施行的路径选择，一直地向前开发和展望，那么，我们就很有必要去探究和预测它的未来可能，这将带来一种对其应用上的和发展上的动力与激情，此所谓"凡事预则立，不预则废"的道理，这应该也是最好不过的愿景预设的理想之路。

首先要厘清的是关系问题，即司法与算法之间的关系。这在前文中已经尝试阐明，这里需要引申的是，由此关系而牵涉到的未来之影响性可能。如前文所拟定之彼此关系得以确立，那么由于算法概念更为广义和普适，算法概念将替代方法论概念，算法理论上的建树性研究也就纷至沓来，以算法理论为基础的算法应用也会有更为广阔而未知的道路。或者也有可能是，算法这个方法论总和的概定被一种新的理论识别，将算法定义在或为已有学科的范畴，或为新兴的学科，或为其他现在未知的学科，并且，在算法这门学科的推动下，开启了一个认知上和应用上的新天地。由于司法的方法与其他社会学科的方法一样，也在算法的涵摄之内，所以司法方法的新天地也是一种可能的期待，诸如公义之心、唯一的正解和正当程序等法的价值取向，在一个新的体系性算法涵摄之下，可能便是信手拈来的或者是言简意赅的。

第二，算法化可能带来的应用（实践）上的革命性可能。算法化现今只是表达为概念上的抽象，应用（实践）上的施展尚未完全打开。通俗上有一种认识偏颇，就是将算法概念与人工智能概念混同，但人工智能乃是对推演体系的实践，是基于电子数据（计算机）和信息科学的应用，充其量只是算法运用的某一部分，算法当然涵摄推演体系。但是将来，如果算法应用（实践）的某一道门被打开（就像智能手机的应用一样），可想而知，这对整个社会而言将可能是革命性的。之于司法，基于算法基础和算法涵摄的人工智能或者其他辅助系统或者其他未知的应用，极有可能为司法者带来了超乎寻常的助力和支撑，甚至可能发展为司法者的替代。

第三，算法化可能形同虚设，或者算法概念因为无所裨益而无以为继。这样一来，算法只是一个曾经被表述过的概念，终究被废弃或者遗忘，这也是一种未来的可能性。如果算法在理论上没有实质性的飞跃，只是在既有的概念上做文章，无法通过理论上的新发现进而作为功用解决问题，那么算法化可能形同虚设，犹如只作为一个概念名称的存在或者是一个分门别类的名号，于实践几无意义可言。目前看来，算法作为一个方法集成的概念，依附于理论学科和应用学科的成果和发展，算法概念本身在独立应用或者应用转化上是屈指可数甚至是贫瘠的。之所以言必称算法，是因为它是一个时髦的替代性名称，如果只是一个名称替代，那么随时可能被新的时尚名称替代或者逐渐被遗忘而最终被淘汰。

在上述分解的多种可能之下，如果非要做一个预测，那么，算法的前景仍然可以定位在乐观的方向上。它是通过理论上的建树解决了哲学上的一个重大命题，并且在功用上，它以理论支撑为基础，通过模仿和延展人类智能等一系列的应用发展，不断地接近人类的和世界的意识状态，并在某些方面替代甚至超越了人类智能。最终，在人类找到一个完全可控的路径或方法后，最强算法驯服于人类并为人类的未来几乎周全一切。

三、纯粹理性的司法批判

司法追求公义，必然将公平放在一个重要的位置上，如果司法只是追求单一而绝对的公平，那么，纯粹理性无疑是一个最佳的方法选择。正是因为司法包含着超过单一公平目标的价值取向追求，诸如正义目标、人性化目标等价值取向，并且，司法还可能因事例即便性质相同但情状不同而会有不同的主观感验，比如大义灭亲和暴戾杀人之间虽在性质上均属故意杀人但主观感受上存在着巨大差异，为此，司法需要在感性和理性之间寻求平衡。而这种平衡，又无法确定一个标准化的答案或者恒定的比率值，它只能建立在司法者根据司法学识、经验和品格等综合司法素养基础上的心理体验作为输出导向，经过心灵上的、逻辑上的思维调和后作出司法官自认为达到平衡状态的裁断评判。但值得注意的是，司法也不能以感性作为一个屡试不爽的借口或者被感性所任由地驾驭，从而陷入一个纯粹感性的泥潭或者陷阱。理性与感性之于司法，理性是基础的和根本的，感性是调和的和补充的。当然，对特别而个别的事例的司法，感性甚至有可能超越理性的基础地位，这是由于这种事例所表达出的法律特征和情感指征两个方面的比较上，法律特征是浅显的，而情感指征却是厚重的。诸如下文所举示例，大概就是这种特别而个别的示例吧！

法律至上这一一般法律原则，其所言明的是一个形式理性的立场，即所谓的法网恢恢疏而不漏的蕴意，是相对纯粹理性表达。而法律不外乎人情的格言精义，其所表露的却是一个真实感性的观念，即所谓的法网柔情的蕴意，是感性与理性的调和物。在理性的基础和根本的地位确立的原则之下，司法上的感性挥发只能控制在法律规范的意义空间的弹性范围之内，不能滥用，不能超越常识，不能超越普遍共识，也就是不能在司法上感情泛滥。这不仅是因为感性是飘忽的和因人而异的，更在于理性之于司法具有——法律必须被遵守，否则将形同虚设——法治意义上的绝对分量。但这也不等同于纯粹司法理性的直接推导，司法也当然具有感性的一面，毕竟所有的事例体验对司法者而言是具有感觉、情绪和人性等的主观色彩的。

纯粹理性司法的前提是，法秩序（包括法律规范、法律理念和法律原则等）是可以标准化，法律词汇上的语义是精准而唯一的，法的内容涵盖并对照了社会生活的所有情形，已经不需要存在一个法的意义空间来作为法的弹性挥发，并且对法律上的裁断评判，法也设定了普遍共识的结论，根本不需要法律解释而直接法律适用就能实现司法。那就几乎等同于人工智能（机器人）的无所不能进而完全取代司法官，这就回到了我们上文所讲到的问题——人工智能可否替代或者取缔司法官？如前所述，毋庸置疑的，这是一个现时不可能完成的任务。

法律规范到现今为止以及在此后较长的一段时间内，不可能存在一种绝对精确的语义学，对所有的规范作唯一的理解和指称。法律规范在相当的程度上都是对真实世界的经验事实的实证和指称。然而，那些一般性的实证和指称经验事实的词语都是以例示的方式被引入和使用的，缺乏普适性和涵盖性的基础，因此其含义范围是不精确的，也就是说，这些词语存在一个意义空间。"正是由于此种意义空间的存在，法律规范才具有一种灵活性，使之可以适应具体情境的多样性和多元性甚至复杂性。人们常常不得不抛弃语义学上的精确性要求，通过引入一般原则条款在法律当中特意地为不确定性留下空间，以便考虑具体情境对公义实现的需要。难道另一方面却又要反其道而行之，通过对法律进行精确的形式化使其失去这种适应能力吗？"①

如果司法走入纯粹理性的胡同，那么（至少在当下）一定会因为弹性的丧失而难以维系司法的正当性和稳定性。司法的正当性和稳定性，似乎比纯粹的理性更易于实现和维系。然而事实上，事例是千姿百态的，司法对事例与规范的关联适配，是将作为小

---

① ［德］齐佩利乌斯：《法学方法论》，金振豹译，法律出版社 2009 年版，第 157 页。

前提的具体事例抽象为大前提的实定规范的过程，是一种性质类别和构成要素上的归类而不是所有情状上的等同对照，所以在法的规范上才会有刑法上的量刑幅度，有民法上的公平原则，有行政法上的合理性原则的弹性空间的存在。而所谓的纯粹理性司法，则根本不允许这种意义空间和弹性空间的存在，纯粹理性就相当于一个严格的对号入座，但这种对号入座又不是表达一个唯一的正解的司法立场，因为唯一的正解是在理性与感性的平衡和调和后确定的一个唯一正确解答，而不是一种纯粹理性的司法表达，所以，纯粹理性与唯一的正解不具备等同性。

示例二十二：某甲无罪案

☞ 【案情摘要】

2016年9月3日19时许，在某市某区安保服务公司工作的某甲（男，25岁）与同事在某餐馆聚餐。在吃饭中，某甲喝了大约半瓶白酒后，便显露出不胜酒力的状态，并在席间自行离开饭桌。当日21时许，某甲走出餐馆后便回其集体宿舍（某市某区某住宅小区某栋301房，多层结构的旧式楼房，无电梯，距离某餐馆大约300米远），由于某甲未带房门钥匙而且房内同事均尚未回来，某甲便在该房门口通往四楼的楼梯台阶上坐了下来。不久后，居住在该栋楼房402房的某乙（女，45岁）从外面回家，经过某甲的身边时，某甲突然起身，强行从某乙的身后拦胸抱住某乙，并用力将某乙往三楼的楼道转角平台上抱拽。某乙连忙高声呼救，并使劲挣扎。某甲将某乙抱拽几步到三楼楼道转角平台上时，某乙也挣脱了某甲。某甲由于酒后乏力，瘫倒在三楼处的转角平台上。某乙立即跑回家中，并向警方报警。警方随后到达现场，将醉酒后仍然躺在三楼楼道转角平台上的某甲带回公安局。经酒精检测，某甲当时属于醉酒状态。

☞ 【诉讼经过】

某市某区警方以涉嫌强制猥亵妇女罪对某甲立案，经侦查终结后，移送某市某区检察院审查起诉。

某市某区检察院经审查后，以某甲犯强制猥亵妇女罪，向某市某区法院提起公诉。

某市某区法院经开庭审理，认为某甲的行为构成强制猥亵妇女罪，作出一审判决如下：某甲犯强制猥亵妇女罪，判处有期徒刑六个月。

某甲不服一审判决书，认为自己没有猥亵妇女的故意，其行为不构成犯罪，在法定上诉期限内，向某市中级人民法院提出上诉。

☞ 【判例解析】

醉酒的人犯罪，应当负刑事责任。这是刑法的明文规定，其根据不仅在醉酒的人仍然具备责任能力的生理医学基础和意志自由基础，而且也有防止行为人故意造成醉酒以便寻求脱罪理由的目的。虽然从刑法条文语义上的理解，醉酒的人犯罪应当负刑事责任，指的是醉酒（病理性醉酒除外，但明知自己饮酒会处于病理性醉酒状态的人故意造成醉酒的，系原因上的自由行为，应当负刑事责任）的人是具备完全刑事责任能力的人，但是，在排除故意造成醉酒以便实施犯罪的情况外，醉酒的人犯罪，其责任能力确实要比正常人减弱。因为，在醉酒的状态下，辨认能力和控制能力均会有所降低，而辨认能力和控制能力是意志自由度的核心内容，意志自由度的降低或者减弱，其所担负的责任能力自然也应当要降低和减弱。因此，在认定醉酒的人实施的行为是否符合犯罪的构成以及刑罚的裁量上，这都是必须考虑的一个因素。也就是说，醉酒的人实施的行为，需要先行确定该行为是构成犯罪的，然后才是法律后果的承担即刑事责任追究。那么，对行为是否构成犯罪的评价，就当然要涉入醉酒的因素。

涉入醉酒因素的犯罪构成评价的前提是，喝酒是行为人意志自由上的单纯决定，因而排除故意造成醉酒以便实施犯罪的情形，排除被人强行灌酒的情形。在民事法律关系上，强行灌酒、劝酒的人对被灌酒、劝酒而饮酒的人因饮酒而造成饮酒人本身损害的后果，是需要承担一定的民事责任的，这在民事责任的法律理论上是已然达成共识的。而对强行灌酒、劝酒的人对饮酒人本身损害是否追究刑事责任，这就不一而定，主要应当对预见可能进行评价。此外，对被灌酒、劝酒的人实施的行为造成他人的损害，强行灌酒、劝酒的人是否需要承担法律责任，目前也没有达成共识性通说，主要焦点还是在因果关系、预见可能、责任基础等考究上的分歧。无论如何，即便是被人强行劝酒，饮酒的人也在意志自由之内，主要是自己的原因造成饮酒的后果，那么，对酒后所实施的行为当然要承担责任，问题是，先前饮酒的目的和动因是否会影响责任能力并最终影响犯罪构成的认定。如果饮酒的目的和动因就是为了酒后明确的行为指向，那么，酒后责任能力的降低只是酒前的意志所指，因此并不能作为降低或减弱责任能力的抗辩理由，甚至应该反过来作为对行为人提升和加重责任能力的一个因素。如果饮酒的目的和动因与酒后的行为没有必然的关联性，即不在目的和动因所指向的，而是偶然的、临时的、突发的或者随机的决定，那么就存在责任能力减弱或降低的因素而应当将其作为犯罪构成评价的参考。

具体到本案上，某甲饮酒的目的和动因对此后的涉案行为而言，不具备关联性的因素，涉案行为是在酒后偶然突发地、临时起意地实行，因此需要就其责任能力减弱、降低的情况进行相关并相当的评价。某甲醉酒后坐在楼梯台阶上，随后对某乙实施的举动，事实上可以理解为是一种见人就抱拽的行为，而不区别男性或者女性，其对某乙的拦胸抱拽行为，并非因为某乙是女性并且指向对女性胸部的猥亵，而是酒后一种潜意识的行为，虽然这种潜意识已无从考究实行时的动机，但从行为实行的后果上作合理性推断，是可以得出某甲并非基于猥亵妇女的特定主观心理态度。即便该行为的实施，对女性的敏感、私密部位（胸部）有一个明显的猥亵后果，并且也在女性的意愿之外，具有强行违背妇女意志的形式特征的客观性，但在如前所述的责任能力降低、减弱甚至可以说缺失的情况下，不能将该行为评价为犯罪构成要件（有责性）的符合。但是，在不被许可的情况下，从背后拦胸搂抱并扭拽的行为，不管针对的是男性或者女性，都是被禁止的，是一种侵权行为。在此性质上，某甲当然具备民事上和行政（治安）上的责任能力，因此也只能在此适配性质的责任能力上承担民事的和行政（治安）的法律责任。

总而言之，某甲的行为并非针对女性这种特定性别对象并针对特定的敏感、隐私部位，并非基于猥亵妇女的主观辨识和意志支配之下，其所实施的涉案行为，因此便不在强制猥亵妇女罪的故意责任范畴之内。涉案行为属于酒后的意志自由受限的轻微非礼冒犯、侵犯他人的行为，可以认定为一种潜意识或者下意识的冒犯、侵犯性举动，在刑法的意义上，其行为情节显著轻微，危害不大，不符合强制猥亵妇女罪的犯罪构成，不应当评价为犯罪。

据此，二审判决如下：（1）撤销一审判决书；（2）某甲无罪。

| 第九章　司法革新 |

一、意义与定位

遍观世界法制发展格局与趋势，其中之司法革新便是一个广博而恒远的话题，即便有了数百年现代法治基业的西方法治国家，司法革新的浪潮也一直是风生水起、新陈代谢。对我们尚不足百年的现代法治基业，尤其在全球化格局与态势围抱之中，司法革新更是迫在眉睫、使命艰巨。原本，站在巨人的肩膀之上，我们的起点应该是要更高的，视界应该是要更宽的，磨砺也应该是要更小的，但限于国情本色以及关联因素的排斥反应，事实上，我们的司法革新愈加地艰巨与周折。因为一方面，我们没有较长时期的法治发展历程的一脉相承作为基础，法治的沿袭和传承时间相对而言是短暂的，并且，我们还要考虑基本的国情和政体现状，既要采取拿来主义又要去其糟粕；另一方面，我们在根基较浅、造诣不深的情况下，还要体现出自身的优越特色和自主特性，既要稳步推进又要适度超越，因此，司法革新可谓是任重道远。

但是当下的司法革新，在某一些方面，似乎存在着一定的形式冒进主义，存在着一定的多快好省的功利主义，如此往往容易出现适得其反的效果，可谓欲速则不达。譬如，我们的司法高层在设计司法诸项革新制度时，必定是基于美好的初衷和改良的目标，但在国情的考量上未免有欠周之虞。主诉检察官、主审法官制、司法责任制、捕诉分分合合以及司法员额制等革新，动机相当的丰满，愿景也相当的理想。只是，我们各方面的法治基础还是比较的薄弱，司法人员的素质和品格还有一定的参差，司法上的一些隐形潜规则还未能完全剔除或根治。在凡此种种的情状之下，不分步骤不设阶梯地以意为之，极易导致司法革新措施的举步维艰或者半途而废。历数近二十年来不胜芜杂的司法革新项目，能够存留或者吸收到法律法规的位阶作为制度的新设或替代，终是屈指可数的。问题的根源是为何也？司法革新之路在何方也？不得不令人再三费些思量。

坐标定位是一个具体方向上的命题，也是一个目标设定后的路径抉择命题。准确确立坐标定位，对实验和革新而言，是至关重要的。如果坐标不明、定位不准，那么，实验就会不了了之，革新也将陷入一个难以为继的难堪局面之中。那么，我们要将司法革新定格在一个什么样的方位和方向上，这是当下司法革新最需要面对的先决问题。我们的基本法律理论和现行司法制度，能为司法革新的定位提供什么样的支撑，或者说，法律理论和政治制度、社会制度等关联理论和制度本身也需要为司法革新作出适当的或者齐头并进的革新，这也是司法革新所要面对的当然问题。

司法革新坐标定位的路线指导，本著认为，应以法的机能实现为出发点，以普世的和发展的价值取向为视界，关注未来，关怀人性，最终实现司法作为宪法权利的保障或屏障。法主要通过司法实现机能，表现在规范作用和社会作用两个方面。规范作用主要包括指引作用、评价作用、强制作用、预测作用和教育作用。社会作用包括政治统治维护作用和公共事务管理作用。司法革新的目标指向，也就是要在这些机能、作用的实现上，通过为此目标而设置的革新路径、举措和方案，凸显明确的目的性和针对性。司法的发展和革新，毋庸置疑的，也应当放眼全球法治新理论和新格局，应当放眼世界法治发展方向和本国特色法治发展道路，尤其要专注于现代科技革命所带来的推陈出新的变革，要将目光聚集在未来的可能的焦点上。否则，司法革新便无法适应新时代所带来的各种变革、各种发展，最后可能成为变革和发展的绊脚石。从这个角度而言，司法革新必须紧跟时代的步伐，甚至可以在可行性和前瞻性充分调查、研究和论证的基础上适度地超前，可以在理性和可控的基础上作出大胆的尝试和实验。

站在一个法治的发展方向上，或者站在普世认可的法律价值的基础上，司法革新所要面对和针对的，实际上就是司法本身所展现的制度和规程以及未来所展望的制度和规程。按照本著的体系构架，司法的常数和变数，是现有的；司法的算法化，是未来的。那么是不是可以说，在司法革新的坐标定位和目标指向上，就是司法的常数和变数所涉的命题，以及司法的算法化命题。当然的质疑是，司法的常数和变数涵盖了司法的几乎全部的要素，这未免太过于笼统和宽泛，怎么能够作为一个定位或者指向呢？但事实上，所谓的牵一发而动全身，司法作为一个结构性、体系性的领域，各个要素具备关联性与本源性，当某个要素需要作出革新时，一般而言，与其相关的要素也要调节革新。所以，司法革新一定是全局和综合的，不可能只在某个或某些部分（领域）进行革新，而关联的、相对的部分（领域）却停滞不前。

司法的算法化命题如果得以证立，那么在发展的、未来的视界上，这无疑也是司法革新所要挑战的一个定位指向。在算法作为基本方法的理论框架上，在算法意义之于司法的价值功用上，在算法未来之路的预测可能上，司法革新也要作出适当而稳妥的定位指向考量。算法与司法革新之间的关联与作用，本编前文之"算法意义的司法功用""司法的算法趋向""算法化的未来之路"中，已作出大致的阐论，司法革新的方向在本著的理解力所及之范围，也就在于此。故而此处不再赘述。

二、基础与条件

事实上，不仅是司法革新，其他领域的革新也必须基于普遍的以及特定的基础，包括但不限于理论基础、经济基础、人文基础、现实基础以及整体条件基础等多位一体的综合性基础，犹如起高楼需要夯地基，需要由低往高层层垒建一般。司法革新也必须基于上述之普遍的以及特定的基础，尤其是全局性、综合性的法治基础，包括立法层面、司法层面，包括素质层面、品格层面，包括主体层面、配套层面，也包括协调层面、平衡层面，等等。如果没有综合考量，立足全局，只是注重某一方面或者某一分支，必然不能达到稳健、配套、体系和积极的功效，甚至可能会造成失衡、逆反、排斥或者夭折的不如所愿。

司法革新中应当考量的基础因素很多，是个系统性问题。本著以现实国情作为切入，笼统地概论这个冠之以综合的和全局的国情基础因素的几个重要方面，以此作为司法革新的基础之阐述。所谓的国情，一般指国家的现实情状。人民与政府是国家的基础，是国家最具能动性的因素，因而人民与政府是一个国家国情的最主要的存在与表现。就如柏拉图在《理想国》中所说的，"一个国家样式的方方面面都隐含在它的人民中间"。因此，我们谈论、试行司法革新，国家（权力）必须以人民为基础，考量根本的国情因素，否则，一旦改革脱离了国情，就可能造成适得其反的负面效果。在目前的司法体例、制度背景和客观条件之下，司法上的革新必然要基于如下的国情基础。其一是法治程度的基础。我国的现代法治基业起步相对较晚，即便已然大步迈进亦难以跟西方发达的法治国家并驾齐驱。为此，我们要正视自身的缺陷，脚踏实地砥砺向前。我们不能在一种制度优越的盲目乐观的亢奋状态中犯冒进主义和自满主义的错误，不能不考虑到我们不管是在立法层面、执法层面还是在司法层面，都有一段相当的追赶间距。其二是司法意识的基础。我们传统的司法意识中，政制影响性依然是根深蒂固的，尤其表现在党政个人威权干预司法上，更是危害深重。由于我们的政体决定了司法上挥之不去的政制色彩，故而在国家层面的体制上，司法必然与党政、党制有所干系。但在现代司法理念的旗帜上，去行政化、去干预性一直是司法中的一个革新命题。自我们宣告依法治国以来，司法权独立行使意识不断取得新的提升和进展，在根本意义上，虽然我们所理解的司法权独立行使具有自身特色的含义，但事实上现时的司法生态距离自身特色的司法权独立行使的真正含义仍然有一定的差距。人为干扰尤其是官员个人的威权介入，是必须不断剔除并根除的，这也是司法意识不断提升的关键之一。其三是司法人心的基础。这是指整个国家层面普遍国民的法律意识水平和尊重司法的程度，表现在国民对法律的理解力和信任度，对司法的公信力的认同以及对司法最终裁决的遵从等方面。但当前的司法人心是不成熟的，或者说并不尽如人意。在面对法律问题的时候，先找关系再找法律具有一定的认识惯性；坊间的司法人情关系以及其所延伸的司法潜规则趋从意识也有一定的气候；对司法裁决的非理性对抗也普遍性地表达着；等等。这些不甚光彩的一面，映射出当前的司法人心并没有达到相对理想的状态。为此，司法革新也要从这个角度切入，契合性地提升司法公信，消除潜规则空间，以便达成良性的司法人心基础，并反过来促成司法革新的良性进程。其四是司法者素质的基础。在司法现状之中，司法人员的素质和品格也是制约司法革新的重要因素。如果司法人员的素质和品格没有达到某种革新所要求的基本条件，那么，不加考虑便一意推行，便会造成超前因素上的排斥后果。更需注重的是，当前的某些司法腐败或甚司法操纵，严重败坏了司法的严肃性与纯洁度；某些司法者个人水准与能力的欠缺和不足导致的司法不堪，也深重地影响了司法的威严与专业。这种不良状况在一定范围和程度上的存在，也是司法革新必须周全考虑的。

上述列举的一些国情基础，对当前的司法革新而言，具备相当的关联性和影响性，这也是我们在设置司法革新的路径、举措和方案时必须权衡的基础性因素。毕竟，司法革新的命题并非单一的孤立，司法领域与其他领域上的联动性也是不证自明的道理，尤其是（理论、现实和情势等）基础问题和（理论、实践和价值等）根据问题，是决定司法革新的最主要的影响性因素。也就是说，一项革新不仅要找到其在理论、现实、情势和实证上的基础，还要发现其在理论、实践和价值功用上的根据。任何司法上的革新，都在基础和根据的框架之内，任何超越的、跨越的和没有根基的司法革新都是注定没有前景的。

条件问题在某种意义上也就是个时机问题，当一种社会情态满足一定条件的时候，那么社会变革就会应运而生。司法上的革新，也有这种条件问题。并非所有的革新都可以通过借鉴、照搬实现拿来主义，也不是都可以随时招之则来、仓促上马，基础是否牢固，条件是否成就，都是应当考虑的问题。条件在某种意义上是基础的进化形态，当然，条件较之于基础而言，更加具体，也更加全面一些。那么，前文所述的基础问题的具体化，就是一种时机条件的问题了。司法上的革新，从具体条件的成就而言，概括来说需要满足或者达成的，大致为如下之所述。

（一）原有的某司法制度不能适配或不能满足现实社会关系、社会制度或社会生活的需求，因而亟须革新以保持一种发展上的良性联动。法律具有安定性的一面，所以一般情况下都具备相对的滞后性，法律的绝对超前在技术上要求很高，往往难以实现，所以多为通过鼎新革故而非超前来实现法律的发展。司法是对法律的适用，因而反应还要慢一些。但是，司法相较于法律而言也具有一定的灵活性，它可以通过法律解释来实现对法律的适度调整和漏洞填补。但在法律至上的原则之下，司法的灵活调整和补充必须掌握在一定的限度内，否则极易陷入司法任意造法或者司法不遵循法律的深渊。司法的革新如果建立在法律的革新之上，几乎不会出现重大的纰漏，毕竟司法所遵循的是"法律必须被遵守"这一一般原则。问题是，假使法律的创设、修正或者废止出了问题，或者司法制度自身寻求一种在法律上的突破试验或者创举，那就得另当别论了。这种司法革新的风险往往是较大的，需要充分论证、充分试验和充分预案。所以，作为最后一道闸门的司法，司法革新无论如何应该更加地稳一点、妥一点，而且最好是采取有步骤的革新，并对步骤进程上的风险可能作出全方位的预案应对，同时在革新实验或者推行中不断地检省和调适。

（二）司法革新除了应当考虑其所依据的法律渊源上的条件，还需要考量人的因素。某种法律、制度的设置，在技术上因有承继、沿袭甚至前车之鉴，此外，还有可供比较、借鉴的（域外法律、制度）现成，因而总体而言难度有限。由于司法在很大程度上依赖于司法者来实现，因而人的问题尤其是司法者的问题，在这方面就显得尤其重要。因此，司法上的革新必然要考虑司法者的条件成就问题。许多司法上的革新，由于司法者没有达到匹配的条件而流于形式或者适得其反，这是一定要严密防护的。举个例子，比如现在司法人事制度上要实行法官、检察官终身制，当下的条件就不够成熟，肯定难以施行。因为司法（行政、立法等其他国家机关工作人员也一样）人事上当前的惯例是，除非在重要领导岗位上，否则五十岁出头的司法官就属于大龄司法工作者，一般都是静候退休或者退居二线，这样一来，这部分的司法官就渐渐疏离了法律实务和法律理论的继续深造，肯定会产生业务断裂和学习困难。而且，由于种种原因的制约，司法者的司法情怀也会在这个年岁消磨殆尽，而司法官终身制一定要求司法者要有高尚的司法情怀，否则难以为继。正是由于这些条件尚未成就的限制，所以施行司法官终身制就目前而言是不成熟的，司法革新也就暂时不能考虑这项制度。其他诸如员额制、高薪制等，也都不具备条件或者条件尚不成熟因而显得有些不合时宜。但并非司法的革新都在等待一种顺其自然的条件成就，对一种理想化的革新目标，即便当前尚未成就条件，也可以围绕目标创造和促成条件的成就，这种创造和促成本身，也可以理解为一种革新。

（三）司法的革新并不是单一的孤立，而是与整个国家制度的系统息息相关的，因此，系统性的相辅相成也是司法革新的一个重要条件。改革、革新是个综合性、全局性的话题，必须考虑配套与关联的因素，否则就将陷于顾此失彼或者慌乱盲目的境地。任何一项制度或者举措的革新，都是依附于整体并影响整体的。因此，每一项革新都不可能是孤立的和自成的，片面地追求某一方面功利效果的改革最终往往难以成就目标，甚至会拖累、阻滞整体性的革新布局和全盘谋划。为此，当推行一项革新举措时，不仅应当基于国情和现实的基础，还应当考量全盘的因素，联动式地、进路式地推行综合性和关联性的各项配套和整体方案，这样的革新才是坚实而稳定、长远而有效益的。司法革新亦是如此。从外部的视角看，司法关联着政治、经济、社会、人文、习俗等领域；从内部的视角看，司法的各个部分、分支、职能、机构之间也是相互关联、相互影响的。譬如，当我们在设计逮捕权归属的革新举措的图景时，与其关联的各项制度、配套性司法功能也都要纳入齐头并进的革新范畴，诸如拘留的存废、国家追诉权的分离、治安案件司法化、保释制度的推进，等等。如此而来，整个刑事诉讼各项制度的革新便可配套性地全面推进，就不会出现此起彼伏的失衡状态或者急功近利的得不偿失。总体而言，司法革新不是自我的革新，而必须是体系革新的一个部分。

（四）其他的条件。任何一项制度或举措的司法革新，都有其自身特定的显明特征，因此应当根据特定的司法革新而提出、设定各自特定的条件，这些特定条件的提出和设定，并不完全具有共性，而应当是根据具体不同的司法革新而作特别的具体考量，本著就不再也不可能一一阐述和论证了。

三、适配与矫正

稳妥地、循序地推进当前最合适、最匹配的司法革新之制度、举措和方案，是当务之急，但切忌操之过急。通常在功利面前，人们总难免会有急迫之切，这是一个通病。

但司法一定是偏理性的，并且是沉稳如山的。因而于司法革新而言，一定要摒弃诸如十万火急之类的邀功心切，一定要脚踏实地、瞻前顾后、全盘考虑，三思而后行。这里所说的适配，指的是司法革新的制度、举措和方案对当前的司法生态而言应当是合适、匹配而且相生相宜的，对整体的司法体例而言应当是合适、匹配而且相得益彰的。但正所谓金无足赤人无完人，任何的革新不可能都是恰如其分地适配，由于社会学科绝对正确总存在挑战空间，故而失误、失败的存在确有可能，因此，某项司法革新可能经过试验甚至施行之后，被证明是失败或失误的。这个时候，就应该勇于面对失败、失误，并着力调整、矫正革新的制度、举措和方案。事实上，从某种意义上来讲，坦诚失败比歌功颂德、树碑立传或讴歌伟业更值得敬重。因为，失败至少可以作为经验教训，而盲目地歌功颂德、树碑立传或讴歌伟业定会陷入一种绝对正确的歧途，从而导致对革新的检验和反思失去理智性和客观性的标准。

在算法的时代里，革新的命题是否也可以算法化？正如前文所述，既然司法可以有算法化的趋向，那么，司法的下级命题——司法革新，当然也具备算法化的含义，问题的关键是司法革新如何算法化。算法是一套推演方式的解决问题的系列方法，司法的革新就是推翻或者调整此前的推演方法，重塑一种崭新、精准、效益和良性的方法，就是改变、升级算法或者算法组合。由于算法并非纯粹的形式科学因而不具备永真性，而是可调整、可修改的和可矫正的，那么这样，司法革新就是对此前的算法方案作出调整、修改和矫正，使新的算法体系更加适合目前的司法生态和司法体例，并循序推进，不断地演进。在这个意义上，司法革新是可算法化的。但是，仅仅赋予这种算法意义还不够，这只是个概念化的抽象形式，需要赋予更多的实效和功用意义，否则，算法意义形同虚设。倘若司法革新的标准可以用算法来表达，那么这种意义便是实在的。

司法革新的标准是不是可以确定为：是不是符合算法的代谢（更迭）规律？如果一项司法的革新符合算法的推演，那么通过对算法的设计，以及新旧算法的系统比较分析，可以推导出二者的优劣，是不是就可以将之确定为标准——优胜劣汰。如此而来，司法的革新就是在研究推演体系，其实就是对推陈出新的算法的可行性研究，并在精确性、效益性等目标功能的指引下，实现对新的算法的检验、评估和鉴证。因此，算法之于司法革新，就引申为一种新旧算法的比较分析的系统性解构与建构上，在这一点上，法律实证主义确实占据着较为倚重的成分。接下来就以当前司法革新的重心——司法员额制，来作为解析的对象。

按照员额制的遴选，35岁左右的员额司法官是核心组成，55岁以后若非领导职务就很少考虑入额可能，而领导职务的员额又因为领导特性几乎不在一线办案。先前的司法人事制度，30至50岁者是办案的核心力量，既在一线办案又带领队伍，其他的年龄段，大致因传统上的因素被认为是楞头楞脑或者离休过度而被认为是不合时宜的，故而大多为司法助理或者退居二线。集合本著的观点，窃以为，若非天赋异禀且饱经磨砺，30至40岁年龄段的普通司法者根本不具备独立地进行司法的能力，因为他（她）的算法不仅不通达而且无充分实证（经验）基础，着实难堪司法之重任。在本著看来，司法官的黄金年龄段在 40 岁到 70 岁之间。但现状是，由于拔苗助长、功利之心、仕途诱惑、体例沿袭等种种原因，这个黄金年龄段被充分利用的大概就是 10 年左右的时间。而司法员额制，仍然没有充分利用这个 30 年的黄金年龄段，甚至还有将原本在黄金年龄段且符合员额司法官条件但由于各种原因而被排除在员额之外的情况，这样一来，司法官的员额利用率就更低了。如果在未成熟的年龄，就赋予司法官超过的负担，那么这种成长就会塑成一种畸形，欲速则不达，犹如催熟的西红柿——光鲜但无味。但司法员额制毕竟是一项司法趋向，这是一个目标指向，因此按照算法的演进使命，那就是要修改算法，或者说将目标功能设定后，按照目前的司法生态和司法体例的适配性分步骤地循序达成。也就是说，可以将司法员额制作为一个目标，在实现目标的道路上，分作几个步骤，根据各步骤当时的基础不断促成条件的成就。这些要考虑的条件因素主要包括：司法权、责、利的充分落实，司法官的退休年龄延后和薪酬的逐步提升，司法官考核系统客观性的调整，司法官的遴选、晋级和淘汰制度的技术设置，司法官的行为禁止以及品格评价系统建立，等等。

由于司法革新系统性问题过于庞大，在此不作全面的引申和论述。下文再就司法革新中的程序性命题，即以逮捕权的归属之革新，作为例证，尤其着重于步骤的循序推进和关联性配套的联动革新层面上，提出一套循序演进、配套适当并且契合理念的革新进路和图景方略，作为本著关于司法革新之命题的另一个证立。

意义和定位。逮捕权作为国家公权力，其体现了威权性、震慑性和剥夺性，因而具有权力对权利的形式侵犯特征。逮捕权关系着宪法性基本公民权利（主要是人身自由权和人格权），关联着无罪推定的刑事诉讼理念。在人权保障理念以及无罪推定原则的法治视野之下，逮捕权自然而然地要面对拷问、质疑和制约。为此，权力必须受到监督，必须通过设置另外的限制、救济手段对这种权力加以制约，方可在国家公权的制裁犯罪与人权保障的法治理念之间取得相对的平衡，这也是现代法治精神的制衡原则的一种司法表达。界定逮捕权的归属，设定逮捕的条件、程序以及开辟逮捕的救济通道，是评定一个国家或者地区法治程度的重要标志，是昭示一个国家或者地区人权保障精神的显明依据，是衡平无罪推定主义与国家追诉主义之间的关键举措，也是逮捕权革新的总体性坐标定位。

基础与条件。在权利本位而非权力本位的法理基础，在权力制衡而非公权扩张的宪政基础，在正当程序而非权力滥用的诉讼基础的框架内，对国家公权力之逮捕权的控制、制约与救济，系现代法治的人权保障理念下的应有之义。逮捕权的归属设计，亦当遵循上述法理、宪政以及诉讼法基础，突出强调对逮捕权的控制、制约与救济。现行宪法、刑事诉讼法以及相关的司法解释赋予或明确了司法机关的逮捕权，规范了逮捕的适用条件以及行使逮捕权的程序，也设置了对逮捕强制措施的监督控制、救济手段等配套性司法体系。司法实践的数据也表明逮捕比例过高已经造成了一种过度羁押的负面情态因而亟须革新，这些方面共同成就了逮捕权归属革新的充分条件。事实上，（有证）逮捕权可以统一由审判机关决定，其引申的含义是——法院（或法官）可以最终决定是否对被告人适用逮捕。但这种可期待的最终决定权，却由于种种原因而未能普遍地进入审查、审理流程，这既有司法体制的因素，也有现实条件的因素，但更应当看作是对逮捕权进行革新的探索与推进的一个契机。

适配与矫正。正是基于司法革新的进路的和联动的思维方式，对逮捕权归属问题的革新设计，考量和周全了大量的关联因素，建构出总体目标功能设定为提出一套循序演进、配套适当并且契合理念的革新进路和图景方略，建构一个国情和现实基础上的，表达和实践先进刑事诉讼理念和原则的，与国际主流模式相当的逮捕权制度。围绕逮捕权归属的核心问题的目标功能，革新方案基于现时和前瞻，提出了分三步达成目标结果的规划方案，但这亦并非一成不变，革新中实证上的调整、修改和矫正，也都应在一并的考量之中。

第一步（大致用五年的时间）：批准逮捕权仍归属检察机关；全面推行检察官履职前移，扩大提前介入刑事案件侦察的范围，实质性地同步引导、指导刑事案件的受理、立案和侦查的全程，逐渐磨合侦检合璧，全面推行检察引导侦察的国家追诉一体化模式；决定逮捕权归属审判机关，试行刑事审判部门在办理案件时，可以先行对公诉机关（及自诉案件的自诉人）或者被告人一方的变更强制措施申请，进行羁押必要性听证（庭前会议式），并在案件实体审查、开庭前作出决定。

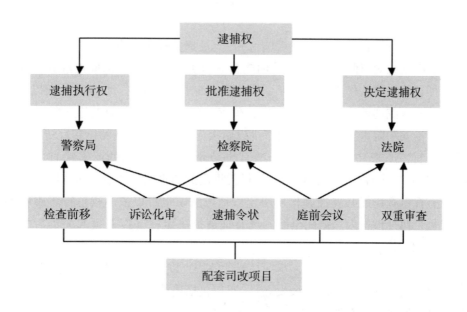

步骤一之图景解析

第二步（大致用十年的时间）：逐步推行区分无证逮捕和有证逮捕制度，有证逮捕的批准逮捕权仍然归属检察机关，但检察前移介入侦察的检察官与审查批准逮捕的检察官分离；审判机关仍然保留决定逮捕权，深化推行羁押必要性双重审查模式；试行以无证逮捕取代刑事拘留，对现行犯和重大犯罪嫌疑人犯的抓捕行为，侦察人员可以基于"合理根据"依职权采取，但应当控制在 24 小时以内（除非取得检察机关的继续羁押令状）便提请检察机关批捕或作出取保候审（保释）决定；深化侦检一体化制度和审查逮捕诉讼化模式，对疑犯羁押的案件，审查批准逮捕的期限缩短为 3 天，对未羁押的案件，审查批准逮捕的期限为 5 天。

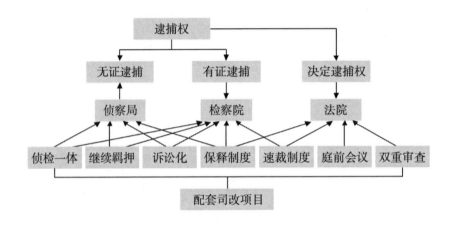

步骤二之图景解析

　　第三步（前期进路式革新成熟后施行）：无证逮捕权由侦察部门行使，但若须进一步羁押的，必须在短时间（24 小时）内向检察机关报告，并申请取得继续羁押令状方可继续羁押，检察机关作出继续羁押令状的羁押期限严格限制，控制在 7 天以内；有证逮捕权由治安法院的治安法官审查批准，侦察羁押期限以二个月为限，需要延长羁押的，应报请治安法院再次审批，再次审批以两次为限。审查批捕的检察官转隶为治安法院的治安法官，原来基层法院的部分法官也转录为治安法院的治安法官。地方法院（原基层法院）在审理案件时，根据公诉机关提出的羁押意见或者被告人一方的变更羁押申请，有权审查羁押必要性并作出决定；地方法院也可以依职权自行审查羁押必要性，决定是否羁押被告人。据此全面实现有证逮捕决定权（以及提起公诉后的继续羁押令）的审判化模式。

　　审查批准逮捕的检察官和审查羁押必要性的法官以及认罪认罚轻微刑事案件的速裁法官组成治安法院（仅在基层一级设立），职权包括逮捕证的批准，治安案件的审理和认罪认罚轻微刑事速裁案件的审理。

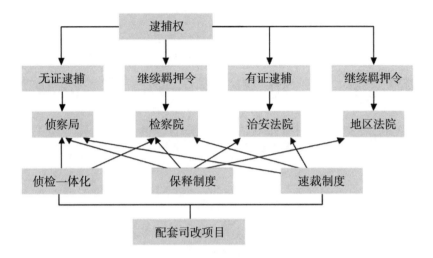

步骤三之图景解析

第四编　通往判例解析之路

　　前文所有的论述和表达，旨在为司法作基础性和要素性铺垫，可以将其看作是司法的必要条件。司法的实现，在法律表现形式的范畴上，将判例的法律解析作为陈述。由此而言，法律解析便成为司法实现的最为关键和核心的部分，其目的归根结底，就是要通过陈述的表达方式对事例的法律解析作司法上的呈现。对事例的司法，形成判例；对判例的陈述，通过法律解析，因此，本著将对事例上的纷争呈请司法上的裁断评判，司法通过法律解析陈述事例的法律含义并作出裁断评判，最终以判例的方式呈现的经程及结果统称为"判例解析"。在字面上，判例只是司法实现的一个记述载体，解析才是司法实现的当然核心。

　　判例解析，即是指司法官或者司法机关对单一事例在法律含义上的论述、释明及根据法律作出适用上的裁断评判，在成文法体例上，只具备个案效力。除非权力机关已将判例法（普通法）作为基本法律渊源体例之外的补充（譬如背离相告制度及裁判文书强制说理制度等），个案经过一定的程序方式（比如由最高司法机关编撰和发布）才具有法律拘束力。而在当前，我们的立法机关并没有作出司法判例的效力问题的规范性文件，只是两高各自发布的案例指导制度规定了判例的参照和指导效力，并且只在各自的司法系统内具备一定（非决定性）的影响力（而非约束力）。因此可以说，这种案例指导制度更多的是一种上下级机关之间的行政性效力指征，本质上不具备司法性效力。由此，案例指导或判例解析在当前，其意义体现在司法方面而非立法方面。但是，当我们所提出或者倡导的公义之心、中立司法、唯一的正解等司法立场以及（相对）同一标准、统一的司法等司法观念能在司法价值上得到认可的情况下，我们终究要寻求一条通道去达成这些司法上的价值认同，这条道路，判例法体例是首选，因为司法立场和司法观念这些司法变数上的内心指向，显然无法以成文法的规范性作为约束力上的表述。我们由于现时司法体例上的限制，只能退而求其次，将判例解释作为成文法的一种补充，而在这种补充的方式被以立法的方式确立之前，判例解析可能是一个基础性的条件并且是一种必要的储备、预备。或许可以这样说，前文的全部，旨在为通往判例解析之路作力所能及的铺垫与解构，而建构通往判例解析之路则试图在本章中展示。

　　判例为何要解析，这实际上也是一个必要性问题。司法的权威不仅源于法律上的设定，更多的是一种内心信服，就是司法通过释明、阐论以及法律适用的表达令人深信而服从，从而形成广泛的内心上的信赖和支持，进而形成司法终局裁决的权威气候，即便有个别的不遵循或不信服，也不至于造成对权威的整体性或根本性的影响和冲击。那么这种信服的凭据，通俗地讲就是说理，而法律术语上讲，本著姑且就称之为解析吧。通过对判例的解析，判例中所涉及的法律问题得到了梳理、分析与论证，并最终与法律规范关联适配，实现法律推理上的三段论逻辑演绎。如果这种梳理、分析与论证头头是道，鞭辟入里，为受众所认可和接受，那么受众就会从内心上形成甚至在外化上表征为信服，并视该判决为权威而遵循。遵循判例，首先是遵循判决的内容，然后还可能将该判决作为一个裁断上的标准或者援引作为其他事例的参照，这便是在判例法制度之外的一种具有判例法精神的潜在意识或者思维启蒙。这可能是判例解释的前奏，也可能是在奠基普通法精神。如果没有这种解析的存在，判决枯燥而生涩，简单而粗暴，根本不被理解、不被接纳甚至不被认同，那么，判决标杆性的权威地位，就岌岌可危，也就谈不上被参照或者被遵循了。没有被参照或者被遵循的意义，判例只能在个案上起作用，其功效能力无法辐射和扩散，狭窄到几乎为此一用。总体说来，判例解析对司法价值和功能的实现，是目前司法上的可行的和必要的开端，通往判例解析之路的未来可能就是一个大道之行。

判例解析在本质上表现为发现真实与发现法律两个方面，判例所叙述的真实与判例所适用的法律，构成了判例最核心的两个部分。判例由事例纷争缘起，但事例起始并非直接作为判例的真实，在事例与真实之间，通过法律解释（证据分析、常识梳理、逻辑推理、法律推定等方法运用以及解释方法、解释技能运用均可称为法律解释）关联并作出真实认定——事例要么是判例真实，要么部分是判例真实部分不是，或者事例与判例真实无关（判例真实推翻事例）。真实确定之后，司法就要将真实与法律进行关联适配，以便适用法律作出评判裁断，这个过程就是发现法律。那么，在发现真实与发现法律之间，仍然通过法律解释和法律适用实现真实与法律上的关联适配。最后，司法根据关联适配的结论作出具有法律拘束力的裁断评判，据此完成司法上从事例缘起到最终裁决的整个经程。这其实也就是判例解析的基本思维方式和基本结构架设，这与下文所要论述的"判例解析的基本路径"在本质上是一致的。

真实分为两种类别——客观真实和法律真实。客观真实是对过去的还原，还原真实在作为目标设定上本身是无可非议的，但是还原的依据、方法以及理由可能受到质疑。到目前为止，人类尚未找到一个令人确信无疑的方法绝对还原过去，因此，在某种意义上，还原客观真实就是一个法律"乌托邦"。法律真实是现在对过去的假定，假定一种具有法律效力的真实。这个法律真实，通过法律规则的规范，并借助逻辑、推演、常识、德性等学识和品格素养的综合影响，对真实作出法律上的确定，由于这个真实只是在力所能及的方法上去接近客观真实和还原过往真相，并且由于司法上也要求在法律上确定一个真实以便作为法律适用的依据使然，因而我们将这种假定的真实称为法律真实，否则司法便失去对象上的确定性而终将无以为继。在客观真实与法律真实之间，难

201

免存在一个当然的距离。这个距离，在遵循我们已经设定的规则，在用尽我们所能尽善的方法之后，在法律上是可以忽略的，事实上也没有办法不予忽略，因为客观真实是几乎无法还原的。有人会提出反驳，认为如果有监控视频等具备复原的证据，是不是就还原了客观真实？问题是，认识、意志等心理态度和思维、观念等内心世界，如何通过视频直接还原？即使我们在某些极简的案例上确信我们所确定的真实是客观的，即法律真实等同于客观真实，但是，谁又能保证这是绝对的等同或者用什么理由来声明这种绝对的等同呢？所以，在司法上我们根本无法苛求客观真实，因而只能退而求其次追求法律真实。因此在司法上，我们所谓的客观性意指，一般而言只是追求的一个目标或者理想化愿景而已，或者说是一个相对的客观性，在先验之外，客观是个奢侈品。因此，我们在这里讨论的所谓事实（发现真实），一般而言也仅只能指法律真实。

在确定（或假定）法律真实的问题上，确立并运用证据标准是最为核心的思维导向，这也是司法在程序性方面最重要的内容。如前所述，在刑事、民商事、行政等领域的证据标准问题上，我们采取了区别的证明标准，那么是不是说，这些证明标准当且仅当是对号入座的。这显然不是。因为在发现真实的目标上，越能接近客观真实的标准或者方法，才是最理想和最应当采取的，譬如排除合理怀疑的证明标准，事实上也可以适用在民商事法和行政法上，而且适用这个标准所得到的法律真实，肯定比优势证据（高度盖然性）的证明标准或者足以信赖的证明标准更加接近于还原真相。但是，出于举证责任、举证能力以及诉讼效益等诸多因素的考量，诉讼法上才退而求其次规定了不同的证明标准。这种针对不同性质的诉讼所规定的证明标准，应当理解为最低的或者最起码的证明标准，而不是最佳的或者最适合的证明标准，否则，当我们在诉讼中完全有条件可以采取较为严苛的证明标准时，难道我们还要舍本逐末去迁就适用更低级别的证明标准吗？毕竟，查明真相是一切司法的最高目标，更严苛的证明标准对这个目标的实现显然具有更切实的保障功能。只有在迫不得已或者是无可奈何的情况下，我们才能放弃更严苛的标准而选择较低的标准。因此总体上，诉讼并非死板的教条，不管是在哪一种诉讼中，在查明真相的目标追求下，只要条件可行，我们没有理由放弃较为严苛的证明标准。例如，在一个民事诉讼中，当事人一方提出的单一证据足以排除合理怀疑而形成内心确信，那么，另一方当事人提出再多的无足轻重或者混淆是非的证据，即便形成数量优势，甚至在盖然性上也占据一定的分量，也不能形成司法上的确信。或者双方当事人提出的证据数量相当，没有形成明显的优势，但是根据逻辑、推演、情理和常识等方面的分析判断，司法官能够获得对某一方主张的事实（排除合理怀疑后）的内心确信，则无须再动用优势证据（高度盖然性）的证明标准去论证已经内心确信的事实，因为这时的证明标准问题已无须再去作降格处理，否则，便是画蛇添足。

发现真实之后，形成了司法上的案例，就是案件事实确定的任务已然完成，那么接下来就是发现法律并进行法律适用。在发现真实到发现法律之间，通过法律解释来进行关联适配和法律适用，法律解释和法律适用的司法方法问题在前文中已经进行了较为详尽的阐述论证，这里就不再赘述。

司法完成了对案例的法律适用后形成裁判，除非程序法上涉及的裁判的效力而引发二审、再审等程序问题而须再行启动对应的诉讼程序，直到终审作出裁判。一旦裁判生效，司法即完成终局裁决的本分形成判例。司法本分的完成一般都要通过司法文书来作为记载和告示，以示司法的严肃性和权威性。但是司法何以严肃和权威，除了法治意识上的观念认同之外，司法官的审理能力和司法文书的叙述水准也是重要的判断根据。而司法官的审理能力和司法文书的叙述水准的记载表达，核心就是发现真实和发现法律经程的陈述与表达——判例解析。因此，从这个角度而言，判例解析之于司法的意义，事实上集合了司法几乎所有的基本要义，且透过判例解析，还可以引申到成文法上的某些固有缺陷的弥补，可以表达和付诸某些司法上的人文情怀。这可能也就是判例法体例精髓汲取和普通法精神植入预备的必由之路。

| 第十章　判例解析的基本路径 |

本章以示例代替论述，力求展示判例解析的基本方法和基本路径，诸如下例。

一、判例的导入：事例呈现

☞【案情摘要】

2017 年 7 月 26 日 21 时许，某举报人向某市某区警方举报某甲贩卖毒品，并称愿意配合警方抓获某甲。警方受理报案后，随即召集警员研判线索并组织进行控制下交付的侦查行动。在警员的控制下，某举报人通过电话和微信的方式联系上某甲，提出向某甲购买冰毒的意愿，某甲表示同意交易。随后双方经商谈后达成协议：某举报人以每克人民币 300 元的价格向某甲购买 1 "个"（1 克）冰毒。7 月 27 日凌晨 2 时许，某举报人将 300 元毒资通过微信转账的方式支付给某甲后，某甲将疑似毒品冰毒（重 0.83 克）放在某市某区某大厦门前人行道的变压箱护栏处，并通知某举报人自行到该处取走。某举报人将该疑似毒品取回后交给警方。此后，警方要求某举报人与某甲一直保持联系。2017 年 7 月 30 日下午 5 时许，某举报人再次与某甲取得联系，双方经过商谈后再次达成协议：某举报人以人民币 3000 元的价格向某甲购买重量约 20 克的冰毒，并约好在某市某区某酒店附近的停车场交易。7 月 31 日 20 时许，某举报人与某甲来到某酒店停车场的一个角落处进行毒品交易。交易完成后，某举报人和某甲即被伏击的警员当场抓获。警员在某甲身上缴获作案手机及赃款人民币 3000 元，在某举报人身上缴获疑似毒品若干（重 12.68 克）。

经鉴定，某甲所贩卖（两次）的疑似毒品均未检出常见毒品成分。

☞【案件证据情况摘要】

1. 民警出具的《查缉经过》，说明了本案属于控制下交付的侦查行动，并证实某举报人配合警方抓获犯罪嫌疑人某甲的经过。

2. 证人某举报人的证言证实：2017 年 7 月 26 日其向警方举报贩毒人员某甲，并在警方的控制下通过诱惑侦查的方式将某甲抓获。某举报人还证实，其向犯罪嫌疑人某甲提出购买的是冰毒，某甲在向其第一次贩卖毒品后，还在微信里问吸食后感觉怎么样。其对某甲说，感觉一般般。此后才有第二次与某甲的购买毒品行为。因为第二次购买的量比较大，所以价格也便宜一点。

3. 犯罪嫌疑人某甲的供述及辩解：

犯罪嫌疑人某甲在2017年8月1日第一、二份笔录辩解其交易的疑似毒品是帮一个叫"阿权"的外地男子交易的。"阿权"曾说疑似毒品没含那个叫什么的成分（其说不上来），所以叫疑似毒品。某甲觉得其所贩卖的疑似毒品跟正常的冰毒不一样，应该不是冰毒。

犯罪嫌疑人某甲在2017年8月15日第三份笔录辩解其只是帮一个微信名叫"L"的人（某举报人）购买毒品，因为"L"不认识"阿权"。某甲知道贩毒是违法犯罪行为，但其觉得该行为不涉及贩毒（只是代他人购买），并且自己一分钱的利润也没有得到。毒品是其从"阿权"那里转交给"L"的，其帮忙收钱后将钱给了"阿权"。"阿权"此前答应给自己一点冰毒吸食，但尝试过"阿权"提供的冰毒后，觉得该冰毒完全没有冰毒的特性，吸食后感觉不上头，也不会兴奋，所以其觉得那可能不是冰毒。

犯罪嫌疑人某甲在审查起诉阶段的笔录辩解其没有贩毒，其只是想诈骗。其从网上认识了"阿权"，一次偶然的机会，其得知"阿权"有假毒品，便想通过卖假毒品赚点钱。随后其从"阿权"那里弄了一些假毒品，"阿权"也告诉他这些毒品是假的，他也试了一下，确实没有网上描述的那种感觉，便确信这些是假毒品。这15"个"毒品是在其被抓获之前以400元的价格从"阿权"那里买的。

犯罪嫌疑人某甲在2017年12月25日第一次退回补充侦查期间的讯问笔录中称，其认罪，其就想利用假毒品骗钱，不是贩卖毒品。从微信上认识了"阿权"以后，"阿权"跟他说有假毒品可以冒充毒品来骗钱。事实上，警方后来对扣押的涉案物品做成分鉴定后，被告知疑似毒品中不含常见毒品成分，这印证了假毒品的事实。某甲还称，其第一次拿到的假毒品外形很像冰毒，毒品外观制作得比较逼真，所以就把假毒品当作真毒品卖给"L"，收了对方300元。后来其主动问"L"第一次买回去的毒品怎样（有何感觉），"L"跟其说东西还行，其从"L"说的话分析，"L"可能没接触过真毒品，所以其就觉得对方好骗，就主动问"L"还要不要，没想到"L"还要买假毒品。于是其就又联系了"阿权"，要"阿权"又送了一次假毒品过来（外形特征和第一次的一样）。其给了"阿权"400元的费用，然后把拿到的假毒品以人民币3000元的价格卖给"L"。某甲还称自己不吸食真正的毒品，但是其试过阿权提供的那些假毒品，吸食过之后没有吸食毒品的任何感觉，没有兴奋的感觉，没有任何不良反应。关于吸食毒品后的感觉，其是从网络上查到的相关结果。

4. 鉴定结论：经鉴定，涉案查获的疑似毒品均未检出常见毒品成分。

5. 物证、书证：作案工具（手机）、赃物（疑似毒品）、赃款及微信聊天记录截图等。

6. 其他非核心证据（现场勘验、检查笔录，现场照片，其他有关书证等）。

☞ **【处理意见分歧】**

警方认为某甲的行为构成贩卖毒品罪，理由是，即便查获的疑似毒品未能鉴定出常见毒品成分，但在对贩卖毒品的认识上，某甲是持希望的主观故意心态，只是由于意志以为的原因而未能得逞，因此，应当认定为犯罪未遂。某甲辩解其基于诈骗的心理并实施诈骗之行为，系在告知鉴定结论后的借机辩解，属于不真实的狡辩，意在为自己脱罪。因此，该辩解应当排除。

检察机关则认为，"某甲虽有贩卖毒品嫌疑，但无直接证据指证，且间接证据无法形成完整证据链，根据在案证据得出的结论具有其他可能性。某甲涉嫌贩卖毒品的行为更符合诈骗罪的特点，但本案涉案金额为人民币3300元，未达到诈骗罪定罪的标准"。据此，对某甲作出了（存疑）不起诉。

对某甲涉嫌贩卖毒品案的存疑不起诉的处断方式及解析表达，令人稍有遗憾的是，此间没有专业的论述，只有复制的罗列；没有合理的演绎，只有空泛的套话；没有精深的论证，只有生硬的简述。撇开案情及证据等核心关联问题，单是法律文书之裁断理由的言简意不赅，就显得业余且矛盾。

所谓的审查结论与处理意见之案件解析不过百字，即前述之"某甲虽有贩卖毒品嫌疑，……未达到诈骗罪定罪的标准"。本案的法律决断在本质上否定了侦查机关的意见，也等同于否定了先前作出逮捕强制措施的适用，因此也就等同于对侦查机关的侦查意见以及审查逮捕部门的法律意见的推翻，事实上在法律认定上是非同小可的，本就不该如此轻描淡写与信手拈来，但审查者在法律文书中就是用如此生硬的、格式化的区区百字做了了断，强硬得近乎不讲道理。

如若百字之文字字珠玑，将精华高度浓缩，这便是大师手笔，自当肃然起敬。然而犹是令人心生不服的是，这区区百字之文，不仅流水作业的套路痕迹显而易见，而且空洞之词充斥其间，即所谓的"但无直接证据指证，且间接证据无法形成完整证据链，根据在案证据得出的结论具有其他可能性"，不过是放之任何存疑不起诉案件而皆准的鸡肋式表述，去之又有何惜？如此算来，审查者对案件的法律解析也就剩下五十余字了。但是，即便这五十余言，也存在逻辑的错乱、显明的矛盾和非行家的视角和措辞，下文一一注解。

其一，该不起诉决定述称"某甲涉嫌贩卖毒品的行为更符合诈骗罪的特点"，这一说不免令人逻辑错乱。这一行为到底是涉嫌贩卖毒品行为还是诈骗行为？检察机关如果意欲说明这是一种竞合关系，那么按照竞合犯的处断原则该是择一重罪贩卖毒品罪才对；如果意欲认定该行为定性为诈骗罪，又何必画蛇添足称该行为系涉嫌贩卖毒品行为，涉嫌贩卖毒品行为本身也就是一种定性。即便贩卖毒品行为果真证据不足，那诈骗罪犯罪构成的符合也需要证据支持，现有证据是否足矣，不见有半字的论证，因而也是不得而知的。既然不得而知，那就没有事实基础，为何还能作出符合诈骗罪的结论，着实令人凌乱纠结。再者，如果涉案行为认定为诈骗性质，显然不符合立案追诉标准，属于情节显著轻微危害不大的情形，应该作出绝对不起诉（不构成犯罪）才是符合。但通观全案，审查者对事实和证据方面的说明中，又没有关于诈骗犯罪事实的分析，也没有提出绝对不起诉的动向。现在突然冒出一个更符合诈骗罪的特点，"更"在哪里？"特点"又是哪些？除非是圣人抑或愚人，否则都是一头雾水、一脸疑虑呀！

其二，回过头来说一说所谓的"具有其他可能性"的证明标准问题。按照刑事诉讼法修正之前的司法解释，排除其他可能性的证明标准被蕴含其间（司法解释中亦有直接说明）。但是，这个证明标准已经被证明是极其严苛的甚至是当代司法所可望不可及的极理想化之高度，现实中几乎无法企及。为此，修正后的刑事诉讼法已经明文将证明标准调整为"排除合理怀疑"这个理性的主客观一致的而且是切实可行的标准了。这就要求司法审查者须着重区分怀疑的合理性，在排除了力所能及的合理怀疑之后，在形成了内心确信而非还原客观真实之后，便可作出法律真实上的断定。关于合理怀疑的证明标准的论述，基于法学理论等各种学识的积累与思维，基于司法经验的归纳集成，前述篇章之（区别）证明标准的司法观念中亦有论及，限于篇幅，在此不再详解。

其三，所谓"但无直接证据指证，且间接证据无法形成完整证据链，根据在案证据得出的结论具有其他可能性"之鸡肋式解析表达，映射的不仅是一种司法者广泛存在的敷衍与应付的办案态势，更流露出一个专业上、专注上和专心上之司法素养问题。在证据逻辑上，即便有直接证据，由于证据的本质是真实性问题和证明力问题，因此也不能简单地将证据证明事实的问题理解为学理上的证据种类的有无问题、完整问题或者印证问题。证据对事实的证明，最为核心及紧要的是正当程序之下证据内容的真伪甄别以及各证据之间的关联性考究。由于证据学较为庞杂，经验集成之于证据能力的内心判断上具有相当的影响性，三言两语亦是难以表述透彻，在此也只能点到为止。毕竟，案件审查者都是法律（司法）专业人士。

其四，格式化的证据摘要的罗列，是一种将问题展示而并非积极寻求解决问题方法的态度。司法者的重要职责之一便是致力于发现问题并竭力解决问题。假若在一份如前所述的重要法律文件中，摘抄部分占据百分之九十以上的篇幅，那么该文件的品质也就不言而喻了，独创性姑且不论，单是说服力之微弱便也就明摆着了。或许再直接一点，如若只是复制他人已有之素材并提出一些表面到直观且浅显的所谓法律问题，那么非专业之学业已然够用。司法考试通过及司法经验集成，诸如此类简直可以说是杀鸡之牛刀了。犯罪嫌疑人某甲的五份供述是各显神通、无有定述，其所提出的辩解理由是信口开河式的无所诚信，但是审查者却没有对该情况作出任何的评判，在逻辑上，至少有四个辩解理由的表述是虚假供述的。或者至少应当论证无法辨析某甲的供述何为真又何为假的理由。在司法上，有一种现象屡见不鲜但却是司法者的耻辱印记，就是犯罪嫌疑人、被告人连司法者也给蒙骗了。上述情况显然是被某甲所蒙骗了，某甲的骗术在司法者面前得逞了，因为这五个辩解理由至少有四个明显是编造出来糊弄司法者的。

上述对司法判例的评析，是一种反驳的方式，意在解析观点分歧上的理由。本判例中，检察机关的裁断作为一种观点表达，需要被讨论、被质疑、被评析，这是判例解析的公开性使然。检察机关作出的存疑不起诉，未经必须的、详尽的解析，显然不能令人信服。而本案存在的诸多问题，后续确实引起了诸多的讨论、质疑和评析。从判例解析的角度，尤其对该案裁断上的解析，确实值得推敲和商榷。作为示例的解析，如果不具充分性和说服力，那么，裁断结果即便正确，也是碰巧的，而这种碰巧，显然与权威、公信等司法之应有之义相去甚远。在解析判例上，裁判观点如何立论和论证，下文将尝试从发现真实和发现法律两个方面展开解析。

二、发现真实的解析

原本，案件处理上的方式问题和决断问题，因案件本身处于相对独立的流程中，囿于情势之变更、证据之变化、律法之修正、观点之碰撞、理解之迥异等等实况，为此在案件终局裁断评判之前，一切变数皆有可能，这也是无可厚非的。但是，秉持公义、以法为据、以理服人理应作为任何一个法律人作出决断之根基，即在法律决断之时，司法者必须以专业的角度阐述并论证一个无私的而且是令人信服的法律上、证据上以及情理上的事由，这是司法者理所当然的释法义务，这也是司法要义之精髓所在。

毒品犯罪立案侦查中的控制下交易的侦查行为，事实上大多是存在直接证据的，毕竟是眼皮底下的现场交易，这是显明的和直接的。在证据学理论的归类上，称之为直接证据。所以，检察机关称没有直接证据，窃以为不仅用词不当而且学理不符。检察机关所要表达的意思，也许是没有犯罪嫌疑人内心所谓直言不讳的真实意识和意志的直接言词证据。但内心态度问题，从来都是主观而且飘忽的，即便直接供述了也难以就此采纳和认定，关键还是要结合法理、情理、常理、逻辑以及关联证据来审查确定或推定。

本案中，某甲的供述有一个显著的特征是他的辩解随着他从案件中获悉的信息量而不断演变着。第一份、第二份笔录对涉案物品称之为疑似冰毒，言下之意是他还无法确定涉案物品的成分，但知道成分上可能有别于冰毒或者含有其他替代冰毒的成分。毒品种类繁多，这是众所周知的，有别于冰毒但可以成瘾、致幻的毒品也是比比皆是，特别是新型毒品，往往在初期是无法分析鉴别出具体成分的。刑法的法定罪名是贩卖毒品罪而非贩卖冰毒罪，这个看似寻常的道理有时也需要细细琢磨。那么，某甲在这两份笔录中所说的疑似冰毒到底是有别于冰毒的其他毒品还是并非毒品的冒充货呢？从这两份笔录的言词意思上，我们得到的信息是某甲知道涉案物品是一种可能不是冰毒的毒品，但他是当作冰毒来卖的，因为涉案物品的外观与冰毒极其类似，至少肉眼是无法区分的。事实上，在整个控制下交付的侦查行为中，包括某举报人的证词、侦查机关的侦查过程说明（查缉经过）以及微信记录，也印证了本案采取的系毒品交易的惯常手法。只是，涉案物品是什么成分未能确定。某举报人和侦查机关认为是在交易冰毒，而某甲认为是在交易一种类似冰毒但又不含冰毒成分的毒品。如果证据就此确认，那么案件的行为性质是贩卖毒品罪（通说认定为未遂，本人主张认定为预备行为，下文详解）应该是争议不大的。

某甲的第三份供述，辩解的方向是他在帮举报人代买毒品（这是他对涉案行为如何脱罪的新辩解攻略的运用），而且开始提到一个叫作"阿权"的卖家，并极力强调第一次收取的毒资300元并非本人获取的（已以现金方式交给"阿权"）。当然，在这份笔录中他仍然强调涉案毒品有别于冰毒，"可能不是冰毒"。也就是说，在此时刻某甲除了想从代买毒品的性质上寻求脱罪的可能之外，由于其未能坚定地认为涉案物品到底有没有毒品的毒性，故仍然不放弃强调涉案物品不是冰毒而借此能够脱罪的可能。由此可见，某甲在做两种准备。也由此可见，虽然此时某甲对涉案毒品的真实成分是不清楚的，但也是抱着如果被鉴定出毒品成分时还有另一种托词（代买）的侥幸。否则，何必费尽心思去不断寻求新的脱罪方法。

第四、第五份供述，鉴定结论已经告知某甲，他的底气就来了。于是，他的说法就貌似可以理直气壮、言之凿凿了。这个时候，他也就不提代买的借口了，直言就是自己作为卖家卖给某举报人，并信誓旦旦地称涉案毒品就是他确定以及肯定的假毒品，就是想骗某举报人。而且，此前笔录言称的"阿权"给的毒品试之后没有吸食冰毒的感觉，在此便直言"阿权"早已直接对他说这些是假毒品。如果司法者没有刻意关注行为人供述变化的过程和原因，只是形式地接受和理解其供述的内容，甚至会觉得后面两份供述的真实性更大一些，因为有鉴定结论与之做印证。但是，如果司法者精心观察供述不断变化的奥妙，这种雕虫小技也就昭然若揭了。普遍的认知是，诈骗罪比贩毒罪要轻，而且诈骗罪还有立案追诉标准的限制，全案的经手数额也就是人民币3300元，远未达6000元（某市）的标准。那么，如此有利的辩解为什么直到后面的两份笔录完成后方才辩解出来，这就是精解上述过程便可推导得出的结论，也是前述合理及不合理的怀疑应当被排除的一个重要依据。

而且，两次贩卖行为的存在与交易的过程也能印证贩卖毒品罪名的成立是基于排除合理怀疑的基础上进行的。如果是贩卖假毒品，也就是诈骗，那么必然要承受受骗者识破骗局的风险，而真假毒品对吸毒人员而言，是一个再简单、直观不过的判断。事实上，日常生活中不乏骗局的存在，但如果骗局本身经简单的验证方式便会被轻易识破（就如本案假定的这种方式），那么以相同方式进行重复诈骗几乎是不可能的。彼时彼刻，如果不是对第一次交易的物品的毒品特性有一定的认知，并从询问举报人对毒品的评价（一般般不怎么好）后获得一定的信心（具有毒品特性），进而与举报人达成降价售卖（因毒品不怎么好而且数量大）的协定，按照常理上的推导，某甲是不可能会冒这么大的风险进行交易的。从某甲被抓捕之后的供述和辩解的狡黠和飘忽，也可以推导其本人并非愚昧的无知或者幼稚的单纯。尤其值得一提的是，两次贩卖行为时隔4天左右，这意味着此前交易的涉案物品已经被吸食，而且这次交易的数量相较于前一次多得多，还要求直接的一手交钱一手交货。这样的风险，如果不是对涉案物品具有毒品的毒性（只是不含有冰毒之成分）有相当的确信，某甲是不可能放胆前往交易现场的。这种蕴含常理、经验以及逻辑的推理，应当是有根有据，自然也是合理怀疑排除的证明标准的应有之义中。

综合案件事实、证据及上述分析，认定某甲涉嫌贩卖毒品罪（预备）的证据符合排除合理怀疑的证据标准。某甲有供认自己贩卖毒品的供述经历，并且该供述没有发现应当作为非法证据予以排除的情形。某甲的供述中陈述称该毒品不含有冰毒的（一种什么）成分，应该不是冰毒（而是其他毒品），由于某甲在之前的笔录中供称自己没有吸毒，但其后在被告知涉案物品没有检测出常见毒品后，辩称自己吸食过后觉得不上头、不兴奋，显然是临时灵机的狡辩。因为，其在与某举报人的微信聊天记录中所显示的交易过程与惯常的毒品交易方式是吻合的，言下之意对毒品甚为懂行。而且，贩毒罪比诈骗罪显然要重。但其在不知鉴定结果之前没有往诈骗的方向上辩解，足见其贩毒意图和作为显明。因此，目前可以从微信内容、举报人的陈述、犯罪嫌疑人某甲先前供述的证据效力中认定某甲具有贩卖毒品的主观态度和客观行为。只是，根据另一现有证据——鉴定结论显示没有检测出常见毒品成分，根据存疑时有利于被告的证据规则，目前只能认定该涉案物品并非毒品。

当我们结合案件的具体情况、事物的公理定律和社会生活的常识性认知以及经验法则，并从证据学的角度综合性地作出逻辑推理、关联印证得出上述论证之后，假如还有值得怀疑的合理根据，由于见仁见智的原因，当然还是可以拿出来进行讨论、研究和分析的。但是，不能因为证据出现变化就听由变化摆弄、操控。如果这样，便显得司法审查是多余和被动的，甚至被变化的操纵者（在本案体现为犯罪嫌疑人）戏弄，这或许会令司法及司法者的尊严、公义和专业、操守有一败涂地的风险。从本案的证据变化上看，我们似乎能觉察出这个费了心思的犯罪嫌疑人确实是审时度势，在不同时段抛出了不同的辩解（"幽灵抗辩"）。但若审查者盲目地跟随着他设定的辩解圈套，亦步亦趋地跟随过去，这样的审查思路便总是跟不上犯罪嫌疑人的辩解的变化，并受操控地以为犯罪嫌疑人最后一次的陈述才是自己最为要面对的。事实上，并非最后的陈述才是最终和确定的陈述，所有的不同陈述之间唯一能够直观确定的事实是——陈述者并非诚实可信而是满嘴谎言，因为陈述是如此的反复无常和飘忽不定。在这种情况之下，审查者如果还是抱持一种维护最后一次陈述的态度，那便会令人有一种没有独立思考能力的不良印象。

证据审查的核心问题是真伪判断问题，关键是基于案情上的全面解析。如果没有解析能力、解读能力和分辨能力，那么便会令人有业余和敷衍之感，甚至可以说是不称职。当然，有些问题确实难以解决，有些真伪确实难以分辨。但难以解决和难以分辨的道理也要分析阐述出来，这本身也是一种解析、解读和分辨。因此，本案的上述分析也许会有人不予认同，也许有人会提出自己的观点和论证，这种碰撞是难免的，这也就是排除合理怀疑的证明标准的主观性特征所衍生的必然存在。但是，至少在解决问题的道路上，上文还是说出了甲乙丙丁和子丑寅卯。因此，对本案，笔者内心确信上述分析所形成的事实。

在经程序法上的法律解释和法律适用，确信涉案法律真实的基础上，自然而然地，便要对该认定的法律真实进行实体法上的法律解释和法律适用解析。

三、发现法律的解析

关于行为人认为自己贩卖毒品而实际上该物品并非毒品的情形，在刑事法学理论上认为该行为归属对象的范畴。对不能犯的法律性质认定问题，刑事法学界存在两种观点，主流（传统）观点认为构成未遂犯罪，另一种观点则认为该行为欠缺法益的侵害性（犯罪客体不符合——没有侵害到刑法所保护的社会关系或者对刑法所保护的社会关系没有造成威胁或侵害）因而不构成犯罪。司法实务中，一般按照未遂犯罪认定。但是，本著不认为未遂犯罪或者不构成犯罪的观点是成立的，理由并不在于意志以外的原因未能实现犯罪或者法益实害性欠缺导致犯罪构成要件不符的论据并不充分，而是因为该行为在犯罪形态上，尚未进入实质性着手的阶段，本质上仍处于"为了犯罪，准备工具，制造条件"的预备阶段，具体理由如下详解。

其一，持不构成犯罪论者基于法益侵害性的欠缺而从犯罪的本质上否认犯罪，认为对象不能犯不会侵犯到刑法所要保护的法益或者对刑法所要保护的法益造成威胁或侵害，因为行为所针对的对象是缺陷的、虚空的或者是不存在的，因而并不纳入刑法规制的法眼。但事实上，法益侵害在犯罪的整个行为中均广义地存在。否则，在此类案件中，预备阶段也理所当然地不构成，但预备犯罪因尚未着手，故而没有引入对象（或者手段）的问题，然而在学界和司法界对此却没有争议。显然，预备阶段在未遂阶段之前，即预备行为在着手实行行为之前，而未遂限于着手实行行为之后，为此便很难理解经过了预备阶段的行为却在此后的未遂阶段被作了犯罪构成的否定性认定，而假如预备阶段行为即被终止则构成预备犯罪。并且，从犯罪形态犯的处罚上看，预备犯罪处罚要轻于未遂犯罪。亦即，从罪刑相适应的基本原则的角度反推而言，一个犯罪行为不可能在预备阶段具备法益侵害性而在预备后着手阶段的未遂形态中，却被认定为不具备法益侵害性。如果行为的预备阶段可以被认定为犯罪，但未遂阶段却不被认定为犯罪，这在逻辑上是矛盾的，在情理上也是矛盾的。法理不能超越逻辑、常理和情理，因而在法理上也行不通。事实上，不能犯大多存在法益的侵害性。否定论者一般把最终结果作为没有实害可能发生的理由。但这种最终结果是极其狭义的，因为在预备阶段以及着手后的实行阶段，大多存在相应、相当的实害，比如，交易（假毒品）中毒资的支付、控制下交付侦查成本的支出等。因此，不能说本案没有法益被侵害也不可能被侵害，更不能说没有造成法益侵害的危险或威胁。当然，诸如迷信犯这种完全基于封建迷信思想禁锢的原因，其行为只停留在主观臆想的层面上的假想性举动，因而是不可能造成实害的，也并没有侵害法益的任何危险或威胁的，方可认定为不构成犯罪。

其二，持未遂犯罪论者的理由是该行为已经着手实行，但由于行为人对犯罪对象（假毒品）的认识错误，导致犯罪目的（真毒品交易）未能实现，而这种基于错误认识而未能得逞犯罪的结果，并非行为人主观上之意愿，是意志之外的。未遂犯罪论之所以被主流观点所认同，在于该行为在表面上完全符合未遂犯罪的基本特征。事实上，如果没有对未遂犯在本质上应当建立在着手实行刑法分则具体罪名所规定的实行行为的要件要素这一特征的真正理解上，很容易得出上述行为符合未遂犯罪的结论。因为持有、购买以出卖为目的的毒品，就可以认定为贩卖毒品罪的实行行为。但是，我们往往不易发觉的是，贩卖毒品罪中指向的犯罪对象——毒品，应当是真正的毒品。如果是一种假的毒品，那么对行为人而言，还存在一个转换或者替代成真毒品的过程，而转换或者替代成真毒品的过程当然可以理解为犯罪预备。假设行为人已经辨识出其所针对的犯罪对象是假毒品，并继续以假充真予以贩卖，那么这就完全符合诈骗犯罪的实行行为特征。就本案而言，某甲在被抓获之时都没有认识到是假毒品（基于存疑时有利于被告基础上的法律真实）。因此，认为这是预备阶段因意志以外的原因而未能实现真毒品的交易，便有了充分的法理依据。

其三，判断犯罪未遂与犯罪预备之标准，在于犯罪行为是否已经着手实行。而判断是否着手的标准，按照我国刑法理论的传统观点认为，所谓着手，就是行为人开始实施刑法分则具体罪名规定的犯罪构成客观要件的实行行为。不可否认，着手标志着预备阶段已经终了，但着手不是预备行为的终点。因为许多犯罪在预备行为实施终了后，由于某种或某些原因还没有着手实行犯罪；许多犯罪在看似着手实行的过程中，由于认识错误上的原因或者其他原因，在本质上仍处于预备阶段。具体到本案，应当认为，要从持有或者购买真正的毒品（因为贩卖、运输、持有毒品等罪名针对的对象是真毒品而非假毒品）行为作为着手行为的起始点，如果不是真毒品，应当认定为预备阶段。这种貌似着手行为事实上由于认识错误而客观上尚未着手实施具体罪名规定的犯罪构成客观要件实行行为的，本质上是预备行为的延展，应当纳入预备阶段的范畴。

其四，传统观点认为，不能犯存在抽象的危险，因此应当以行为人当时所认识到的事实以及一般人可能认识到的事实为基础，判断危害结果发生危险的可能。如果按照行为人的计划实行行为具有发生危害结果的危险性，则认定为未遂犯罪；如果即使按照行为人的计划实行行为不具有发生危害结果的可能，就不认为是犯罪（譬如迷信犯）。此外，不能犯大多基于对事实的认识错误，因此是否构成犯罪，还需要分析行为人主观上对行为预见能力与有责阻却的问题，而预见能力可能会随着犯罪的进程因情势变化而起变化，所以需要对犯罪过程中的各个时段节点的预见能力以外行人领域的平行评价为标准运用因果法则予以分析，不能一概而论。就本案而言，收取毒资行为可以理解为毒品交易前的预付，也就是真毒品交易前的预备，接下来将要实施的着手行为，以真毒品为基础，因此当然存在发生危害结果的危险，即便由于错误的认识导致交易了假毒品，但如果不是因为意志以外的原因被查获，仍然存在察觉假毒品后交易真毒品的危险，按照平行评价的标准，假毒品只是一种意外，并不否定真毒品交易的意愿以及继续交易真毒品的可能，因此，并不阻却有责性。所以，不管在危害结果发生危险的可能性上，还是对基于认识错误是否阻却有责性上，行为人都具备符合侵害性和有责性的犯罪构成。

其五，从另一个方面而言，我国刑法理论的传统观点认为，行为犯是指只要实施了（指实行终了）刑法分则所规定的某种实行行为，就构成既遂的犯罪。因此，诸如脱逃罪、贩卖毒品罪、运输毒品罪等行为犯，一般不存在未遂问题。就本案而言，如果认为贩卖毒品实行行为实行终了但因对象不能而做了未遂犯罪的认定，这便存在法理上的悖论（既是既遂又是未遂）。但如果将对象认识错误解释为预备行为，认定为贩卖毒品的预备犯罪，则不存在这种法理困境。

综上所述，本案某甲的行为构成贩卖毒品罪（预备）。

发现真实和发现法律作为司法追求目标结果的路径，通过解析陈述了对目标结果——评判裁断之路径的法律解释与法律适用，最后通过裁判文书的方式予以陈述呈现，司法就实现了评判裁断上的使命。倘若没有解析，那么，司法就可能会被理解为一种独断、一种霸道，这在以人民民主性作为司法的理论基石的现代社会法制意识上，就存在背离。司法在将判例解析表达在裁判文书上时，作为对具体事例的裁断评判，也方才阶段性地完结。但司法的意义不仅在于单纯地评判裁断，还需要通过开示来表达意义。

| 第十一章　判例解析开示的法治意义 |

如果判例解析只是司法官或者司法机关的口头或心理上的解读，不被陈述地告示和周知，或者司法裁判文书只作为裁断的凭证，不能被讨论和质疑，那么，判例解析的功用甚至还不如法教义学的教材或课本，这种犹如待字闺中或束之高阁的判例解析之于法治所应然之开诚布公而言，意义未免虚弱。还有，倘若判例解析仅仅是格式化的文书填充，那么，即便这种文书被广泛公示和周知，也几乎没有争鸣、辩论空间，因为它并不讲法理也不讲道理，这样的裁断评判也不能称之为判例解析，充其量它只是个霸王逻辑下简单粗暴的陈述表达而已。我们并不是说判例须一应俱全或者事无巨细地详尽解析，通俗浅显的司法处断、言简意赅的裁决是切合时宜的，三言两语即能说清道明。因为司法上许多的是非对错、善恶良莠都是清晰可见、公知公认的，而且这也是司法资源和成本的效益使然。只有具备疑难复杂或者模棱争议的案例，才具有判例解析的价值基础。因此，我们所谓的判例解析指向的案例，就是这种具有解析价值类型的案件。

判例解析的法理基础来源于普通法精神，普通法根据法律至上、公序良俗、一般法律原则以及先前司法经验等法律原理和法律传统，直接或者间接地运用于案件审理，形成具有约束力的判例（先例），而不是将案件事实形式上地关联适配到抽象规范体系的精确逻辑格式中进行法律适用，形成个案性质的流水线产品的裁判。普通法的优势在于纠纷解决的不负众望，实定法则在抽象概念的逻辑推演上独树一帜。由于普通法改变了"法官只能机械适用法律的封闭规则体系和命令式立法的拜占庭思想"的成文法缺陷，在审理案件上体现出活力和韧性，因此，普通法的精神逐渐蔓延到世界各法系的血脉之中，或被移植，或被吸收，或被借鉴，或被参照。运用普通法思想和思维审理的案件，其间充满了司法经验主义的遵循先例原则和独立司法上的法律至上原则这两大基本理论，将司法的效益与效能发挥到了极致，并以判例的方式作为法律的渊源之一，如此一来，判例解释就愈加具备生命力，而不是仅仅依靠实定法的教义和规则生存。由于普通法的判例在立法体例上具备了造法的特性，该判例解释即赋予了法律约束力的功能，即便后续的判例在情势变更等诸多情况下可能推翻先例，但这种判例上的取代依然不会改变先例和后例所关涉的法律问题的思考与探索，也就是取代但不会中断，如同实定法中的法律订立或者修正。日本学者大木雅夫指出："（制定法的立法者）把对理性的信仰推向极端，不仅调整范围过于宽泛，甚至把未来也置于其调整之下。他们过分的自信还导致了对法官和法学家作用的不近情理的轻视……然而，对法官和法学家的这种压制，导致了日后法官和法学家以轻蔑对这部伟大的法典（普鲁士普通邦法）施加的报复——历史法学派无视这部法典的存在，而法官们则在这部庞大的法典的每一条文下都附加了判例。"判例通过解析来阐明法律理由，这样的法律解释尤其生动和形象，它将抽象的法律概念、原则、规范与具体的、现实的事例链接、融合、关联适配，这种链接、融合和关联适配的主要方式——判例解析——则充满了被遵循、被援引或者被参照的可能。在此模式之下，判例解析自然就任重道远。

即便我们当前的司法判例制度仍然不具备法律（司法）体例上的法律渊源，但在借鉴普通法的判例制度的精华时，我们还是看到了一定的趋势——成文法国家不断地摄入判例解释的功能价值。那么，作为判例解释的核心——判例解析，事实上是将判例法的功能价值和效益效能映照在判例文本甚至司法信念上。很难想象，没有判例上的解析或者不懂得如何解析，又何以称之为判例解释呢？或甚可以这样去理解，判例解释相当于规范，判例解析相当于理由；判例解释是"其然"，判例解析是"其所以然"。那么，判例解析之于判例解释甚至判例法，其地位和身份便是不可代替的了。

示例二十三：某甲非法经营案

☞【案情摘要】

2015 年 3 月，某甲在某市某区投资设立某贵金属经营有限公司，并自己担任公司总裁实际控制公司的经营管理。自 2016 年开始，该公司先后与某贵金属交易中心、某石化交易中心、某农产品交易中心（均为现货交易中心）签订合作协议，成为上述三家交易中心的会员单位。在协议中，双方约定由交易中心提供一个独立的网络交易平台通道给该公司，该公司招揽投资人在该交易平台通道上进行买卖操作，交易中心以投资人在交易平台通道上申请的账户的交易量总和作为根据收取投资人万分之八的手续费，其中交易中心分得其中的万分之三，该公司分得其中的万分之五。在实际经营运作中，该独立平台通道以"现货交易"为名，实际上并未进行实物的现货交易，而采用标准化合约、做市商集中交易、T+0 双向交易、高杠杆、保证金强制平仓等期货交易方式作为交易规则，经营交易平台通道提供的虚拟产品。并且，投资人在该交易平台通道上的买卖行为，平台交易系统都设定由该公司接单，即该公司与其招揽的投资人互为交易对手，投资人与该公司形成实质上的对赌关系。投资人在该独立平台通道上的交易价格，则与交易中心正规平台上发布的实时现货价格保持一致。

协议签订后，某甲在该公司设立行政部、商学院、财务部、市场部、网管部、风控部、招商部等部门，并以该公司的名义招募、雇佣大量职员（均另案处理）对该交易平台通道进行网络服务和网络管理，与交易中心进行财务对接和结算，通过各种方式招揽、吸引投资人，全面开展公司在该独立交易平台通道上的业务运营。

某市某区警方接到投资人的报案，于 2017 年 10 月 21 日查获该公司，并当场抓获某甲及数十名公司职员。经统计，截至案发日，该公司在三个交易中心的交易平台通道上累计交易全额为人民币 8928167760 元，该公司从三个交易中心分得的手续费总额计人民币 4505670 元，在虚拟产品交易的对赌中获利总额计人民币 25367843 元。

☞ 【诉讼经程】

某市某区警方以某甲涉嫌诈骗罪、非法经营罪立案，经侦查终结后，移送某市某区检察院审查起诉。

某市某区检察院经审查，以某公司、某甲犯非法经营罪，向某市某区法院提起公诉。

某市某区法院经开庭审理后认为，某公司系交易中心的会员单位，其所实施的经营行为具有商事代理的法律性质，而交易中心提供的独立的交易平台通道，是交易中心对该公司的商务特别授权，该交易平台通道以交易中心的名义进行经营活动，本质上属于交易中心的经营行为。由于三家交易中心均为合法注册，代理行为也在合法的范畴内，在合法经营的延伸下，某公司经营的业务并非现货交易也并非期货交易，因此，无法认定其行为是否属于非法经营行为，根据法无禁止即可为的法律原理以及罪刑法定的刑法基本原则，某公司及某甲的行为不构成非法经营罪。据此，一审判决如下：（1）某公司无罪；（2）某甲无罪。

某市某区检察院认为某公司和某甲均构成非法经营罪，一审法院的判决确有错误，在法定抗诉期间内，向某市中级人民法院提出抗诉。

☞ 【判例解析】

违法的前提是法律上的禁止性规定，但违法并不总是以直观的方式显露出来，许多表象隐藏在合法的外衣之下，如果没有进行本质的分析，就难以看透事物的本质。而追求、探寻本质而不只是观察、分析表象，这是司法所应当具备的洞察力和思维力。

以现货交易为名行期货交易之实，或者既非严格意义上的现货交易也非严格意义上的期货交易，或者借助现货交易、期货交易之名另外自定义交易规则，诸如此类似是而非的行为，只有发现行为的本质，才能揭开真相的面纱，否则是难以对其进行法律性质认定的。涉案公司利用了已经登记成立的现货交易平台，根据平台授予的权限和给予的独立通道交易系统，再自行招揽、吸引投资人参与交易活动，从而促进交易额的数量、增量，以便从以交易额作为基数收取一定比例的手续费中实现利益上的分割。从分割利益的主体以及比例上看，交易中心以及其授权的会员单位都是利益的享有者。在遵守法律、规则的框架下，这些利益的分割显然是无可厚非的，而且其意义远在这些以金钱计算的利益分割之上，因为交易的数量、频度将促进市场的活跃，将单纯的资本以及市场赋予了流动性和机动性，即便风险的存在也是如影随形、暗潮涌动，但这是资本市场的大势所趋。但是，本案之所以有别于规则约束下的经营活动，关键在于这些参与主体（终端投资者除外），借用了一个业经批准设立的现货交易平台，违反现货交易本质上的要素及规制，拟制了若干商品的国际（国内）现货买卖价格作为指数的特殊经营模式，作为谋取利益的行为手段。在本质上，这种运营或者说交易并非商品期货，因为商品期货仍然建立在现货的基础之上，所谓期货"基于现货但高于现货"概论是毋庸置疑的，当然现今之指数期货交易是一种另外创设，但归根结底的，这些指数期货中的指数仍然建立在现货的基础上，例如黄金指数建立在黄金现货的市场价格上，股票指数建立在股票市场的交易，汇率指数也建立在各种实际币种之间的交换基础上。本案的涉案公司并没有现货商品的基础，也没有远期商品的基础，因此当然不属于严格意义上的商品期货交易的范畴。但涉案公司以及投资人以相关商品的国际（国内）价格变动参数作为市场交易的价格凭介，本质上是一种虚空的买卖（买空卖空），或者说是一种仿照指数、利率、汇率的特殊品种的期货交易，与实物的商品期货大相径庭。因此，在现货的交易平台上实施的此类行为，不是现货交易行为，也不是商品期货交易行为，而是一种价格指数期货交易行为。

作为价格指数期货交易，具备"标准化合约""集中交易""期货合约或期权合约"等特性，完全符合《期货交易管理条例》对期货交易的定义及规范性内容，因此，在期货交易的概念之下，本案所涉的价格指数期货交易，理所当然属于期货交易的一种表现方式，这是厘清本案行为性质的一个前提。在此前提之下，所涉交易行为未经审批（未经国务院期货监督管理机构批准，任何单位或者个人不得设立或者变相设立期货公司，经营期货业务）便构成了认定其涉嫌非法经营罪的一个要件要素。至于本案中的所谓投资人（非法经营的参与方很难在法律上确定为被害人）提到的在交易中被设置陷阱和技术阻滞的情况，如若查证属实，则涉及利用期货交易的陷阱施行诈骗的嫌疑问题。在以非法占有为目的的主观心态之下，行为人利用期货交易的幌子，通过暗中设置圈套和陷阱，蒙蔽投资人，让投资人陷入了自己在期货交易中进行经营的错误认识，从而主动参与这种经营方式，并将财物通过"交易"支付给行为人，行为人在所谓期货交易的掩护下实现非法占有投资人财物的目的。这是典型的诈骗犯罪。但本案的公诉机关并没有对此进行指控，事实上本案的证据也没有达到认定诈骗犯罪事实的标准。因而对此罪名，本案不予评价。

本案买空卖空的行为类似赌场上的买大买小等博弈，有涉及开设赌场之嫌。在法律性质上，开设赌场与非法经营本质上的区别，在于是否存在确实的买卖或交易行为。买家在赌场上（包括网络赌场）的买大买小等博弈，事实上只是赌大赌小、博大博小的性质，没有实际上的交易，没有先将大或小等对象买过来再卖出去，而只是等待一个不确定结果出现确定性的符号或者标记，是下注行为而非交易行为。但是，本案涉案行为中，买家（或称之为投资人）在交易平台通道上的买进卖出行为，具有事实上的交易性质，即买家需要先支付实实在在的对价以便获取相应的交易对象的数量，即便交易对象可以是一种指数而不一定是实物，但总归是要先买来占有，且买家对买来的交易对象可以自行决定持有和卖出的时机，因此这是交易行为而非下注行为。如此而言，本案的涉案行为的法律性质应当认定为非法经营行为而非开设赌场行为。

再者是作为交易平台的第三方支付方行为的法律责任问题。本案中的各交易中心，各自经营着被许可的现货商品。作为第三方支付平台的交易系统，原本的经营模式是经过国家行政机关审批的，是合法合规的。但是，在本案涉入之后，其经营模式从客观上看，已然不具备合法性前提。因为这个另外开辟出来的交易平台通道，其交易模式已经不同于先前固有的经营模式，而这种归属指数期货交易的经营模式，必须有前置的行政审批作为前提。如果没有被许可或者没有申请许可，那么，交易平台通道所实施的经营行为就涉及非法经营。因此，问题的关键便转到该第三方支付平台对涉案行为的主观认识和主观意志上的犯罪主观方面的问题。倘若涉案公司的涉案行为，对第三方支付平台而言，是一个完全了解和掌控的行为，毕竟，第三方支付平台掌握了所有的交易数据并且从交易额中收取一定比例的手续费。在一个专业的领域，通过对此类数据的直观观察和专业分析，都不难分辨该数据的基础是现货交易还是期货交易，是指数期货还是商品期货。因为，现货交易涉及现货的订单、物流、交割以及质量检验等常规性问题，商品期货同样涉及现实商品的远期交割、物流及质量检验等问题，而本案中对此问题从未涉及，这的确异常。更何况，交易平台系统如果没有提供给该通道一个特别授权上的许可，涉案行为根本无法实现价格指数的交易，而授权、许可本身就是一种明知的主观心态。事实上，本案的涉案行为关于指数交易的特征是有目共睹的，不用说掌管这个交易平台的交易中心，也不用说经营其间的会员单位或投资人，即便是稍微有点金融、证券知识的，也都能对指数期货有所认识。还有，即便是现货交易具有意志自治的可能，但是相关法规也设定了一定的交易限制，防止现货交易变为期货交易。本案的涉案行为，已然突破了这些壁垒，将一个现货交易平台变成了一个价格指数期货的交易平台。而这些状况和数据，尽在涉案的第三方支付平台的专业机构和专业人员的眼皮底下。

此外，若第三方支付平台没有与涉案公司通谋，是否会与涉案公司之间构成一种片面共犯的关系。从不作为犯的角度而言，就是一个内行人普遍义务的恪守是否会上升为不作为犯罪的义务前提问题，也就是第三方支付平台对通过该平台通道实施的交易行为是否具有监管的义务问题，如果有义务，那么该平台对义务的不履行就构成了不作为犯的义务前提；如果没有义务，则另当别论。第三方支付平台为保证平台通道上的交易行为合法、有序地进行，对交易行为当然有一种监管的义务，因为原本的平台交易，都是由第三方支付平台控制，交易的合法性也自然是可预知的、可控制的并且是不可越界的，这也是第三方支付平台得以继续、维持经营的一个前提。但是，涉入涉案公司的涉案行为后，该交易中心将部分的经营业务交付给涉案公司去打理和经营，涉案行为就构成了整个交易中心整体业务经营的一部分。由于该部分的经营仍是依托在平台系统之上，那么，交易中心当然对该部分经营业务具有监管和保证的义务。如果交易中心不履行监管和保证义务，那么就是一种不作为。由于交易中心对涉案行为的性质是可预知的，因而该不作为导致了犯罪的发生，交易中心便需承担不作为犯罪的责任。据此，从不作为犯理论上，也可以推导出第三方支付平台构成犯罪的结论。事实上，在预测可能性的基础上，具有配合、合作以及利益分配的关联者，在共犯的理论上是成立的。由于检控方面没有对交易中心以及其主管人员和直接责任人员提出指控，本案的论及只是作为涉案公司及某甲行为的必要的关联论述，因为，涉案公司与某甲的行为的论证完整性，绕不开提供交易平台通道的交易中心。但，关于交易中心的法律责任问题，在此不作评价。

本案中的辩方提出关于国务院证监会确认该行为属于期货交易行为的行政确认而不是鉴定意见，因而涉案行为的鉴定意见缺失致使期货交易行为无法得出权威结论故应当视为证据不足的抗辩。对此，本判决解析如下：该抗辩事由涉及鉴定意见在案件中是否为必不可少的法律问题。在刑事证据上，从没有法律理论提出对某类或者某种证据不可或缺的观点。证据标准和证据能力只在于客观、真实、合法而不在于种类、名目、数量。涉案行为的性质是否可以鉴定、是否需要鉴定以及是否被司法所采纳，最终都需要由司法作终局裁决。既然司法可以对鉴定进行评价裁决，那么司法认定本身就超过了鉴定意见本身，所以在法律原理上，鉴定意见是司法的参考而不是司法的决定。一般而言，鉴定只是针对案件中某种客观行为及结果的领域专业性问题提出意见而不是对案件涉案行为的法律性质作鉴定分析。由于涉案行为涉及金融领域（期货证券）的专业问题，司法人员并没有如此专业的水准，在此情况下，往往需要一个对该行为所涉领域的专业性鉴定意见来提升自身的审查信心，比如本案可能需要某个机构出具意见认定该行为属于"现货交易"或者"期货交易"。由于鉴定意见指向具有针对性，不能也无法对案件的整体行为作出性质归属的认定。在此情况下，司法人员可以聘请专家出具专家意见后再行审查判断，或者无须鉴定意见而直接根据行为特征对照法律法规进行自行审查判断。本判决根据国务院证监会以函件致侦查机关的方式认定涉案行为为"期货交易"及"非法经营"，而不认为是鉴定意见。在未被法律法规授予鉴定资格的情况下，行政机关不是鉴定机构。本案的函件，是一种行政确认文书，在本案中只具备参考性，这一点无须质疑。何况，对本案的涉案行为，即使没有鉴定机构的鉴定意见，本判决亦能根据案件事实和法律法规作出司法上的认定，即前述解析之涉案行为属于指数期货交易行为。

据此，二审判决如下：（1）撤销一审判决书；（2）某公司犯非法经营罪，判处罚金人民币30000000元；（3）某甲犯非法经营罪，判处有期徒刑八年，并处罚金人民币5000000元；（4）追缴非法所得人民币29873513元，收归国库。

一、判例解释与判例解析

在法律解释的分类上，按照效力的标准可以分为有效解释和无效解释。有效解释在成文法系的体例上包括立法解释、司法解释以及经特别授权的行政解释；在普通法（判例法）系的体例上包括立法解释、司法解释和（司法）判例解释。无效解释则不管是成文法体例还是普通法体例，一般都包括学理（学者）解释、任意（个人）解释等。由于法系之间相互取长补短、相互借鉴参照的趋势，普通法系国家通过制定衡平法以及编撰法典等方式，对先例之外的法律形式进行继受和吸收，来实现法律的统一性和覆盖性；成文法系国家判例的功能价值，则通过制定一些制度（前文所述背离相告制度等）来弥补实定法在司法上的某些缺陷（比如法律修改的滞后性、司法弹性等）。成文法系国家的判例解释甚至是法律意旨、法律原则范围内的造法性判例解释，通过判例指导制度、强制说理制度等方式来实现或实验，即便并不赋予其法律渊源的地位，但因此而形成的判例解释的遵照、参照或指导作用，在统一的司法命题下，仍然具有十分明显的意图指向，甚至是心照不宣的。

在判例法和判例解释的意义上，并非每一个司法裁决都具有法律约束力上的司法解释或者解释法律的性质，只有那些经过一定程序进行精心选编且发布通告的裁决才有可能作为先例而被后续的司法所遵循，并且在先例的统摄力上，司法机关的层级也有一定的章法，一般而言是上级不理会下级的判例，除非是上级先予吸收下级的判例。因此，当我们论述或者阐释判例解释时，指向的判例实际上应当经过一定的精炼或加工，至少是选编或者整理过的判例，而并非所有经过司法裁决的判例。

所有被选编或者发布的司法判例，都是对某类案件或某个、某几个法律问题作出解释性的公示和通告。这种公示和通告，一般都是自上而下的，而且是以正式公文或者以法律制度之名的方式发布的，因此，其统摄力是不言而喻的。既然是公示和通告，当然就有一种示范或者规范的含义，即便司法机关对判例的约束力和身份地位仍然欲言又止，即便在法律渊源的身份上仍然未得到可能之正名，但从其功能价值而言将其称之为准判例解释是不会过甚其辞的。这种准判例解释，可能由于法系上的区别和禁止难以在短期内得到名分上的确认，但它的功能价值，却是法治发展道路上不可忽略的部分，尤其是在司法的统一方面。正如卡多佐所言："每一个判决都有一种生殖力，按照自己的面目再生产。每一个判例对未来的同类或者类似性质的案件都具有某种指导力量。"卡多佐所说的指导力量的主体，当然是所有的司法判决以及包括判例解释和准判例解释的判决内涵。

判例解析，言下之意就是对纳入司法程序的案件作法律上的诠释和分析，并将诠释和分析表达在司法文书上，形成司法判例。这里的诠释，虽然在文义上与解释属于近义词，但在司法理解上却有微妙之处。司法上所谓的解释，特别是当解释与司法、判例搭配组合时，譬如司法解释、判例解释，其含义一般指向规范性，而较少去具体说明、详细分析之所以这样解释的理由，也就是说司法上的解释事实上就是一种规定性的内容。

当然也有例外，譬如有些司法解释、判例解释就会对解释理由进行具体说明和详细分析。而这里所说的判例解析，就一定要包含对案例的整体性诠释和论述，包含着结论之理由的具体说明和详细分析，甚至对司法文书的结构、编排和行文规范，也都要面面俱到。还有一点，判例解释一般指向法律适用上的问题，很少涉及证据方面关于法律真实的分析论证。而判例解析则对证据分析、真实认定、法律适用等有关司法问题兼容并包、一应俱全地涉及，并且对这些司法问题进行诠释和分析，这样才是一个判例的完全解析。所谓"没有诠释的分析是空泛的，没有分析的诠释是盲目的"，可以认为就是针对判例解析所作的精辟概括。判例解析上的诠释与分析，缺一不可。因此从总体上来看，判例解析是司法机关或者司法官办理案件的全程的文字记载和思维表达，通过阅览判例解析的诠释和分析，旁观者就能够看透这个判例的司法处断经程和法律裁决真义。此外，判例解析也会一览无遗地将司法者的素养、水准、品格甚至境界展露出来，前提是这个判例解析是充实、详尽且专业的。

如何才是充实、详尽而专业的判例解析，这一点其实是没有严格的规范性标准。有的判决，三言两语就能说清道明，有的判决则需要长篇大论。但是，作为判例上的解析，其宗旨就是要让别人看得懂，不仅是案例事实和定案结论，还包括具体分析和裁判理由。不仅要让业界人士看得透，还要让普通民众也能略知一二。因为法律规范本身就不应当是深奥晦涩的，否则民众如何去学法、知法、守法？司法文书也应当深入浅出，以便民众能进行朴素感受和普法传递。所以，司法官在进行判例解析的时候，一定要注意解析的全面性、细致性以及结论的通俗性，即便某些地方必须使用法律专业术语，也必须另行注明该术语的含义和理解方法，并至少在事实叙述和裁判结论上，要做到通俗易懂。另外就是判例解析的文书规范问题，虽然判例解析无法用一种统一的司法文书格式将文书结构、格式、条理、逻辑、理由等进行严格界定和严格规范，但司法上的一些基本问题，譬如证据分析、事实认定（发现真实）以及裁判理由、法律适用（发现法律）、裁判结论等必要构成，是一个也不能少的。这里所讲的规范，不是指行文内容的规范，而是指文书要素的规范；不是指判例编排上的规范，而是指判例本身在形式系统上的规范。

如果单纯从规格和位阶的高低上看，判例解析、判例解释、判例制、普通法的排列是由低到高的顺序。判例解析是最基础的也是最为先决的。倘若一个判决都没有把问题诠释和分析清楚，没有把事实和法律讲透彻，那么，这个判决就根本没有说服力，甚至会成为反面，那这个判例解析也就谈不上作为判例解释的地位。如果判例解释对案例所涉的法律问题没有提出正当且合适的解决方法，没有具备规范性的条件，那么该判例解释也就没有公信力和约束力，其作出的解释性结论要么被推翻要么被取缔，根本不具备作为被遵循为先例的可能。所谓的判例法需要经典的、传统的判例来支持体例的维系和发展，判例法上的判例需要具备一定的稳定性，至少在判决当时是被业界共识和认可或至少是精义的独到见解。至于判例法和普通法的位阶，判例法以判例解析和判例解释为先决，通过一个个判例的集成并以传统习惯或者制度设立的方式将这些集成作为法律上的主要渊源和先例示范，因此，判例法的位阶自然就在判例解析和判例解释之上。普通法是一个法系集大成的统称，包括判例制、衡平法及其他具有规范性的制度和司法文书等，因此，普通法当然就站在最高的位阶上。这里所谈的位阶问题，实际上是要弄清楚判例解释的使命意义或者实验价值，当我们在借鉴或者参照普通法的判例制度时，即便没有以设立判例法制度为目标，但是由于如前文所述的普通法的某些优异性，就需要为之进行实践试验和功能价值检阅。而试验尝试和检阅归纳，对司法机关和司法官而言，就是要履行自己的职责，对案例的审理拟制出最好的判例解释和判例解析。至于此后是否将判例解析或者判例解释制度化、体系化，虽然不得而知，但是无论如何，判例解析总是必要的和不可或缺的。本质上而言，这也是一种司法精神上的循序渗透、移植以及条件成就的先前步骤，是普通法精神普就的必由之路。

示例二十四：某甲介绍、容留卖淫案

☞ **【案情摘要】**

　　2017年1月，某甲租下某市某区某住宅小区某房屋，并开始利用该房屋介绍和容留卖淫嫖娼活动。2017年6月13日晚10时许，某甲在该住宅小区附近的马路边看见一单身男性某乙，便上前搭讪某乙并询问某乙是否要嫖娼，某乙表示需要。某甲便告诉某乙嫖娼一次价格为人民币150元，某乙同意。随后，某甲通过电话叫来卖淫女某丙（16周岁），并将该房屋的钥匙交给某乙和某丙。某乙和某丙便一起到该房屋内实施卖淫嫖娼。随即警方接到报警，并当场赶赴该房屋，将正在从事卖淫嫖娼活动的某乙和某丙抓获，并随后根据某乙的引领抓获某甲。

☞ **【诉讼经过】**

　　某市某区警方以涉嫌介绍、容留卖淫罪，对某甲立案，经侦查终结后，向某市某区检察院移送审查起诉。

　　某市某区检察院经审查后认为，某甲介绍、容留未成年妇女1人次卖淫，符合立案追诉标准规定的"引诱、介绍、容留已满14周岁未满18周岁的未成年人卖淫的"情形，构成介绍、容留卖淫罪。遂以某甲犯介绍、容留卖淫罪，向某市某区法院提起公诉。

　　某市某区法院经开庭审理后认为，根据司法解释规定，"引诱、介绍、容留2人次以上卖淫的"或者"引诱、介绍、容留已满14周岁未满18周岁的未成年人卖淫的"，符合立案追诉标准。本案中，某甲对某丙的身份年龄自称不清楚也没有去核实，公诉机关证明某甲知道某丙系未成年人的证据也不充分。由于某丙长相较为成熟，故无法排除某甲确实不知道某丙为未成年人的可能。根据存疑时有利于被告的证据审查规则和主客观相统一的犯罪构成要件体系，认定某甲主观上明知某丙为未成年人的证据不足。因此，在犯罪构成要件上某甲并不符合介绍、容留卖淫罪的主观要件，不构成介绍、容留卖淫罪。据此，一审判决如下：某甲无罪。

某市某区检察院认为一审法院认定某甲无罪的判决确有错误，在法定抗诉期限内，向某市中级人民法院提出抗诉。

☞ 【判例解析】

本案的焦点在于立案追诉标准在适用时是将其看作客观标准还是要进行主客观方面上的统一看待的问题，该问题同时引申到立案追诉标准的诸多关联问题，诸如司法者对立案追诉标准的属性如何认识？立案追诉标准在适用时有没有可依据的原则和规则？若有，为何？甚至还引申出要不要对立案追诉标准的具体内容进行再解释，要不要就立案追诉标准的适用规则作出具体的规范性规定等问题。此类问题的提出未免令人产生疑虑，因为立案追诉标准本身就是个具体量化的标准，它是有权解释机关制定的为了解决某些罪名在犯罪客观方面的数额、情节、后果等要素性问题而颁布的具有法律效力的法律解释，其本义就应该是让司法者直接适用于司法实践，怎么还会产生或者引申出这么多的问题呢？司法实践的归纳和剖析表明，产生和引申此类问题主要有以下两个原因：一是立案追诉标准的内容本身或存有歧义，或语焉不详，导致无法直接适用；二是司法解释机关对立案追诉标准的适用原则、规则，没有作出统一的规定或说明。立案追诉标准到底是纯客观标准问题而无须考虑犯罪主观方面即可直接适用，还是在犯罪主客观方面统一的基本原则下，应当结合犯罪主观方面认识犯罪客观方面的诸要素，司法者不能明确因意见不同而致适用上的分歧。第一个原因是刑法解释的技术性问题，需要通过进一步的解释方可明晰或者按照司法者对法律的理解认知结合常识、常理等学识自行解释法律（法律续造）。第二个原因，是关于刑法解释的适用理念、适用原则的确立问题，这需要司法者在对法律原理和法律理论理解通透的基础上，结合立案追诉标准的属性和特征，结合司法实践上的经验归纳和实证积累，通过借鉴、吸收和不断地论证、不断地成型方可规范、合理地确立适用理念和适用原则。站在统一司法适用的角度，立案追诉标准的适用原则、规则问题，确有必要达成一个共识或者至少确立某些基本的适用原则、规则以便进行相对统一的法律解释。

在切入上述问题之前，我们先要对立案追诉标准的属性进行准确的确定，因为只有确定了属性，才可能对其应用有一个方向上的准确定位。首先，立案追诉标准是刑事实体有权法律解释的一种表现方式。毋庸置疑，立案追诉标准属于刑法解释的一种，大多归类于司法解释。立案追诉标准制定、颁布的目的与刑法解释的目的是一样的，也就是对刑法规定内容的释义、说明和确定。从刑法解释的机能的角度看，立案追诉标准是要帮助人们正确理解刑法规范的含义与条件，克服对刑法规范认识上的歧义与偏差，最终解决适用刑法上的规范与统一。因此，立案追诉标准是立足于刑法规范和立法意旨，对刑法规范中的某些内容进行的释义、说明和确定，基于此统一认识、解决偏差与歧义，实现刑法总则确定的罪刑法定原则与适用刑法平等原则。

其次，立案追诉标准是犯罪客观方面的一个要件要素。在犯罪的客观方面，有犯罪行为、犯罪对象、犯罪结果以及因果关系等要件要素。从立案追诉标准规定的内容上看，一般就犯罪客观方面的行为特征、犯罪数额、犯罪情节、犯罪后果等方面予以释义、说明和确定。因此，不能笼统地说立案追诉标准属于上述要素中的哪一类，可能属于犯罪行为，可能属于犯罪对象，也可能属于犯罪结果。例如本案适用的立案追诉标准，就是2008年6月25日最高人民检察院、公安部《关于公安机关管辖的刑事案件立案追诉标准的规定（一）》[以下简称《立案追诉标准的规定（一）》] 第78条规定的："引诱、容留、介绍他人卖淫，涉嫌下列情形之一的，应予立案追诉：（一）引诱、容留、介绍2人次以上卖淫的；（二）引诱、容留、介绍已满14周岁未满18周岁的未成年人卖淫的；（三）被引诱、容留、介绍卖淫的人患有艾滋病或者患有梅毒、淋病等严重性病的；（四）其他引诱、容留、介绍卖淫应予追究刑事责任的情形。"其中的第（一）项就是对犯罪结果的规定，而第（二）（三）项是对犯罪对象的规定。一般情况下，大多数的立案追诉标准规定的是犯罪结果或者犯罪情节方面的问题，因为只有犯罪结果达到一定的标准或者犯罪情节达到一定的程度才涉及立案追诉追究刑事责任的问题。对行为犯（举动犯）而言，由于刑法理论上认为行为人一旦实施该行为即构成犯罪，因此，无须考虑立案追诉标准的问题。当然，也有少数的行为犯（举动犯）规定了立案追诉标准，主要是为了区分以及确定该行为是否属于情节显著轻微、危害不大的，不认为是犯罪的行为，体现刑法的谦抑性而避免打击面过大。但是，立案追诉标准不管属于何种类型的解释，其所规定的内容，在没有特别注明的情况下，都是解释犯罪客观方面的问题。虽然，我们在研究犯罪的构成时，通常都认为主客观方面的要件是相互关联、有机统一的，不能进行绝对的割裂或者分离。但是在立案追诉标准的适用问题上，不能有如此的认识，否则，就会陷入循环的解释陷阱或者无休止的争议之中。如果这样，那么这个立案追诉标准的存在就会适得其反，根本无法实现司法解释的规范意图，因为除了新增加一个要件要素之外，还附加了一个对这个要件要素进行主观认识问题。而实际上，这个主观认识问题如果没有立案追诉标准的介入就已经在犯罪构成的主观方面中解决了。我们在谈论标准问题时，一般都是设计一些具体参数、具体条件或具体要求，然后再审断是否符合这些参数、条件、要求，最后获取是否符合标准的结论。因此，既然是标准问题，那么一般情况下都应当属于客观方面标准而不涉及主观上的认识和意志问题，如果介入主观问题，那么因主观方面无法量化而不易确定，难以作为标准予以适用。如何认定行为人在实施犯罪行为时的主观方面的问题，一般都是一个判断、认定、推定的过程，很难或者说无法用标准来进行解释。

再次，立案追诉标准是附属于该罪名，并为解释该罪名的某客观要素而确立的。由于刑法典条文、罪名在制定时的技术性问题，导致司法者在适用时对于如何掌握量的问题产生争议、疑惑或者不一致，立案追诉标准才应运而生。从立案追诉标准的制定意旨而言，是为了解决某罪名在立案、追诉时在量的方面上应当掌握的起点标准，或者说是为了衡量某行为在社会危害程度方面是否达到了追究刑事责任的量的起点标准。因此，立案追诉标准必须也只能附属在某罪名之下，作为某罪名在司法中的一个操作标准而存在。甚至在某些情势之下，立案追诉标准可以进行变更或者重制，但这种变更或者重制不能改变该罪名的存在，其与该罪名的关系近于皮毛关系，皮之不存毛将焉附。所以，任何人在讨论、研究立案追诉标准时，都无法剥离或者脱离于其依附的罪名。

立案追诉标准是某罪名的司法解释，其制定目的是要解决某罪名的立案追诉的量的起点标准问题，量的起点标准是某罪名的犯罪客观方面的一个要素，与该罪名之间形成必要条件关系。因此，该罪名的主观方面、主体方面的问题以及其他与量的起点标准没有关系的问题，立案追诉标准是无法解决的。因此，立案追诉标准并不是刑事法学大全，不能也无须将某罪名下的一切或者主要的刑事法律问题包容其中。某罪名的刑事法律问题，需要通过刑事法学理论、刑事法典规范、刑事司法实践等多方面的知识运用方可解决出现的法律问题。如果认为立案追诉标准应当解决某罪名的一切或者主要的法律问题，不仅是强人所难，而且有越俎代庖之嫌。

由此，可以将立案追诉标准的属性概括为：为了解决某一罪名在犯罪客观方面的量的方面上应当掌握的起点标准问题，由有权解释机关制定的刑事法律解释。

接下来是司法者要确立立案追诉标准的适用原则、规则问题。首先，从立案追诉标准的客观要件要素的属性上看，立案追诉标准是一个客观性的标准，它不是犯罪的构成要件的综合，不是一个罪名的刑法理论和司法实务大全，也不是一个主客观统一的集合命题，而只是一个罪名在客观方面的一个要素的解释，它要说明的、解决的只是一个罪名的犯罪客观方面的一个要素问题。确立了这个原则，我们就不会陷入循环解释的圈套之中，不会再去纠结立案追诉标准要不要考虑犯罪主观方面的罪过问题，要不要考虑犯罪主体的刑事责任能力问题，要不要考虑犯罪的因果关系、行为的法益侵害性以及有责性问题。因为，立案追诉标准只负责解释客观要件中的一个要素问题，其他的诸如上述的问题，要么先解决后再来考虑立案追诉标准，要么先考虑追诉标准后再去解决。把复杂的问题简单化、明晰化，这是刑事法律解释的目标和使命。例如危险驾驶罪（醉驾），在犯罪的主观方面解决明知喝酒的问题，而立案追诉标准则是解决酒精含量的问题，不可能要求行为人认识到自己血液中的酒精含量是否达到80毫升这种绝对技术性的标准问题。有的人或许会提出这样的问题，立案追诉标准也是犯罪构成中的一个分支问题，而犯罪构成要件是统一的、不可割裂的，因此，在考虑立案追诉标准的时候同样要考虑其他的犯罪构成要件问题。然而这个问题貌似成立，实则不然。它将所有的问题都扣上了一顶犯罪主客观统一的帽子，而不考虑帽子下的四肢的独立性问题。这跟犯罪的构成要件一样，如果不加以区分，为什么还要分立为各个要件，只要一个综合的、统一的、不可分割的条件和标准不就得了。刑法理论中关于主观上的认识程度和认识要求，也并没有对任何一个犯罪构成要件中的要素、情节、举动、条件等都要有精准认识的要求。立案追诉标准问题是在解决了犯罪行为的主客观方面的问题后，再来解决客观上的度和量的问题。或者是，在解决了犯罪客观方面的立案追诉标准问题后，再去考量整个犯罪行为是否具备主客观方面的犯罪构成问题。而不是在考虑一个度、量上的问题时同时考虑这个度、量上的罪过责任问题。因为，罪过责任的成立并不要求行为人认识到所有的客观事实，有些客观事实或者要素超出了认识的范围，有些则不在认识范围之内，但都不影响犯罪的成立。本案适用容留、介绍、引诱卖淫罪的立案追诉标准，即行为人只要认识到其容留、介绍、引诱卖淫的是妇女即符合该罪名的主观有责方面的要素。卖淫女是否是已满十四周岁不满十八周岁的未成年人，并非该罪名犯罪主观方面认识的内容，而是一个客观方面的量化标准的一种情形。这就是立案追诉标准适用上的客观性标准原则。

当然，立案追诉标准的客观性也不是无底线的，否则就违反了责任主义原则。一般情况下，要求行为人对该标准具有预见的可能性。而且这种预见可能性的认定，需要以"外行人领域的平行评价"理论作为认定依据。也就是说，只要一般人具有认识的可能性，即可推定该行为人具有认识的可能性，而不考虑其辩解的理由和根据问题。如果行为人没有认识可能，则应当按照刑法理论中认识错误的处断方式予以认定。当然，这种对行为及后果没有预见可能的情况是少之又少的。本案中，某甲对某丙的年龄认识，没有确定或者无法确定，但是，即便某丙长得比较成熟，但长得比较成熟也是可预见的，在未对某丙的实际年龄有确切的认识的情况下，现实上谁都无法进行准确的预估或者确定，而只能说是大概或大致的年龄。因此，在某甲的认识上，既然无法确定某丙的年龄，那么，在一个年龄区间上都是可能的，当然也就可能认识到某丙是未满 18 周岁。因此，某甲在对某丙的年龄问题上具有预见其为未满 18 周岁的可能性。

其次，立案追诉标准是应当直接适用的而不需要考虑行为人在主观上是否有对立案追诉标准的认识问题，这就是立案追诉标准的直接适用原则。行为人只要认识和理解该行为，就符合了侵害性本质，至于量上的违法程度问题，则由立案追诉标准来规定，达到立案追诉标准，就符合或者说成就了犯罪上的侵害性要件，没有达到立案追诉标准，该要件的要素不能成就，就不应当立案、追诉。

从立案追诉标准规定的条文结构和基本内容上看，直接适用也是其中的应有之义，甚至可以说已经蕴含了直接适用的寓意。立案追诉标准规定的条文结构一般为："（实施）……（行为），涉嫌下列情形之一的，应予立案追诉：……（标准）。"前面的部分可以说是犯罪主客观的综合条件（此后统称为"先前成就条件"），后面的部分则是危害程度的量的客观标准条件。在两个条件具备的条件下，应当对行为人的行为立案追诉。从条文结构上看，先前成就条件的表述主要是起一个牵引性作用，即将客观标准条件引入该条文中，以区别于该标准是适用于哪个具体罪名。因此，在先前成就条件具备之后，是否立案追诉的问题，就看是否符合客观标准条件。而是否符合客观标准条件的问题，也就是直接适用的问题，因为该条件规定的只是一个度、量的问题，无须画蛇添足、化简为繁地再一次全盘考量。否则，作为刑法解释的具体规范也就失去了作为解释的目的和机能，行为人也就可以轻易地以没有认识到这些问题而轻易脱罪。如果需要对立案追诉标准的内容予以认识并决定于意志上的控制，那么立案追诉标准所依附的刑法解释一般都会在立案追诉标准中特别就主观上的认识问题进行解释和说明。如 2000 年 11 月 21 日最高人民法院《关于审理交通肇事刑事案件具体应用法律若干问题的解释》的第二条第（三）（四）项规定：明知是无牌证或者已报废的机动车辆而驾驶的；明知是安全装置不全或者安全机件失灵的机动车辆而驾驶的。这种规定就是在立案追诉标准的刑法解释中明确对规定内容必须具有主观上认识，行为人在此主观认识的基础上，通过控制性意志实施具体的行为，符合立案追诉标准的，才可以适用该立案追诉标准予以定罪。如果无法查明行为人主观上的认识问题，则不能适用该立案追诉标准。从这些规定也可以反推出，如果立案追诉标准中没有对主观认识问题进行解释或者说明，那么该立案追诉标准就是一种纯客观量化标准，无须进行主观认识上的考量、审断而应当直接适用。

再次，法律解释一般具有滞后性的特点。由于法律解释并不是立法，因此，法律解释不适用不溯及既往的法律效力适用原则，而是适用溯及既往原则。2001 年 12 月 7 日最高人民法院、最高人民检察院《关于适用刑事司法解释时间效力问题的规定》规定："……（司法解释）自发布或者规定之日起施行，效力适用于法律的实行期间。对于司法解释……"这也从另一个角度说明，立案追诉标准、法律解释并不在于解决犯罪的罪名设立、认定的主客观的综合性问题（否则应该适用法不溯及既往原则），而只是解决某个或者某些犯罪在某个或者某些方面的要素问题。也就是说，如果在立案追诉标准发布之前，对该罪名的适用没有对应的立案追诉标准或者立案追诉标准的内容进行了更改，那么，现行的立案追诉标准对发布前的行为具有法律上的效力，应当作为适用依据。当然，从刑法的谦抑性原则以及法不溯及既往原则派生的从轻规则的角度，出现原来立案追诉标准规定的条件较高而现行立案追诉标准规定的条件较低的情况，则应当考虑适用当时的立案追诉标准，这样的适用方能表现刑法的公平性和公正性。

综上所述，某甲实施介绍、容留未成年人某丙卖淫的行为，符合立案追诉标准的规定，一审法院的判决错误。

据此，二审判决如下：（1）撤销一审判决书；（2）某甲犯介绍、容留卖淫罪，判处有期徒刑八个月，并处罚金人民币 3000 元。

二、判例解析开示

法律不应当被藏在抽屉或者档案室里不见天日，而应当一览无遗地被照见。司法亦然。从理论上讲，司法机关所有个案的裁决都应当以某种方式被发现、被检视，即使涉及秘密、隐私的案件，在进行必要的司法保护之后仍然要公开，作为可查询、可阅读、可探究、可质疑的裁决存在，此即所谓判决公开制度。公平和公正的前提是公开，这是一个常识性问题。倘若案件在裁决之后，只是将结果告示并予执行，那么这个裁决的结果根本无法令人信服，因为它不仅缺乏一种司法文书的规范性要素，更重要的是它隐秘的过程甚至暗示着一切皆有可能。判例应当被开示，判例解析同样也应当被开示，而且必须是从头到尾、一字不漏地开示（对涉及秘密、隐私案件案情需要一定的技术保护，但解析性内容则不需要）。

判例解析开示的目的在于使司法及其裁决在光明之下进行，藉以在尽可能的范围内将判例的焦点和问题放置在公共和开放的空间上进行讨论、检视和监督，避免因为不公开审理和秘密裁决可能导致的司法把戏。由于大众、专家或者舆论媒介对判例的讨论和辩论，必然将判例的是非对错、理由根据以及对司法官的品格映射，形成一种声讨或者声援的力量，实现对司法机关和司法官的一种无形的但却是震慑的监督隐含。这种监督的存在，反过来就倒逼司法机关和司法官在案件裁决以及判例解析时，会用尽一切可能的专注和智慧，专业而且无私地解决司法上的问题；否则，当同类判例作出不同裁决时，或者同类案件解析迥异时，就会有情面难堪甚至渎职嫌疑。换而言之，司法不是司法官主持的诉讼参与人之间的智力竞赛，不是在拼取一个谁输谁赢的结果，司法是追求真实和正当结果的现实情景，而判例解析就是将这种现实情景予以刻录留存的最佳方法。判例解析的开示，就是将这个现实情景一再播放和重现可能的方式。

判例解析开示，实际上就是裁决书的开示。与证据开示不同，证据开示的对象主要限制在案件当事人和诉讼参与人之间，判例解析开示则是对所有人开示。证据开示的内容主要是作为案件的证据资料，判例解析开示则是将案件裁决书予以开示。由于对判例的解析都在裁决书中被诠释和分析，那么裁决书一旦开示，包括裁决书所记载的其他内容也一并被关联地开示。事实上，单纯的事实证据上的解析或法律适用上的解析是不全面的，可能会造成认识连贯上或者整体把握上的断层和割裂，而案例的一些基本要素（比如身份情况）和基本流程（比如诉讼阶段），对整体的解析也具有连接作用。因此，判例解析开示对开示内容的要求，就是要将所有与案件有关的要素性、影响性的内容，一应俱全地表述和记载在裁决书中。据此而言，裁决书的制作质量和水准就关系着判例解析开示的内容、质量和水准，这份被开示的裁决书，关乎司法的基础（法教义学、法律规范和法律原理），关乎司法的方法（法律解释和法律适用），关乎司法的生命（品格、经验和学识），也关乎司法的变数（司法立场、观念和境界）。因此，从某种意义而言，判例解析所开示的，是一个司法官所有能和所有可表达的司法的全部。而所有司法官的判例解析的集合，几乎映射出全部的司法现状。

若判例解析开示已被认可为一条导向司法正当性和合理性的必由之路，那么，接下来就有必要对如何开示进行一番探究。因为，开示的方式毕竟存在多个选项，单选或者多选也是一个问题。目前的司法裁判文书多已进行了公示或可查询，无论是从司法机关的档案室，还是在专门的网站上存储，都展示了一定程度的司法裁决的开示方式。但是，这并非本书所指的判例解析开示的方式，或者说不是最佳的方式。现行的司法文书公开制度，尚未展示完整的司法文书，尚未体现前文所述的判例解析的根本含义，因此充其量只是一个选择性的判例公开，并不在判例解析开示所要求的最低限度之内。判例解析的开示，有几个必要的条件：一是所有判例都应当被开示，包括那些涉及秘密、隐私的判例在进行必要的司法技术保护后也应当被开示；二是开示应当在判例解析的含义上进行诠释和分析，不能格式化或者简略化；三是开示是永久性的，即自司法裁决宣告之时及此后，无论历经几时，都可以被公开地发现；四是开示的对象是所有人，包括本国人和外国人。在此四要件满足之后，我们才能对开示的方式进行选项的选择。一般而言，开示是通过档案资料的查询和网站的访问来实现的，查询人可以亲临司法机关查询也可以登录网站查询。如果采取档案查询的方式，由于存在某些涉密的证据以及效率上的缘故，便显得烦琐和不安全。但是，如果被查询的档案分开管理，一个判例两个档案，一个只存档判例解析的司法裁决文书，一个则存档其他档案资料，那么，这就显得多此一举了。因为那个只存档司法裁决文书的档案，完全可以由电子数据的形式替代，可以在网站上放置而不必经由档案室。因此，在判例解析的命题下，开示的方式大可只选择网站查询的方式。当然，这种查询软件应当做一些技术设置，诸如对某司法官、某司法机关的某类案件可进行条件选择的综合查询等，这样便可免去无的放矢之累。总的来说，在现今的电子数据和信息时代，这种开示方式的载体或者媒介，完全可以考虑建立一个全国性的司法信息数据库，并设置尽可能多的查询条件（关键词索引等）供查询人自由选择，按需查询。这个司法信息数据库，也要包对含庭审视频的查询。当然，鉴于庭审视频具有证据上的意义，因此，该视频的查询，与判例的卷宗档案一样，需要设置一些条件，并不是也不应当对所有人开示。此外，对需要进行司法技术保护的案件的庭审视频，还需要另外设置查询权限以及与内容相应的保密规则。

三、开示之于法治的意义

亚里士多德阐明的法治的基本含义是："业已颁行的法律获得普遍的服从，而人们所服从的法律又应该是制定良好的法律。" 良好的法律不能被束之高阁，或者只在想要用的时候才拿出来，法律必须从威严、冷峻和神秘的神坛走向一个敞亮、平易的空间，为公众所知悉和信赖。唯有当公众对法律产生了敬畏并且依赖而不是恐惧或者退避的心理时，公众的法律意识性才被根植。当法律成为人们生活中不可或缺的、寻常交流的必需品时，当公众对行为或现象的法律评价成为一种习惯时，便产生了对法律的服从或不服从的普遍探讨，法治的状态莫过于此。因此，法治并不只是立法一环的作用力，也不只是司法一环的作用力，而是一个普遍的社会命题。古时所谓"奉法者强则国强，奉法者弱则国弱"则是过分强调司法（执法）的作用，忽略了法治的根本是社会的整体性意识。社会的整体性意识需要建立在一个普遍公开而透明的基础和素材之上，此之于司法，可以说就是判例及判例解析的开示。判例解析不被开示，犹如法律不被知悉一样，社会对司法便失去了信赖的基础，没有信赖当然就没有服从，这是一个浅显的道理。

　　法治国家，权力屈从法律；专制国家，法律屈从权力。这是一种法治精神对比关系的投射，对照在社会普遍的整体性意识层面上，就是民众法律意识的形态是（行政）权力的权威让渡于司法的权威，抑或司法的权威让渡于（行政）权力的权威。通俗地讲就是人治与法治的威慑力取舍问题。由于意识性让渡具有传统沿袭和因循惯性的一面，故而意识性养成并非一朝一夕，尤其是社会普遍的整体性意识养成。在当前立法基础已然完备的条件下，司法必然是处于一个核心的地位和焦点。然而司法之用并非立竿见影、手到擒来，司法上的诸多现实弊端诸如司法官水准、司法权的扭曲让渡、司法潜规则局部盛行以及徇私枉法等情状严重阻滞了司法本该为法治的先导作用，法治的水平和发展其实在一定程度上就是司法权威的锻造过程。司法权威的锻造，当然就奠基于判例的说服力，而判例的说服力问题归根结底在于判例解析开示后形成的完美至善的范例式经典记载。

　　在一个司法程式里，司法官对分配给自己办理的案件，依据严格的法律程序，不受干预地作出自己独立主见的裁决，以及此裁决一经在程序意义上的公示（宣告）后即发生效力，获得相对不可动摇的确定性和权威性。凡此种种，便是法治精神中天经地义的道理。但是，如果在一个人情大过天、关系才靠谱的普遍社会意识中，这种天经地义通常会被腐蚀、扭曲或者变通。那么，司法往往会成为一个摆设，或者一个被操纵的工具。这种路数之所以能够生存甚至个别地大行其道，一个重要的原因就是判例解析及开示制度上的缺失。法治要得以彰显，司法必须确立权威；司法要获得权威，判例必须作出解析；判例要付诸意义，解析就必须开示。

　　法律的实施（司法）是比法律的实定（立法）要来得更加地艰难，判例的开示是要比判例的解析来得更加地不易。一个国家的法治生态和法治水平的衡量，其核心并不在于立法上的健全与完善，而在于司法的生态和司法水准。在一个开放和交融的国际化趋势下，立法的移植和借鉴几乎可以信手拈来，但司法上的处断和公信，则是来之不易的跋涉，即使司法上的某些程序和规则可被借鉴参照，但由人——司法官来作为解读、解析和解释法律的主体，则存在诸多的变数，毕竟人心叵测、世事无常，并且司法上的立场、观念、境界的养成在很大程度上也要一个漫长的沿袭、传承和继受过程。虽然司法的使命任重道远，但也不乏路径、通道甚至是捷径的存在。在本著看来，判例解析的开示就是其中的一条捷径。历史的、人类的和世界的文明经验给我们的一个启迪是，在一个开放争鸣的时代，一个自由思想的期间，一个人格独立的时期，都会有令人欣喜的文化飞跃和文明贡献，因为人类的智慧有无限的空间，只要思想人格不被禁锢、不被教条化、不被主义化，那么，百花齐放、百家争鸣的黄金年代就会长存不休。在本质上，开示就是喻示着开放争鸣、自由思想和独立人格，因为，判例解析开示相当于司法机关和司法官将自己的法律见解和处断意见公之于众，而民众尤其是法律职业者的眼睛都是雪亮的。

　　那么，这似乎可以得出一个结论——判例解析的开示解决了司法上的诸多疾症，并且也为法治的建设和发展理顺了一条原本就是应有之义的通道。如果基于上述的理由，判例解析开示能被证成或者值得去证成一个法治的必由之路，那么司法官或者司法机关还有什么理由将司法裁断文书掩藏着呢？如果法治是业已设定的一个目标结果或者价值追求，那么在这条通往法治的康庄大道上——判例解析开示，还需要有什么顾忌和羞怯呢？在一个根植法治精神的司法官或者司法机关的灵魂深处，都应当有一颗将自己的判例作为一种成果展现和价值呈现的冲动之心，否则就是要么不成熟，要么不称职，要么存私念，而不成熟、不称职、存私念都是司法的反面，是法治的障碍。

　　法治精神之下的司法，专业、中立和公义是本著理解的三大主题。判例解析开示对这三大主题都具备相当的关联性和影响性。解析诠释专业特性，开示喻示公开的中立，而判例解析开示归根结底是彰显出司法的精神与灵魂——公义之心、中立司法和法律至上等价值。一个在专业的角度进行诠释和分析的判例，经过对公众的开示程序，其展露的不仅是判例本身，而是一个司法官或者司法机关对公义的表达，对中立的展示，对程序的遵循。作为最后的屏障，司法对纷争给予确定，但这种尘埃落定只是程序上的，它无法宣告永恒或者永真。即便如此，一个解析的判例，一个开示的判例，不仅公开地表达了几乎全部的司法蕴意，同时也表达了接受各种质询和质疑的气度，从这个角度而言，几乎没有大胆到将司法把戏或者司法渎职呈现于公众视野的司法官或者司法机关。即便站在一个历史的和发展的眼界中，对判例的否定性评价成为可能，由于历史的局限性和发展的革新性使然，没有一个判例胆敢称之为永恒或者永真，但是，一旦司法裁决在宣告时即予以开示，那么，对司法舞弊等非正常因素的猜疑便几乎大可忽略。因为司法官和司法机关毕竟不可能有恃无恐或明目张胆，即使有极其个别之徒心存侥幸，但在一个开放的和透明的空间里，个别之徒终究是要原形毕露的，这也是所谓的公道自在人心的缘由。所以我们说，判例解析开示是对司法的专业、中立和公义的最佳彰显之捷径，是司法灵魂的依附体，也是法治社会建设和发展的一个重要基石。

| 第十二章　判例解析开示的图景 |

　　这里所要展示的判例解析开示的图景，并非一个一劳永逸的画面或者构造，它是一个循序渐进和依次铺展的渐趋式分解图，是分步骤的和分阶段的。因为现时的司法生态，尚不能满足一步到位的条件，包括硬性的和软性的条件。硬性条件指的是支持判例开示所必需的网络基础建设和系统软件设计等条件；软性条件指的是制度体系配套和司法官素养等条件，软性条件在判例解析开示的条件中显得比硬性条件更加重要和艰难。众所周知，目前的电子数据信息和人工智能技术，对司法裁决文书以及案件资料包括视频资料的存储、提取和利用，已经属于计算机领域技术应用上的简易类，而且司法裁决文书和案卷材料本身转化成数字文件也是相对容易的事。至于系统软件设计也并不复杂，基本就是一些关键词索引的设定和一些简易的软件程序的编写。但是，司法官整体水准和素养的锤炼和锻造，并不是区区几年通过舶来借鉴和移植参照就能实现素质上的飞跃的。也就是说，即使硬性条件本身难以自给自足，但是这种知识产权的取得，直接通过转让和买卖就可以实现。然而，司法官和司法机关的司法水准培育、司法素养锻造以及法律意识养成、法治精神塑造，则需要几十年甚至几代人的卓绝付出。司法官和司法机关是不能转让买卖或移植借鉴的。精神的传承需要一代人接着一代人的砥砺培植，理念的树立也需要历时久远的酝酿和磨炼。在以法治为目标追求的蓝图里，无论是法学理论界还是司法实务界，法律人、司法者都需要在辛苦遭逢中锤炼。而整体社会层面的民众的法律意识的提升和服从也需要一种潜移默化的植入，所以法治理想不可能轻易实现，它需要在建设、修正、重构和革新中不断完善与不断健全，并在建立的根深蒂固的整体性意识中方能实现根本的蜕变和塑造。

　　所以，判例解析开示不是法治的唯一条件，只是在法治的诸多要件中，判例解析开示占据了显赫的一席之地。所以我们在建构判例解析开示的图景时，也必须要关联地考量其他要件的齐头并进，比如立法技术层面、司法行政层面以及法律意识层面等。图景的建构是站在一个现时和现实的基础上，放眼设定的目标结果对未来之路径和步骤进行的整体性思考和规划，进而提出整体性方案设计和图景描绘，并在执行中对发现的新问题、新情况进行分析论证，不断地根据情势之变化对方案和规划提出修正、调校、整理甚至否定，最终呈现一个相对稳定的、可行的和至善的判例解释开示的理想图景。

一、开示的方案设计和图景描绘

判例解析开示的方案设计，是基于事先设定了的以法治（涵盖了统一的司法目标）为目标结果的价值追求，在此价值和目标的导向之下，判例解析开示着重在以下的几个方面予以塑造或者革新。

一是完善裁判文书的公开制度。现在的裁判文书网由最高人民法院创制，但主要存在以下的问题：（1）覆盖面问题。并非所有经过法院裁判的案件都发布在中国裁判文书网上，而是经过筛选和自主选送后才发布到网站上供查询阅览的，这种选择性地发布案例是判例公开制度的一个疾症，因为选择代表了某种意义上的隐藏和伪装成分，也就是可以人为地障蔽掉属于"不堪"或者"家丑"之类的案例，对判例解析开示而言，这种选择性公开并不是真正意义上的开示。（2）文书质量问题。这是前文所述的判例解析的诠释性和分析性问题，导致这种文书质量不足的原因是整体性的，不仅仅归责于司法官，也包含着法律沿袭、司法惯例、规范技术等多方因素。当然，繁简有别，并非所有的判例都要事无巨细地诠释和分析，但是，对有争议的、疑难的、复杂的以及有探究空间的案件，一定要针对焦点问题作出详尽的解析。（3）侦查、检察环节即作终结以及法院不予立案、不予受理的案件的开示缺失问题。侦查机关作出的不予立案、撤销案件的决定以及检察机关作出的不起诉决定案件，法院作出的不予受理或者不予立案的案件，大多没有进行开示。在严格意义上讲，这类案件尚在起始便告终结，称为判例不太恰当。但是，如果站在一个广义的视角上，这些已被称之为案件的案件，其程序终结仍然需要一个恰当的法律理由。虽然侦查、检察类的终结（裁断）并非由法院作出，但不管是侦查机关还是检察机关，按照当下的规定都归属司法机关，因此，这类案件的程序终结（裁断）在广义上也应当称之为判例。并且，这类案件实际上也有着相当广泛的探究空间，其中许多案件具有相当大的争议，在学术上和实践上具有相当高的价值。当然，具有保密义务的案件则不在此列，须先行予以技术保护。（4）合议成员的反对意见或保留意见不公开问题。当前判例公开的裁判文书，只是对裁判结果进行理由阐释和意见陈述，如果是独任审判或者合议意见一致的，那就无可厚非。但是，如果合议成员对裁判结果持反对意见或者保留意见，只是因为议事规则（多数意见制）的缘故因而意见不被采纳，那么，这种反对意见或者保留意见也应当以公众可见的方式被开示。还有，如果因裁判文书审批而改变裁判意见的，那么，原意见也应当予以开示，或者将原意见作为保留意见而将审批人作为裁判者的身份，予以全部开示。只有这样的开示，才是彻底和完整的，否则，合议制度或审批制度可能被挟持或者不当利用。

关于目前呼声较高的庭审直播的问题，也在广义的判例公开制度之中，但是，由法院主宰和主导的庭审直播，仍然因为选择性的问题而无法实现真正意义上的公开含义。在现实的情况下，实现所有案件的庭审直播是不可能的，毕竟法院并非电视台。而由法院本身来选择极其少数的案件进行庭审直播，意义也是极为有限的，其宣传业绩的成分可能更多一些。庭审要不要直播是个先决问题，在法院以公开审理为原则，以不公开审理为例外的司法制度下，允许民众旁听法庭的开庭审理就是个中之义。在法庭无法满足大量民众的旁听需求或者民众需要在庭审之外旁听法庭审理过程的情况下，庭审直播似乎就能解决这个问题。当然，由于直播必然对法院带来额外的负担和付出，因此，直播数量也应当限定在一个合理的范围内。如此一来，如果庭审直播成为判例公开制度中必不可少的部分，那么，在限定直播数量以及排除不公开审理的案件的基础上，直播的案件应该由公众以多数的决议为准，或者由民间团体（或电视台）来决定或协调直播的案件，这样的司法公开意义才能够得到充分的体现和展示。

二是演进案例指导制度的判例解释本意。最高人民法院和最高人民检察院的案例指导制度，在一种试探性的意图中触摸了判例法的躯体，只是，由于我们一贯的成文法体例传统的缘故，没有也暂时无法赋予该制度以判例解释或判例法的地位。在成文法体例之下，借鉴或移植普通法的某些精髓，需要一个循序的演进过程，否则可能导致排斥与冲突。目前的案例指导制度，只是选编极其少量的案例以公文的方式发布，在约束力上只限于"审判类似案件时应当参照"。这种约束力显然存在至少两个方面的缺陷。一个是"类似"这个用语有谬误之嫌，"类似"的意思是"大致相像"，大致相像的案件根本不具备参照或者遵循的条件。窃以为，用"同类"代替"类似"会更加符合制度的本意和趋向。另一个是"参照"这个词的用词力度和分量不足，窃以为用"遵照"会更加恰当，更能在统一的司法的目标下实现判例上的遵循和指导作用。并且，由于上下级法院之间存在着指导关系，既然有指导的权力那么要求被指导者遵照执行也就名正言顺了，因此使用"遵照"一词不会有司法僭越之虞。

指导性案例的另一个缺陷是发布者对案例进行了装饰和雕琢，即发布的判例及裁判理由并非原本的裁判书内容，这显然不符合司法判例制度的自然生成方式。两高在所发布的指导性判例中，判例被格式化为"关键词""裁判要点""相关法条""基本案情""裁判结果""裁判理由"等部分，裁判文书的内容也显露出被重新编辑的痕迹。由此可见，这些案例是被选用改编而不是原文书的报送转载，不是"原汁原味"的判例。这种格式化的公文发布与判例制度上的判例编撰区别甚大，尤其是改编案例在本质上只能理解为一种学术上的案例分析，这也是案例指导制度要着重矫正的一个问题。解决问题之道，还是要以判例解析作为基础，以开示作为路径，确立一个旨在描绘以判例式解析为蓝本的法律解释和法律适用的司法文件，而不是僭越为成文法体例下的法律渊源，并最终以判例解释为判例解析开示正名——判例解析开示其实不是司法机关的法律渊源创设而是司法机关和司法官的法律解释和法律适用本义。

三是探索并试验诸如背离相告制度以磨合判例解释的价值功用。司法追求一个统一性，不管是唯一正解的立场还是同案同判的观念，统一的司法都是终极的目标追求。在判例法遵循先例原则之下，这似乎为统一的司法找寻到一条捷径，即便司法的统一是站在一个发展和历史的视角上——司法的统一是某个历史阶段或者现时阶段的统一，而不是自始至终的一成不变。原理可能重塑，立场可能改变，观念可能更新，律法可能修正，因此判例也当然可能被推翻，但是推翻一个先前的具有遵循意义的判例，需要一个实质和形式的要件，否则，司法就会混乱而不成体统——推翻判例是任意和自主的。这个实质的要件就是判例在法律解释和法律适用上的阐述和论证，这个形式的要件就是判例的推翻需要经历一个法定的程序。判例推翻的实质要件不一而论，可能是律法变迁的缘故，可能是情势变更的缘故，也可能是观念或者理解上的缘故等等。但是，判例推翻的形式要件则可以也有必要设定一个规范的程序，作为判例的严肃性和安定性的维护之需。

这个规范的程序，以制度的方式作出的规定，就是诸如背离相告制度、法律文书强制说理制度、司法判例指导制度。程序的规范意义旨在维护法律至上原则下的事实上的先例拘束力，防止任意地、无条件地不遵循、不参照先例，并只有在条件成就时或者时势所需的情况下，方可依据既定规范程序推翻先前的判例，保持判例的合理性、合法性和先进性。因此在程序设计的技术上，可以考虑以下因素：（1）判例推翻应当强调在解析上的充分论证和表达，即后续判例解析的理由必须是有根据的而且是充分的。在解析的结构上，要先解释论证先前判例为何有误或者不合时宜，接着解释论证现时判例推翻的理由和根据，然后再通过法律解释提出法律原理基础和法律适用根据。（2）判例推翻至少要经过一定的审批程序或者公示程序，并且至少要向上级司法机关报备。司法官通过判例的解析，诠释并分析了判例。但这还不够，因为对先例尤其是上级司法机关的先例不遵循或不参照，就是否定了先前裁判的权威性和法律适用的统一性，这是事关重大的。因此，单纯由司法官自行作出判例推翻，显然是不严肃的。这就要求在制度上设定一个必经的审批程序或公示程序，诸如集体合议、报请上级审批、报备审查或者专栏公示等，以此明示判例推翻的严谨和慎重。（3）判例推翻后必须被开示，而且最好是以某种方式集中开示。先前判例之所以被遵循或者被参照，是因为判例作为司法上的法律解释范例被发布周知（即开示），那么，后续的同类判例对该判例作出推翻即否定性的评价，理所当然地也要被开示。这不仅在于前后判例需要两相对照，而且只有开示才能敞开一个开放而广阔的讨论空间，以便让更多的法律人或者民众去认识、评价这种推翻的必要性、合法性和合理性。为了达到这个目的，我们就很有必要对这类的判例推翻进行集中开示，譬如将这些判例集中在互联网某网站上的某一板块或者在某个特定的公告专栏上集中发布。

四是建立一个完备而开放的司法信息系统并可供公众查询及评论。当前的中国裁判文书网不具备司法信息系统的功能，充其量只是司法信息系统中一个小功能的展示。司法机关所各自刊发的文件以及开办的网站，也只涉及一些宣传性司法资料和案例，并且各自独立，未有整合，因此也与司法信息系统相去甚远。可以说，当前的司法信息系统是几乎处于封闭状态的，因为只有经司法机关筛选过的、编辑过的司法载体才能被发布和告示，这就当然不具备开示的特性和信用。理想的司法信息系统，应当建立在一个对公众完全开放的网络空间上，系统的信息经专业整合整理后——而不是包装或编辑——完全无保留地被开示（涉及隐私、秘密等司法信息经技术整理后也应当被开示）。系统除了设置搜索查询功能之外，还应当有观察评论、自动识别裁判误差、司法官答疑反馈等的功能。司法信息系统建立和开放的目的在于司法公开的应然，一是公众知情，二是普法宣传，三是监督司法，四是促进司法，而最终要追求的是司法的统一和法治的理想状态。

由于我们的司法权在广义上分为侦查权、检察权、审判权甚至还包括律师辩护与代理权，因此，统一的司法信息系统的建立甚是艰巨。但是，在一个以完全开放、统一、法治为应然的理喻之下，整合司法信息资源，搭构司法互通桥梁，消除司法见解异议，推进司法广泛监督，都能在此系统功能中得到相当程度的实现。为此，尽管任务十分艰巨，但在使命意义的促使下，各司法机关都应当为此而协调周全、配合跟进，最终达成共识并予以建立、推行、健全和完善。在统一的司法信息系统建立之前，各司法机关可以建立一个区别于现行的以宣传为主题的网站——小司法信息系统，探索和试验一条通往统一的大司法信息系统之路。这个小司法信息系统应当涵盖诸如司法制度、文件，判例解析开示，司法误差识别，观察评论接收以及司法答疑反馈等功能。通过对小系统的改进、健全和完善以及小系统之间的对接、整合和联通，最终实现大系统的功成造就。

司法信息系统功能实现的根本、基础和前提，一定是判例（案例）解析开示的实现，这无须赘述。

五是开通法学理论界与司法实务界的沟通平台，推进法学理论、司法制度和判例解析无障碍地观照和对话。法学理论和司法实务的相互关系毋庸赘述，当前的问题可能在于理论支持不足、司法与法理脱钩以及观照沟通不畅三个方面。司法源于法学、法律和法理，这是前述已然论证和阐述的，法学界的使命不仅在于推进法学理论，也在于服务司法。法学理论不应当是闭门造车，它应当关注并观照司法，洞见司法的真谛并以之为重要目标。但现实的法生态，大致可归结为理论的归理论，司法的归司法，各自为政，沟通欠佳，甚至相互不容。一个常见的司法异象是，即使司法机关聘请法学家作为法律专家顾问频频讲授专题法律，但在司法实践上，依然采取忽视、忽略学界的法律共识研究成果而沿袭司法上一贯的先前传统惯例，专家意见俨然就是一种耳边风甚至还有被嘲讽为不现实一类的闲言碎语，实在是令人诧异。譬如，对正当防卫的理论建构和实践释义，学界与司法界的见解就大相径庭。

中国现代法学理论的建立和发展，大抵是建立在苏联和西方法学理论的基础之上的，这种移植、借鉴和交融，在一个国际化的法治框架内是可预见和可接受的。从这个角度来看，国际法学理论可为中国法学理论提供足够的支持，中国法学理论可以照单全收，然后再行加工，作为理论成果输出。但是，中国法学理论仍然要考虑自我的发展以及为国际法学理论做出贡献的使命，法学理论建树需要我们自己去开辟、发现和探究，并在理论成果的领域上占据一席之地而不只是作为一个观众或者学徒，这应该是现今中国法学理论界所要奋力践履的使命。此外，理论界还得考虑一个理论推进实务的命题，就是对司法实务的支持功能。现在的问题在于法学理论对司法实践的观照沟通欠佳，司法就像是一匹脱缰的野马，在铺天盖地的法律规范和政策文件中奔跑，几乎没有顾及和定义价值取向、立场声明或观念表述，这种司法功利现象的根源其实就是法学理论素养的缺失。作为弥补的可能性考究，法学理论对司法实践的理论支持势在必行。有位法学家对此的忧患表述甚是深刻："我的态度，与实务家针对理论贡献所做的评断，亦即那种不承认理论贡献具有权威引导功能的轻率傲慢态度大相径庭。就我所有的教义学著作而言，我总是乐意让它们受实务家的评断，而那些无法在实务家那边获得掌声的见解，从一开始就会被我认为是有疑义的。"

那么这个沟通平台的开通，就是要破除二者间的隔阂，实现法学理论以司法实务为服务导向，司法实务以法学理论为裁判基础的共生共融。在当前，通过判例解析开示牵线法学理论和司法实践，不失为一良策。通过对判例的研究，理论界可以了解司法对法学理论的应用状态；通过对理论界的研究的反馈，实务界可以掌握理论对司法实践的支持力度。二者在以法治和统一司法为目标的共同使命之下，实现进一步的沟通对话和相互促进，此即所谓的相得益彰。

六是开辟错案的纠错和救济制度。错案可分为根本性（质上）错误和误差性（量上）错误。根本性错误指的是突破是非对错的界限，比如佘祥林案、呼格案等；误差性错误指的是量刑或者责任比例上的误差，比如许霆案、鹦鹉案（王鹏）等。判例解析开示以及司法信息系统的开放，将判例昭示在公众的视野之下，那么，对判例是非的讨论就更加地开阔和容易了，尤其是误差性错误的判例。在同类案件的对比下，可以说会有不少数量的判例会被质疑，被拿出来讨论甚至被批判。毕竟，法官风格迥异，见识见解也各有不同，并且，司法官在权衡案件之时，也不可能对先例或信息系统中的所有判例进行审查和对照，因此，个别误差是在所难免。在"人谁无过，过而能改，善莫大焉"的宗旨之下，司法作为最后的方案和最后的屏障，更需要这种纠错的勇气和决绝。在纠错宗旨的指引和派生之下，纠错以及救济的机制的建立就是要被考虑的首要问题。

建立纠错和救济制度，应当主要规制以下几个方面的内容。第一，错案的发现途径，包括当事人的申诉、司法机关自行发现以及社会公众、法律人、媒体等通过开示的判例解析发现。第二，纠错启动的事由及审查主体。纠错案件对可能为根本性错误类案件一概进行审查，对可能为误差性错误类案件原则上也应该进行审查，但是误差极小以及审查已经失去意义的情况等可作为例外。并且，最好是设立一个专门的部门来审查和处理。第三，判例纠错的审查程序。以开庭或者公开审理为主，以书面审理为补充。第四，错案确定后的救济制度。救济主要按照国家赔偿法的规定执行，但是，特别重大的错案，作出错案的司法机关还需要进行额外的救济，比如恢复名誉、公开道歉等。建立纠错和救济制度，是判例解析开示的一个重要意义所在。

我们的错案之所以甚嚣尘上，其中的重要原因是判例的封闭以及纠错、救济的通道漫长而神秘。判例解析开示，其实就是打开了这道神秘的大门，让司法隐去面纱而暴露在阳光之下，并在阳光的"杀菌"和"杀毒"作用下茁壮地成长，为统一的司法，为理想的法治，迎来一片透彻的光明。

如果此方案能够稳步推行并最终全面落实和兑现，判例解析开示将为我们展示出一幅如此的图景：

业已审断的案例已经宣判并开示，即可以由任何人对该判例进行查询、评论、研究和质疑。借此，公众因对被开示的判例的了解而接受普法上法律意识的潜入与熏陶，并且还能对判例表达自己的纯粹的或者不纯粹的情感，这种开放性不仅对公众是一种法的普及和教化，而且对司法官和司法机关也具有不言而喻的公众监督力。这种监督力必定使司法官和司法机关在判例宣告之前作周全的、理性的运筹和思量，为此，司法官需要付出更多无私的精力和智慧，以力求案件办理尽可能地不出差错和纰漏。此外，法律理论界和司法实务界通过平台上的沟通和对话，通过共同目标之下的使命分工，将法学理论和司法实践紧密结合并且互相成就，实现了理论和实践的最佳联动，共同将法治目标进行到底。再者，以判例（案例）解析开示为核心的司法信息系统的建立，不仅促成了司法机关之间以及各司法机关内部之间的协调和稳固，独立司法并兼顾统一；也促成了公众、社会媒介和舆论对司法的评论、质询和监督，并最终表达为对司法权威性的认可以及对法律的服从，由此也倒逼出公义的司法精神追索。还有，由于纠错和救济机制的畅通，司法不再神秘和难以捉摸，公众对司法官和司法机关的质疑多了一份勇气，而司法官和司法机关接受质疑，本身就是司法的一大成就——司法并非永真或万能，在作为最后裁断者的使命之下，愈加地谨小慎微，亦愈加地隔离私情私欲。

最终，判例解析开示至少还有这个功能，司法官在职期间或者离职之时，都可以理直气壮地宣示：我所有的判例及其解析都开示了，我不是神因而无法保证判例（案件）在法律上是万无一失的，但是我的清白都昭示在我所有的判例解析开示里，如果需要验证，那么就去我的判例解析开示里验证吧！

示例二十五：某甲开设赌场案

☞ 【案情摘要】

某甲等人在某市某区投资注册成立某市某科技有限公司，由某甲担任公司法定代表人，负责公司的经营管理及日常运作。该公司成立后招聘、组织了某乙等数十人，研发、推行名为"玩乐对对碰"的赌博游戏软件。该应用软件设置了网络赌博的运营模式，玩家可以通过微信公众号进入该软件的应用功能注册成为会员。会员可以通过微信支付的方式购买该应用软件配置的虚拟货币——"元宝"或"金豆"（一个"元宝"需要一元人民币购买，一个"元宝"等值于一百个"金豆"。每次购买"元宝"最少20元人民币，每天购买最高限额为5000元人民币）后，便可以通过下注的方式参与该软件提供的多种"游戏"。该应用软件所提供的赌博游戏系以上证指数、美元指数、国际金价指数以及比特币指数在拟定时间（60秒至五分钟以内）的涨跌行情作为参数，玩家买涨或者买跌并投入一定数量的"元宝"或者"金豆"作为博弈的筹码。玩家下注后，该应用软件自动匹配玩家之间的对赌，或者自动生成玩家与软件后台方的匹配性对赌，当行情参数达到变动条件后，系统自动判定输赢关系。该软件设置了虚拟货币（"元宝"和"金豆"）的转赠通道，允许玩家之间通过软件提供的交流平台，获悉虚拟货币的需求信息，经微信私聊联系后，实行虚拟货币的交易行为（微信转账支付或者另行商定其他支付方式）。该软件还设置了兑换商城（案发时尚未实际运营），开辟一条让玩家实现以虚拟货币兑换实物的通道。该软件在玩家下注时先行扣取10%的投注额作为手续费，由软件方（即涉案公司）收取并支配。此外，为了控制玩家之间的虚拟货币交易，避免欺诈性交易等不良行为而影响软件方信誉的状况发生，同时也保证玩家将虚拟货币变现，某甲等人指使特定人员专门回收该虚拟货币。该软件自2016年4月上线至2017年3月案发期间，软件方通过多种宣传途径（包括但不限于腾讯QQ、百度推广等媒介）向公众介绍、推荐该赌博游戏，并通过加盟、代理的方式扩大吸收会员的渠道，审核了6000多人成为注册会员，涉案的充值资金达到人民币14003572元。

2017年3月16日，某市某区警方根据举报，查获该公司并抓获某甲等人。

☞【诉讼经过】

某市某区警方以涉嫌开设赌场罪对某甲立案，经侦查终结后，移送某市某区检察院审查起诉。

某市某区检察院经审查后，以某甲犯开设赌场罪，向某市某区法院提起公诉。

某市某区法院经开庭审理，认为某甲的行为并非开设赌场行为，而系非法经营行为。据此，一审判决如下：（1）某甲犯非法经营罪，判处有期徒刑六年，并处罚金人民币500000元；（2）追缴非法所得人民币14003572元，收归国库。

某市某区检察院认为一审法院的判决定性有误，适用法律不当，在法定抗诉期间内，向某市中级人民法院提出抗诉。

某甲认为自己的行为是提供游戏而不是赌博或非法经营行为，不能认定为犯罪。在法定上诉期间内，向某市中级人民法院提出上诉。

☞【判例解析】

在法律性质上，开设赌场与非法经营本质上的区别，在于是否存在确实的买卖或交易行为。如果玩家在微信平台特定应用软件上的买进卖出行为，具有事实上的交易性质，即玩家需要先支付实实在在的对价以便获取相应数量的交易对象（标的），即便交易对象是一种指数而不是实物（或合约），但总归是要先买来占有，并且，买家对买来的交易对象可以自行决定持有和卖出的时机，那么，该行为就是交易行为而非下注行为，在法律性质上应当认定为非法经营而非开设赌场。但是在本案中，玩家（本案或称之为会员）在赌场上（包括网络赌场）的买涨买跌等博弈，事实上只是赌涨赌跌、博涨博跌的性质，没有实际上的交易，没有先将涨或跌等对象买过来再卖出去，而只是押注一个不确定结果出现确定性的符号或者标记，因而是下注行为而非交易行为。如此而言，本案涉案行为的法律性质应当认定为开设赌场行为而非非法经营行为。

　　赌博和游戏之间，以及赌博游戏与娱乐游戏之间，亦需明辨。所谓赌博，刑法学将其定义为就偶然的输赢以财物进行赌事或者博戏的行为。偶然的输赢，是指结果取决于偶然因素，这种偶然因素对当事人而言具有不确定性，至于客观上是否已经确定则无关紧要。偶然因素既可以是将来的因素，也可能是现在或者过去的因素。即使当事人的能力对结果产生一定影响，但只要结果有部分取决于偶然性，就是赌博。如果对一方当事人而言，胜败的结果已经确定，则不能称为赌博。赌事，是指胜败完全取决于偶然因素的情况；博戏，是指胜败部分取决于偶然因素、部分取决于当事人的能力的情况。赌博还必须是胜者取得财物，败者交付财物，这里的财物包括财产性利益。所谓游戏（辞海），是文化娱乐的一种，有发展智力的游戏和发展体力的游戏两类：前者包括文字游戏、图画游戏、数字游戏等，习称"智力游戏"；后者包括活动性游戏（如捉迷藏等）和非竞赛性体育活动（如业余康乐球活动等）。游戏是以直接获得快感为主要目的且必须有主体参与互动的活动。

　　通过上述关于游戏和赌博定义的认知和理解，可以说，赌博和游戏之间，存在一定的交集关系。在既为赌博、又为游戏的交集范畴内，一般称之为赌博游戏，在法律属性上应当认定为赌博性质。但是，由于这种交叉地带的存在，往往被人利用，试图以擦边球、模棱两可之类的含糊来掩盖本质上的行为属性，即借游戏之名行赌博之实。本案中，涉案公司及某甲等人正是这一投机做法的典型代表。理由解析如下。

　　其一，不管是刑法理论界还是刑事司法界，在虚拟财产第一案即"Q币案"之后，对Q币等虚拟财产认定为财产性利益，因而归属财物的范畴已是达成共识，并无分歧、纷争了。那么，本案中的"元宝"或"金豆"，与Q币具有几乎一致的本质和功用，所以在本质上当然是归属虚拟货币即归属财产性利益即归属财物。因此，"元宝"或"金豆"是一种财物，具备价值和使用价值。

　　其二，本案所谓的"玩乐对对碰"的赌博游戏，以上证指数、美元指数、黄金期货、比特币指数在某一时段内的上涨和下跌作为输赢的博弈，玩家的胜败部分取决于偶然因素、部分取决于自身的能力，这是一种显而易见的博戏行为。当博戏的输赢与财物相关联，即为赌博。本案的赌博游戏软件设置有转赠功能以及兑换商城，玩家可以借此通道实现买卖、变现，软件方也组织人员进行专门的收购和销售虚拟财产，实现差价利益，这便更加直接地表达了博戏输赢和财物利益的关联。

　　其三，本案的"玩乐对对碰"的赌博游戏软件，依托于互联网上微信平台通道，不特定的玩家均可由此参与博戏。按照2010年8月31日最高人民法院、最高人民检察院、公安部《关于办理网络赌博犯罪案件适用法律若干问题的意见》（以下简称《意见》）的规定，属于"利用互联网、移动通信终端等传输赌博数据，组织赌博活动，属于开设赌场行为"。根据该规定，本案所对应的开设赌场行为的诸要素，具体为：软件、平台就是赌场，玩家就是赌客，庄家就是软件方，玩家与玩家可以对赌，玩家与庄家也可以对赌，行情数据的涨跌就是赌博的具体方式，"元宝"和"金豆"就是筹码。

其四,本案的投注金额限定在等值于20~5000元人民币的范围,已然超出了"小赌怡情"(本质上也是赌博,但是因情节显著轻微不作为犯罪处断)或者"娱乐活动"的界限,这也可从中管窥其赌博犯罪的性质。本案的软件方收取每次投注额10%的手续费,这是一种显而易见的提成,属于赌场"抽水"的性质,这与纯粹的网络游戏截然不同。本案代理商的介入,并与软件方对手续费进行比例分配,这其实就是一个大庄家与小庄家的关系,因此,这一点也是判断该软件为赌博性质的一个重要因素。

由于本案涉及第三方平台的网络应用系统支撑,因此,对第三方平台的行为与本案指控的涉案行为之间的关系具备紧密的关联性,为整全考量准确研判,亦需论述解析。本案的涉案事实(开设网络赌场)依托在网络应用平台的微信系统上,由此当然反馈出平台公司对接入方的软件应用在审核、监管中存在必要的法律监管义务。这些法律监管义务履行与否,不仅关乎平台公司的接入行为和支撑行为的合法性,也关乎作为一个企业在诸如法律意识、制度设计以及安全秩序等理念上的输出宣告,因此便直接或者间接地对腾讯公司在经营道义遵守、商业活动信誉、社会责任担负等方面产生了对应性的影响。甚至,对法律义务的不履行程度一旦触及刑律,还将对平台公司及其责任职员因放任、通谋犯罪而导致刑事责任追究的法律后果。在本案中,涉案公司为了实现其犯罪行径,通过与平台公司建立项目合作,借助平台公司网络应用软件的通讯传输通道,实现宣传推广联络、网络赌场接入和资金支付结算等行为,完成了与代理商、终端用户之间的连接。因此,平台公司关于该项目的合作行为,客观上为开设赌场的犯罪行为提供了服务或帮助的便利。根据《意见》的规定:明知是赌博网站,而为其提供互联网接入、服务器托管、网络储存空间、通讯传输通道、投放广告、发展会员、技术支持等服务的,或者为其提供资金支付结算服务的,属于开设赌场行为的共同行为。因此,腾讯公司以及在该合作项目上的项目经办人、审核人以及监管人对本案造成的危害后果和社会影响也负有相当的法律责任。

利用网络犯罪将在很长的时间内存在,因此在社会责任担负上,作为提供网络平台的企业,必然要承担起保障网络安全,维护网络空间、社会公共利益秩序等义务,以保护公民、法人和其他组织的合法权益,促进经济社会信息化的健康发展,这不仅在社会道义上而且在法律关系上已取得共识。对网络赌博、网络游戏等利用人性的弱点或者心智未全的生理状况以图谋纯粹利益的诸如玩物丧志类、低俗浅薄类等网络应用,应予克制和摒弃。对网络经营中不为对象、国民、国家利益考虑的卑下"现实拜金主义"或者以狭隘的"爱与梦想"为托词的低端"精致利己主义"倾向,应予克服和灭失。为此,在网络经营中,企业应当更加模范地遵守刑法、网络安全法及相关互联网安全条例,加强风险评估,建立对合作项目的跨部门层级审核机制;加强监督管理,建立对合作项目的跟踪、追踪管控体系;加强监测预警，建立各种情形的应对方案以及突发应急预案、补救措施，严密防御不法之徒利用互联网通讯平台实施诸如本案"假微交易为名行赌博之实"的违法、犯罪活动。当前社会上的企业和企业家是社会的幸运儿，作为回报，应当承载更多社会良知和文明进献的新时代使命精神，应当致力于培育担负社会责任道义、恪守商事信誉底线、遵守法律规章公义的企业员工。这不仅是加强企业文化建设，宣扬、传播的企业精神的必然要求，更是促进经济繁荣、社会安定的职责所在。当然，由于检控机关没有对此进行相关的指控，对平台公司及其相关职员实行行为的法律责任问题，在本判决中不予评价。

据此，二审判决如下：（1）撤销一审判决书；（2）某甲犯开设赌场罪，判处有期徒刑七年，并处罚金人民币 1000000 元；（3）追缴非法所得人民币 14003572 元，收归国库。

二、开示的步骤

以判例解析开示为核心方案的司法图景建构，为作为成文法体例的司法制度开辟了一条普通法精神借鉴意义上的理想之路，在吸收普通法精髓并经过法体例之间的磨合后，实现一个两相成全的愿景。事实上，普通法系国家因借鉴成文法体例而创设的"法律重述"或"模范法典"，也具备准成文法的性质，这也是普通法对成文法体例的一种接纳与吸收。总体来看，当今时代的法系之间是在不断地参照、借鉴、交融和互补，并通过制度的新设与革新达成取长补短的反思和探索，为此，法系、法体例之间的不断接近和认同是当今国际法治发展的方向，这也是法理或者法哲学之于寻根问源思维反射上的一个必然趋势。打个比方，就像一棵树，从树根而起的主干到分枝，再到枝繁叶茂、纵横交错，但远处看去，这棵树就是一个整体。如果这棵树是法，那么树根就相当于法哲学，树干就相当于法理，分枝就相当于法系，再往上就是部门法、法制度的规范。枝繁叶茂的竞相交错无疑就是法系分枝上的互补交融，而归根结底，是一体的法理及法哲学。

但是制度之间的融合或制度革新，受意识上、传统上、排斥上等诸多因素的影响和牵制，一般难以实现一马平川的坦途驰骋，因此在谋划上就要留有步骤上的缓冲余地。因此，即便我们已经较为稳妥地推行判例解析开示而不是直接移植判例法或者判例解释制度，也应该在一个积极而周全的步骤之下，进行一种理性的和可控的革新实验和制度演进。在步骤的设计上，可以考虑从以下方面循序展开及分步解构。

第一步是最高司法机关选编判例解析开示集。这里的最高司法机关是广义上的，包括最高人民法院、最高人民检察院、国家监察委、公安部以及司法部和全国律协等广义司法机关单位。目前具备司法判例制度意义上的规范，只有最高人民法院和最高人民检察院制定的有关案例指导工作规定的规范性文件，并且根据该规定所发布的指导案例也是极其少数。在此基础上，应当扩大指导案例的发布主体和发布数量，并在部门法、法律性质类别上对判例进行统一的遴选和编排。比如，司法部或全国律协可以选编发布律师办理的案件作为案例指导或判例展示，公安部可以选编发布不予立案或者撤销案件的案例指导或判例告示。在选编的问题上，主要应当考虑数量问题和分类问题。数量问题无须多言，就是尽可能地发现典型案例予以选编发布。分类问题就是选编案例时应当按照部门法和法律性质类别进行编排，这样有利于参照者的查询以及日后的案例合集的整理。在解析问题上，要打破作为案例分析的格式和模板，一般应当尊重原司法裁断书的解析内容，原则上是原文摘录，如果要归纳涉及问题的法律性质以便在归类上方便查阅或参照，可以附加"要旨"或"编者按"。在开示问题上，不仅限于司法系统内部之间的开示，还应当扩展到作为一种司法专刊的出版或者网页上公开浏览的开放度。

第二步是各司法机关选编判例解析开示集。在已有的最高司法机关的判例解析开示选编的基础上，其他各级司法机关也应当在本单位的范围内，自上而下地按照上述对最高司法机关选编判例解析的要求，选编本单位所办理的典型案件，并将选编判例报送上级机关备案，下发本机关单位的各部门以及下级机关遵照或参照，抄送平级的其他司法机关单位作为参考。上级司法机关可以从下级报备的判例中甄选典型的和有价值的判例，重新选编进本单位的判例解析开示集；下级司法机关也可以从上级司法机关下发的判例中根据需求挑选判例，选编入本单位的判例解析开示集；其他司法机关单位同样也可以对抄送的判例解析开示集中，遴选出自认为值得采编的判例，选编入本单位的判例解析开示集。当然，由于条件所限，在开示的问题上不能苛求各司法机关都将选编的判例作为专刊或内刊出版。但是，在单位公开的网页上开辟一个专属的版块或栏目，则非过分之求。如果上级司法机关发现本级或下级司法机关的判例具有背离或异见，则应当启动背离相告审查制度，按照审查结果对应处理，该改判的改判，该重审的重审，该并存的并存。

第三步是司法官个人的全数判例解析合集开示以及各司法机关本单位的全数判例解析合集开示。随着上述两个步骤的执行，司法机关和司法官在判例（案例）解析开示上积累了经验，对在选编过程中出现的问题也已有了经验集成上的处置方案，此后，就应当扩大到对全数的判例（案例）解析进行开示。选编的开示，人为的主观因素占据很大的成分，毕竟不能代表司法整体上的客观性。只有全数合集这种判例解析开示，才能达到彰显专业、中立和公义三大司法主题的分量，才赋予判例解析开示的整体意义。因此，在所有的步骤中，这个步骤是最为核心和紧要的，不仅仅因为这个阶段开示的判例解析数量巨大，更在于这种全数的开示实际上已经昭示了判例解析开示的灵魂，实现了判例解析开示如前文所述的基本价值和功用。在这个步骤中，司法官个人和司法机关本单位的判例解析合集应当要做到"原汁原味"的原文载入，不得再行编辑。司法机关对典型性的和有选编意义的判例（案例），作为交流、教义、呈报或者经验归纳等之用的，则应当另行编辑专刊或者另外开辟专栏。

第四步是司法信息系统功能全面应用。上述三个判例解析开示步骤的执行实现和渐趋成熟后，结合各司法机关在本单位对外网站建设上的已有条件，整合这两项资源进而建立以判例解析开示为核心的司法信息系统，或者只在网站上开辟一个司法信息系统的专属版块，便可实验和检阅前文所述的目标功能——展示司法官和司法机关在职能履行上的专业、中立和公义的态度和程度；促成司法机关之间以及各司法机关内部职能部门之间的协调和稳定，既独立行使司法权又兼顾司法的统一性；确保公众、社会媒介和舆论对司法的评论、质询和监督，并由此倒逼司法官及司法机关自身的本分恪守；实现法学理论以司法实践为服务导向，司法实践以法学理论为裁判基础的共生共融，达成法学理论与司法实务之间的相互观照、相互联系和相互支持的理想状态。

司法信息系统的建立健全和功能应用，旨在展示以判例解析开示为根基的司法阵地，根植法治理想和公义精神。在此系统中，司法关涉的几乎所有问题都被显现或者映射，诸如司法的体制、制度和规范，司法的基础、方法和生命，司法的立场、观念和境界，等等。如果说一个开放的年代，文明的进献需要以某种方式来作为代言，那么，在一个开放的空间上进行自由而独立地表达和思考，可能就是最佳的代言方式。在司法的层面上，判例解析开示以及司法信息系统开放，无疑就是司法文明的最佳代言。这种代言，不仅将先前司法文明所沉淀的成果——普通法的精神——予以充分地继承，而且它实际上敞开了一个胸怀，把当下的司法文明——判例解析开示和司法信息系统开放——呈现作为公开的话题毫不避讳地任人评说、讨论、援引或对照，自由而不自封，独立而不独断。判例解析开示和司法信息系统开放，尤其对成文法体例国家而言，这种代言将极力促成成文法与普通法的合璧辉映，使得在以法治和公义为价值导向的司法进路上，不致迷途。

步骤是一个节点和区间的命题，方案是一个系列规划和制度的设计和施行的命题，图景则是一个目标结果呈现的命题。因此，在步骤和方案之间，是交叉和相融的关系，而图景则将步骤和方案的过程结果展示出来作为可见的状态。也就是说，在一个步骤上，诸多方案可以齐头并进也可以分头行动，并没有一个严格的对应关系。当然，步骤上的方案关联性和递进性必须考虑，即在一个步骤上，如果关联的方案尚未完结或者正在执行，那么不可跳跃到下一方案之中；如果方案与步骤之间并不关联或者关联甚少，那么无须在该步骤中执行该方案。譬如上述第二步与方案五之间，就无须去强求各司法机关与法学理论界都搭建起一个沟通和支持的平台。我们之所以设定步骤，是为了更好地把握一个阶段性区间，把握司法制度革新进路上诸节点的图景呈现。之所以设定方案，是为了实现目标而作出具体性设计，是为了达成革新理想而付诸施行。在步骤和方案的辉映之下，图景自然就展示出来。当然，我们不必为了图景的片面展现而刻意去装饰方案和勉强步骤，尤其不能弄虚作假，这是判例解释开示的司法进路上最应该避讳的。

各个步骤的实施方案和革新举措的执行或者实验的期限，一般控制在五到十年的时间。在这个时间段之内，可以对步骤上的诸方案和诸举措进行适当的调整和完善，对出现排斥反应的，在寻找出根源后，分析可行性——是调整、修正还是重制；对进展顺利或者反应良好的，在留足观察期间的情况下可以缩短实验期间，着手下一步的方案和举措。总之，在以司法革新和法治理想为导向的目标结果上，以系列的方案作为根本的路径，以递进的步骤作为阶段的检视，那么，最终呈现的将是一幅本著所试图要建构的判例解析开示的理想图景。

我们建构判例解析开示的图景，不仅仅是在展示司法的文明或法治的理想，还要赋予判例解析一定的法律约束力。否则，判例解析只是作为一个结果的单纯展示，并不能产生应然的功能作用，那么，这样的判例解析开示就是相当局限的甚至可以说是无足轻重的。所以，接下来就要研析判例解析的约束力可能以及作为拘束力的判例解析限定范围的问题。在成文法体例上，判例不作为法律渊源，这样，拘束力问题就失去了源发性基础。但是，司法是解释法律和适用法律的，司法所作出的判例当然就具备解释法律的效力和权威，在这个层面上，判例解析在本质上就是法律解释和法律适用的具体个例，是法律的续造。因此我们在法律革新或者制度改良的方向上，仍然可以找到判例解析拘束力存有的可能，即将判例解析规定或者解释为司法解释，而这实际上并没有突破成文法体例的基本框架，只是将司法解释作了扩大的解释或者说是作了司法上的革新。当然，即便判例解析可以作为司法解释的一种方式，仍然以最高司法机关（法院和检察院）为主体而不能扩大到各级、各类司法机关。这样，作为拘束力的判例解析的主体便限定在最高司法机关（法院和检察院）的范围，并以其选编及办理案件的判例解析作为开示的对象范围。当然，在司法革新或者法律制度变革条件成就之下，通过立法的规定或者授权，将判例解析赋予其法律渊源的地位，也是判例解析具备法律约束力的一种可能的途径。

从现行宪法和（司法机关）组织法的规范和授权上看，上下级司法机关一般具有指导（法院系统）或领导（侦查、检察等系统）的关系，由此看来，即使只有最高司法机关（检察院、法院）开示的判例解析才具有司法判例解释的地位可能，具有普遍的法律约束力可能，但是，在上下级司法机关之间的职权结构上，指导或领导关系都意味着一种隐含的、默认的效力或者权威，这种效力或者权威或可称之为准约束力。因此，在上下级司法机关之间，判例解析开示也在这个意义上具有价值功用。为此，在变通的理解和事实的关系上，似乎可以将这种价值功用表达为：上级的判例对下级具有普遍指导和一般遵照（而不是参照）作用。这里所做的普遍和一般的限定，主要是为了将这种准约束力合成在成文法体例的框架内，避免不必要的法体例冲突。

第五编　判例解析开示录

　　本编集中开示判例解析，其中前 3 个选编自《大法官的智慧——美国经典司法判例精选 50 例》（法律出版社出版 2012 年 9 月第 3 版）一书，另外 12 个，系笔者在作为司法者的司法经历中收集到的判例并比照司法官的身份自撰的终局裁判。事实上，本书前述之 25 个示例，也是如此自撰的，之所以穿插于前文论述之间，一者是起到观点上的例证作用，二者也为提升阅读的丰富性。本编这 15 个判例解析的合集作为本书之一编，其寓意不仅在于它是一个判例解析的集中开示录，而且更在于一种比较和对照——三个美国大法官的判例解析和本著选编的判例解析之间。通过这种比较和对照的呈递，读者可以从普通法精神与成文法思维之迥异方面切入，也可以从解析的力度与分量上之差别方面切入，还可以从文字风格和用语习惯之差异方面切入，等等。总之是可以各显其能并见仁见智的。本书所要呈现的，是一种开示场景下的开放讨论空间，是一种非格式化的自由表达界面，是一种法治的、民主的、开拓的、独立的理想追索境地。

｜第十三章 判例解析开示录｜

一、选编之判例

示例二十六：布朗请求黑人与白人孩子同校案
（美国联邦最高法院，1954 年）①

☞ **【案情摘要】**

案件来自堪萨斯州、北卡罗来纳州、弗吉尼亚州和德拉威尔州。在这些案例中，黑人孩子向法院请求与白人孩子一同进入公立学校读书，反对种族分离。按照这些州的法律，他们不能与白人孩子同校。

☞ **【诉讼经程】**

初审判决：在大多数初级法院的判决中，法院都拒绝了原告的请求，依据是最高法院在普勒斯案宣布的所谓"分离但平等"的原则。

原告反驳说，公立学校实行种族分离不是"公平的"，也不可能是"公平的"，它剥夺了黑人孩子受法律平等保护的权利。1952 年就出现了这样的争议，现在，争议再次发生，它们大多围绕如何运用 1868 年的第十四修正案而起。争议涉及了国会对该修正案的顾虑、各州对它的认可、实际存在的种族歧视、支持者和反对者的种种意见等。这些争论和我们的调查表明，虽然它们给了我们一定的启示，但还是不足以解决面临的问题。事实上，问题根本没有得到解决。战后修正案的积极支持者认为，毫无疑问所有"出生在美国或加入美国国籍的人"在法律上没有任何区别。反对者当然对修正案的文字和精神都持敌对态度，从而希望修正案的实施受到限制。

终审判决：堪萨斯州、北卡罗来纳州、弗吉尼亚州和德拉威尔州等各州的分离教育法违反宪法。

———————————

① 邓冰、苏益群编译：《大法官的智慧——美国经典司法判例精选 50 例》，法律出版社 2012 年版，第 29～32 页。

☞【判例解析】

(该判决书由美国联邦最高法院首席大法官瓦伦呈递)

反对黑人白人孩子分校的问题从修正案（1868 年）以来长期得不到实施，其原因在于当时公立学校的实际状况。在南部，有人曾主张用政府税收办一些免费的公立学校，但这个行动失败。那时候，白人孩子大多数进私立学校接受教育，而黑人几乎没有机会受任何教育，整个种族几乎都是文盲。事实上，在一些州，法律禁止黑人接受教育。确实，公立学校教育在北部发展得快一些，许多黑人在艺术、科学、商业等专业领域都取得了杰出的成就。但修正案对北部各州的影响通常在州议会中也被忽略，而且公立教育的状况与现在也不一样：课程设置非常不成熟；在一些农村，不分年级同时上课的现象非常普遍；强制性义务教育也不为人知。因此，第十四修正案对公立教育几乎没有任何影响，这并不令人惊讶。

最高法院在首次引用第十四修正案对有关案例进行诠释的时候，就禁止各州对黑人实行种族歧视。"分离但平等"的原则直到 1896 年普勒斯案中才出现，而且涉及的还不是教育，只是交通。到现在为止，最高法院有六个涉及公立教育领域的案例引用了"分离但平等"的原则，在库敏案和秉伦案中，该原则本身的合法性并没有遭到质疑。最近有很多涉及研究院招生的案例依然有不平等的现象存在：有一些特殊的好处，白人学生可以得到，而具有同样资格的黑人学生却没有，如密苏里案、辛普尔案、司威特案、迈克劳伦案等。法院在对这些案例进行审理时都没有重新核查该原则，也没有准许黑人原告的请求。在司威特一案中，最高法院对普勒斯案"分离但平等"的原则对公立教育是否适用的问题持保留态度。但是，最近这个问题又被直接提了出来。如今，与普勒斯案发生的时候不同，黑人和白人学校的很多方面，如教学楼、课程、教师的资历和薪水以及其他的"有形"因素都是同等的或正在趋向同等。因此，我们的判决不能仅仅基于黑人和白人学校的这些有形因素的简单比较，相反，必须考察分离教育本身对公立教育所产生的后果。

在考察这个问题时，我们不能把时钟拨回到 1868 年颁布修正案的时候，也不能退回到 1896 年普勒斯案的年代。我们必须在考虑当代公立教育的充分发展和当代美国人生活现状的基础上来审视这个问题，只有这样才能确定公立教育领域的种族分离是否剥夺了原告的平等保护权利。如今，教育已是州和地方政府的重要职能之一，强制义务教育法及在教育上的大量花费证明我们已经充分认识到教育对民主社会的重要性。教育是最基本的公共义务，甚至在军队服役也一样；教育也是当一个好公民的基础；教育还是一种重要的工具，它可以唤起孩子们对文化的热爱，为今后的职业培训做好充分准备，并且帮助他们适应环境。如果孩子失去了受教育的机会，他们就很难在今后的职场上获得成功。这样的机会是一种权利，所有人都应该拥有。

问题被提出来了：公立学校的种族分离教育——即使教学设备及其他一些

"有形"因素是同等的——是否剥夺了少数民族接受平等教育的权利？我们认为是。在司威特案中，最高法院判决的依据大部分是那些"在客观现实中不能实际运用而只是在法学院学习中非常重要的东西"。因此，在迈克劳伦案中，最高法院再次对一些"有形的"因素加以考虑，如"学习能力、参与讨论及与其他学生交换意见的能力以及钻研专业技术的能力"等。然而，仅仅由于种族的原因就把一些孩子和同龄人区别开来，这必然使他们产生自己在社区里地位低下的感觉，由此使他们的心灵蒙上不可弥补的阴影。堪萨斯州法院曾在法庭上表述了受教育机会的不公所产生的恶果。在这里，法院感到难以否决黑人原告的请求，认为："公立学校把白人孩子和有色人种孩子分离对有色人种孩子有非常有害的影响，当分离政策付诸法律的时候影响会更大。因为分离政策还会阻碍黑人孩子接受教育，影响心智发展，并且剥夺了一些本可以在同校学习中得到的好处。"不管在普勒斯案的年代，心理学上的知识发展到什么程度，以上观点都得到了现代心理权威的认同。因此，普勒斯案中任何与该观点相反的言语都应该被否决。

本院因此得出结论，公立教育领域的"分离但平等"的原则已经站不住脚，分离教育的教学设备也不是完全同等的。本院认为，原告及其他类似的、以分离教育的理由提出诉讼的人都被剥夺了受宪法平等保护的权利，没有必要再去讨论分离教育是否也侵犯了程序公正法。由于这些诉讼都是集体起诉，再加上判决的广泛应用性和当地环境的不同，使判决公式化存在很多复杂的问题。在审核中，适当的司法援助必须服从于一个基本的问题——公立学校的分离教育是否符合宪法。在此本院宣布分离教育不符合宪法平等保护条例，北卡罗来纳等各州的分离教育法违反宪法。

示例二十七：布罗根不实陈述有罪案
（美国联邦最高法院，1998 年）[①]

☞【案情摘要】

1987 年至 1988 年，申诉人詹姆斯·布罗根任工会官员一职。在此期间，他从 JRD 房地产管理公司收受了一笔现金付款。该管理公司员工由工会派出。1993 年 10 月 4 日，美国劳工部和国内税务局官员到申诉人家中进行调查。官员们亮明身份并解释说，他们在调查 JRD 和有关涉案人员，希望申诉人配合，并告诉申诉人说，如果他愿意配合，就应请一位律师。如果他请不起律师，可以替他安排一个。

之后，官员们问申诉人是否愿意回答一些问题，申诉人说愿意。第一个问题是他在任工会官员期间，是否从 JRD 收受过任何现金或礼品。申诉人回答说"没

---

① 邓冰、苏益群编译：《大法官的智慧——美国经典司法判例精选 50 例》，法律出版社 2012 年版，第 227～231 页。

有"。然而其后对 JRD 总部记录的调查却显示了和申诉人回答相反的结论。他们还告诉申诉人，在调查过程中对联邦官员撒谎属于犯罪行为。但申诉人没有改变他的回答。询问不久后结束。

☞【诉讼经程】

初审判决：申诉人被控非法收受雇主现金并对联邦官员进行了不实陈述。美国地区法院纽约南区法院判定申诉人及几个共同被告有罪。

美国上诉法院第二巡回法庭维持原判。

终审判决：维持上诉法院判决。

☞【判例解析】

（该判决书由美国联邦最高法院大法官斯卡利亚呈递）

本案的问题是，不实陈述的有罪判决是否有例外——如果它只是否认了违法行为，即所谓的"自我无罪辩护"。

本案中，申诉人对政府的调查进行了不实回答。刑法第 1001 条规定："任何人，在面对美国政府各部门的司法调查时蓄意造假、隐瞒、掩盖或歪曲任何事实；制造任何不实的、虚构性或欺诈性陈述；制造或使用明知包含不实的、虚构性或欺诈性陈述的任何书面文件或记录，须给予不超过 10000 美元的罚款，或判 5 年以下徒刑，或二者并罚。"

根据字面意思，该条款包含了"任何"不实陈述，即"无论何种"不实陈述。在回答问题时使用"没有"这个单词属于"陈述"的一种。根据《新韦伯斯特国际词典》，该词的意思是确定的，代表了某种事实或意见。关于自己所作的不实陈述，及其陈述的"蓄意性及故意性"，申诉人并没有作任何辩解。事实上，申诉人承认如果根据法律条文"字面上的解释"，他输了。

然而，申诉人请求我们撇开刑法条文的字面意思，而同意许多巡回法院都采用的原则，即把"自我无罪辩护"的情况排除在外。该原则的主旨是简单否认犯罪行为并不包括在该法律条文之中而受到惩罚。因此，关于什么样的不实陈述属于简单否认犯罪的范围，巡回法院的判定就有了相当大的变数。在本案中，第二巡回法庭认为申诉人的陈述可能构成了"真实的'自我无罪辩护'，就像别的巡回法庭所认可的那样"，然而它又和第五巡回法院的判决相一致，该判决无条件拒绝了简单否认的原则。

申诉人之所以请求运用"自我无罪辩护"原则，其大前提是刑法第 1001 条规定只有那些"破坏政府调查功能"的陈述才构成犯罪；其小前提是对犯罪行为的简单否认并没有破坏政府功能，结论是简单否认犯罪行为不构成犯罪。我们认为这两个前提都是错误的。关于小前提：我们无法想象对政府调查进行不实陈述怎么会不破坏政府的功能。很显然，对违法行为进行调查是一项正当的政府功能，其目的在于揭露真相，任何对该调查的不实陈述都会破坏这项功能。或许有人争辩说不可信的不实陈述不会破坏政府调查。然而，把犯罪与否的判定依赖于联邦调查员的轻信程度（或说谎者的可信程度）实在令人匪夷所思，对伪证罪作这样的辩护更是闻所未闻。而且，正如我们将要进行分析的那样，法院支持"破坏政府功能"有限性观点的唯一之处在于本院提到的破坏政府功能的"可能性"（与"肯定性"相对）——无论什么时候对调查员作不实陈述，破坏的可能性都存在。

在任何情况下，"只有破坏政府功能的不实陈述才符合（刑法第1001条的）犯罪标准"这个大前提都是没有根据的。申诉人依据我们在吉里兰德案中的判决得出了这个大前提。刑法第1001条早年的版本对犯罪责任的规定是："任何人，明知其是虚假和欺诈性的，仍然蓄意制造或促成任何错误或虚假的陈述和演示，制造或使用任何虚假账单、收据、凭证、公文、账户、债权、证书、书面证词或存款——这些在任何情况下都属于美国政府部门和机构管辖范围，均属犯罪……"吉里兰德案的被告根据对类似条文的理解，认为该条款应该只适用于那些危及政府金融或财产利益的事件。我们注意到，国会特意把该条款规定成"那些在任何情况下都属于美国政府和部门管辖范围的东西"，因此暗示了"国会的意图是为了保护政府部门和机构的权威，使其免于被欺诈行为所破坏"。申诉人把这种叙述理解为刑法第1001条并不适用于那些不存在政府功能的地方。然而，在司法实践中，我们不能使法律条款的行文与具体特殊的犯罪事实严格相符，而这些犯罪都是国会意图制止的——甚至推定司法机关可以把那些没有在法律条文文本中列出的犯罪辨识出来。在吉里兰德案中，甚至权威的法官也不支持把法律条文局限于某个特定的目标，而恰恰相反，认为法律条文的适用范围常常会超过某个特殊具体的犯罪行为。在国会"保护政府各部门和机构不受破坏"和刑法条文禁止所有"欺诈行为"二者之前并不存在矛盾。

申诉人请求运用"自我无罪辩护"原则的第二个理由是宪法第五修正案。他认为对刑法第1001条的呆板理解违反了第五修正案的精神，因为它把一个"无路可逃的疑犯"放进了"残酷的三难选择"中：承认犯罪，保持沉默，或者错误地否认犯罪。然而很显然，这个"三难选择"完全是疑犯自己造成的。一个清白的人是不会让自己掉进这样的泥沼里（正如一位评论员所说，清白的人甚至不会被牵扯进这个"话题"）。"残酷的三难选择"这段名言最先出自墨菲案中大法官戈尔德伯格的判决。它用于解释疑犯在被正式传唤中拥有宪法第五修正案赋予的保持沉默权的重要性。没有该权利，疑犯就会面临"自我指控，作伪证，或藐视法庭的三难选择"。然而，为了使"自我无罪辩护"合理合法，"残酷的三难选择"的构成因素已被改变或被逐渐增加，以致最初为避免三难选择而赋予的保持沉默权自身反而变成了"残酷的三难选择"之一。

无论疑犯如何处理这个难题，宪法第五修正案不管从法律文本还是精神上都没有授予公民撒谎的权利。"第五修正案赋予公民可以拒绝被强迫的自我指控的权利，允许目击者保持沉默，但并没有允许其作伪证。"申诉人争辩说，沉默权只是一种"虚幻"的选择，因为疑犯或者会害怕他的沉默在今后的诉讼中对自己不利，或者他甚至不知道沉默是一种合法的选择。众所周知，关于前者，某人的沉默可能对其不利——或者因为其实质上的有罪证据，或者因为其固执己见而受到怀疑，但这种情况并不能成为替违法撒谎者开脱的借口。至于疑犯有可能并不知道沉默权的这种情况：在现代社会"米兰达"警示被频繁戏剧化的年代是难以置信的。确实，我们认为早在 30 年以前，这种情况就是难以置信的（或不值一提的），除非疑犯"被羁押或剥夺了重要的行动自由"。

申诉人重复了"自我无罪辩护"支持者的观点，认为该原则能消除刑法第1001 条可能导致的诉讼滥用风险，即那些过分热心的检察官会适用该条款作为"积累"犯罪的手段——他们有时候对否认违法行为的惩罚要远远重于对该违法行为本身的惩罚。然而，反对者对这个问题的抱怨不在于这些偏爱假设的检察官，而是国会本身，因为它判定妨碍司法调查是一种独立的犯罪，而且还是严重的犯罪。我们不会改变这个判定。而且申诉人不能证明历史上检察官有任何诉讼滥用的行为，或者之前之后在司法上广泛接受了"自我无罪辩护"原则。最后，即使有所谓"滥用"的问题存在，也很难证明"自我无罪辩护"就能解决这个问题。审讯者很容易迫使撒谎者从最初简单的小谎发展成对更多细节的胡编乱造——这是无论如何不能免罪的。

据此，维持原判。

示例二十八：玛瑞翁强奸妻子案（美国纽约州上诉法院，1984 年）[①]

☞【案情摘要】

被告玛瑞翁和丹妮丝于 1978 年结婚。在他们的儿子出生不久，玛瑞翁就开始殴打丹妮丝。1980 年初，丹妮丝向伊利郡家庭法庭寻求保护。1980 年 4 月 30 日，家庭法庭签发了临时保护令，责令被告搬出去并远离丹妮丝，但允许被告每个周末探望儿子一次。

1981 年 3 月 21 日，住在汽车旅馆的玛瑞翁没有去探望儿子。3 月 24 日星期二，他打电话给丹妮丝问是否可以今天探望儿子，并告诉她有一个朋友和他一块来。丹妮丝没有让被告进她的家，在确信被告的朋友将一直和他们待在一块儿时，她同意被告来接她和儿子到他的汽车旅馆。

当他们到旅馆的时候那个朋友却离开了，只剩下玛瑞翁、丹妮丝和他们的儿子。这时，玛瑞翁开始攻击丹妮丝，威胁说要杀掉她，并且强迫她和他口交及性交。他们的儿子一直在现场，玛瑞翁还强迫儿子观看。事情过后玛瑞翁放走了母子

[①] 邓冰、苏益群编译：《大法官的智慧——美国经典司法判例精选 50 例》，法律出版社 2012 年版，第 131～137 页。

俩。丹妮丝立即去医院医治在与丈夫搏斗中受伤的脖颈、头部和背部，之后又到了警察局。

☞【诉讼经过】

初审判决：丹妮丝以重罪向初审法院提起诉讼。1981年7月15日，被告被指控犯有一级强奸罪和一级鸡奸罪。但被告请求撤销指控，认为事发时他和丹妮丝仍然存在婚姻关系，强奸罪和鸡奸罪都应该被豁免。公诉人反驳了他的请求，认为临时保护令要求玛瑞翁和丹妮丝分居，事实上他们也没有住在一起，因此应该被看作"没有婚姻关系"。但初审法院同意被告的请求，撤销对被告的指控，认为临时保护令不能要求玛瑞翁和丹妮丝分居，因此，"婚姻关系豁免"在这里是适用的。

公诉人上诉。

终审判决：纽约州上诉法院认为临时保护令有效，被告在强奸丹妮丝时与她"不存在婚姻关系"，推翻原判，被告犯罪成立。

☞【判例解析】

（该判决书由美国纽约州上诉法院法官瓦奇勒呈递）

纽约州刑法规定，已婚男子强奸或鸡奸妻子不能被控犯罪（婚姻豁免）。然而，就本案而言，被告在事发时虽然已婚，但却应该被视作不存在婚姻关系，因为当时家庭法庭命令他们分居。被告争辩说他是已婚男人，一级强奸罪和一级鸡奸罪的指控违反了联邦宪法的平等保护条款。被告还认为强奸罪的犯罪人只针对男性（女性豁免），也违反了平等保护条款。被告最终被判有罪，但由此引发了纽约州刑法中婚姻豁免和女性豁免是否符合宪法的讨论。

纽约州刑法相关条款规定："强奸罪指男性以暴力手段强迫女性与之性交。"在这里，"女性"被定义为"任何与该男性没有婚姻关系的女人"。在另外一些相关条款中，刑法也规定了鸡奸罪是"某人以暴力手段与另外一人进行不正常性交"。其中"不正常性交"指"非婚者之间进行的肛交和口交"。因此，是否存在"婚姻关系"对定义强奸罪中的"女性"及鸡奸罪中的"不正常性交"都起着至关重要的作用，因为在强奸罪和鸡奸罪中，只有"婚姻关系"才可以得到豁免。然而，这种豁免也不是绝对的，例如，丈夫和妻子如果遵从命令保持分居，则此时不能豁免强奸罪或鸡奸罪。这些命令包括：（1）所辖地区法院根据有关条文或要求发出的指令；（2）法庭的分居判决；（3）分居协约。

据此，公诉人向上诉部提出上诉。上诉部推翻了初审法院的无罪判决，维持指控，发回重审。上诉部认为家庭法庭的保护条令有权力要求分居——即使这只是针对丈夫的——因此，在事发时玛瑞翁和丹妮丝"不存在婚姻关系"，被告犯有一级强奸罪和一级鸡奸罪。被告不服提出上诉，称临时保护令不能成为他被控有罪的理由，他和丹妮丝不应被视为"没有婚姻关系"。被告还提出，退一步讲，假使临时保护令合法，他也不能被控鸡奸罪或强奸罪，因为鸡奸罪和强奸罪本身是不符合联邦宪法的。确切地说，两个罪名的制定都违反了宪法平等保护条款，因为它们把罪名加给了多数男性（婚姻豁免的除外），强奸罪更是只有男性而没有女性。初审法院驳回了被告有关宪法的争辩，认为这两个罪名的制定没有违反宪法第十四修正案平等保护条款。在这里，本法院再次判定被告有罪，但不同意初审法院有关宪法的说法，相反认为这两个罪名里婚姻豁免和性别区别对待是否符合宪法的问题确实有待研究。

关于被告认为他可以得到婚姻豁免的问题。到 1978 年为止，只要婚姻合法存在，就可以使用婚姻豁免。但从 1978 年始，立法机关已经把"不存在婚姻关系"的定义扩展到这些婚姻：丈夫和妻子或者根据法院的指令，或者根据法庭的判决或分居协定实行分居。因此，本院认为法院的临时保护令有效，被告在强奸丹妮丝时与她"不存在婚姻关系"。

下面本院将详加讨论在强奸罪和鸡奸罪中婚姻豁免和女性豁免是否符合宪法的问题。

（1）婚姻豁免。刑法上规定的强奸罪中的婚姻豁免指已婚男人暴力强奸或鸡奸其妻子不能被控犯罪。虽然在早期的强奸法中没有清楚地提出婚姻豁免，但 1852 年的有关条文中却指出强奸妻子不能视为犯罪。婚姻豁免的规定可以追溯到 17 世纪英国法学家罗德海尔，他曾在著作中写道："丈夫不能因为对他的合法妻子有强奸行为而被控犯罪，因为婚姻意味着夫妻之间有一种契约，那就是妻子自愿把自己奉献给丈夫，不能反悔。"虽然罗德海尔的论述没有多大说服力，但他的言论还是被立法机关作为制定强奸法中婚姻豁免（即对丈夫的豁免）的依据。

第一个婚姻豁免的案例是 1857 年马萨诸塞州最高法院的判决，在法官的陈述中总是把婚姻作为强奸罪的挡箭牌。之后其他法院也作出了类似判决，唯一的根据就是罗德海尔以上的观点。1922 年纽约的一桩判决中也提到了刑法允许婚姻豁免，"因为妻子签署了婚姻契约（结婚），不能反悔"。

目前，有 40 多个州仍然保留了强奸罪的婚姻豁免。是否应该保留婚姻豁免取决于对宪法平等保护条例怎么看。婚姻豁免实际上对未婚和已婚男人进行了区别对待，当然如果法律不武断地把责任推给一个特定的群体，也可以进行这样的区分，但这种区分必须是合理的，必须有"一个能够解释为什么要区别对待的合理的原因"。

把强奸区别为已婚和未婚没有任何理由。各种为婚姻豁免辩护的人都基于一个过时的、关于结婚契约的理论，实际上它一点都站不住脚。本院在此宣告纽约州法令中强奸罪的婚姻豁免不符合宪法。

罗德海尔的理论——已婚妇女已经不可反悔地同意了必须与丈夫发生性关系——被广泛地用来支持婚姻豁免这一说法。然而，任何基于一种假定的同意理论都是没有根据的。强奸并不是一种简单的、没有得到赞同的性行为，而是一种侮辱人的暴力行为，它侵犯了受害人身体的完整，通常会引起严重的、长时期的生理和心理上的伤害，以婚姻豁免为借口支持这种行为是毫无理性的，是对法律的滥用。在强奸法条文中，婚姻从来没有授予丈夫强迫妻子性交的权利，结婚证书也不是丈夫可以不受惩罚地暴力强奸妻子的通行证。已婚女人与未婚女人一样有权利保护自己的身体不受侵害，如果丈夫由于妻子拒绝性交而感到委屈，应该求助于家庭法庭，而不应该用"暴力侵犯"的方式来自我援助。

婚姻豁免的另一个传统的理由是：普通法曾经认为妻子是丈夫的私人财产，妻子合法存在的意义就是"与丈夫团结合作"。当然，这些教条在我们国家早就被摒弃了。由于这些传统的借口再也没有效力，有人又提出了另外的论据作为婚姻豁免的盾牌。其中之一就是强调婚姻豁免使政府不能干涉婚姻隐私，可以促进夫妻双方的和解，而不实行婚姻豁免却有可能使婚姻破裂。我们承认保护隐私权和促进夫妻和解确实是合法的国家利益，但这些利益和丈夫暴力强奸妻子之间没有合理联系。婚姻豁免并不能保护隐私权，因为隐私权保护的是基于夫妻双方自愿的行为，而不是暴力的性攻击。就像丈夫不能以隐私权为借口毒打其妻子一样，也不能以隐私权为借口强奸其妻子。

同样，认为取消婚姻豁免会导致婚姻破裂的观点也是毫无道理的。很清楚，真正导致婚姻破裂的是丈夫对妻子的暴力强奸而不是妻子向司法机关的控诉。而且，如果婚姻确实走到了暴力性攻击的地步，和解的可能性也值得怀疑。当然，妻子是否真的愿意对她的丈夫提起犯罪控诉是问题的关键，她的丈夫可能因此受到长期监禁。

有人还提出另外的理由支持婚姻豁免，那就是有婚姻关系的强奸取证很困难，承认这样的指控将使一些"恶意报复"的妻子们有机会编造事实。众所周知，取证困难的原因源于妻子和丈夫对案情叙述的不一致。然而，对案情叙述的不一致在所有强奸指控中都是最难解决的问题，特别是在施暴者与受害人以前有过交往的情况下。事实上，已婚妇女伪造案情的可能性并不比未婚妇女大。再说，有各种侦查手段和检测设施的司法系统也应该有能力发现任何伪造的指控。因此，如果担心有伪造的可能性就不把有婚姻关系的强奸行为定为犯罪的话，那么除了杀人罪以外的罪都不能定为犯罪，因为这些罪行同样有伪造的可能性。

最后一种为婚姻豁免辩护的理由是：与其他的强奸相比，有婚姻关系的强奸不是一种严重的侵犯，应按刑事法规比如侵权法来处理，这样惩罚较轻。因为强奸法里的暴力强奸指严重的伤害，与一般的侵犯有区别，是"除杀人以外的对个体自由的最残暴的侵犯"。而刑法里的一般侵犯只是一种不当行为，除非"受害人受到严重的身体损害或者侵犯人使用了致命武器或危险手段"。因此，如果被告在暴力强奸和鸡奸其妻子的时候还与她住在一块儿的话，就不能被控以重罪（因为有婚姻关系存在），更不用说一级强奸重罪。

然而，没有任何证据证明婚姻关系的强奸比其他的强奸后果要轻。恰恰相反，大量的研究表明，与其他强奸相比，有婚姻关系的强奸通常更加残暴，对受害者产生的伤害更大。大法官何尔姆斯写道："根据亨利四世时代的理论来制定当代法规已经是够令人反感的了，但更令人反感的是这个理论在很久以前就被人们摒弃，而当代的法规又只是对过去的盲目模仿。"这段话是对婚姻豁免的最好说明。婚姻豁免原则缺乏合理的基础，因此不符合联邦和州宪法的平等保护条款。

（2）女性豁免。刑法规定只有男性可以被控一级强奸罪（鸡奸法适用于"任何人"，没有性别区分。被告对女性豁免的指控只用于强奸法）。刑法规定强奸法适用于发生在男性和女性之间的性行为，因为女性不能强奸女性，所以在暴力性行为中只惩罚男性并不违反平等保护条款，但女性可能因共谋强奸另一女性而犯罪。事实是强奸法只适用于男性暴力强奸女性而不适用于女性暴力强奸男性。

从历史上看，强奸法只对男性惩罚主要是要保护女人的贞操，因为她们是丈夫或父亲的私人财产。纽约州强奸法一直都是保护女性，惩罚男性，是全国10个没有实行性别平等的强奸法之一。

公诉人支持女性豁免的一个首要理由是：只有女性会怀孕，司法机关把暴力强奸女性案和暴力强奸男性案加以区分是符合宪法的。本院与联邦最高法院都赞成与未成年女性性交有罪——如果没有相反的证据的话，因为判定这种"法定的（非暴力，两相情愿的）强奸"有罪的目的是保护少女，使之避免怀孕，而男性没有必要给予这样的保护。

然而，没有理由说避免怀孕也是禁止暴力强奸的目的，看起来也不像能达到这样的目的。相反，（暴力）强奸法明确禁止的是"暴力强迫"，表明它压倒一切的目的是保护妇女免于受到不情愿的、暴力的，通常是残忍的性行为的侵害。因此，由于暴力强奸法和法定的（两相情愿的）强奸法制定的目的有所不同，所以，在后者中支持女性豁免的案例不能适用于前者，公诉人不能仅仅以女性可能怀孕来作为支持女性豁免理由。

公诉人认为女性豁免是合理的，因为女性受害者"面临医疗上的、社会上的以及心理上的种种难题，这些难题只有女性才会有"。这种论据与用来支持"法定的强奸法"中女性豁免的论据如出一辙，本院不同意这种说法，它也没有任何说服力。

公诉人还认为，暴力强奸中的性别平等是没有必要的，现有法规符合宪法，因为实际上一个女性不可能强奸或攻击一个男性，即使可能的话也相当稀少。虽然有几个法院采用了"（女性）在生理上不可能（进行强奸）"的理论，但实际上这个理论是完全错误的。该理论认为男性如果没有受到性刺激则不可能进行性交，而刺激一定是在他愿意的情况下才会产生。然而事实是，"（男性）在任何刺激之下都会产生性交，哪怕是很轻微的刺激"，轻微的程度可以在违背意愿的情况下达到。

最后，关于女性强奸男性"很稀少"的理论。不可否认，女性对男性的暴力性攻击远远少于男性对女性，但数量上的差异本身并不能说明女性豁免符合宪法。比如在抢劫案中，女性犯罪的比率也远远低于男性，但这并不意味着联邦政府只惩罚男性抢劫犯。一个性别平等的法律毫无疑问会更有利于达到阻止和惩罚暴力性攻击的目的，即使是勉强达到。在"女性豁免"中唯一得到好处的是那些暴力强奸男性的女性。

因此，本院认为女性豁免违反了平等保护条款，因为它使女性在暴力强奸男性时免于受责。

强奸法和鸡奸法确实漏掉了某些人，现在的问题是怎么样去修正它。通常，当法规有缺陷，如范围过窄时，法院应该废弃它或者扩展其范围。对暴力性攻击而言，从过去到现在一直被视为严重的犯罪，法律非常有必要禁止这种行为，如果废弃这些法规将非常不利于公众利益和社会安定。那么，对立法机关来说，唯一的办法就是撤销婚姻豁免和女性豁免而保留该法规。因此，我们选择从州刑法第130.35 款和第130.50 款中去掉婚姻豁免和女性豁免，现在本州法律规定任何使用暴力强迫他人发生性关系或不正常性关系的行为都犯有一级强奸罪或一级鸡奸罪。

基于此，被告犯罪成立。

二、自撰之判例

示例二十九：某甲诉某乙租赁合同纠纷（申请撤销仲裁裁决）案

☞ **【案情摘要】**

2013 年 12 月，某甲与某乙公司（物业管理公司）签订房屋租赁合同，承租了位于某市某区某商住楼盘的房屋作为个人经营之用。后因合同标的物存在违建问题，某甲租赁的房屋在装修后却无法注册登记公司开展经营活动，双方产生纠纷。2015 年 8 月 2 日，某甲根据合同的约定向某市仲裁委员会（以下简称"仲裁委"）提出仲裁申请，主张确认合同无效并要求某乙公司赔偿其装修损失人民币 150 万元以及其他各项损失人民币 50 万元。在仲裁过程中，某乙公司提出反请求，主张合同有效，并要求某甲支付租金、管理费等费用及滞纳金，共计人民币 100 万元。

☞ **【诉讼经过】**

仲裁委组成仲裁庭，经审理、开庭、调取证据等程序，于 2016 年 3 月 30 日作出仲裁裁决：（1）驳回某甲的装修损失赔偿请求及其他请求；（2）某甲向某乙公司支付租金人民币 345543 元，逾期支付部分，按照人民银行的同期贷款利率计算利息；（3）仲裁费某甲承担人民币 9382 元，某乙承担人民币 2618 元。

某乙公司根据生效的仲裁裁决书，向某市中级人民法院申请强制执行该仲裁裁决。

某甲不服仲裁裁决书，亦向某市中级人民法院提出撤销仲裁裁决的申请。

仲裁裁决作出后，某甲还通过各种手段针对该仲裁裁决进行申诉、控告，并向某市人民检察院控告仲裁员某丙涉嫌枉法仲裁罪。

某甲提出撤销仲裁裁决申请后，该仲裁委向该市中级人民法院出具的《情况说明》函件称："鉴于申请人某甲长期来访，且情绪波动较大，仲裁委为查清事实真相，明确责任，到某市某区规划国土局对涉案房屋的产权情况进行了调查。经查发现，涉案房屋坐落在某市某区某街道办辖区某花园某期内，由某乙公司建设。涉案房屋不在规划设计范围内，《测绘项目平面位置示意图》中没有涉案房屋的标注。涉案房屋所处的位置是空地，从规划设计图纸来看，没有涉案房屋的设计，也就是说，被申请人某乙公司欺骗了仲裁庭，涉案房屋没有建设规划许可，仲裁庭在仲裁裁决书中认定的涉案房屋系《建筑规划许可证》中'不计容积率部分'的观点有误。"

此后，某乙公司向某市中级人民法院提出撤回执行申请，某市中级人民法院裁定准许撤回，终结该仲裁裁决的执行程序。

☞【判例解析】

本案要解决的根本问题是：仲裁错了吗？而这个问题的基础在于违建是否成立。违建是否成立这个问题是所有后续问题的基础和前提，如果抛开这个基础性问题，那么后续问题的探讨必将陷入无以掌控的飘忽状态，如同没有地基的建筑一样成为摇摇欲坠的空中楼阁。因此，脱离基础性法律事实空谈程序的流转和终结，绝非司法者所应有的执业思维和职业水准。

我们首先按照一种直观的感受来理解"仲裁错了吗"这个问题，答案显然是肯定的。仲裁错了，而且错得很离谱，离谱到最后仲裁委不得不向中级人民法院恳请法外救济。而且，更加怪诞的是，仲裁的另一方也就是被申请人某乙公司居然在仲裁委认错后也很配合地向中级人民法院提出撤销执行申请。这是为什么？怎么会这样地默契？基于所谓"大胆假设，细心求证"的思维方式，对本案不免要引申出如下疑惑：仲裁员（或者说仲裁庭）与仲裁一方当事人之间是否存在案外的交流或者协调？仲裁员没有预料到申请人会如此的纠缠不休，以致表面上看起来无懈可击的"一裁终局"会生出如此的波澜？仲裁员过于轻信自己对证据的判断力，故而在未能查明法律事实的情况下作出重大过失性的错误裁决，或者对仲裁申请人持有异常的偏见，导致裁决时作出了并非中立立场的偏颇裁决？这些疑惑在下文的法律解释中会有所涉及，或者作为另案的线索在移交对应的职能部门进一步地审查时以便得以解惑。

仲裁为什么错了？显而易见，仲裁涉及的标的物（涉案房屋）系违章建筑（仲裁委已经向中级人民法院作了书面"招认"，各项证据也表明涉案房屋系违章建筑，下文会详解）。而基于违章建筑订立的房屋租赁合同显然属于自始无效，无效的事由是"合同违反法律、行政法规的强制性规定"。无效合同导致的法律后果是"合同无效或者被撤销后，因该合同取得的财产，应当予以返还；不能返还或者没有必要返还的，应当折价补偿。有过错的一方应当赔偿对方因此所受的损失，双方都有过错的，应当各自承担相应的责任"。

对违章建筑的认定就那么地含混不清吗？事实上，违章建筑的认定是一个再简单不过的问题了。房产登记查一查，规划建设查一查，房屋租赁（或城管执法）查一查，立刻就能水落石出了。仲裁委查了吗？查了，但很简单的资料却被仲裁员看错了，直到水落石出时才招认错误所在。根据案卷材料，认定违章建筑的依据有：其一，房产登记资料显示的房产权利人（李某甲、李某乙）、名称（某花园某期）、房号（商业 D201）以及面积（314.37 平方米），都与涉案房屋（分别是：某乙公司、某花园某期丁座、201 房、450 平方米）大相径庭，可以确定并非同一房产。其二，《建设工程规划许可证》《建设工程规划验收合格证》记录的不计容积率面积为 6509 平方米，其中商业部分 850 平方米，其余面积为地下车库、人防地下室、地下设备用房及物业管理房等。是不是按照某乙公司所言，涉案房屋在850 平方米商业部分之内。显然不是，涉案房屋共三层（某甲承租的是其中一层的一部分的 201 房，同层还有其他的房间出租给其他人），每层 2000 平方米左右，合计大约有 6000 平方米。单是一层，就已经超出了 850 平方米，这是个简单的算术问题。其三，《某市房屋建筑面积测绘报告》以及后来（裁决作出后）仲裁委调取的《测绘项目平面位置示意图》均显示，没有涉案房屋的任何登记资料。其四，在租赁合同履行中，因为无法在租赁管理所备案而未能进行商业行为，无法备案显然是有原因的。如果是合法的商业性房产，岂有不给备案之理？反之，正是因为违章建筑所以无法备案。无法备案的原因可能很多，但至少得查明情况吧，何况这种查明的难度，仅仅是举手之劳的简便。其五，当事人某甲及其代理人在仲裁申请、提出证据、开庭审理以及证据质证等一系列的行为中，均三番五次地提出了涉案房屋系违建、违建、违建的意见，理由也是言之凿凿的，但就是无法撼动仲裁员和仲裁庭，这太奇怪了！即使仲裁员因智力、学识、经验、逻辑所限做不出涉案房产是否系违章建筑的结论，那么在仲裁裁决书中应当作出的结论是"当事人某甲举证不能，驳回请求的裁决"，这样看起来无可非议。但在某乙公司的反请求中，仲裁书又确认涉案房屋的租赁协议属于"没有违反法律、行政法规的强制性规定"，并裁决反请求成立。既然涉案房屋是否违建事关重大，那么就一定要查明，而且也可以查明，但仲裁裁决书就是这么任性和主观，这种颠倒是非的裁决确实令人匪夷所思。

仲裁裁决认为"申请人某甲认为涉案房屋属于违法建筑，则应当向仲裁庭提交相关行政主管部门认定涉案建筑属于违法建筑的结果证明材料。申请人某甲并未提交相关证据证明其主张，申请人某甲主张涉案建筑属于违法建筑而导致合同无效的观点，仲裁庭不予采信"。这就涉及一个民商事案件的举证能力问题。在谁主张谁举证的民事诉讼证据原则之下，似乎上述的裁决具有程序上一般原则的法理作为形式的支持。一般而言，这是司法、仲裁的证据审查准则，当事人要承担举证责任。但是，之所以赋予法院、仲裁委调查取证的权利，就是要尽量控制由于当事人举证能力受限而造成事实上的有心无力的不堪局面。例如"证明你是你"的命题，你怎么去证明，谁又能（会）给你证明。所以，司法、仲裁的调查权要适当地行使、运用，尤其是在当事人举证能力受到客观限制的情况下，不能轻易地拿出上述的举证原则来推卸责任或作为其他动机的挡箭牌。因此，是否属于违法建筑是一个对司法、仲裁机关而言简单得不能再简单的问题了。

另外一个问题是，如果行政机关不予配合、协助，不出具行政确认、行政认定的情况下，是否就无能为力了？这个问题实际上是关于司法最终裁决的问题。假如某个法律问题的解决一定要行政机关的行政确认、行政认定作为前提，而行政机关又不予作出，司法机关怎么办？这在事实上并不是问题。正如上述所言的司法最终裁决原则所蕴含的基本含义：在司法案件中，行政机关作出的确定、认定尚须司法审查，司法机关当然有权力越过行政机关，直接作出最终的裁决。因此，本案的仲裁机关在运用调查权查证违章建筑的同时，又以当事人无法提供证明违章建筑的证据予以推脱，实在是一种不完全和自相矛盾的司法行为。

在违法建筑是客观确立的以及仲裁裁决是错误的这两个论断作出之后，实体上的问题就可以告一段落。接下来，在实体问题确定的基础上，也当然要解析相关的程序性问题以及救济路径方法。

首先是仲裁审理中的程序问题。该仲裁审理超过四个月的一般期限，但根据仲裁规则的规定，经主任批准可以适当延长。是否经过批准，没有文书记载，故难以确认是否超期审理。即使超期审理，也不导致实体法律适用上的无效，超期审理的法律后果是导向仲裁员或仲裁庭的行政责任承担。因此，这个问题在本裁决中不具有深究性，只是申请人某甲一再提及，故作简述。另一个是本案的仲裁庭调取的证据——房产登记资料，申请人某甲认为没有经开庭质证，程序不合法。但《仲裁规则》第39条规定：书面审理案件的证据和庭审中或开庭后提交的证据，在送达给其他当事人并给予合理的书面质证期后，亦可作为认定事实的依据。证据显示，房产登记资料已由当事双方书面质证，故此程序没有破绽。另外，当事人未提及的民事主体问题，倒是有一番的争议。问题在于，违法建筑的所有者是谁？按照关联房产——某花园某期的建设单位——某戊公司的建设工程看，该违法建筑应该是属于某戊公司的。但是，租赁合同的出租方却是某乙公司。显然，两家公司并非同一公司，而且应该也都是各自独立的。如果该违法建筑无法在法律上进行合法的买卖或者其他方式的所有权变更（事实上并不存在合法的所有者），那么，某乙公司是否可以作为出租方出租房屋呢？或者，若经授权后是否具有出租房屋权利呢？这些问题，当事人及仲裁机构均未涉及，所以，证据自然没有收集，有无授权、如何授权等相关问题都无法考证。但是，这也不影响这个问题的根本性判断方向：违法建筑的处分（包括授权）均归于自始无效。那么，也就是说，租赁合同本身是无效的。这就又回到了无效合同的法律后果问题上了，更值得关注的是，某乙公司根本就不是适格反请求人。在这个问题上是不是可以说，仲裁裁决又错了呢？答案是肯定的。

仲裁裁决不仅实体认定错误，程序上也有重大瑕疵，后续的问题便是这种裁决上的错误是否涉及申请人某甲所控告的仲裁员涉嫌枉法仲裁以及错误仲裁的救济问题。对涉嫌枉法仲裁的控告，可以作为裁定撤销仲裁的一个法定事由。因此，即便涉嫌枉法仲裁的行为本身的处断不应在本诉讼中予以裁判，但是作为撤销仲裁的一个诉请事由以及全面审查的司法义务，应当在本诉讼中查明和审断。如果发现犯罪、违法嫌疑的，不仅可以作为撤销仲裁的法定事由，还应当按照立案管辖的规定将相关的线索材料移交职能部门进行处理。

仲裁员是否枉法仲裁的问题是申请人某甲提出的另一个核心问题。申请人某甲以仲裁员涉嫌枉法仲裁作为申请撤销仲裁的一个事由提出，并随后也向检察机关举报。但是，由于举证能力的限制，某甲在对该事由的举证中，缺乏对该枉法仲裁行为的构成要件要素——故意违背事实和法律——提出直接或者间接的证据。根据现有的证据材料，的确很难得出这个结论。但有一个事实是铁证如山的，就是仲裁裁决大错特错。而且，仲裁员或者仲裁庭重大过失甚至有意出错的嫌疑也是存在的。也就是说根据现有的证据和事实，可以认定仲裁员严重不负责任导致作出错误仲裁的依据是充分的。但仲裁员又不符合玩忽职守罪的主体要件，所以，在未能确定"故意违背事实和法律"的要件要素的情况下，问责的问题只好交给仲裁委按照仲裁员处分、问责规则处理了。同时，由于申请人某甲已经向检察机关控告、举报，因此，关于仲裁员是否涉嫌枉法仲裁罪的控告，按照职能管辖的规定，应当由检察机关处理。

最后是救济路径问题。仲裁裁决错了，根据一裁终局的原则，仲裁书就生效，而仲裁委即便自我认错也没有适当的法律依据自我推翻仲裁裁决，这可能是仲裁救济上的一个缺陷，但本案并不也无意去评价法律制度的设置技术缺陷。因此，目前的救济路径只能通过本诉讼了。由于撤销仲裁裁决的法定事由是采用列举式的，也就是说即便是明知仲裁裁决是错误的，但该错误的原因不在法定事由的列举情形中，也是不能裁定撤销的，这看似一个笑话，但事实好像就是如此。当然，本案至少存在下列两种撤销仲裁裁决的情形：一是裁决所根据的证据是伪造的；二是对方当事人隐瞒了足以影响公正裁决的证据的。甚至，还有一个明显的情形可以作为第三种情形，即仲裁的被申请人并非适格和反请求人。第三种情形前文已作论证，不再赘述。那么，前两种情形如何适用呢？焦点仍然是违法建筑的问题，只是思考的方向有所转变。现在着重要考虑的是：被申请人某乙公司提出的证据是否属于伪造、隐瞒的问题。如果对伪造和隐瞒作狭义的解释，那么某乙公司提出的证据是行政部门颁发的真实文件，并不是伪造，并没有隐瞒。但是，显然本案对伪造和隐瞒不能作如此狭窄的、限缩性的解释。按照证据学的理论，判断证据真伪的三要素为：真实性、合法性与关联性。本案某乙公司提供的重要证据（证明涉案房屋的合法性）是与本案的涉案房屋没有直接的关联性的，也就是说是偷梁换柱的证据。虽说证据是正规办理的，但对涉案房屋而言就是假的，某乙公司隐瞒了移花接木的真实情况，将不匹配的证件套用在并非指向的具体对象上。如果我们把这种行为放大一点就很容易理解该行为的本质，比如另一方当事人拿了另外一个城市的房产建设资料来冒充涉案房屋的证明，这种风马牛不相及的事实立即就会被揭穿。而事实上，本案中的冒充与举例的冒充，在本质上是一致的，毋庸置疑，该证据绝对不具备合法性和关联性。因此，可以认定该证据是假冒的，是被隐瞒了真相的，是一种欺骗行为。在此界定之下，司法者不能死板地、狭隘地运用文本字面含义去给"伪造"和"隐瞒"作狭窄、限缩的理解，法律所要彰显的正义需要司法者以法律真意、社情善意去解释法律、适用法律。在此意义上，本案某乙公司的举证行为显属"伪造"和"隐瞒"的情形。

据此，本案裁定如下：（1）撤销某仲裁委的仲裁裁决书；（2）某甲控告的仲裁员和仲裁庭涉嫌枉法仲裁的事项，依照职能管辖的规定移交人民检察院查处；（3）本案的涉案仲裁属于仲裁员严重不负责任的情形，另行提出司法建议，送达仲裁委处理；（4）涉及违法建筑的问题，另行提出司法建议，移交城市建设和管理执法行政机关处理。

示例三十：某甲抢夺案

☞ 【基本案情】

2017年12月5日17时许，被害人某乙从某市某区某地铁站出来后，乘坐某甲驾驶的出租车前往不远的某处。某乙上车坐在副驾驶位置上，某甲问明目的地后，因路途较短，某甲便建议某乙直接步行过去，避免因交通拥堵导致延误时间。某乙接受某甲的建议下车准备步行至目的地。某乙在副驾驶位置乘坐时，不小心把左边裤袋里的一部苹果手机（经鉴定价值为人民币6800元）滑出口袋并遗落在座位上，在下车时并没有察觉。某乙下车关上车门后，习惯性地摸摸裤袋检查身上的随身携带物品，发现手机不见了，便准备打开车门查找。某乙下车后，某甲发现手机在座位上，遂起占有之心，马上开动汽车欲离开停车地点。当某乙准备打开车门时，某甲连忙加大油门驶离该地。某乙立即拍打车身并一边呼叫停车一边紧追出租车，但最终没有追上某甲驾驶的车辆。某乙当场报警。某甲驾车离去后将手机占为己有，并将该手机拿到某二手手机市场以3000元人民币的价格售出。警方经侦查，于次日12时许将某甲抓获。

☞ 【诉讼经过】

警方接某乙报警后，以涉嫌盗窃罪对某甲立案，经侦查终结后，向某市某区检察院移送审查起诉。

某市某区检察院经审查认为，某甲的行为构成盗窃罪。理由是，本案物品所有人在下车后即刻就基于习惯检查身上是否有财物遗落在车上，并立即发现确有遗落物品。因此，涉案财物不属于遗忘物，而应当是一种即时的遗落物，在法律上应当认为物品仍然在所有人的控制、支配之下，是一种事实上可以实现的完全占有的状态。某甲当时在某乙触手可及的范围内发现了某乙遗落的涉案物品，并且对物品所有人某乙的拉车门、拍车门以实现对物品的控制、支配、占有的举动也是心知肚明。但是，某甲此时实施了针对涉案物品的非暴力的窃取行为，即加大汽车油门驶离现场，以便非法占有财物。即便某甲为非法占有涉案物品而实施的窃取行为并非采用秘密的方式，但该行为系排除所有人对财物的控制、支配、占有而建立新的控制、支配、占有关系的行为，由于盗窃罪的行为特征并不局限于秘密的手段，因此，该行为符合盗窃罪的客观行为特征——窃取，应当认定为盗窃罪。某市某区检察院遂以某甲犯盗窃罪，向某市某区法院提起公诉。

某市某区法院经开庭审理后认为，本案的手机是被害人遗忘在出租车上的物品，被害人在下车后才发觉手机不见了，也就是说物品遗落的时候物品的所有人并没有察觉，是事后经过回忆才发觉物品是遗忘在出租车上的，那么此时对出租车司机某甲而言，这种不经非法行为而产生的占有关系是一种合法（临时）占有，因此应当认定为遗忘物。某甲对涉案遗忘物的主观心理态度的认识因素是：其认为物品的所有人在下车时并没有发觉物品遗落在出租车的座位上，是所有人忘记在下车前检查随身物品，所以物品才会遗忘在其驾驶的出租车上。这一认识因素与事实状态也是吻合的，而且也没有认识错误的因素介入。某甲对涉案遗忘物的主观心理态度的意志因素是：某甲具有明显的非法所有的故意心理，这从某甲开车驶离现场以及将涉案物品转手出售可以得到证实。在某甲合法（临时）占有他人遗忘物之后的客观方面，某甲在物品所有人对遗忘的物品行使控制、支配和占有权之前，便将车辆开动脱离所有人的视线，并将涉案物品转手出售，使得物品所有人失去对物品的控制、支配和占有，这是明显的占为己有、拒不归还的行为，符合侵占罪的客观要件要素。因此，本案应当认定某甲构成侵占罪。由于侵占罪系自诉案件，公诉机关指控不当，应予驳回。据此，一审判决如下：某甲无罪。

某市某区检察院认为一审判决确有错误，在法定抗诉期间内，向某市中级人民法院提出抗诉。

☞【判例解析】

刑法关于对财物的占有关系理论认为，明显属于财物所有人支配、管理的财物，即使财物所有人短时、即时的遗忘或者短时、即时的离开，但只要财物处于所有人的短时、即时的控制力、支配力所能及的范围内，或者说只要财物所有人可以没有障碍地直接取回财物，应当认定为财物所有人占有该财物。因此，本案物品所有人对物品的控制、支配和占有关系应当理解为贴身的或者触手可及的控制、支配和占有，这是根据社会的一般观念即可进行判断的事实上的所有人占有状态，即物品并没有转移占有，这也是区分盗窃罪、抢夺罪与侵占罪关于所有人对财物的控制、支配和占有关系的基本标准之一。

侵占罪是不转移占有的犯罪，即行为人只是基于非法所有的主观心理，将原已占有的他人财物排除他人行使所有权的行为。因发现并取得遗忘物、埋藏物也是形成占有关系的一种类型。但本案中，某甲对涉案物品并没有形成事先的占有事实和占有关系。因为在当时的情况下，涉案物品并不属于法律上的遗忘物。一般而言，遗忘物需同时具有以下三个特征：一是占有人暂时失去了对财物的控制力、支配力；二是财物被遗置于早前所处的特定场所；三是财物所有人往往能够回忆起自己的财物遗置于何处。根据本案的事实，涉案物品的所有人就在该物品的触手可及之处，而且在意欲离开该场所时并没有忘记取得而失去控制、支配，即不需要回忆即知道物品的所在。因此，涉案物品并不属于遗忘物的范畴，某甲并没有形成对涉案物品的事先占有关系，其行为不构成侵占罪。

盗窃罪是行为人以非法占有为目的窃取他人占有的公私财物的行为。即使窃取行为并非严格限制需要采用秘密的方式，但至少也要求采用对所有人并非公然占有的方式。本案中，涉案物品的所有人在当场已经知道物品的所在，取得遗落的物品也是举手之便，并且已经准备打开车门实施取回行为实现对该物的紧密控制与支配。在此情况下，某甲作为一名职业司机，当然负有返还乘客遗落、遗失、遗忘在出租车上的物品的职业义务，但是其置职业义务和职业操守于不顾，公然对物品所有人的取回行为采取驱车加速逃离的方式予以对抗，这是对法定义务明显的双重背反（善意提醒和积极返还），已经不具备窃取行为的特征，因而不构成盗窃罪。

通观本案，在犯罪的主观方面，不管是侵占罪、盗窃罪还是抢夺罪，都是以非法占有为目的的故意犯罪的心理态度，某甲对非法占有涉案物品的故意是毋庸置疑的。因此，区分此罪与彼罪的关键在于犯罪的客观要件要素符合方面。行为的客观要素，在本案中的核心问题有两个：一个是先前占有关系问题，一个是占为己有的手段问题。前者是区分侵占罪与盗窃罪的关键，后者是区分盗窃罪与抢夺罪的关键。如前所述，某甲对涉案物品并没有形成事先占有关系，涉案物品并非遗忘物，因此，可以排除侵占罪的犯罪构成。接下来要论证的是占为己有的手段行为是符合盗窃罪的行为要素还是符合抢夺罪的行为要素。

刑法学的通说认为区分盗窃罪与抢夺罪的关键主要是看行为人取得财物的手段是通过窃取行为还是通过夺取行为实现。窃取行为一般理解为采用平和的方式取得，夺取行为一般理解为乘人不备的公然夺取。所谓的公然夺取，是指行为人当着财物所有人、管理人或者其他人的面，乘其不备，针对财物使用外力，而不对所有人、管理人或者其他人本身使用暴力将财物夺走以便据为己有的行为，譬如夺走他人拿在手上的手机；还包括行为人采取可以使财物所有人、管理人或者其他人立即发现的方式，公开把财物抢走，但不使用针对他人人身的暴力或者以暴力相威胁的行为，譬如夺走他人放在副驾驶座位上的钱包。在本案中，财物的所有人对物品的控制与支配，虽然处于短时、即时的非紧密和非完整的持有状态，即并非贴身地控制，但并没有脱离控制，仍然在所有人的相对性的控制与支配之下。因为在所有人下车的当时，所有人便意识到应该检查随身物品，并在第一时间意识到财物就在正要离开的场所（出租车副驾驶座位）。这就如在餐桌上吃饭要离开餐桌时检查放置于餐桌上的物品一样，物品与所有人具备立即发觉甚至已经发觉的占有关系。某甲在财物所有人意欲拉开车门取回财物实现贴身紧密持有的状态时，当着财物所有人的面驾车驶离，使财物完全脱离所有人的控制和支配，实现自己对该财物的占为己有。驾车驶离行为，是一种非平和的手段，实质上等同于典型抢夺罪中的夺走（财物）就跑的行为，这一取得财物的行为不具备平和性，更不具备隐秘性，显然不能评价为偷也不能评价为窃。因此，该行为就是一种公然夺取财物的行为而不是一种平和窃取财物的行为，某甲的客观行为具备公然性的特征，符合夺取行为的要件要素，应当认定为抢夺行为。综上所析，某甲实施的行为具备侵害性、有责性以及抢夺罪的犯罪构成符合性，应当认定为抢夺罪。

据此，二审判决如下：（1）撤销一审法院判决书；（2）某甲犯抢夺罪，判处有期徒刑七个月，并处罚金人民币3000元；（3）涉案赃物（手机一部）退还被害人某乙。

示例三十一：某甲故意伤害（致人死亡）案

☞【案情摘要】

2017年1月27日18时许，某甲（男，25岁）应同事某乙（女，27岁）邀请到某市某区某住宅小区某栋606房某乙的家中做客吃年夜饭喝酒。当晚22时许，某乙丈夫某丙（男，30岁）的同事某丁（男，35岁）也来到家中做客，四人一起喝酒。到23时48分许，某丙又打电话邀请同事某戊（男，34岁）来家中做客喝酒。2017年1月28日0时21分许，某戊来到某乙、某丙的家中。期间，某戊看到某乙因饮酒过多发酒疯，就开玩笑说某甲、某丙和某丁是畜生，让一个女人喝成这样。某甲误认为某戊是在骂自己，感到很气愤，并与某戊发生争执推搡，但当时就被某丙和某丁劝开。不久，某戊、某丁和某甲一起离开某丙家，三人一起走到某市某区某街道路口时，某甲和某戊两人又发生争吵，并互相拳脚对打，某丁就帮某戊殴打某甲。在互殴的过程中，某甲有一拳头打在某戊的头上，某戊被打后随即瘫软在地。某丁见状后就过去抱着某戊，并打电话叫某丙过来。某甲则趁机离开了现场。某丙随后来到现场，与某丁一起叫救护车将某戊送到就近的某医院救治。后某戊因抢救无效于2017年2月1日死亡。

某戊受伤后（死亡前）经鉴定，其损伤程度暂定为重伤二级。

某戊的死因鉴定意见为：某戊系因大脑左前交通动脉动脉瘤形成并破裂出血，致弥漫性蛛网膜下腔出血而死亡，外伤仅不排除是个诱发因素。

☞【诉讼经过】

某市某区警方以某甲涉嫌过失致人死亡罪立案。警方认为，本案属于暴力打击作用于特殊体制的被害人，诱发脑动脉瘤破裂导致被害人死亡。本案行为性质的认定关键在于某甲是否能够预见被害人发生死亡的结果，如果应当预见而没有预见或者已经预见而轻信可以避免，属于过失致人死亡罪；如果不能预见，则应当认定为意外事件。在本案中，犯罪嫌疑人某甲是出于激愤而以其主观认为的非致命暴力打击被害人某戊的头部。众所周知，头部是人的身体器官的重要部位，外力的打击极易导致伤害甚至死亡，因外力打击头部致人死亡的事例也屡见不鲜。为此，即使某甲主观上并没有希望或者放任致人死亡的意志因素，但对死亡的结果仍然在其预见可能性的范围内。所以，某甲在实施暴力行为时应当预见击打他人头部可能导致他人伤亡的危害后果，但是由于疏忽大意而没有预见。某甲的殴打行为和被害人某戊死亡的结果存在因果关系，符合过失致人死亡罪的构成要件。某市某区警方经侦查终结后，向某市某区检察院移送审查起诉。

某市某区检察院经审查认为，某甲实施的暴力打击行为是一种明显的伤害行为，而暴力打击特定对象的头部行为不可能被解释为过失，因为在某甲实施打击行为时，其主观上是希望达到伤害对方的后果的。即使死亡的结果并非某甲所希望或放任的，但故意伤害罪并不要求行为人在实施伤害行为时对致人死亡具有确定的预见性，否则，对造成伤害对象死亡的行为就应当认定为故意杀人罪而不是故意伤害罪。被害人死亡的原因主要是由于特异体质所致，这是某甲没有预见的，而死亡原因的没有预见并不能作为犯罪阻却的一个事由。由于某甲实施的暴力打击是死亡主因的一个诱因，因此，外力打击行为与死亡结果之间具有刑法上的因果关系。所以，某甲的行为符合故意伤害罪（致人死亡）的构成要件。某市某区检察院遂以某甲犯故意伤害罪（致人死亡），向某市某区法院提起公诉。

某市某区法院经开庭审理后认为，本案定性为意外事件，理由如下：（1）某甲的伤害行为同被害人死亡结果之间没有直接因果关系，某甲不构成故意伤害罪。被害人死亡的直接原因是脑动脉瘤破裂引起的脑出血。根据医院病历及尸检报告，被害人的头部没有外伤，且其尸检报告中前后颈部也没有出血点。某甲的殴打行为只是引发被害人脑动脉瘤破裂的诱因，因此对被害人的死亡原因而言，某甲的行为只是一个偶然的间接原因，在因果关系上是极其微弱的，因此被害人的死亡结果不可归责于某甲的打击行为。（2）某甲在主观上对被害人的死亡结果不具有预见可能性。某甲和被害人某戊案发前并不相识，某甲对被害人的特殊体质并不了解，甚至被害人本人也可能不知道。双方发生争执过程中都是徒手殴打，且被害人外形体格比一般人健壮，某甲在主观上无法预见其殴打行为会造成被害人的死亡结果。因此，即便在法医学上并不排除某甲的殴打行为是被害人死亡结果的诱因，但某甲主观上并无过失，因此也不构成过失致人死亡罪。据此，一审判决如下：某甲无罪。

某市某区检察院认为一审判决确有错误，在法定的抗诉期间内，向某市中级人民法院提出抗诉。

☞【判例解析】

某甲对被害人实施的伤害行为，即对其实施暴力打击被害人身体重要部位的伤害行为，其追求伤害被害人的结果的意图是非常明显的，这种对身体重要部位的打击，完全可能造成伤害甚至死亡，只是这个伤害程度或者死亡结果不具有确定性，但都在可能之预见范围内，这是一个普通的常识。因此，对伤害被害人的结果，某甲在主观方面的意志因素上是持希望至少是放任的心态。当然，本案中被害人死亡的原因显然不是暴力打击而直接导致的，而是由于暴力打击的诱因诱发最重要的原因——被害人的特异体质——所致的。由于头部是人身体器官的重要部位，外力的打击极易导致伤害甚至死亡，因外力打击头部致人死亡的事例确实如检察机关而言是屡见不鲜的，为此，即便某甲主观上并没有追求致人死亡的意志因素，但对其行为可能致被打击对象死亡的结果仍然在其预见可能性的范围内。所以，某甲在实施暴力行为时应当预见击打他人头部可能导致他人伤亡的危害后果，但是由于疏忽大意而没有预见，即被害人死亡结果是在其预见范围之内。对死亡根本原因的无法预见并不直接推导出对死亡结果的无法预见，也就是说，死因对某甲来说是意外，死亡结果是在某甲预见范围之内。持本案行为性质为意外事件的观点，就是混淆了这个因果关系，误将死亡原因的预见能力代替死亡结果的预见能力。在刑法理论上，预见能力指向的对象是危害行为与危害结果之间，而不是危害行为与危害结果的原因之间。死亡结果的原因在法医学上是一个非常专业的问题，不要说行为人，即使是司法人员也难以确认、预见或者理解。因此，对死亡结果的法医学原因，在审查刑法上的因果关系时，一般只作为一种参考或者是辅助。刑法学上的因果关系最为主要的、最为核心的审查认定对象是危害行为与危害结果之间因果关系。在本案中，只要能确定某甲的暴力打击某戊头部的行为与某戊的伤害（并死亡）结果之间具有刑法上的因果关系，那么，因果关系就成立，至于责任的有无及大小，再通过犯罪的有责性方面去作分析论证。

此外，所谓"原因的原因是结果的原因"，因此不能因为死亡原因不是伤害行为直接导致的，就否认死亡结果与伤害行为之间的因果关系。因果关系是个广义的范畴，在刑法的因果关系理论中，因果关系并非认定行为性质的依据而只是个前提，当危害行为与危害结果之间具备因果关系后，才有进一步审查分析行为人实施的危害行为是否构成犯罪的必要，如果危害行为与危害结果之间没有因果关系，那么危害行为就无须对危害结果负责，当然就不是犯罪，也就没有必要再去做犯罪论上的分析审查。本案中的危害行为与危害结果之间，当然具备因果关系。而且这种因果关系是直接性的因果关系，如果没有某甲暴力打击被害人头部的行为，至少当时在现场，被害人就不会倒地，也不会触发被害人"大脑左前交通动脉动脉瘤形成并破裂出血，致弥漫性蛛网膜下腔出血而死亡"的结果。

当然，故意伤害罪中的伤害行为，不能一概而论地认为只要有打击行为就是刑法上的故意伤害行为。行为人只具有一般殴打的意图，并无刑法上的伤害他人的故意，譬如，父母教育子女的一般性惩戒行为，邻里、熟人之间因民间琐事纠纷所致的轻微推搡等肢体接触行为以及其他轻微挑衅打闹行为致人重伤、死亡的情况，当然是不能轻易地认定为故意伤害罪（致人重伤、死亡）。但本案中的打击力度和打击部位，已经超过了一般殴打的范围，追求伤害结果的故意是明显的。对死亡结果，从案件的具体情况分析，显然不在行为人的意志追求之内。因此，对本案而言，某甲主观上具有伤害被害人的故意，但对死亡的结果，则抱持的是一种过失心态，其行为性质应当认定为故意伤害罪（致人死亡）。

一个生命以这样的方式逝去，终究是一个悲剧。但是，如果这个显然为互殴的暴力相向的结果还要被解释为意外，或者认为是他人的疏忽大意所致，好像这个悲剧与某甲的施暴行为无甚关联或者关联甚微，这在常理上会有一种脱离公众普遍认知的悖反。毕竟，暴力打击真真切切地摆在那里，追求伤害之心也是显露无遗地摆在那里。设若有一个抉择，需要在死亡和十年监禁之间作出，绝大部分的人都应该会选择十年监禁后还能好好地活着，甚至十年监禁后再死去，这就是生命对最高级别的生物体——人——的最基本的欲望。是的，如果再有一次选择的机会，某甲、某戊都不可能再会如此地冲突，但是，本案不可能再做假设。

据此，二审判决如下：（1）撤销一审判决书；（2）某甲犯故意伤害罪（致人死亡），判处有期徒刑十年。

示例三十二：某甲侵占案

☞ **【案情摘要】**

2016 年至 2017 年间，邱某某的妻子罗某某因对外负债而被债权人起诉，法院判定罗某某承担债务。因此，邱某某与罗某某二人名下的涉案房产被法院查封并准备拍卖以抵偿债务。邱某某与罗某某为减少因拍卖而可能造成的额外损失，两人商定通过委托他人先垫付债务资金以解除法院查封，然后再另行出售该涉案房产以支付他人垫付的款项的方式，达到减少一些不必要损失的目的。为此，2017 年 12 月 28 日，邱某某、罗某某二人与某市某区某咨询公司指派的代表某甲签订了《服务协议书》，该协议书约定：某咨询公司先行对邱某某、罗某某的债务提供偿还资金以解除法院对涉案房产的查封；邱某某与罗某某向某咨询公司支付律师费和解封房产垫资资金的利息等费用；涉案房产在解封的过程中需要抵押给经办人某甲或者某乙名下，再转让给第三方买受人，房产买受人由邱某某与罗某某指定。次日，邱某某、罗某某与某甲重新签订了《服务协议书》，对前一天签订的《服务协议书》进行一处修改，即涉案房产红本需过户或抵押至某咨询公司名下（而非某甲或者某乙名下）。随即，邱某某、罗某某到某市公证处对其二人出具的一份委托书作了公证，该份委托书写明了委托某乙、某丙、某丁三人为代理人（三人均为某咨询公司的员工）办理涉案房产转卖等委托事项。此后，邱某某、罗某某根据协议约定，向某咨询公司支付了相关费用计人民币 128000 元，然后某咨询公司履行了垫资的义务。2018 年 3 月，邱某某、罗某某二人经某甲的介绍与房屋买受人杨某签订了涉案房产的买卖合同，约定的成交价格为人民币 470 万元。由于当时涉案房产尚未解封，无法完成房屋买卖和变更登记手续。2018 年 4 月初，涉案房产解除查封。2018 年 4 月 11 日，某丁作为邱某某、罗某某的代理人，代为办理由邱某某、罗某某作为出卖人，某甲的妻子某戊作为买受人的房屋买卖合同的相关手续，将涉案房产转让（登记价为 414 万元）过户登记至某戊名下。2018 年 4 月 21 日，某戊又将该房产转让（交易价为 470 万元）过户登记（登记价为 414 万元）至第三方买受人杨某名下。某甲收取了杨某 400 万元购房款，并约定剩余的 70 万元款项在涉案房产交付时支付。邱某某认为某甲、某丁、杨某侵犯了其合法的权利，遂于 2018 年 5 月 24 日就该房屋纠纷向法院提起民事诉讼，所以涉案房产一直未能交付。某甲收取的 400 万元房款，部分抵偿垫资款项（280 万元），部分用于支付过户登记所需缴纳的税费（第一次转让的税费 17 万元，第二次转让的税费 28 万元，总计 45 万元，如果只是一次转让则出卖方只需承担 5 万元），部分支付给某咨询公司作为垫资服务费（20 万元），剩余款项留存在某甲的账户中，尚未与邱某某、罗某某结算。经评估，涉案房产在第一次交易时的价值为 5508737 元。

2018 年 6 月 18 日，邱某某以某甲、某丁、某戊涉嫌合同诈骗罪向某市某区警方提出控告。

☞【诉讼经过】

某市某区警方以某甲涉嫌合同诈骗罪，对某甲立案侦查。对某丁、某戊则认为证据不足，不予立案追究。侦查终结后，警方将案件移送某市某区检察院审查起诉。

某市某区检察院经审查认为，某甲的行为性质应当认定为侵占罪，遂对某甲作不起诉处理，并告知邱某某可以向某市检察院提出对不起诉决定的申诉，或者也可以不经申诉自行直接向法院提出刑事自诉。

邱某某以某甲犯合同诈骗罪，自行向某市某区法院提起刑事自诉。

某市某区法院经开庭审理后认为，本案没有犯罪事实发生，属于经济纠纷，理由是：（1）某甲没有非法占有目的。某甲在履行《服务协议书》的过程中，按照该协议的约定，筹集了资金偿还了罗某某的债务，使邱某某、罗某某的房产解除了法院的查封，后以 470 万元的价格将该房产转让给第三方买受人杨某，该转让系邱某某、罗某某指定的买受人，房屋买卖合同上邱某某、罗某某亦签字确认。某甲对代为收取的房款用于偿还垫资等用途，余款仍在账户之中并无占用，因此，某甲在履行该协议的过程中不存在非法占有的目的。（2）某甲没有虚构事实或者隐瞒真相行为。邱某某提出，某甲虚构了某咨询公司员工的身份，诱骗其签署合同转移其房产。但根据三方签订的《服务协议书》，某咨询公司的义务是履行垫资并解除房产查封，而实际上是某甲代某咨询公司履行了出资义务，在权利义务关系上，某甲和某咨询公司作为一方，而邱某某、罗某某作为另一方，所以某甲是否为某咨询公司员工对邱某某的权益没有影响。（3）涉及本案的民事经济纠纷已由法院受理。某甲在履行该协议的过程中未完全按照合同约定履约，如协议约定出资方垫资后房产须过户至某咨询公司名下，而实际上房产则过户至某甲妻子某戊名下，属于合同履行瑕疵，邱某某已就该经济纠纷向人民法院提起民事诉讼。综上所述，本案属于民事经济纠纷，某甲的行为不构成合同诈骗罪，也不构成侵占罪。据此，一审判决如下：某甲无罪。

自诉人邱某某不服一审判决，在法定上诉期间内，向某市中级人民法院提出上诉。

☞【判例解析】

代为垫资行为如果作为一种行业领域上的经营，那么该经营行为属于资金运作、结算的性质，需要经过特许的行政审批，若未经审批而经营，则属于非法经营行为。由于本案的代为垫资行为只是个例上的讼争，没有达到证明为专门性经营行为的要求，因此只能按照一般的民事行为予以法律评价。这是一个举证能力的问题，也是一个不告不理的原则问题。

那么，本案源起的民事法律关系——代为垫资解除查封——只能理解为是一种民间借贷关系的具体表现形式。在此基础上处理法律纷争，如果仅限于合同上的权利义务和责任归属等合约性问题，原本也就应当以民事法律规范作为调整工具，刑事法律不可越界。但是，本案的涉案一方当事人显然跳出了借贷关系的范畴并施加了足以对另一方当事人所有的财产权造成侵害的行为，即涉案一方当事人在谋求、实现自身利益时，其施行的手段行为不仅违反双方合同上的约定，更甚者是将自身利益获取建立在损害对方的财物之上，进而利用对涉案财产占有上的优势，将本应由自身担负的财产责任（税费）强制性地摊派给对方当事人。因此，本案当事双方的纷争事项归根结底属于对涉案资产、资金的占有、转移、担负以及支配、处分上的所有权纠纷。由于一方当事人已然越过合同约定的范畴部分，故而对涉案财产所有权权属尤其是对财产担负（税费）责任转嫁部分在法律性质的认定上，涉及非法占有的判断问题，故并非单纯的民事争端。该纷争是否符合刑事犯罪的构成，应当以民事关系的延伸并主要以刑事的视角去审查和评价。

本案的事实基础可以归纳为以下几个要点：（1）基于合同《服务协议书》的一方当事人为邱某某、罗某某，另一方当事人为某咨询公司、某甲、某丁。其他涉案人员某丙虽然是某咨询公司的员工，但并非当事人身份，其接受邱某某、罗某某的委托代为办理涉案合同项下的授权事务，是受限制（授权事项）的代理人，由于其并未代理具体事务，故当然也不具有本案当事人身份的资格。（2）当事双方没有按照合同的约定，将涉案房产抵押或者过户到某咨询公司的名下，而是将涉案房产以470万元的买卖款过户到当事人之外的第三人某戊（某甲的妻子）名下。由于该买卖合同及过户行为发生在《服务协议书》签订之后并且在形式上均符合法定的合同形式要件（邱某某、罗某某在合同上签字），因此，此举可以视为当事双方在合同履行中对原合同部分内容的变更一致协议，是具备法律效力的。（3）某戊随即将涉案房产以470万元的价款转让给案外人杨某（此前邱某某、王某某与杨某签订的价款为470万元的房产买卖合同因涉案房产尚未解封而未履行）。两次买卖涉案房产导致税费急剧攀升，累计45万元。涉案房产的两次转让所签订的房产买卖合同均约定税费由买受人担负。（4）涉案房产已经在房产登记机构进行了变更登记但因纠纷而没有实际交房交付，涉案房产转让款的溢出原债务部分的款项没有交付给当事人邱某某、罗某某。（5）某甲收取400万元的涉案房产转让款，并要求邱某某、罗某某承担两次转让房产所产生的税费计45万元，并从400万元的购房款中予以缴付。

在此基础事实之外的其他涉案事实和情节，或者非根本性、非影响性，或者各执一词，无有定论。在此情况下，如果能仅就基础事实作出法律判断，那么基础事实之外的其他事实和情节，便可忽略；如果因事实的不完整导致无法作出法律评价，则本案属于事实不清、证据不足的情况，应根据民事上的举证责任原则或刑事上的无罪推定原则作出裁断。

根据基础性的事实，基于以下的理由，可以认为对本案作出法律上的适用已经具备足够的事实基础。一是本案各方当事人的权利、义务和责任在上述查明的基础事实上是明确。涉案合同约定的事项是明确的，即邱某某、罗某某支付相关费用，某咨询公司、某甲垫付解除查封资金实现涉案房产的解封，邱某某、罗某某将涉案房产抵押或者过户给某咨询公司，然后出售涉案房产以偿付垫资款项及其他后期应付费用（合同约定解封后需支付垫资款的利息，按每日万分之八计算）。二是涉案房产转让给杨某，交易价格为470万元，各方当事人都是知情并有相关签名确认的合同和委托书可以作为直接的依据。也就是说对原合同的履行，各方当事人对涉案房产转让方式的变更也都是认可的，否则无法取得涉案房产的变更登记。即使交易价略低于市场价，但鉴于房产交易价本身具有市场弹性，且涉案房产已经在房产登记机构进行了变更登记转移，因此目前应认为房产转让及变更登记合法有效。三是第二次转让在涉案合同之外，超出了合同约定事项的范畴，不能根据涉案合同进行法律评价。但是，第二次转让是涉案合同当事人某甲实现利益的手段，并通过该手段实现资金的占有。因此，该手段虽然与涉案合同没有直接的关联，但该手段行为属于事后利益的实现方式，属于涉案民事行为的延伸部分，与本案有所关联且不排除刑事上的入罪嫌疑。毕竟，本案的涉及资金全部来源于第二次房产转让，而本案的纷争焦点即税费担负与第二次房产转让也是息息相关。

当然，如果通过当事人的协商或者民事诉讼能够解决上述纷争，则刑法应当退出以保持谦抑性本色。但问题是，涉案房产经过二次转让后，无形中直接增加了28万元的消耗（税费的负担），并且这种消耗是有意识造成的，是某甲的行为施加的直接后果并转嫁给邱某某、罗某某承担。某甲利用了代为保管和代为处理涉案事务的先机和优势，将本该（房地产管理法规）以及约定由买受人承担的税费，强加给了邱某某、罗某某。

从基础事实的理解上，邱某某、罗某某委托他人代为办理房地产的买卖，并与杨某初步签订了一份二手房买卖合同，因此，对将涉案房产出卖给杨某的意思表示可以视为是确定的。然而在正式房屋转移登记时，受托人以及某甲、某戊率先介入了一次对涉案房产的买卖合同和转移登记，即先将涉案房产登记至某戊的名下，然后某戊再将涉案房产出售并转移登记到杨某名下。由于整个过程多了一手对涉案房产的转让环节，致使转让的税费无形中增加了 28 万元。但是，涉案房屋转让给某戊的买卖合同，也有邱某某和罗某某作为出卖人的签字，这就是问题的关键之处。邱某某、罗某某到底是指定某戊为买受人还是指定杨某为买受人？涉案房屋的价格到底是 414 万元还是 470 万元？多出的转让税费到底应该由谁来承担？按照时间推进的顺序可以发现，邱某某、罗某某转让涉案房产给杨某的合同没有履行（原因是当时还处于查封状态），随后便先行转让给某戊并办理了登记转移。根据房屋不动产物权的登记主义，这个登记转移是有效的。那么就是说，邱某某、罗某某最终是确定某戊为买受人的。至于某戊此后的转让行为，自然也就因商事自由而无可厚非了。

第二个问题是转让价格问题。从涉案房产的不动产登记机关的登记上看，两次转让的登记价格都是 414 万元，这显然与正常的市场价相去甚远，这说明两次登记是为了规避部分税费人为地将登记价调低，而这种人为调低登记价的行为需要作出行政上的处罚，该处罚因与涉案事实不存在影响性的关系，故在此予以忽略。那么，本案实际的转让价格，不管是第一次还是第二次，认定为 470 万元是合情合理的。从社情、常情上的考虑，当时的房地产市场并没有惊涛骇浪的市场效应，而是处于相对的稳定期，在短短的十来天不至于有 50 多万元的差价。因此，从这个角度结合当事人之间确定的价格来推断，可以确定涉案房产各方约定的实际交易价格为 470 万元。

再者是税费的承担者问题。从房产管理部门调取的文书显示，两次的房产买卖约定税费均由买受人承担，即由某戊承担第一次买卖房产的税费。由杨某承担第二次买卖房产的税费。也就是说，邱某某、罗某某不负担任何的税费，470 万元属于出售涉案房产的实收款。因此，不管是涉案的 5 万元，还是 12 万元，还是 28 万元，都不属于邱某某、罗某某的承担部分。两次转让房产所产生的 45 万元税费，不应由邱某某、罗某某担负。任何以税费之名强行转嫁于邱某某、罗某某身上并从转让款中直接扣除而拒不支付的行为，在本质上都可以理解为对该款项的非法占有。因此，这个款项的承担者是没有争议的。

那么，这种强行转嫁给不属于对方应当支付的款项并基于自己代为管理资金的便利而直接从应当返还给对方的资金中扣除的行为，性质为何？是一种民事上的纷争，还是一种刑事上的犯罪？若为犯罪，所犯何罪？本案虽然源起以民间借贷为基础的服务性合同的民事法律关系，但合法的前提和事由并不必然推导嗣后的行为归属完全的民事关系性质，这应当是一种毋庸置疑的通论。否则，侵占犯罪等违法犯罪行为将找寻不到惩治的依据。此外，民事上的纷争一般不会介入非法占有的目的，民事行为中手段行为的非法性一旦基于非法占有的目的，只要达到量的标准，通常可以评价为犯罪行为。本案中的涉案人某甲对涉案的45万元税费，是否具有非法占有的目的呢？如前所述，税费中17万元（12万元+5万元），应该由其本人（因其与某戊为夫妻关系，故作利益共同体认定，并由于某戊介入本案只是挂名性质，故不对某戊进行刑事责任评价）承担；税费中另外的28万元，应该由杨某承担。由此关于涉案房产的买卖，邱某某、罗某某实收款项是470万元。杨某应该支付的470万元，扣除300万元（280万元+20万元）约定费用之后的170万元，应当悉数返还给邱某某、罗某某。由于70万元尚未给付的状态是因涉案房产在另外的民事法律关系履行上的民事纠纷而起，那么在邱某某、罗某某与某甲之间存在的55万元涉案款项（170万元–70万元–45万元）处于当事人未结算的民事纠纷上的事由，暂先不予进行刑事评价。但至少，某甲仍然据为己有并已经处分了不该为其所有的45万元。这种据为己有，是凭借其代为转让房产、代为保管资金的先前合法性民事法律关系的便利而实行，因此，很容易作出"代为保管的他人财物"的要素符合性。问题是，这种强行转嫁行为如何理解为据为己有？本案所指的他人财物是资金款项，属于种类物的范畴。对种类物据为己有的理解会稍微抽象一些，因为更多的时候其指向的是数额而不是实物。但对此问题把握的核心仍在于对他人财物未交付他人而自己占有并进而处分事实的判断上。在本案中，税费由某甲（及某戊）和杨某承担并已交付，虽然税费的计税依据建立在购房款的依据上，然而事实上，税费和470万元的购房款之间并不存在交叉或者包容关系，因此是各自分立的，也就是说税费归税费（行政上），购房款归购房款（民事上）。那么对实收购房款470万元的邱某某、罗某某而言，他们委托某咨询公司和某甲保管的，只涉及470万元购房款部分而与税费部分无关，某甲将未有民事争端事由的45万元部分蛮不讲理地强加于邱某某、罗某某，这无异于据为己有，其情节更为恶劣。

如此一来，涉案的45万元强行转嫁和拒不归还的行为，与刑法中规定的侵占罪的构成要件具备符合性，即便其他的分化款项（70万元、55万元等）仍然具有民事纷争的状态需待当事者之间通过协商或诉讼的方式解决，但具备独立意义的45万元部分及其法律属性的判断，则完全可以盖棺定论了。

综上，本案涉案的45万元部分性质上属于侵占犯罪。由于自诉人起诉的罪名——合同诈骗罪——不具备事实和证据基础，所以这个罪名的指控不能成立。但是，根据现有证据所确定的事实，某甲的行为在性质上应当认定为侵占罪。由于合同诈骗罪较之于侵占罪是重罪，这对某甲而言，不属于超出指控范围的情形，因此，即便指控重罪不能成立，但认定轻罪却应当是成立的。

据此，二审判决如下：（1）某甲犯侵占罪，判处有期徒刑二年六个月，并处罚金人民币10000元；（2）追缴某甲赃款人民币45万元退还邱某某、罗某某。

示例三十三：某甲盗窃案

☞ **【案情摘要】**

　　某市某区某实业有限公司从事资金支付、结算服务，因拓展业务的需要，公司法定代表人某乙与某甲达成借用某甲所实际控制的公司名下的银行账户的口头合作协议，并约定某甲有权收取实际结算资金总额的千分之一作为回报。某实业有限公司于2017年9月20日开始借用某甲提供的某市某科技有限公司名下的银行账户办理支付宝对公结算资金业务，某甲亦将某科技有限公司的对公银行账户、密码及U盾等交予某实业有限公司使用。某实业有限公司于2017年10月8日开始借用某甲提供的某市某科技应用有限公司名下的银行账户办理支付宝对公结算资金业务，某甲已经将银行账户和密码交付某实业有限公司但尚未提供银行U盾。

　　某实业有限公司除法定代表人某乙有独立办公室外，其余员工均为集体开放式办公，公司也未设立独立的财务室。在借用某科技有限公司银行账户及U盾期间，某实业有限公司的财务人员长期将U盾直接插在办公室财务电脑的USB接口上，且未修改U盾密码、未对U盾作特殊保护。此外，为便于开展业务，在合作期间，某甲在某实业有限公司办公室内设有临时办公地点，其有权使用U盾查询账户交易数据以便查看其回报的具体数额。

　　2017年10月9日15时许，某甲使用财务电脑查看账户数据后，向某乙单方面提出终止合作的意向，并拿出两份拟定的协议书，交给某实业有限公司的法定代表人某乙在协议书上签字。其中一份协议是补签双方合作借用银行账户的内容，约定了某实业有限公司在使用某科技有限公司银行账户期间，双方的权利、义务。另一份协议是终止合作的性质，协议约定某科技有限公司、某科技应用有限公司的银行账户中现有的账户结算资金人民币10215459元人民币以及后续收到的任何某实业有限公司的资金汇入，应当转入某实业有限公司的备付金账户。两份协议签订后，某甲便自行将某科技有限公司银行U盾携带离开某实业有限公司。

　　2017年10月9日18时许，某实业有限公司员工某丙在进行资金清算时，发现某科技有限公司银行U盾不见了，便将该情况告知某乙。某乙即与某甲联系，要求某甲携带银行U盾来某实业有限公司处理银行账户资金事宜，某甲敷衍称明日再来处理。2017年10月10日10时许，某科技有限公司对公账户内的资金人民币9024082元，某科技应用有限公司对公账户内的资金人民币1191377元，共计10215459元被转至与某甲关联的其他公司账户。此后，该资金又被转移至某甲的个人银行账户（520万元）、其他个人账户（400万元）和公司账户中。

☞ **【诉讼经过】**

　　某乙向某市某区警方报案后，警方以涉嫌盗窃罪对某甲立案，经侦查终结后，向某市某区检察院移送起诉。

某市某区检察院经审查，以某甲犯盗窃罪向某市某区法院提起公诉。

某市某区法院经开庭审理后认为，某甲与某乙的第一份合作协议已经约定了2017年10月9日为终止合作的日期。某科技有限公司、某科技应用有限公司的对公账户的交易明细显示，第二份协议中约定的涉案资金于2017年10月9日到账，且某实业有限公司明知该涉案资金的提现操作为T+1模式，相关资金在终止合作之日无法完成提现，该公司仍于10月9日在涉案的两个账户中存留资金，即某实业有限公司已默许上述资金由某科技有限公司、某科技应用有限公司代为保管。某甲作为某科技有限公司、某科技应用有限公司的实际控制人，其对这两个公司账户内资金有使用、支配的权利。某甲未按照第二份协议的约定将相关涉案资金转至指定账户的行为应当认定为侵占代为保管物。因此，某甲非法占有银行账户内资金的行为不构成盗窃罪，而构成侵占罪，属于自诉案件。公诉机关对该罪没有追诉权。据此，一审裁定如下：本案终止审理。

某市某区检察院认为一审裁定确有错误，在法定抗诉期间内，向某市中级人民法院提出抗诉。

☞【判例解析】

刑法条文对侵占罪的叙述为：将代为保管的他人财物非法占为己有，数额较大，拒不退还的行为。当然，侵占罪还包括关于埋藏物、隐藏物和遗忘物的规定，但这显然不在本案的争议范围之内，故予以忽略，下文解析的侵占罪只限于"代为保管"这种情形。为此，是否构成侵占罪，很重要的一个方面就是要审查行为是否符合"代为保管"的要件要素。在刑法理论上，代为保管可以理解为不转移占有的先前状态，也就是说，行为人基于合法（或者也可以说是并非不法，下同）的前因导致了物的占有关系产生了合法转移，形成了先前的合法占有事实的状态，行为人在合法占有的前提后产生了非法据为己有的主观心理态度，进而实行了拒不退还、据为己有的行为。因此，在"代为保管"（"不转移占有"）、"非法所有的故意"、"拒不退还"、"数额较大"等要件要素组成的整体行为就符合侵占犯罪的基本要件要素。据此，在本案中，在"非法所有的故意""数额较大""拒不退还"的要件要素符合性几乎没有争议的情况下，是否构成侵占犯罪的焦点就集中在"代为保管"这一要件要素上。

代为保管是前因行为的一个持续性状态，因此对代为保管的判断，追本溯源是对前因行为的认识和判断，即如果前因行为是合法的并且前因行为能产生代为保管的法律关系，那么该要件要素就是符合的，反之则是不符合的。在本案中，所谓的前因行为，就是双方之间的合作协议、协议的履行以及协议的终止。在合作协议及协议的履行上，银行账户由某甲交由某实业有限公司占有、使用，某实业有限公司向某甲支付对应的协议规定的回报。因此，该部分的前因行为并不会对本案的审断产生直接的影响，因为银行账户在被害人（某实业有限公司）的控制中，为此可以将此阶段（合作协议订立及协议履行）不作为前因行为考量的范围之内。协议的终止阶段，是导致银行账户再次转移的根本前因，因此该部分的前因行为及其后果的法律关系或者法律评判，便是本案的核心问题。

合作协议终止，在法律性质上归属民事行为，其合法性的标准应当遵循民事法律行为的要件审查。如果合作协议终止行为是合法的，那么再来考量占有转移的关系及合法性；如果合作协议的终止是非法的，在一个非法的前提之下，占有转移的合法性就会有更加复杂的判断，需要进一步地考究和解析。从表面形式上看，本案的合作协议终止是当事双方真实意思表示下的行为，在不考虑单方行为动机以及其他阻却合法事由的情况下，可以认为是合法的。但是，即使合作协议的终止是建立在合法性基础上的，也并不必然导致占有转移合法的法律后果，或者说并不是说合作协议的终止一旦成立，占有转移立即形成。占有转移仍然要考虑协议的约定、物本身的属质以及公序良俗等民法基本原则和基本理论问题。

因此，协议终止与占有转移是两个概念，协议终止并不必然导致占有转移，协议终止合法也不必然推导占有转移合法。

本案的协议终止是个既定的事实，那么涉案银行账户以及账户资金是否由于协议终止而产生了占有转移呢？根据本案协议书的内容，双方没有就银行账户的移交作出具体的约定。没有约定的，根据法律的规定执行。但是，有关的民事法律也没有对此作出具体的对应性的规定，只有《物权法》第23条和《合同法》第92条作出了原则性和概括性的规定，即"动产物权的设立和转让，自交付时发生效力，但法律另有规定的除外"；"合同的权利义务终止后，当事人应当遵循诚实信用原则，根据交易习惯履行通知、协助、保密等义务"。本案的涉案对象是银行账户及其账户资金，是根据先前的合同（协议书）而发生的动产物权（涉案对象）的转移。银行账户及其账户资金是种较为特殊的物，这种物的转移一般以交付银行账户的存折、银行卡（账号）及密码（及U盾）为成立条件，这也是遵循了动产物权转移的一般原则以及公序良俗中的交易习惯。因此，判断本案的涉案对象是否转移占有归根结底就是判断涉案对象是否交付。

本案的涉案银行账户，如果不使用密码（U盾）是无法触及该资金的，因此是相对安全的。账户内的资金10215459元，数额特别巨大，所有权归属明确无疑。在一般的理解上，由于资金特别巨大，所有权人是不会（也无必要）在签订协议之后当即交付账户和密码（U盾），因为此后（次日即可将资金全部转移出该账户）随时都可轻易地实现交付行为。这种理解与现有证据证实的内容（没有将U盾交给涉案人员某甲）是吻合的。也就是说，认定本案的涉案银行账户以及账户资金尚未交付给某甲的事实行为是确凿无疑的，据此，尚未交付的动产物权的法律后果就是该动产物权尚未发生占有转移。

如上所述，在涉案对象的占有转移并未发生变更的情况下，涉案行为并不符合侵占罪的要件要素，侵占罪不能成立。

尤其值得注意的是，先前的转移占有行为如果事实上是行为人在非法占有故意支配下的一种预谋、掩饰或者隐蔽手段，即以貌似合法的形式掩盖非法目的的方式，那么，这种先前的转移占有便不是合法占有，因此便不能以客观上的先前占有关系直接推定这种先前占有的合法性以及侵占罪要件要素的符合性。

那么，接下来自然而然要解析的问题便是该行为是否构成犯罪以及构成何罪。对巨额资金被非法占有的事实，在社会危害性（法益侵害性）的犯罪本质的评价上，当然是毋庸置疑，可以认定为犯罪行为。至于犯罪行为的性质，则要根据手段行为的特征予以着重考量。关于侵犯财产的犯罪，唯侵占罪为法定告诉才处理案件，在如前所述排除侵占犯罪的前提下，本案显然归属公诉案件。至于具体罪名的确定，需要对手段作进一步的分析。当事双方终止合作后，在并未进行银行账户以及密匙交付的情况下，一方当事人某甲通过不为另一方当事人某乙及某实业有限公司所知的方式将银行账户内的属于某实业有限公司所有的巨额资金作了窃取转移，涉案对象中的银行账户资金是财产，而账户密码（U盾）则是获取财产的钥匙，不管是拾得钥匙、窃得钥匙还是通过其他没有合法根据（根据协议进行合乎交易习惯的交付）的方式获取钥匙，利用钥匙打开这个保险柜并将保险柜中并不被自己合法占有、所有、支配的财产非法占为己有的行为，都是刑法中规定的窃取行为，应当认定为盗窃犯罪。

据此，二审判决如下：（1）撤销一审裁定书；（2）某甲犯盗窃罪，判处有期徒刑十四年，并处罚金人民币100000元；（3）追缴涉案赃款人民币10215459元，退还给某实业有限公司。

示例三十四：某甲职务侵占案

☞【案情摘要】

某市某区某清洁公司承接了某市某区某社区的卫生清洁服务项目，双方签订的服务期限为两年，合同于2017年5月31日到期。合同履行期间，某清洁公司的职员某甲为该项目主管，主要负责项目中43名清洁工的排班、考勤记录、加班记录、新员工招聘、制作工资表等工作。因合同到期，该项目中的43名清洁工需要办理离职补偿事宜，某清洁公司按照规定应当给离职员工发放13万元的补偿金。某甲遂向某清洁公司提出可以通过其与员工协商的方式做通离职员工的工作，减少离职补偿金，并确保让员工签署离职协议。某清洁公司同意某甲的方案，并将空白格式离职协议书交予某甲。某甲在没有告知离职补偿金的协议事项的情况下，通过隐瞒、诱骗手段让离职员工在离职协议书上签名、捺手印。随后，某甲持43份离职协议向某清洁公司报支了协议书上签订的补偿金总额计人民币41250元。2017年5月31日，某清洁公司将上述款项转账至某甲的个人银行账户中。某甲收到上述款项后，未按照离职协议上约定的金额分发给离职员工，而是将其中部分钱用于个人挥霍及他用，事发时剩余人民币18000元。2017年6月5日，某甲请43名离职员工吃了一顿饭（大概花费3000元）。2017年6月10日，离职员工因未取得离职补偿金问题，集体上访反映某清洁公司未支付离职补偿金。后经双方协议，某清洁公司重新向离职员工足额支付了离职补偿金总计人民币 13 万元。

某甲在某清洁公司履职工作期间，利用自己具有招录新员工入职、考勤记录、制作工资表等职务便利，为自己的儿媳妇某乙办理虚假的入职手续，从 2016 年 10 月至 2017 年 5 月为某乙伪造考勤表和工资表，向某清洁公司领取工资、奖金等各种报酬累计人民币 20660 元。

☞【诉讼经过】

某市某区警方接到某清洁公司的报案后，以涉嫌诈骗罪对某甲立案，侦查终结后，移送某市某区检察院审查起诉。

某市某区检察院经审查，认为某甲利用职务上的便利，采取诈骗的方式骗取本单位的财物，数额较大，该行为符合职务侵占罪的构成要件，应当认定为职务侵占罪。某市某区检察院遂以某甲犯职务侵占罪，向某市某区法院提起公诉。

某市某区法院经审查认为，某甲利用职务上的便利，通过办理虚假入职手续以及伪造考勤表、工资表，冒领本单位资金人民币 20660 元的行为属于职务侵占的性质，但因数额没有达到追诉标准，不构成职务侵占罪。某甲在办理公司对员工的离职补偿事务中，通过欺骗的方式骗取离职员工签署离职协议书，并代表离职员工向本单位领取离职补偿金 41250 元后，据为己有且拒不退还（给离职员工），该行为属于侵占的性质，系自诉案件，公诉机关没有追诉权。据此，一审判决如下：某甲无罪。

某市某区检察院认为一审判决错误，在法定抗诉期间内，向某市中级人民法院提出抗诉。

☞【判例解析】

本案的涉案事实分为两个部分，一是某甲通过伪造儿媳妇某乙虚假的入职、考勤、加班等资料，从本单位冒领资金人民币 20660 元，这部分事实系职务侵占行为没有争议。另一部分事实是某甲在办理本公司对离职员工的离职补偿事务中，通过欺骗的方式骗取离职员工签署离职协议，从而向本公司冒领离职补偿金人民币 41250 元并非法占为己有。该行为的性质问题，一审判决书认定为侵占行为，由于侵占罪属于自诉案件，公诉机关没有追诉权，因而作没有告诉处理。

某甲通过隐瞒、蒙蔽和诱使的手段，取得离职员工在离职协议书上的签名后，根据该签名的离职协议书向本公司报销离职补偿金额，某清洁公司根据补偿的总金额向某甲的个人账户转账 41250 元。该笔资金进入某甲的账户之后，某甲即实现了对该款项的非法占有，在行为形态上属于既遂。因为某甲不管是事前还是事后，都没有将该离职补偿金支付给离职员工或者返还给本公司的意思表示，这从某清洁公司事后再次足额发放离职补偿金上也可以得到证实。员工的证词也证明了某甲从未说过要代为领取离职补偿金，也从没有从某甲处拿到任何的钱款，据此可以认定，某甲为了达到非法占有本该支付给员工的离职补偿金，费尽心思，一方面从某清洁公司处取得与即将离职员工协议离职补偿金的授权，一方面骗取某清洁公司即将离职员工的信任在离职协议上签字确认协议的补偿金额，进而通过该补偿金额，向某清洁公司冒领离职补偿金41250元并非法占为己有。该手段行为系采用欺骗员工和公司的方式以及利用其在公司中的职务之便和特别事项的特别授权之便而实现，在犯罪构成上均符合诈骗罪和职务侵占罪的要件要素，在处断上应当择一重罪处罚。由于某甲的行为所对应职务侵占罪的量刑档次的法定最高刑为五年有期徒刑，对应诈骗罪的量刑档次的法定最高刑为三年有期徒刑，所以，本案以职务侵占罪认定。有一点需要着重说明，不能认为职务侵占罪是诈骗罪的特别法罪名，因为职务侵占罪与诈骗罪之间并不具备包含的关系，两罪之间在行为方式上只具有部分交叉的关系。在刑法理论上，特别法是一种被完全包含的关系，譬如合同诈骗罪与诈骗罪，所有的合同诈骗罪都可以认为是诈骗罪，合同诈骗罪只是诈骗罪的一种特别形式。显而易见，无论是职务侵占罪还是诈骗罪，都无法完全包含另一个罪名。

关于在利用职务之便非法骗取财物之后某甲请员工吃饭的费用能否扣除的问题。某甲职务侵占既遂之后，请员工吃饭的行为应当认为是一种对犯罪所得进行掩饰的手法，该行为的性质在法律上应当解释为后续犯罪成本支出，而犯罪成本对犯罪数额而言并不具有影响性，司法认定中无须在犯罪数额中扣除犯罪成本（除非是种类物的对抵，比如用100元骗得1000元的情形）。并且，该吃饭行为与离职补偿金的协议及支付之间并没有当然的关联，即员工不认为这是一种替代离职补偿金的支付方式。因为任何员工都不会为了区区的一顿饭而付出牺牲离职补偿金的代价（3000元之于13万元）。此外，请吃饭还存在一个名义的问题：如果是以个人的名义请吃饭，那自然与职务行为及所在单位无关；如果是以公司的名义，首先要得到公司的授权或认可，那么该支出自然可以在公司财务中报销，并且属于另外一项公司事务，与离职补偿金亦无关系，也就不存在抵扣离职补偿金的问题。事实上，某清洁公司根本不知道也不会追认该吃饭行为的公务属性。综上而言，该吃饭费用的支出不应从非法占有离职补偿金的数额中扣除。

本案中还存在一个本单位意志上的不正当性是否可以作为职务行为非法性的抗辩事由的问题。在劳动法上，员工离职的足额补偿是一项法定的正当权利，某清洁公司为了图谋不正当利益，试图通过委托某甲与员工协议的方式达到不正当利益的实现——减少离职补偿金的支付数额。如果公司离职员工知情且自愿，这可以理解为劳动收益权利的自愿放弃，只要员工事后（劳动仲裁时效及诉讼时效后）没有意见表达或提出诉求，就是双方你情我愿，不具非法性。但是，即使某清洁公司有如此不正当的意图，由于某甲隐瞒实情并欺骗员工，根本没有涉及实质上的离职补偿协议问题，因此，也就没有任何以此作为上述行为实施的非法性的抗辩之前提。在法律上，即使是"黑吃黑"的行为也不能排除犯罪性，何况本案还不属于"黑吃黑"的情形，充其量只能称之为"黑（某甲）吃灰（某清洁公司）"。因此，在本案的前由中，即使某清洁公司在此事项的意图上具有不正当性，也不能作为某甲实施非法占有行为的抗辩事由或者减轻责任的理由。

某甲骗取离职员工的离职补偿金，事发后员工集体上访，引发后续的不稳定因素以及维稳、安抚等善后成本，具有相对严重的危害后果。这是某甲可以预见到的可能性。因此，该后续引发的不良后果以及因恢复该不良后果而支出的成本，某甲都需要承担刑罚加重的法律后果。清洁工是社会的劳碌者，工作辛苦薪资不高，离职补偿金即使不多，但对清洁工而言亦很重要。针对基层劳碌者的犯罪，情节上显然具有相对的愈加恶劣性。对此，在刑罚裁量时也要考虑给予某甲适量的加重担负。

据此，二审判决如下：（1）撤销一审判决书；（2）某甲犯职务侵占罪，判处有期徒刑一年六个月；（3）追缴涉案赃款人民币61910元，退还某清洁公司。

示例三十五：某甲、某乙终止审理案

☞【案情摘要】

2016年1月，某甲与某乙合作经营（工商注册登记为某甲独资经营）的服装厂因为资金周转困难，负债已有800万元，需要对外举债以解决工人工资、供应商货款、日常经营费用等燃眉之急。但是，由于服装厂的效益不好，近期一直持续亏损，能借到的钱几乎都已经借遍，都难以如期偿还，因此很难再借到钱。某乙的叔叔某丙具有较强的经济实力，信用口碑也很好。而某甲和某乙的共同朋友某丁有闲余资金，但某丁知道某甲和某乙的现状，不会借钱给某甲和某乙。为此，某甲和某乙便商量以某丙的名义向某丁借款200万元，实则自己占有并处分该款项，以应付服装厂的资金困境。为此，某甲和某乙对某丁谎称某丙要扩大生产经营需要对外融资，问某丁能不能借给某丙200万元，年息20%，某丁如果愿意借款，某甲和某乙可以作为该借款的连带保证人。某丁在某甲和某乙的说服下，同意借款200万元给某丙。某甲让某丁把款项转到某甲的账户上，再由某甲转账给某丙。某丁于2016年2月3日在某市某区通过某银行账户汇款200万元到某甲的银行账户上。汇款次日，某甲拿借款合同给某丁签名，此时合同上面已经有某甲、某乙、某丙的签名，某丙是借款人，某甲和某乙是连带保证人。然而此后，某丁并未按照合同约定每个季度收到某丙支付的10万元利息，并且在某丁向某甲和某乙追索某丙的联系方式和身份信息时，某甲和某乙也一直借故没有向某丁告知。某丁认为某丙违约，并于2016年8月向某市某区法院提起民事诉讼，诉求某丙归还借款本金及利息，某甲和某乙承担连带责任。在民事案件的审理过程中，某丙提出所谓的借款合同系他人伪造，其本人根本没有向某丁借款。经司法鉴定，借款合同上的签字和捺印确实并非某丙本人所为，某甲亦向法庭承认款项被其与某乙共同用于服装厂的经营上。某市某区法院认为某甲、某乙的行为涉嫌合同诈骗罪，于是决定中止民事案件的审理，将案件线索移交某市某区警方审查。

☞【诉讼经过】

某市某区警方以某甲、某乙涉嫌合同诈骗罪立案，侦查终结后，向某市某区检察院移送审查起诉。

某市某区检察院经审查后认为，某甲、某乙的行为构成合同诈骗罪，向某市某区法院提起公诉。

某市某区法院经开庭审理后认为，某甲、某乙以非法占有为目的，在签订、履行合同过程中，符合刑法规定的"冒用他人名义签订合同"和"没有实际履行能力，以先履行小额合同或者部分履行合同的方法，诱骗对方当事人继续签订和履行合同"的法定情形，骗取被害人某丁的财物，数额特别巨大，该行为完全符合合同诈骗犯罪的犯罪构成要件，应当以合同诈骗罪追究被告人某甲、某乙的刑事责任。据此，一审判决如下：（1）某甲犯合同诈骗罪，判处有期徒刑十二年，并处罚金20000元人民币；（2）某乙犯合同诈骗罪，判处有期徒刑十一年，并处罚金20000元人民币；（3）追缴涉案赃款人民币200万元，退还被害人某丁。

一审判决后，某甲、某乙均不服，向某市中级人民法院提出上诉。某甲、某乙认为其二人虽然有冒用他人名义的行为，但被害人某丁与名义借款人某丙并不相识，某丁是基于对某甲和某乙的信任而不是基于对某丙的信任，才将款项转给某甲，因此本质上某甲是事实上的借款人。而且，借款的目的是用于服装厂的生产经营而不是个人非法所有，因此，并不具有诈骗犯罪所必需的主观上的"非法占有的目的"的要件要素。所以，该借款行为系民间借贷的法律性质。

☞【判例解析】

本案的焦点问题是欺诈行为性质上的刑民之争，具体是行为人采用欺诈手段获取的借款是否可归责为刑事责任上的追究。再具体而言，可以分解成以下几个方面的问题：一是欺诈行为对借款合同效力的影响，二是能否认定行为人具有非法占有的目的，三是刑民边缘的判断根据。由于行为人是否具有非法占有目的的问题直接关系到立案、追诉条件的成就与否，故下文先行解析。再者，由于刑民边缘问题的分析归根结底就是对非法占有目的的判断，因此，这两个问题具有连体性的因素，理所当然一并解析。

非法占有目的的审断在某种角度上说是一个解释立场的问题，也就是解释者基于形式解释论还是实质解释论的立场。形式解释论者一般将业已设置的相对成型化的形式条件的符合性作为审断的依据，只要被证成的事实情形具备形式上的符合，即可作出确定性的认定；实质解释论者则不仅仅考量形式条件的符合性，还更加注重行为原本上的、根本上的性质，亦即在无法推导或者认定行为本质的情况下，不以形式上的符合作为审断的绝对依据。于本案而言，形式解释论者主要针对的是行为人是否采用虚构事实、隐瞒真相的手法？被害人是否因此而信以为真？行为人获取财物后是否作为约定用途之外？纠纷产生后行为人是否作掩饰、是否如实陈述真相？以及诸如此类的可被形式化的条件情形。实质解释论者则以上述形式条件作为参考，着重发掘并审定行为人行为时的内心起源、内心本质是否持非法占有目的的心理态度，以此来区分罪与非罪。实质解释是本案审查的基本立场，故而下文据此作对应和必要的解析。

即使实质解释的使命和意义是追根溯源，但在方法论的问题上仍然离不开对具体的形式条件的考究，也就是要通过条件、情形的法律分析路径去追寻本质上的究竟。那么，本案涉及的行为本质究竟为何呢？首先，撇开借款合同的成立、效力等民事法律关系的争议（这些在形式上仍然是民事行为的性质，在实质上不会对借款的性质产生决定性的影响），单纯就针对事实上的200万元标的的移转、占有、使用和处分等最核心和实质性的问题予以分析和评价，即可管窥一斑、大致明辨。200万元在事实上已被某甲、某乙用于服装厂的生产经营，这是无须争辩的，某甲本人以及账户上的使用信息都能确定性地证实这一点。因此，某甲是否基于骗取的动机使用和处分这200万元以及某甲是否与某乙通谋，便是问题的关键。从服装厂当时的处境上看，确实到了山穷水尽的地步，如果分析的指向是某甲服装厂的经营已经资不抵债、无能为力而拆了东墙补西墙，即其通过欺诈的手段获取某丁的200万元只是为了集中欠债人为某丁一人或者某丁等少数人，为了应付迫在眉睫的工资支付、供应商货款以及日常性支出，这便可以理解为实质上对这200万元具有骗取的故意。但是，本案的证据显示，某甲、某乙在此后的一段时间内仍然在经营服装厂，即使是焦头烂额、苦苦支撑，即使是摇摇欲坠、资不抵债，毕竟也是一种真心挽救的态度而并非破罐破摔，这从某甲与某乙在聊天记录中的内容可以显现出来。所以，这与没有履行能力而骗得财物据为己有的情形是不相类同的，这种心理状态和行为表现是不可意会为对涉案标的的骗取本质的。事实上，服装厂经营的起死回生并非登天之难，一个大订单、一个好机遇或者管理上的改良、革新，都有可能渡过难关或者逐次向好。各种证据也指向，如果经营好转或者有其他资金的介入支撑，某甲、某乙是会向朋友某丁归还这通过非常渠道"借"来的200万元。

如果上述不能成立诈骗犯罪的结论能够得到认定，似乎某乙的通谋问题也就迎刃而解，毕竟某乙所涉行为比之于某甲更为浅显，而且几乎没有实行直接接触、使用和处分涉案款项。因此，在实行行为人都不能入罪的情况下，那么非直接实行行为人的归罪问题就自然不在话下（间接正犯除外，但本案显然不属于间接正犯的关系）。但是，全面地解析案件的前提是需要全面的事实基础，甚至切入通谋问题时，也可能会发现、整理出一些共同行为方面的端倪，对前述的分析进行某些修正。当然，这不是必然的。

即使某乙一直否认自己是服装厂的实际合作股东和直接参与经营者，但某乙与某甲对"借款"的实质（由某甲使用该款，并用于服装厂的经营）是理解的并且是积极追求的，某乙在"借款"前、"借款"中以及"借款"后所对某丁的欺诈性交流和表达，是证据确凿的，这便可推定出双方属于通谋的关系，而且还可以推导出某乙与某甲对该"借款"具有共同的利益，否则何须对某丁一骗再骗。而这种一骗再骗的行为也可以佐证某甲所言之某乙是服装厂的实际合作股东和直接参与经营的说法。当然，要确定某乙是实际股东的证据由于工商登记为某甲个人独资经营以及某乙矢口否认的缘故还达不到排除合理怀疑的标准，但认定某乙和某甲对"借款"以及"借款"的本质的认识具有通谋的关系则是铁证如山的。在某甲和某乙对"借款"及"借款"本质通谋的情况下，在即使是通谋仍然不应然地认定为诈骗犯罪的情况下，案件的解析便要转向民事关系的方向，即回到前文所述的第一个问题——欺诈行为对借款合同效力的影响。

在基础性事实之上，涉案借款合同由于伪造了一方当事人、欺诈以及意思表示不真实的原因而在根本上是不成立的，自然而然地，涉案借款合同的所谓效力问题便无从谈起。如果单纯从民事法律关系的角度而言，合同不成立自始不发生效力，当事人之间应恢复合同订立前的状态，具备缔约过失责任的还应当承担相应的民事责任。但是，本案借款的前由行为中存在确凿无疑的欺诈，即某甲和某乙对借款人、借款用途等合同根本性条款内容进行了伪造、掩饰和欺骗，甚至还签署了个人的连带保证。由于某甲、某乙并非涉案借款合同的当事人，因此，无法以缔约过失责任追究其民事上的法律责任。在此情况下，如果单纯认定涉案借款合同不成立、无效并以不成立、无效合同的法律后果处理方式予以对待，显然是有失公平甚至有失公允。因为在借款的促成中，某乙已然施加了分量很重的影响，如果法律不评价某乙的伪造、掩饰和欺诈行为，那么便是对其恣意妄为的放任甚至是对其隐瞒欺诈的纵容了。因此，至少在法理上，当某丁问责某乙时，定然有一个或数个法律救济通道，否则，当我们谈论民事法律行为最基本原则诸如公序良俗、诚实信用时，这便成了一个挥之不去且鲜活直面的伤痕——不良的动机和刻意的欺骗竟然可以堂而皇之地在司法文书中毫发未损。

为此，我们要抛开涉案借款合同的成立、效力等形式上存在的束缚和关联，再回到以事实上的 200 万元款项的往来关系作为直接的根据，并为这个款项往来关系找到一个法律上同时也是情理上的由来，以此定纷止争。因为 200 万元款项的往来基于某乙和某甲在涉案借款合同订立之前针对涉案借款合同而实施的各种说服、掩饰、隐瞒和欺骗的行为，因此可以理解为某乙和某甲作为一方当事人，隐瞒了真实的用款意图，对另一方当事人某丁刻意地撮成转款事实，并随后占用该款项。此后补签的涉案借款合同，只是实际占用款项后继续的掩饰、隐瞒、欺骗行为，是真实的占用款项行为的延续、补充和附加行为，因此，涉案 200 万元的转款、占用在作为一方当事人的某丁和作为另一方当事人的某甲、某乙之间是成立的，只是该转款的成立并不根据涉案伪造的借款合同，而是在某丁与作为另一方当事人某乙、某甲之间的事实上的没有书面合同的转款和占用的侵权行为关系，是一种对所有权的侵犯关系。据此，在民事法律关系的范畴上，某丁可以通过行使返还请求权和损害赔偿权并诉诸司法向侵权行为人请求恢复原状、退还原物、赔偿损失的方式追责于某甲和某乙。

如果从另外一个角度看，即某丁对该200万元款项出借动因的理解上，该200万元是一种基于信任而交由某甲代为暂时保管的关系。如果某丙借款，那么某甲须将款项转交给某丙；如果某丙没有借款，那么某甲应当将款项返还给某丁。由于事实并非由某丙借款，因此某甲应当承担退款责任，但某甲并没有退款而是占用该款项，那么对这种将代为保管的他人财物非法占为己用的行为，可以理解为刑法上的侵占犯罪。因为资金款项属于种类物的范畴，不同于特定的实物，因此占用行为相当于占有。并且，由于本案某甲、某乙占用该款项前后的掩饰和欺诈行为，意图即在于不让某丁知道该款项的去向。更为明显的是，在某丁误以为某丙使用该款项并且付息还款时一再违约的情况下，某甲、某乙仍然百般掩饰该资金为其所占有、支配和处分的事实，而这种全部占有、支配并处分完毕该款项的行为在本质上理解为对该款项的拒不退还是顺理成章的。问题是，这种拒不归还与诈骗犯罪上的非法占有是不是等同的。如果是，那么结合他们的欺诈、掩饰行为，是否构成诈骗犯罪？我们知道，侵占犯罪与诈骗犯罪的根本区别在于行为人取得财物时是基于合法性还是非法性的前由，适用到本案即某甲接受某丁转款200万是合法的还是非法的，由于转款在前签约在后，再加上前文所述目前无法确切地断定某甲与某乙对该款项有非法占有的故意，因此只能说，某甲对该款项的临时保管具备合法性，其后与某乙共同将该款项非法占为己用、拒不退还的行为符合侵占罪的犯罪构成。

所以，从民事关系的视角，某甲、某乙与某丁之间对该款项可以适用因民事侵权而请求恢复原状、退还原物、赔偿损失的民事法律关系。从刑事法律关系的视角，对某甲、某乙行为的侵害性、有责性和犯罪构成符合性上的评价应当适用刑法的规定而认定为侵占犯罪。也就是说，在本案中，侵占罪认定与侵权行为的认定，是同时成立的。事实上，很大一部分的犯罪行为就是一种严重的侵权行为。

此外，本案认定为侵占犯罪，也可以从罪责刑相适应原则以及存疑时有利于被告原则上找到解释的理由。侵权行为、侵占犯罪以及诈骗犯罪三者的社会危害性或法益侵害性，是一个违法程度递增的关系。侵权行为承担民事责任，侵占犯罪法定刑较低，诈骗犯罪法定刑较高。由于侵权行为所引起的法律责任为返还原物、赔偿损失，在本案中，显然低于侵权人的主观恶性和不良行径。如若认定为诈骗犯罪，行为人则应当承担十年以上有期徒刑的自由刑，显然也不能与行为人的罪行相匹配。而按照侵占犯罪的量刑标准，适用本案的法定刑档次为二年至五年有期徒刑。从总体的评价和权衡看，这个档次的自由刑与某甲、某乙行为的主观恶性和法益侵害程度是相适应的，这也是符合罪责刑相适应的刑法基本原则的。至于存疑时有利于被告的刑事诉讼规则，主要是针对某甲、某乙实施欺诈、掩饰、隐瞒行为时对涉案款项是否具有诈骗犯罪主观上的非法占有目的在证据方面的充分性问题，由于前文所述本案存在认定非法占有目的的事实依据不足、证据支持不足的情况，根据该规则作出了有利于某甲、某乙的认定——否认诈骗犯罪的构成。但存疑时有利于被告的规则是有限度的，否认诈骗犯罪的成立并不能直接推导出无罪的成立，即某甲、某乙在本案的欺诈、掩饰、隐瞒行为不认定为诈骗犯罪但并非无罪，即便作出了对其临时保管该款项的有利认定——具有合法性，但此后的占用行为符合侵占犯罪的构成（前文已作论证）。

侵占罪属于告诉才处理，而且，告诉才处理归属自诉案件的范畴，公诉机关没有追诉权。即使某丁向侦查机关和公诉机关告诉，但本案不是公诉的范畴，因此，某丁可以行使自诉权向某市某区法院提起刑事自诉。

据此，二审判决如下：（1）撤销一审判决书；（2）本案终止审理。

示例三十六：某甲合同诈骗案

☞ 【案情摘要】

某市某区某保健品公司于2010年10月设立后，没有实际经营，但公司股份却几经转让，股东也是频繁更替，至2015年10月变更为由某甲独资经营。此时的公司注册资本登记为750万元人民币，但只是一个认缴的注册资本，事实上该公司并不具有等值的公司资产。2017年10月，某甲与某市某区某街道办达成招商引资的初步协议，由某街道办规划征用该辖区70万平方米的建设用地供给某保健品公司开发使用，待土地征用经省政府审批后，双方再签订土地建设使用合同书。在某街道办逐级上报办理征用土地的审批过程中，某甲以获取土地建设使用权（此时省政府尚未批准）以及某保健品公司具备良好的预期效益为名，对外宣传以吸引投资。某甲将某保健品公司的股份作价5000万元人民币（其中土地建设使用权作价3500万元，某保健品公司其余资产作价1500万元），按照投资额转让对应的股份比例给投资人。2017年12月，某乙等24个投资人分别与某甲签订了股权转让合同，总计出资3000万元购得60%的公司股份。某保健品公司收到股份投资转让款后，某甲将该款项部分用于土地征收费用（150万元）、收购某保健口服液公司的商标使用权（30万元）、提前将该建设用地进行平整和围栏（120万元）以及某保健品公司的日常性支出（100万元），其余款项则转入某甲的个人账户，由某甲个人消耗殆尽。

在对外宣传吸引投资时，某甲夸大土地征用的面积和使用权限，将尚在审批中的土地建设使用权描述为350万平方米的面积，将原本只能作为工业用地使用的权限（报省政府审批用途仅为工业用地）描述为包括商品住宅、商业及公共建设配套设施等的综合性土地建设规划。同时，某甲擅自对某保健品公司的品牌价格作了价值为1500万元的估价，并宣传尚未生产的保健品的预期效益，以鼓动、提高投资人对购买股份进行投资的信心。

2018年10月，省政府审批许可该土地建设使用权转让项目，后续需要再向省级土地行政部门支付500万元的土地款。由于某街道办及某甲均未上缴该土地款，该建设用地无法挂牌（定向）取得使用权。在挂牌期限（三个月）届满之后，省政府撤销该建设用地使用权转让许可。某保健品公司由于资金不足，也没有实际经营运作，至案发时仍处于停滞状态。

此外，2018年5月，在该土地报批期间，某甲在未取得土地建设使用权（最终也没有取得）的情况下，分别与某市某区的某建设公司和某建筑工程公司签订了工程建设施工合同，将该土地的工程建设的所有基建工程同时承包给这两家公司，并预先分别收取了履约保证金200万元和250万元。该款项由某保健品公司收取后，除少部分（20万元）作为公司的日常支出外，其余均转至某甲的个人账户，并在案发前使用殆尽。

☞ **【诉讼经过】**

某建设公司和某建筑工程公司以某甲涉嫌合同诈骗罪向某市某区警方提出控告，经审查，警方以涉嫌合同诈骗罪对某甲立案，侦查终结后，向某市某区检察院移送审查起诉。

某市某区检察院经审查认为，某甲在没有实际履行能力的情况下，虚构工程建设项目，通过转让并无实际资产的股份，骗取投资人的资金；某甲还在未取得土地建设使用权的情况下，诱骗他人签订建设工程合同，骗取合同的履约保证金，两项诈骗犯罪数额特别巨大，应当认定为合同诈骗罪。某市某区检察院遂以某甲犯合同诈骗罪，向某市某区法院提起公诉。

某市某区法院经开庭审理后认为，投资人对某保健品公司股权的收购行为，是一种正常的商事活动，并不能因为股份转让后无法取得收益或者有亏损就认为是一种诈骗犯罪，投资人应当认识到投资有风险的市场法则，因此，该部分行为不构成合同诈骗罪。对收取履约保证金的行为，同样也存在市场风险的问题，但是由于某保健品公司同时向两家建设公司签订，存在至少对一家建设公司履约不能的确定性。因此，可以认定某保健品公司至少欺骗了其中一家建设公司，按照有利于被告的原则，该合同诈骗犯罪的数额确定为200万元。据此，一审判决如下：（1）某保健品公司犯合同诈骗罪，判处罚金200万元人民币；（2）某甲犯合同诈骗罪，判处有期徒刑六年，并处罚金50万元人民币；（3）追缴赃款200万元人民币退还某建设公司。

某市某区检察院认为一审法院的判决认定事实确有错误，在法定抗诉期间内，向某市中级人民法院提出抗诉。

☞ **【判例解析】**

本案涉案的资金包括两个部分：一是关于投资人收购某保健品公司股权的部分，一是关于收取工程建设合同履约保证金的部分。两部分有相同的基础也有不同的基础，因此，应当分别解析。

1. 关于投资人收购某保健品公司股权的部分

（1）投资人收购股权的资金支付行为的性质？

从形式上看，投资人与某甲之间签订了"股权转让合作协议"，是通过购买股权的方式对某保健品公司进行投资，并预期有丰厚的回报。因此，从表面上看，他们之间在进行一种民事（商事）的法律行为。但问题的关键在于某甲对某保健品公司的现状描述以及资产总额进行了超常的夸大和过度的粉饰，具体表现在：其一，某甲以未取得（最终也未取得）的土地建设使用权（征用审批70万平方米夸大为350万平方米）作价3500万元，以30万元买来的商标使用权和一个几乎没有实际经营的空壳公司作价1500万元，这实际上就是信口开河的资产评估，对投资人而言是一种欺骗。其二，某甲还谎称某保健品公司申请的征用土地使用权具有多功能综合性用途的性质，而实际上只是申请审批为工业用地，为投资者描绘了预期美好愿景和丰厚回报的蓝图，使投资者陷入错误的认识从而产生投资的意愿。其三，某甲还接二连三地使用各种名目的借口（急需项目启动资金周转、重组收购商标权的公司、增加公司资金流动性的借款、公司生产销售资金周转等），诱使投资者不断地投入或者借出资金，但最后都通过签订股权转让的形式转化为徒有其名、徒有份额的公司股份。从投资者占有公司股份的比例看，各投资者转出的资金总计3000万元，而这些资金就是某甲试图借鸡生蛋手段的指向目标。在资金得手后，白手起家的梦想也就得以启动。只是后续的资金缺口太大以及资金管理不善和私自挥霍，梦幻终告破灭。这3000万元的资金是某甲以转让股份的方式取得的，但所谓转让的股份实际上是没有对价的，充其量只是一个空头的股份比例。我们知道，股权转让的基础是股权本身具有价值，如果股权本身无价值或者价值非常小，但采用欺诈的方式向信以为真的受害人转让，这是在蒙蔽受害人。因此，这本质上是一个彻头彻尾的骗局，一个表面上看起来井井有条、规范有序、你情我愿、善意交易的骗局。

（2）某甲将获取的资金小部分投入某保健品公司的扩建、项目公关及日常性支出等公司事务，如何界定性质？假若某保健品公司后续有资金注入，公司效益良好，投资回报丰厚，那么，还能对先期的欺诈行为追诉定罪吗？

如果这是一个发起人式的集合资金的投资行为，那么投资的失败导致血本无归可认为是一种商事风险博弈的结果，自然也就无可厚非。但本案显然并非如此，本案的付出与回报的可能性建立在欺诈的前提之上，而预期的可能性显然不能作为先期可以胡作非为、虚构事实、隐瞒真相的条件，而且，法律一般不考虑将来的可能结果，法律只是对先前、目前的行为予以认定、裁断和评判。即使某甲将非法获取的资金部分注入某保健品公司的公务性经营中，但该资金的非法取得事实犹如毒树之果一般，不具备合法的前提。这与骗得钱财后许诺赌博赢钱后再作分成无异。本案中，如若我们作了被害人投资后因为公司盈利，公司对盈利作出分成，于是各方得偿所愿、欣然有加的假设，那么还有一个假设也必须作为这个假设的前提，那就是假设受害人（投资者）知道被欺骗但仍然愿意投入资金以期望实现回报预期，否则，法律就是在为行恶作掩饰和袒护，完全不顾基础事实和根本前提而纯粹以结果作为评价标准来推定整个行为。这在逻辑上和法理上都是显而易见的道理。为此，在双重假设的条件下，显然，先前的假设是不可能成立的，那么，后面的假设便毫无意义，也没有存在的基础。

（3）犯罪事实是否存在，是否还有应当追究刑事责任的犯罪嫌疑人呢？以及某保健品公司在犯罪中的地位性质问题？

第一个问题，在恶意欺诈的前提以及资金有去无回的现实下，显然确立了一种深深的法益侵害事实。在法律理解的层面上，该行为应当看作是某甲做了全面地伪装，披上了商事投资的外衣，试图以预期回报作为掩饰空手套白狼的真面目，但在本质上，某甲虚构事实、隐瞒真相，图谋"借鸡生蛋"的商业愿景和骗取资金为自己所用的险恶用心，才是本案的真相。因此，本案已有犯罪事实的存在。显而易见的是，某甲是犯罪行为的首要主导者和非法利益的最大获得者，但仅有其一人的行为就实现整体犯罪显然是不可能，那么，介入人员是否构成犯罪？这就要从客观行为上的犯罪构成符合性，结合主观上的认识程度和意志追求的因素，统一地加以分析、裁断和评判。尤其是对既作为投资者同时也作为宣传、介绍或中介者的角色，更要慎重对待。毕竟从目前掌握的情况看，先期的投资者对某甲的诈骗犯罪起到帮助作用，至少其行为具备违法性的特征。但在非难可能性上的判断，必须考虑其在先期受到某甲的蛊惑和欺诈，深陷某甲布置的机关的实况，法律期待其作出认识到骗局的可能性是极其有限的，也就是预见可能性难以成立，否则也不至于上当受骗。后期的阶段，此类投资者如果是在与某甲凌乱的周旋中被彻底地洗脑，被某甲持续地操控着，并不自觉地成为某甲伎俩的执行者或帮助者，因其主观上的认识因素导致责任阻却，亦不可认定为某甲的共犯。但是，如果投资之后对骗局已有认识，为了保全自己的投入资产或者转嫁风险等不良动机而煽动、介绍其他投资者加入受骗行列，则应当认定为某甲的共犯。由于投资者并没有被追诉，因此，本案对具体的投资人的行为是否构成犯罪以及构成何罪并不予以评价。

刑法规定，为了犯罪而成立单位并以单位之名实施犯罪的，或者单位成立以后主要从事犯罪活动的，均不被认定为单位犯罪。本案中，某保健品公司成立后至本案案发之时，几乎没有实际的经营活动。某保健品公司作为一方主体的名义所涉之行为，几乎都关乎犯罪（预备、实行和既遂等形态）行为，因此，应当认定某保健品公司成立后主要从事犯罪活动，不认定为单位犯罪。

（4）部分投资者仍未意识到被骗或者仍然抱有起死回生的希望是否影响案件的认定和处理？

本案侦查、审查起诉期间，部分投资者表示这并非骗局，而只是投资过程中遇到困难，只要众投资者一齐努力，同舟共济，投资项目还有一线生机，并期待着曙光乍现的光明前景。受骗者在案发后仍然深陷骗局之中的情形，并不影响骗局本身的性质。因为，骗局是客观存在的，但对骗局的认识却是主观性的，因而难免出现判断上的错误。即便是司法也有误判，何况是受害者。根据案件的实情，重启某甲所谓的"宏伟蓝图",至少还需要5000万元(500万元的土地款、200万元的其他行政费用和4000万元的工程建设费)的资金注入作为前提。这个前提对已是筹钱无门、无计可施的某甲而言,是确定遥不可及的,在法律上可以理解为无履行能力的情形。当然,这仍然可以归结为前述所论及的假设性问题,就此略过不再赘言。在欺诈事实(前述论证)得以确立的前提下,部分被害人的执迷不悟或者抱有幻想,是不能作为抗辩诈骗本身成立和追究事由的,因此,这种情况不能也不应该作为对案件性质认定和处理的影响因素。

2. 关于收取工程建设合同履约保证金的部分

在未取得土地建设使用权的情况下,在没有后续资金投入作为土地建设保障的情况下,同一个建设项目同时与两个建设公司签订工程建设合同,是一种虚构事实、隐瞒真相,诱使他人做出错误认识,从而自愿地支付所谓的履约保证金的行为,该行为是显明的合同诈骗犯罪,这一点是无须赘述的。问题在于,诈骗数额是认定为200万元还是250万元还是450万元?事实上,所谓的土地建设工程已经化为乌有,不管是200万元还是250万元,都已经是有去无回了。在这种情况下,法律还要仁慈地为诈骗者预设可能性或者考虑平衡性,这是令人啼笑皆非的。如果认为诈骗的是200万元,那么,对250万元是公平的吗?如果认为诈骗的是250万元,那么,对200万元是公平的吗?显然,不管是认定200万元还是250万元,都是对事实的扭曲,因为这合计450万元的被骗是一个确定的事实。在这里,根本不需要为某甲已经犯罪既遂的事实再去预设可能性或者再去考虑平衡性。并且,本案不存在关于200万元或250万元的事实认定上的证据存疑的情况,也就是不可能再去讨论存疑时有利于被告的规则可能。

据此,二审判决如下:(1)撤销一审判决书;(2)某甲犯合同诈骗罪,判处有期徒刑十四年,并处罚金100万元人民币;(3)追缴赃款3450万元人民币分别退还各被害人。

示例三十七:某甲合同诈骗、非法经营、伪造国家机关印章案

☞ 【案情摘要】

2016年8月,某甲与某乙协商进口高档家具的合作经营项目。双方商定,某甲从中国大陆某市某区收取某乙的投资款2000万元人民币,用于从非洲某国进口高档家具到中国大陆境内销售,某乙只负责投资和监管但不参与具体的经营,某甲承诺以固定的利益作为某乙投资的回报。为了确保某乙的投资回报,2016年8月11日,在中国大陆某市某区,某甲以其控制的境外A公司与某乙在境外控制的B公司签订买卖进口高档家具的合同,合同约定A公司向B公司购买标的为2300万元的进口高档家具。双方还口头约定,该合同只作为某甲需要向某乙返还投资款及投资回报(300万元)的保证和凭证,并不需要实际履行。在合作经营过程中,高档家具的进口与营销全部由某甲一手操办。这样,投资款与此合同的差价300万

元，就是某乙此项投资的固定收益。合同签订后，某乙在某市某区分三次将投资款2000万元转账到某甲的账户上。

某甲收到该笔资金后，并未用于经营进口高档家具的项目，而是将其中的600万元人民币，通过非法渠道兑换成美元，逃避金融外汇监管，转移到其境外A公司的账户上，再从A公司的账户转账到其个人账户，用于在境外购买金融理财产品。另外的1400万元人民币，某甲将其中的400万元用于从某市的进口家具市场购买进口家具并仓储于外地，将其中的100万元用于其在国内公司的日常支出和经营运作，将其中的500万元用于其个人及大陆公司的银行贷款的还款，将其中的200万元用于购买自己私人房产的首付，其余款项则用于其个人及家庭的消费。所有款项，均未用于双方协议的从非洲某国进口高档家具的经营项目。

某乙投资转账后，不断地向某甲追问合作经营项目的进展。某甲为了继续蒙骗某乙，编造进口高档家具的假象，伪造了两份海关进口高档家具的报关单，并将报关单的复印件拿给某乙，以便让某乙误以为投资合作顺利进行。与此同时，某甲着手申请海外投资移民。2017年8月，某乙从其他途径了解到某甲并未开展双方协议的合作项目，遂向某市某区警方报案。

☞ 【诉讼经过】

警方以涉嫌合同诈骗罪对某甲立案，经侦查终结后，移送某市某区检察院审查起诉。

某市某区检察院经审查，以某甲犯合同诈骗罪、非法经营罪、伪造国家机关印章罪，向某市某区法院提起公诉。

某市某区法院经开庭审理后认为，某甲为达到骗取他人财物的目的，通过伪造国家机关印章等的手段行为，实现该犯罪目的。因此，伪造国家机关印章行为和合同诈骗行为牵连，按照牵连犯的处罚原则，从一重罪合同诈骗罪定罪处罚。至于非法经营犯罪的指控，因为涉及境外资金的查证，由于本案未通过国际刑事司法协助获取该资金已经兑换成外币的有效证明，因此即便某甲本人供认该资金已经通过规避外汇管制的渠道转移到境外，但其提供的境外账户清单不具有证据上的合法性，现有证据不足以认定某甲实施了非法买卖外汇的行为。因此，对某甲犯非法经营罪的指控不能成立。据此，一审判决如下：（1）某甲犯合同诈骗罪，判处有期徒刑十三年，并处罚金50万元人民币；（2）追缴涉案赃款人民币2000万元，退还某乙。

一审宣判后，某市某区检察院认为一审判决确有错误，某甲的行为构成合同诈骗罪、非法经营罪、伪造国家机关印章罪，应当数罪并罚，在法定抗诉期间，向某市中级人民法院提出抗诉。

某甲不服一审法院的判决，认为其与某乙的合同属于合同纠纷而非诈骗犯罪，其行为不构成合同诈骗罪，其只应当对伪造国家机关印章和非法买卖外汇行为承担刑事责任。在法定上诉期间，某甲向某市中级人民法院提出上诉。

☞ 【判例解析】

1. 关于合同诈骗犯罪的问题

在本案中，转账记录证实某乙将款项2000万元转账给某甲，双方都确定该款项的真实转移。问题的关键是，款项转移是基于什么协议？该协议的性质（投资合作协议或民间借贷协议）是否影响行为的性质？某甲在获取该款项的过程中包括在履行协议的全程中是否有非法占有的目的？

首先是第一个问题。某甲、某乙双方表面上经过洽谈和协商，议定了一个经营进口高档家具的合作事项。关于合作的形式，存在投资合作或指定用途的借贷协议的争议。某甲认为是一种借贷关系，某乙在借贷关系中的利益回报通过合同的差价来实现。某乙认为是一种投资合作关系，某乙在合作中的利益回报通过合同的差价来保障。从现有证据看，该合作有某甲和某乙双方签订的不实际履行的差价买卖合同作为投资人某乙的利益保证，目的是以书面的形式保证并确定某乙的投资收益，等于是某乙给自己的投资回报加上了保险。而且，在双方接洽的过程中，还就该合作经营项目组织了专门的双边联络人员，共同对项目进展以及报关、仓储等事项进行了跟进、考察和对接，这显然并非借贷关系所应介入和干涉的范围。因此，在实际上，本案确定的表面上的某甲与某乙之间合作是一种投资合作关系。

其次，协议的性质是投资合作还是借贷协议。协议只在真实意思表示的情况下具有民事法律行为和法律后果的关系，即只在合法订立协议的前提下具有民事法律意义。如果该协议的方式被作为一种犯罪手段来运用，那么在本质上该协议对犯罪的认定不会产生任何的影响。因为任何犯罪行为在刑法意义上都会被评价为非法，不管是投资合作的方式还是借贷的方式，以投资合作的方式或者以借贷的方式实施诈骗犯罪的案例比比皆是。

再者，接下来需要全面考量非法占有目的有无问题。在所谓的投资合作协议的签订和履行过程中，某甲实施的数个手段行为都具备了欺骗、隐瞒的特征，主要表现在：（1）没有依照协议从非洲某国进口高档家具，甚至为了蒙蔽和拖延某乙，某甲还伪造了海关报关单欺骗某乙，以便让某乙产生错误的认识进而继续投资所谓的合作项目。（2）某甲从某市的进口家具市场购买了400万元的进口家具（占总投资协议20%的数量）并运至临市的某仓库仓储，造成合作项目有在推进经营的假象。而实际上，绝大部分的资金却被其本人用于其他目的，这在根本上而言，某甲就没有打算履行所谓的合作协议。（3）某甲所辩解的款项已经转移到境外A公司的账户，正在洽谈购买1600万元的进口高档家具事宜。但某甲没有提供任何一份报关单据证实其进口或者正在准备进口投资项目所约定的商品，从海关的查询中也没有任何关于与某甲及其公司的任何报关单据。并且，其提供的境外账户的资金转账绝大部分支出为其个人的理财项目而非购买进口高档家具支出。（4）某甲辩称因为进口高档家具的行情不好导致资金无法周转，但是根据市场行情的调查报告，在2017年1-9月份的价格行情是很好的，利润可观。而且，由于某甲只是从某市的进口家具市场购买少量的商品以作掩饰，如果是从非洲某国直接进口利润会更大，因此也可以推定某甲根本没有从境外进口高档家具的意图，其与某乙的所谓合作，只是一个借口而已。(5) 涉案赃款2000万元的去向并非如某甲所言，其中400万元已经从境外购买了进口高档家具，另外的1600万元正在境外购买进口高档家具的项目中。相反的，现已查实600万元已在境外购买金融理财产品，500万元用于其个人及公司贷款的还款，200万元用于购买房产的首付，其余款项则用于其个人及家庭的消费（购买高尔夫高级会员、豪华轿车等）。(6) 针对投入涉案款项2000万元的《司法审计报告》也表明，某甲在收到涉案款项后，当即将资金转出，并不停地在其控制的公司和个人账户之间多次转移和套现，并未显示有确定的专项资金作为进口高档家具之用。据此，某甲在以投资协议为名的所谓合作经营过程中，采取了多种欺骗行为，最终目的指向的是某乙的投资款项，主观上具有明显的非法占有的目的。

2. 关于伪造国家机关公文罪的问题

两张报关单的虚假性是确定的，不仅某甲供认该单据系伪造，某甲的员工也证实该报关单出自某甲之手，海关也证实该单据系伪造。即使其归案后辩解是授意员工去伪造的，这也不能排除其共犯中的主谋本质，并且，该员工也并未承认该伪造行为。因此，不管从证据事实上还是从法律推定上，都能确定某甲实施的该行为系伪造国家机关印章罪。但是，该行为并非合同诈骗犯罪的手段行为，不存在牵连关系，因为某甲在实施伪造国家机关印章行为时，其先行的合同诈骗行为已经既遂，也就是说，合同诈骗的目的已经实现，不需要再借助伪造国家机关印章行为来作为手段。某甲之所以实施伪造国家机关印章的手段，是为了掩饰其先前的犯罪，以拖延被害人的发觉时间。因此，虽然伪造国家机关印章行为与合同诈骗行为之间具有关联性，但并非作为实现目的之手段。伪造国家机关印章行为，是合同诈骗行为既遂之后另起犯意的后续行为，应当单独评价。

3. 关于非法经营犯罪的问题。在某甲的供述及自己提供的由其控制的境外A公司账户及其境外个人账户在涉案期间的资金交易情况来看，账户中大量的美元用于个人理财转账支出而非用于进口高档家具，这一方面表明，某甲以A公司的名义进口高档家具是虚构事实。另一方面也表明，某甲通过非法的方式进行了外汇买卖和转移业务，将中国大陆境内的资金经过非法渠道，兑换成美元转移到境外。即使本案中没有境外账户的合法性证明，但结合本案中资金转移的具体节点和具体数额，尤其是司法审计结果与某甲提供的境外账户资金的对应印证，加上某甲自己的供认，因此，在证据上可以作出非法买卖外汇行为的事实推定。境外司法协助以及境外证据的欠缺，并不必然导向证据不足的结果。本案中非法买卖外汇的行为，现有证据足以推定。根据全国人大常委会《关于惩治骗购外汇、逃汇和非法买卖外汇犯罪的决定》第四条的规定，在国家规定的交易场所外非法买卖外汇，扰乱市场秩序，情节严重的，应当以非法经营罪定罪处罚。国家规定的交易场所，在中国大陆地区只限于银行等金融机构，而某甲的外汇兑换行为，显然在国内的金融机构中是查无实据的，这就足以达到排除合理怀疑的证明标准。另外，非法买卖外汇行为与合同诈骗行为之间，也不存在牵连关系。非法买卖外汇行为同样也是合同诈骗既遂之后的掩饰、隐瞒犯罪所得行为，掩饰、隐瞒犯罪所得可以认为是合同诈骗罪的事后不可罚行为，但这个掩饰、隐瞒犯罪所得的行为的实施，触犯了另外一个罪名，那么，该罪名就应该独立评价，否则，诸如盗窃犯罪很长时间后，为掩饰、隐瞒犯罪所得而实施的杀人行为，难道也在牵连犯的范畴内？在本案中，非法买卖外汇的行为与合同诈骗行为只是具备关联（因果），但并非牵连犯的关系。

据此，二审判决如下：（1）撤销一审判决书；（2）某甲犯合同诈骗罪，判处有期徒刑十三年，并处罚金100万元人民币；犯非法经营罪，判处有期徒刑一年二个月，并处罚金50000元人民币；犯伪造国家机关印章罪，判处有期徒刑十个月，数罪并罚，合并执行有期徒刑十四年六个月，并处罚金105万元人民币；（3）追缴涉案赃款2000万元人民币，退还某乙。

示例三十八：某甲无罪案

☞【案情摘要】

2008年，某甲未经审批在某市某区自建一栋四层的楼房，楼房建好后，一直未取得房产证明。2010年7月，李某与某甲签订了该楼房二楼整层的租赁合同，承租期限为三年。李某将该楼层用作经营旅馆。2010年8月，李某以经营者的身份注册登记某旅馆后，一直在该楼房的二楼个体经营旅店业。2013年7月8日，房屋租赁合同到期，李某与罗某某口头协议将某旅馆的经营权以20万元人民币的价格转让给罗某某经营，此后的旅馆经营中，由罗某某直接将房租、水电费、管理费等费用直接交给某甲。但是，李某和罗某某之间未变更某旅馆的工商登记，罗某某也未与某甲重新签订房屋租赁合同。2016年9月中旬，某甲向旅馆经营者罗某某提出解除租赁关系，收回房屋另作他用的通知，并要求罗某某于2016年12月31日前搬离，罗某某表示拒绝，双方发生纠纷。2017年2月28日，某甲就该房屋租赁纠纷诉至某市某区法院。2017年5月23日，某市某区法院开庭审理后认为，该房屋系违章建筑，房屋租赁合同无效，判决罗某某所经营的旅馆应于判决生效之日起30日内搬离。2017年5月30日，某甲在一审判决书尚未生效以及判决确定的搬离期限未至的情况下，通知该房屋所在辖区的居民委员会派员到场，并在罗某某及某旅馆工作人员等人在场的情况下，带人将旅馆内的物品（空调、电视、热水器、电脑、床铺等）搬至房屋楼下的空地上堆放，清空该房屋，强行收回该房屋的使用权。在搬迁物品的过程中，某甲等人尽量保证物品完好，并制作了现场搬迁录像。物品搬至楼下空地后，也采取了围栏、遮盖等保护措施。此后，罗某某并未对物品进行任何处理，任由物品在原地摆放，也没有对物品进行另外的保护，任由自然损耗（经鉴定，至案发时损耗的价值为人民币1万元）。罗某某对一审判决书也未提出上诉，一审判决书于 2017 年 6 月 10 日生效。2017 年 7 月 11 日，罗某某向某市某区警方报案，控告某甲故意毁坏财物。

☞ 【诉讼经过】

某市某区警方以涉嫌故意毁坏财物罪对某甲立案，侦查终结后，移送某市某区检察院审查起诉。

某市某区检察院经审查，认为某甲在民事判决尚未生效、合同纠纷和权利归属未有定论的情况下，对争议物品和权益擅自处分，致使对方当事人的财产权益遭受侵害。即便一审判决最终生效，但是在行为当时，争议权属及其涉及的财物，仍处于法律维护的秩序之内，不能因为事后（上诉期满未提出上诉而生效）的权属确认便理所当然地认为此前的行为具有合法性基础。事实上，当事人一方（罗某某）未履行生效判决确定的内容，另一方当事人（某甲）也应当寻求司法上的强制执行，而不是自己强制执行。因此，私力救济中的强制执行导致对他人的权利造成侵犯，超过法律允许限度的，应当作违法性评价。某市某区检察院遂以某甲犯故意毁坏财物罪，向某市某区法院提起公诉。

某市某区法院经开庭审理后认为，公诉机关指控的罪名成立，某甲的行为构成故意毁坏财物罪。据此，一审判决如下：某甲犯故意毁坏财物罪，判处拘役三个月。

某甲不服一审判决书，在法定上诉期限内，向某市中级人民法院提出上诉。

☞ 【判例解析】

由现有证据以及据此认定的事实，尤其是现场的监控视频所展示的现场动态场景中可以看到：某甲及其雇佣人员在现场的拆卸、搬运和处置行为，并非恶意施加外力指向财物并欲置财物于毁损的意图；且对从二楼旅馆搬迁到地面的涉案财物，也预先设置了财物的防护性措施——集中地、一定秩序地、油布覆盖地保护；此外，某甲还在实施强制搬迁涉案财物之前，通告了所在辖区居委会，居委会也指派了工作人员到达现场参与协调和见证工作。为此可以作出一个相对明确的事实特征定论：本案某甲等人在案发现场并不存在典型的故意毁损财物的行为，即没有对涉案物品进行外力施加上的破坏。当然，故意毁坏财物的行为方式并不仅仅表现为针对财物进行外力施加上的破坏这种情形，还包括不施加外力破坏但能造成财物价值损毁的情形，例如将应当冷藏的物品移出冷柜放置导致变质，或者将物品移到风吹日晒雨淋的处所导致物品急剧自然损耗等。单纯从本案的行为特征上分析，涉案物品被搬迁到户外的空地上，将不可避免地会造成涉案物品价值的急剧损耗。因此，本案某甲等人的行为并不符合典型的毁坏财物方式的情形，但是，从非典型的毁坏财物方式的情形上，还是具备符合性，毕竟涉案财物在一个多月的时间内，就有价值 1 万元的额外毁损。因此，某甲等人的行为在客观上造成了他人财物的毁损，具有侵害性的客观特征。至于某甲等人的行为是否构成故意毁坏财物罪，应当进一步分析是否具有违法阻却事由或者有责阻却事由。

首先是违法性阻却问题。事实上，本案的引发，源于民事上的房屋租赁合同纠纷。本来民事纠纷的解决自然要通过民事的协商、自力救济或者民事诉讼途径来实现，但显然在案发时，和平的协商和民事诉讼的渠道已经不在某甲的选项上，某甲施以的是自力救济的渠道。而自力救济行为必然会牵涉到边界的问题，也就是自力救济（自救）行为的限度问题。如果自力救济行为超过了合理的限度并突破了法律的规定，那么完全有可能上升为治安违法行为甚至刑事犯罪行为。所以，关于侵害性（违法性）阻却的问题，关键是审查涉案行为是否突破了治安处罚法或者刑法的界限。在本案中，即使某甲提起的民事诉讼尚处于一审宣判胜诉但判决仍未生效的状态，但自力救济并不以民事诉讼生效判决为前提，否则自力救济的存在就会被限制在一个极其狭窄的空间上，这是与权利维护的原则性和紧迫性相违背的。所以，在此状态下，自力救济因房屋租赁合同无效以及罗某某应当搬离该房屋（实质上的）而赋予了合法性基础，而不是民事诉讼判决的内容（形式上的）赋予了某甲自力救济的权利。在罗某某并不搬离的情况下，某甲等人实施的搬离行为，只要没有在搬离中蓄意造成搬离物品的外力损坏，就不能说这种搬离行为超过了合法性边界。因此，认定涉案行为属于适度的自力救济行为是有理有据的，亦即，涉案行为因自力救济（自救）而具备侵害性（违法性）阻却事由。

再者是有责性阻却问题。如前文所述，行为人基于民事权利的自我保护而采取的自力救济行为，其动机源于对自身财产和财产性权利的保护，而不是蓄意或恶意损毁他人财物的主观心态。即便某甲等人实施的行为在动机上（法院已经作出了罗某某要搬离出该承租房屋的限令，所以赋予了某甲强制搬离的权力）可能存在认识错误（判决实际上尚未生效）的因素因而被认为是非法的（对未生效的判决强制自力执行），但在本质上，由于某甲具有自力救济的权利以对抗罗某某的拒不搬离的行为，因此，某甲所实施的强制搬离行为只是从维护自身权益出发，并没有侵害他人的主观心态。这从某甲等人实施搬迁涉案物品时，已经做到了尽量避免造成不应有的附加损害的行为及结果的举止上可以得到印证。在责任问题上，为了维护自身的合法权益而实施的自力救济行为，只要控制在合理限度和违法边界之外，都应当认为是不具主观故意的。也就是说，某甲等人的行为存在有责性阻却的事由。

本案中，涉案房屋自李某转租给罗某某，罗某某为此额外付出了 20 万元的转让费，这也是罗某某耿耿于怀并拒不搬迁的一个原因。民间营生确属不易，这是事实，但在没有遵循法律的情况下，不能因此而法外处置或纵容放任。涉案旅馆为违法建筑，因此据此所签订的租赁合同属于违反强制性法规而自始无效，即自李某与某甲签订房屋租赁合同之时起就是无效的，当然的，李某与罗某某口头协议的转租行为也是无效的。因此，罗某某可以因转租无效而向李某要求退还部分的转让费而减少一些损失。由于本案只就刑事问题进行裁断评判，故对此民事法律关系并不作实质的裁判，罗某某可以通过寻求另外的诉讼通道以实现自身利益的减损。

本案还涉及一个问题是，涉案房屋是违法建筑，既然是违法的，某甲是否还有权利对违法基础上的建筑物为实现自身利益而实施自力救济行为。违法建筑是个行政领域的法律问题，需要通过另外的渠道处理，按照行政法律上的规定，某甲可以自行拆除违法建筑，或者由行政机关作出拆除违法建筑（申请执行）的决定。但是，在拆除之前，该建筑上的财物或者利益，当然归属某甲本身，也就是说，违法建筑的违法性只是对违建行为作出的，至于建筑及其附着物，不在违法性的评价之内，因此，某甲在拆除建筑之前对该建筑及其附着物的利益实现，并不违法。既然这种利益实现并不违法，那么，基于此而做出的自力救济行为当然也在违法性范畴之外。更何况，违法建筑在总体上是一个行政法范畴的法律关系，租赁合同在总体上是一个民事法律关系的范畴，本案的自力救济行为在总体上涉及的是刑事法律评价，三者之间即便互相有所关联，但更应当作出显然而实质的区别，不能混同。

据此，二审判决如下：（1）撤销一审判决书；（2）某甲无罪。

示例三十九：某甲强奸案

☞ 【案情摘要】

某甲（男，60岁）原系某国有公司某市分公司人事部主任，2017年10月被免去职务等候退休。某乙（女，27岁）于2017年7月入职该分公司人事部。2017年10月31日晚，某甲邀请人事部的全部职员及几个其他朋友共十四人一同在某市某区某海鲜酒楼V8号包间吃饭。某乙因为私事耽误稍晚赴宴。某乙到达该包间后，某甲即要求某乙迟到罚酒，挨个每人敬酒。某乙碍于老领导之面，只好顺从，连续喝了十来杯白酒。席间，某甲还不断地与某乙攀谈，并频频向某乙敬酒。当晚20时许，某甲以包间人多喧闹不便说话为由，将某乙带出该包间到隔壁无人的V6号包间。在V6号包间内，某甲关上房门并搬了一张椅子顶住房门。随后，某甲欲搂抱和亲吻某乙，某乙不从并欲出门。某甲便强行将某乙按倒在地板上，掀开某乙的裙子并脱掉某乙的内裤，不顾某乙的拒绝与反抗，强行与某乙发生了性关系。在发生性关系期间，某乙的背部、手部有明显的挫伤（经鉴定尚未达到轻微伤标准）。大概5分钟后，某甲停止与某乙发生性关系，并先行走回V8号房间。某乙整理好发型衣衫，也回到V8号房间坐回原位。当晚21时许，饭席结束各自散去。某乙回到家中后，将实情向丈夫叙说。在丈夫的鼓励和支持下，某乙在第二天上午向警方报案。警方接报案后电话传唤某甲，某甲接到电话后即自行到警方接受讯问。当日，警方拘捕了某甲。某甲被逮捕后，2017年11月19日，某甲的家属与某乙达成和解，某甲家属代某甲赔偿某乙人民币20万元，某乙出具了对某甲行为表示谅解的书面协议。该协议签订后，某甲被取保候审。

☞ 【诉讼经过】

某市某区警方以涉嫌强奸罪，对某甲立案，经侦查终结后，移送某市某区检察院审查起诉。

某市某区检察院经审查后，以某甲犯强奸罪，向某市某区法院提起公诉。

某市某区法院经审理后认为，本案的直接证据是一对一的关系，即某乙控告某甲强奸，某甲辩解其与某乙之间发生了性关系，但属于即时兴起的两情相悦的交欢，否认强奸犯罪指控。并且，某甲与某乙系老领导与下属之间的熟人关系，按照常理在同事聚会时发生强暴关系的可能性不大。某乙在案发后与某甲家属达成谅解协议，对某甲的行为予以了谅解，这表明了某乙控诉态度上的不坚决。案发当时，某乙在具备呼救和第一时间报警的条件下，都没有采取，因此，不能排除某乙在性关系发生当时属于自愿而后才反悔的可能。综上，本案证明某甲违背妇女意志，强行与某乙发生性关系的证据不足。据此，一审判决如下：某甲无罪。

某市某区检察院认为一审法院的判决确有错误，在法定抗诉期间内，向某市中级人民法院提出抗诉。

☞ 【判例解析】

熟人之间的强奸犯罪，比比皆是，尤其是在酒精等物质的催发之下，尤为常见。对强奸行为的判断，重点是基于性行为发生当时的意志违背要件的审查，而不是在事前双方的关系和事后态度的变化上。刑法规制的犯罪，都是对行为人实行行为当时而设置的，没有行为就没有犯罪，这是一个原则问题。为此，即便案情仍然要考量行为前和行为后的因素，但终究并非本质上的，充其量其影响性是次要和辅助性的。此外，常理与常情上的理由，只能应用在对犯罪行为本身的法律评价上，而不能将其作为犯罪构成的抗辩逻辑，因为，犯罪行为本身就是违背常理和常情的。也就是说，如果因为常理上的或者是常情上的原因而导致犯罪行为的发生，那么，这个原因就是值得考究的，它可能会影响犯罪的构成或者刑罚的幅度；而不是说，我们先设定一个逻辑——常理和常情上不至于发生犯罪行为，所以该行为认定为犯罪的可能性不大——再进行类似法律三段论的司法演绎。

本案，从案件的证据结合社会生活常识、常理、常情的推断上看，某甲辩解其不构成强奸罪的理由是不能成立的。首先，不管是被害人某乙还是被告人某甲都否定双方在此前存在相互的爱慕或者彼此在男女情感上有所交流。双方只是关系较为疏离的同事关系，只是偶有联系。在此情况下，处在新婚不久阶段的被害人某乙在与十几名同事聚会时，会对一个年龄相差三十多岁的关系疏离的老领导产生爱恋之情，并贸然产生与某甲在吃饭的餐馆房间匆匆发生性关系的意思表示，这是匪夷所思的，在常理上是可以排除这种可能性的。被害人某乙正当妙龄，豆蔻年华，学至硕士，并且结婚不久，与丈夫没有感情问题，只是因父母对丈夫有些意见而感觉略有苦恼，这种小苦恼完全不可能因此便要通过与其他异性偷欢来排解，除非被害人某乙心理极其的怪异，但被害人某乙并非如此。某甲年届花甲，其子女甚至都比被害人某乙年长。为寻求脱罪，某甲信口谎言并无度发挥，辩解某乙因婚姻情感问题而在吃饭时频频对其凝望、发出情感信号，这种辩解纯属无稽之谈、荒谬至极。在某甲的这个辩解上，倒是极其违背常理和常情的。

其二，案发地系餐馆一房间，没有沙发，没有卫生间，只有一张餐桌和几张椅子。隔壁的房间，十几个同事朋友正在吃饭、喝酒、聊天。双方的性关系在房间的地板上匆匆地、草草地发生了。在此场景下能苟合偷欢的，若非情欲作风极其放荡者不能为也。很显然，某乙并非这种人。而且，本案系在某乙将实情告知丈夫后，经丈夫的鼓励再报警的。这就否定了某乙与某甲存在即时偷情寻欢的可能，因为偷情者若非奸情暴露，怎能主动将偷情之事说与配偶知悉。

其三，某乙在案发时处于饮酒过量的状态。案件的证据显示某乙由于饭席迟到，被劝连续与每人喝一杯酒致歉。某乙在陈述时也向警方表示其当时已经不胜酒力，为此，能够确定某乙在案发当时处于饮酒过度的状态。过度的饮酒将导致意志能力与防卫能力的降低，这是一个已经被论证了的生理学常识，而这正是被某甲利用作为性侵被害人某乙的有利条件。某乙在案发过程中，身上留有明显的伤痕，伤情部位在后背、手部，这符合在房间地板上被强暴时因挣扎反抗而留下的伤害痕迹。本案若为两情相悦之交合，除非对交合有特殊嗜好者，均不堪忍受欢愉之中的如此伤害。因为，这种伤害的避免在具有爱护成分的相悦之交合中极为简易。为此，该伤情能确定某乙在案发时受到暴力之施加。

其四，某甲否认强奸，辩称其与某乙的性关系是两情相悦行匆匆云雨，并绘声绘色地描述了当时两人之间的暗送秋波、前戏缠绵、相拥热吻、呻吟愉悦等。然而，从楼道的监控录像显示两人进入案发房间独处的时间前后不到八分钟。如此短暂的时光如何消化某甲所称的如此这般的缠绵悱恻。更甚者，在视频中，某乙是被某甲搂着肩进门的，是明显的被动式地被拥进房间。走出该房间的视频也显示，某甲独自先行出来并进入饭席的房间，两分钟后，某乙才从该房间出来。设若两情相悦，某甲这种行径实在是辜负了这段短暂而刺激的美好时光。因此，结合前述的分析，显然的，某甲的辩解是子虚乌有的讹言谎语，根本不能成立。

其五，本案貌似有一个常识性的疑问是：为何被害人没有在现场寻求救助？为何没有在第一时间报警？这两个问题实际上是一个本质，即被害人的自救问题。一方面，从被害人某乙当时处于过度饮酒的状态来看，其意识、控制能力和自我防卫能力难免降低甚至部分丧失，可以从中找到确定的理由。另一方面，案发当晚有十几名同事在一起吃饭饮酒的场景下，某乙要撕破脸面控诉暴行，这对一名刚走出象牙塔不久的女职员来说，是要有超乎寻常的勇气和胆量的，法律不能如此苛求。为此，这个通常被拿来作为强奸犯罪的抗辩事由，在本案中根本不可能成为疑问。何况，涉及个人隐私的犯罪，被害人在报案之前也要评估事件的告发可能对其造成的影响，被害人甚至可能会在被侵犯后因为隐私问题而隐忍，法律不能将这种迫不得已的隐忍反倒给犯罪人提供一个冠冕堂皇的开脱机会。

其六，本案事后谅解是否影响强奸犯罪认定的问题。首先这个谅解协议并非某甲与某乙之间达成的，其对案件的影响性极其有限，甚至在对认定行为性质的影响上是可以被忽略的。某甲并不认罪，那么何来赔偿。即便某甲的家属在道义的层面上给予某乙一定的物质性补偿，这也仅仅是某甲的家属的权宜之举，于行为本质是无甚关系的。某乙获得的赔偿，是某甲的家属自愿的，某乙也可以不接受赔偿，当然接受对某乙会更好一点，但这都无关行为本质。至于谅解，某乙可以自愿作出，基于宽恕之心甚至是看在赔偿的份上，这都无可厚非。这是某乙可自由选择的权力。但是，在法律上，被害人能谅解的行为法律不一定能或不一定该谅解，因为法律（法条）不针对个案而制定。被害人谅解的范围也不是法律当然必须谅解的范围，因为法律不受人的操控。这份谅解，需要结合该谅解协议的动机以及某甲对其行为的态度上，并在一个独立而自主的评价空间上考量它的影响。如此而言，这份谅解协议在本案中是几乎可以忽略的，它仅仅对某甲的家属与某乙之间在道义上的往来表达起到一定的证明作用。

据此，二审判决如下：（1）撤销一审法院的判决书；（2）某甲犯强奸罪，判处有期徒刑三年六个月。

示例四十：某甲盗窃、故意毁坏财物、容留他人吸毒案

☞【案情摘要】

2017年6月4日15时许，某甲在某市市民广场（行政区属A区），尾随被害人某乙，并趁某乙不注意之机，将某乙挎包中的钱包窃得，随即离开现场。该钱包内有人民币534元及银行卡、身份证等物品。被害人某乙随后发现钱包被盗，即在现场向警方报案。某市A区警方当日调取视频发现某甲的扒窃行为，决定立案。

2017年6月5日23时许，某甲在某市B区某道路上发现停放在路边的一辆宾利小轿车内的驾驶室座位上有一个看起来像是钱包的东西，遂拿出随身携带的铁锤砸烂车窗。但是，某甲发现该物品只是一个塑料笔盒，就没有拿走。随后，某甲离开现场。经鉴定，该车窗的修复费用为人民币5000元。次日，被害人某丙发现车窗被砸，即在现场向警方报案。某市B区的警方经审查后决定以故意毁坏财物案立案。

2017年6月7日22时许，某甲邀请某丁等三人到其家中（某市C区某住宅小区一栋414房）吸食毒品（冰毒）。某丁等三人到其家中后，某甲取出早前购买的冰毒，分给某丁等三人一起吸食。次日凌晨1时许，某丁等三人离开某甲的家。某丁在回家途中，其驾驶的车辆发生事故，在事故处理中，警方发现某丁神志不正常，对某丁进行毒品检测发现某丁吸毒。某丁向警方交代了在某甲家中吸食毒品的事实。某市C区警方决定以容留他人吸毒罪对某甲立案。

2017年6月8日，某市A区的警察经侦查在某甲的家中将某甲抓获。某市A

区公安局从警察办案系统中发现某市 B 区公安局、C 区公安局也对某甲立案侦查，遂函告 B 区、C 区公安局，要求 B 区、C 区公安局将案件移送 A 区公安局并案处理。但 B 区、C 区公安局并没有移送案件。

☞ 【诉讼经过】

某市 A 区公安局侦查终结后，以某甲涉嫌盗窃罪（扒窃）移送某市 A 区检察院审查起诉。

某市 A 区检察院经审查后，以某甲犯盗窃罪，向某市 A 区法院提起公诉。

某市 A 区法院经开庭审理后，于 2017 年 7 月 22 日作出一审判决：（1）某甲犯盗窃罪，判处拘役三个月，并处罚金人民币 2000 元；（2）追缴赃款人民币 534 元及赃物钱包、银行卡、身份证，归还给被害人某乙。

2017 年 9 月 8 日，某甲刑罚执行期满。某市 B 区公安局警员直接在 A 区看守所对某甲执行刑事拘留。

某市 B 区公安局侦查终结后，以某甲涉嫌故意毁坏财物罪移送某市 B 区检察院审查起诉。

某市 B 区检察院经审查后，以某甲犯故意毁坏财物罪向某市 B 区法院提起公诉。

某市 B 区法院经开庭审理后，于 2017 年 10 月 30 日作出一审判决：某甲犯故意毁坏财物罪，判处拘役四个月。

2018 年 1 月 8 日，某甲刑罚执行期满。某市 C 区公安局警员直接在 B 区看守所对某甲执行刑事拘留。

某市 C 区公安局经侦查终结后，以某甲涉嫌容留他人吸毒罪移送某市 C 区检察院审查起诉。

某市 C 区检察院经审查后，以某甲犯容留他人吸毒罪向某市 C 区法院提起公诉。

某市 C 区法院经开庭审理后，于 2018 年 2 月 3 日作出一审判决：某甲犯容留他人吸毒罪，判处有期徒刑六个月，并处罚金人民币 2000 元。

某甲以某市 C 区法院的一审判决量刑过重为由，在法定上诉期间，向某市中级人民法院提出上诉。

某市中级人民法院在审理上诉案期间，认为某市 A 区的一审判决和某市 B 区的一审判决确有错误，启动审判监督程序对该两个判决进行再审。

☞ 【判例解析】

刑法是善良人的大宪章，也是犯罪人的大宪章。因此，犯罪人不可因办案单位的功利而作为一块被切割了的蛋糕被分享。刑事案件办理的目的，不是为了一个纯粹的数字或者结果，而是为了在惩治犯罪、维护安定和预防犯罪的价值追求上取得最佳的效能。即使所谓的办案指标的拟定和施行，可以看作是一种激励或者鞭策的工作机制，但是一旦冠以功利的头衔，那么，指标的设置和执行便将办案本身污染。因为，在功利之下，惩治犯罪、维护安定和预防犯罪都将因此而产生变异。功利地惩治犯罪，功利地维护安定，功利地预防犯罪，无须赘言，都是一种变味的和怪异的司法，其后果都将会把司法引向一个畸形的轨道，把我们所恪守的大宪章无情地撕裂。除了获取几个看似漂亮的数据和虚假的满足之外，善良人并不会因此而受益，犯罪人也不会因此而受益，司法机关更不会因此而受益。

　　站在正当程序和司法效益的角度上，办案指标也是一种对法律的背离。案件的办理应当在一个先前法定的程序中流转，任何刻意地扭转和人为的篡改，均是对正当程序的挑战，是不法的。在正当程序上，法律已经全盘考虑了流程的各种因素设定，即便不一定完美，但至少是普适、周知和可预知的，也就是平等的。办案指标的涉入，案件办理和程序流转便添附了不纯粹的因素，即是对个别案件的另眼相待，因而便是不公平的。在司法效益上，法律设计也已尽可能地周全效益最大化，而办案指标的涉入甚至争夺，将对司法效益尤其是司法成本的控制，产生负面的影响。

　　本案中，某甲在被抓获之前，三个区的公安机关各自立案，从刑法的立案管辖的原则上看待，这无可厚非。但是，在立案后的侦查以及起诉、审判环节，只要因司法信息上的共享而知道某甲属于数罪的情形，那么，应当按照先立案或者主要犯罪地为原则，将案件并案处理，这是法定的程序设置。但侦查机关为了一个盗窃案、一个故意毁坏财物案和一个容留他人吸毒案的指标，将本来可以并案处理的一个案件分割为三个案件。这在刑事诉讼程序上不仅不法，而且在通俗眼界上也会产生令人啼笑皆非的不堪。这看起来就是在"抢蛋糕"。而且，这种一分为三的司法举止，事实上对某甲而言也是不公平的，因为在数罪并罚的刑罚裁量上，某甲可能因为裁量规则上的设定而在执行的刑期上低于三个罪名分别判处的累计总和刑期，即便这只是一种可能性而不是必然的，但法律的这种设定便可以理解为被告的一种可期的利益待遇。然而，在司法机关在办案指标的诱惑和驱使下，被告的这种可期的利益待遇便被抹杀，这实际上就是一种权利的剥夺。如果刑事法律是保护犯罪人的大宪章，那么，对犯罪人的权利剥夺，不仅是对正当程序的违反，还是一种对大宪章的违背。

　　据此，再审判决如下：（1）撤销某市 A 区一审判决书（审判监督程序）；（2）撤销某市 B 区一审判决书（审判监督程序）；（3）撤销某市 C 区一审判决书（二审程序）；（4）全案发回某市 A 区重审。

三、结语

　　至此，本书解构了作为司法要素之理论上的体系——常数和变数的基本构造和分支及构造和分支项下的内容，并通过司法与算法上的关联，为司法革新提供了一个方法论上的方向性预见与预设。再者，本书以前述司法理论上的要素之集成，衍生出一个以判例解析为图景的司法进路主义，建构了一条以判例解析为核心的司法光明之路。应该说，在通往这条光明之路上，司法的基础、司法的方法和司法的生命等常数项，与司法的立场、司法的观念和司法的境界等变数项，以及司法革新的未来之路等可能的制约项，都作为不可或缺的基本构件、元素共同铺就着这条光明之路。事实上，道路本身并不是目标而只是实现目标的通道，因此也就是说，判例解析也不是目标而只是一个路径选择。通过判例解析之路，我们要寻求的目标是公义、平等、民主、文明、法治等法律价值。

通过判例解析之路，是实现法律价值的捷径。不言而喻的是，通过如本书所述之判例解析，司法将在最大的限度上克服自身的局限性，在最强的自律上实现主观的能动性，在最大的可能上隔离外界滋扰和干涉，如此一来，一种纯粹的、理想的司法生态便是触手可及的了。本书也显然并非排斥其他的道路和捷径的架设和模式，甚至也可以预见其他道路和捷径的取代可能，但至少作为一种观点及其论证，本书仍然提供了一个较为全面的方案设计和图景描绘，并以循序的步骤推进作为司法进路主义的当然演绎。

本书在写作方法上，针对目前一定程度上存在的相对割裂状态——（法学）理论的归（法学）理论，（司法）实务的归（司法）实务——的反思导向，致力于寻求在法学理论和司法实务上的链接和磨合的统合性，试图以司法实务上的理论归纳和集成，反哺法学理论上的实践指引和导向；以法学理论上的演绎和涵摄，证成司法实务上的关涉与应用。为此，本书遵循了一个哲学上的范式——实践到理论再到实践，并以实践作为检验理论的标准。本书在所阐论的司法经验上的理论归纳过程中，一般都会辅以实践性示例进行判例解析，以此达成司法方法上的可观见、可感验的辩证思维模式和实践检验路径的证立。

也因此，本书区别于教义法学著作和学术性专论的格式与结构，可以这么说，本书的文体构造系（司法）经验归纳体而非（法学）学理论述体，故而在理论观点的总结分析和旁征博引的论证说明上，本书与教义法学著作和学术性专论有一定的差异。当然，本书在写作时，仍然根基于当前法学理论和司法实务上的成果，仍然取法于法学大师和司法精英的授业解惑，否则，本书连一段文字都写不出。任何学问，在研究基础和研究方法上应该都是如此。然而，有数本著作对本书的成书起到了不可低估的作用，分别是：《大法官的智慧》（邓冰、苏益群编译）、《法学方法论》（［德］齐佩利乌斯著）、《未来简史》（［以］尤瓦尔·赫拉利著）、《法律帝国》（［美］罗纳德·德沃金著）、《当代法哲学和法律理论导论》（［德］阿图尔·考夫曼、温弗里德·哈斯莫尔主编）、《宪法解释的基本问题》（［美］索蒂里奥斯·巴伯、詹姆斯·弗莱明著）、《刑法学》（张明楷著）、《外国刑事诉讼法》（宋英辉、孙长永、刘新魁等著）、《法治国家建设中的司法判例制度研究》（何家弘、刘品新主编）。在此，本书以最诚挚之心对这些著作及作者致以最崇高的敬意。

最后，即使在一个充满善意和专注的路径建构意志之下，本书自以为然的理论建树或实践证立无法导向法律价值追寻的目标，然而在作为一个司法者自身的素养和情怀的表达上，通往判例解析之路也能够起到一个自我实现的价值倾向。毕竟，在司法基础的逻辑演进的状态下，司法学识不断地丰富；在司法方法多元应用的运筹下，司法实现显著地精进；在司法生命培育锻造的蕴含下，司法情怀热烈地饱含；在司法立场的蓄势沉淀的秉持下，司法灵魂坚韧地固守；在司法观念与时俱进的定格下，司法理会持续地更新；在司法境界驾驭追逐的攀升下，司法格局豁然地宽敞。并且，在一个以革新为使命的恒远视野上，司法革新关切了当今所谓算法时代的脉搏，在以方法论为理论基础的算法意义上，司法与算法建立了相干和互动，算法为司法达成了一个导向性的坐标，使得司法革新不至于方向迷失或前途未卜。在作为函数理喻的司法实现的各项要素各就各位之后，通过判例解析之路，司法机关和司法官将司法陈述和开示出来，作为本书理解上的当前步骤上的最佳方式的呈现。这就是本书的初衷，或许也是司法本身的初衷。